ERZGEBIRGE

Traditionen, Städte und Landschaften zwischen Chemnitz und Egergraben

Frieder Monzer, Hermann Böhme-Schalling

Unserer Verwandtschaft gewidmet,
einschließlich aller Ausgewanderten und Eingeheirateten

TRESCHER VERLAG

2., aktualisierte und erweiterte Auflage 2021

Trescher Verlag
Reinhardtstr. 9
10117 Berlin
www.trescher-verlag.de

ISBN 978-3-89794-565-4

Herausgegeben von Bernd Schwenkros und
Detlev von Oppeln

Reihenentwurf und Gesamtgestaltung:
Bernd Chill
Gestaltung, Satz und Bildbearbeitung:
Martina Gerber
Lektorat: Hinnerk Dreppenstedt
Redaktionelle Mitarbeit: Sabine Fach
Karten: Johann Maria Just, Martin Kapp,
Bernd Chill, Ulla Nickl

Gedruckt auf chlorfrei gebleichtem Papier

Printed in Germany

Alle Angaben in diesem Reiseführer wurden sorgfältig recherchiert und überprüft. Dennoch können Entwicklungen vor Ort dazu führen, dass einzelne Informationen nicht mehr aktuell sind. Gerne nehmen wir dazu Ihre Hinweise und Anregungen entgegen. Bitte schreiben Sie an **post@trescher-verlag.de.**

Titel: Burg Schwarzenberg → S. 200
Vordere Umschlagklappe: Wehrkirche in Lauterbach → S. 163
Hintere Umschlagklappe: Loket → S. 262

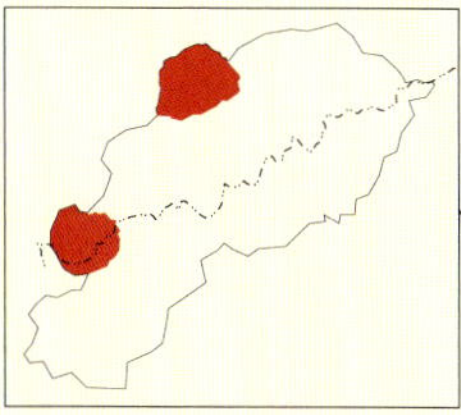

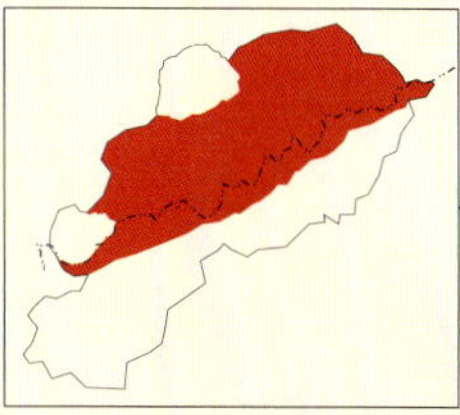

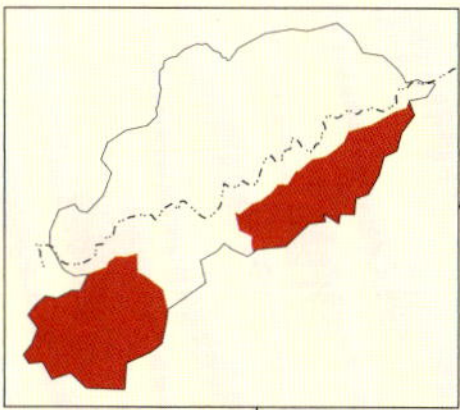

In der Donatsgasse in Freiberg

99 1785-7

WANDERUNGEN UND RADTOUREN

Geleitwort

Das sächsisch-böhmische Erzgebirge ist eine einmalige Kulturlandschaft, die für interessierte Besucher viele Schätze bereithält. Unvergessliche Erlebnisse kann man auf einer Reise durch unser wunderschönes Mittelgebirge finden, das statt mit spektakulären Gipfeln eher durch die Vielfalt seiner Landschaft bezaubert.

Seit 2015 bin ich Bürgermeister in meiner Geburtsstadt Olbernhau, die von sieben malerischen Tälern durchzogen wird und auf eine über 750-jährige Geschichte zurückblicken kann. Mit Bergbau, Metallurgie, Spielzeugherstellung steht Olbernhau beispielgebend für die Entwicklung der Region. Direkt an der tschechischen Grenze gelegen, gibt es hier viele wegweisende Verbindungen und Projekte zu unseren tschechischen Nachbarn. Ein Schwerpunkt ist die Städtepartnerschaft zwischen Olbernhau und Litvínov mit vielen Aktivitäten der kommunalen Verwaltung, von Schulen und Musikgruppen. Zu den regelmäßigen Begegnungen gehörten 2017 die Kreativ-Kulturtage zwischen dem Bergareal in Lesná und dem Olbernhauer Ortsteil Grünthal mit seiner berühmten Saigerhütte.

Aktivangebote werden oft grenzüberschreitend umgesetzt. So gibt es seit einigen Jahren eine markierte Radrunde von Olbernhau durch böhmische Dörfer. Die jährlich stattfindende Olbernhauer Radtour mit über 1500 Startern verläuft auch durch das böhmische Erzgebirge und ist ohne eine enge Zusammenarbeit auf beiden Seiten des Kammes nicht möglich. Beliebt bei Wanderern sind geführte Wandertouren auf die böhmische Seite. Dabei werden Landschaft, Kultur und Geschichte näher erklärt.

Aber auch über die Kommune hinaus sind das deutsche und das böhmische Erzgebirge eng verbunden, es gibt inzwischen viele Beispiele der Zusammenarbeit und des Zusammenwachsens einer Region im Herzen Europas.

Der Autor Frieder Monzer wohnte 36 Jahre lang in Olbernhau und sein aus Seiffen stammender Opa Hermann 31 Jahre. Aus Liebe zu ihrer Heimat und mit profunden Kenntnissen geben sie nun einen länderübergreifenden Touristenratgeber heraus. Sie folgen damit auf den Annaberger Lehrer und Reiseschriftsteller Bruno Berlet, der 1872 den ersten Wegweiser durch das sächsisch-böhmische Erzgebirge veröffentlichte. Zwar gab es damals von Zwickau bis Annaberg schon Eisenbahnanschluss mit Haupt- und Nebenlinien, dennoch fehlten die nötigen Voraussetzungen für eine touristische Erschließung. Erst mit der Gründung des Erzgebirgsvereins 1878 entwickelte sich eine touristische Infrastruktur, ein weit verzweigtes Netz von Wanderwegen, auf den schönsten Höhen des Erzgebirges entstanden Aussichtstürme und Berggasthöfe. Das Buch von Berlet wurde unter diesen neuen Bedingungen ein Renner und erlebte zwölf Auflagen. Doch seither mangelt es an einem aktuellen Reiseführer, der die gesamte Region umfasst.

Gemeinsam mit Frieder Monzer möchte ich Sie, liebe Leser, einladen, unser traditionsreiches Erzgebirge beiderseits des Kamms zu entdecken und dabei auch Menschen kennenzulernen, die mit viel Fleiß ihre Heimat liebenswert gestalten und Sie gern willkommen heißen.

Wir freuen uns auf Sie!
Ihr Peter Haustein, Bürgermeister der Stadt Olbernhau

Vorwort

Zieht aah dorch onnern Arzgebirg der Grenzgrobn wie ene Kett,
der Grenzgrobn taalt de Länder ei, aber onnere Herzen net!

Anton Günther (1876–1937)

Heimat verspüre ich überall dort, wo man mir offen und fair begegnet. Ich verbrachte friedliche Kinder- und Jugendjahre im Flöhatal, aber auch andernorts wohnen treue Freunde. Meine Beziehung zum Erzgebirge war nicht konfliktfrei, vom Garten meiner Eltern konnte man den Gebirgskamm mit seinem während meiner Schulzeit tatsächlich an Atomschlagbilder erinnernden Waldsterben sehen. Dieser Garten befand sich in der Höhenlage von 480 Metern, dort ringsherum blieb glücklicherweise alles weitgehend unversehrt. Inzwischen hat sich auch die Vegetation am Kamm wieder erholt, mein Engagement für Ökologie ist geblieben. Der Kontakt mit der Natur wie Wetterbeobachtungen und Vogelgesang waren seit jeher ein Kraftquell der tapferen Eingeborenen, viele Verse des verehrten Anton Günther erzählen davon. Mit meinen Büchern möchte ich nachhaltigen Tourismus und regionale Wirtschaftsstrukturen unterstützen, Schneekanonen und Imbisskonzerne haben da einen schweren Stand.

Sächsisches und böhmisches Erzgebirge gehören für mich zusammen, obwohl die Grenze darin seit 1459 besteht und somit eine der stabilsten der Welt ist. Im letzten Jahrhundert kam es jedoch zu besonders beschämenden Ausprägungen von Nationalitätenkonflikten, die allen kommenden Generationen eine Lehre sein müssen. Empathie und Verstand schützen vor Deppen und Scharfmachern, die es wohl in allen Völkern gibt. Aus eigener Erfahrung weiß ich, dass Multikulti mit gegenseitiger Wertschätzung eher bereichernd statt einschränkend wirkt. Seit 2007 ist die Staatsgrenze im Erzgebirge kaum noch in der Landschaft spürbar, man darf sie sogar legal querfeldein queren. Voraussetzung ist lediglich ein gültiger Personalausweis oder Reisepass, Autolenker können ohne Halt passieren und brauchen zunächst nur an die Lichtpflicht in Tschechien zu denken. Insofern verwundert es, dass viele Publikationen über das Erzgebirge immer noch auf eine Seite der Grenze beschränkt sind. Meine alte Heimat ist am reizvollsten, wenn sich Erkundungen auf beiden Seiten ergänzen.

Mitunter beziehen sich meine Bücher auf Angaben Dritter, so habe ich nicht die Höhen der Berge nachgemessen. Auch daher nehme ich konstruktive Hinweise – Ergänzungen, Aktualisierungen und Korrekturen – gern entgegen. Bücher können auch nicht immer Orientierungshilfen ersetzen, dafür empfehle ich die kostenlose App Mapy.cz oder klassische Landkarten aus Papier.

Vielleicht treffen Sie mich unterwegs? Keine Angst, ich bin kein aufdringlicher Typ. Aber falls ich Sie mit diesem Buch sehe, werde ich wahrscheinlich inkognito nach Ihrem Urteil fragen.

Viele schöne Erlebnisse und Eindrücke im Erzgebirge wünscht
Ihr Frieder Monzer

Entfernungstabelle

	Aue	Annaberg-Buchholz	Augustusburg	Berlin	Cheb (Eger)	Chemnitz	Freiberg	Karlovy Vary (Karlsbad)	Kraslice (Graslitz)	Krupka (Graupen)	Marienberg	Nürnberg	Oberwiesenthal	Praha (Prag)	Schwarzenberg	Seiffen	Ústí (Aussig)	Zwickau
Zwickau	30	52	57	294	102	41	96	98	69	171	71	213	66	254	39	97	176	
Ústí (Aussig)	135	107	134	267	161	135	97	118	161	17	98	375	111	89	180	62		176
Seiffen	92	44	38	271	138	56	38	95	114	40	26	296	64	125	67		62	97
Schwarzenberg	9	21	53	303	92	47	102	50	54	178	36	239	25	156		67	180	39
Praha (Prag)	251	139	155	324	170	162	177	128	171	97	129	299	142		156	125	89	254
Oberwiesenthal	39	22	63	323	72	56	82	30	48	100	39	244		142	25	64	111	66
Nürnberg	228	250	254	433	171	239	294	214	194	370	269		244	299	239	296	375	213
Marienberg	67	17	23	281	125	31	38	83	87	86		269	39	129	36	26	98	71
Krupka (Graupen)	168	95	131	263	149	131	94	107	149		86	370	100	97	178	40	17	171
Kraslice (Graslitz)	50	70	103	344	48	87	144	43		149	87	194	48	171	54	114	161	69
Karlovy Vary (Karlsbad)	59	53	107	354	43	87	122		43	107	83	214	30	128	50	95	118	98
Freiberg	92	59	30	233	182	35		122	144	94	38	294	82	177	102	38	97	96
Chemnitz	37	35	19	257	127		35	87	87	131	31	239	56	162	47	56	135	41
Cheb (Eger)	117	95	144	382		127	182	43	48	149	125	171	72	170	92	138	161	102
Berlin	294	309	257		382	257	233	354	344	263	281	433	323	324	303	271	267	294
Augustusburg	53	39		257	144	19	30	107	311	131	23	254	63	155	53	38	134	57
Annaberg-Buchholz	30		39	309	95	35	59	53	70	95	17	250	22	139	21	44	107	52
Aue		30	53	294	117	37	92	59	50	168	67	228	39	251	9	92	135	30

Angegeben ist stets die schnellste, nicht die kürzeste Verbindung mit dem Auto.

Eigennamen

Natürlich heißt Prag in der Landessprache Praha und die Elbe Labe, und natürlich sagen die Tschechen zu Dresden Drážďany und zu Leipzig Lipsko. Die Verwendung deutscher Bezeichnungen bei geographischen Objekten im Ausland ist kein einfacher Abwägungsprozess. Zudem lässt sich in einem längeren Text aus verschiedenen Gründen oft kein einheitlicher Stil durchhalten. Die Bezeichnungen Moskva und Venezia für Moskau und Venedig etwa würden einfach albern klingen. Kleinere geografische Objekte sucht man jedoch auf aktuellen Landkarten deutscher Produktion unter ihren alten deutschen Namen oft vergebens.

Die tschechische Seite des Erzgebirges ist sehr eng mit der deutsch-österreichischen Geschichte verflochten und gehörte lange zur Habsburger Monarchie. Manche der alten deutschen Namen sind noch bei uns im allgemeinen Sprachgebrauch verankert, viele aber nicht oder nicht mehr. Das betrifft vor allem kleinere Orte. Zur besseren Orientierung werden in diesem Buch zunächst die tschechischen Ortsnamen genannt, die alten deutschen folgen in Klammern. Für Landschaftsbezeichnungen gilt die umgekehrte Reihenfolge, zumal die korrekte tschechische Aussprache den Deutschen schwer fällt. Wer hierzulande nennt das Gottesgaber Torfmoor wirklich Božídarské rašeliniště, das Nordböhmische Becken Mostecká pánev oder das Böhmische Mittelgebirge České středohoří?

Vor dem EU-Beitritt Tschechiens reagierten einige Ortsansässige dort noch empfindlich auf deutsche Namen, unter anderem bedingt durch Befürchtungen bezüglich möglicher Rückübertragungsforderungen von Eigentum. Inzwischen hat sich diese Aufregung gelegt, selbst die tschechischen Tourismusbehörden benutzen jetzt bei Texten in deutscher Übersetzung oft die deutschen Namen.

Die tschechische Bezeichnung Krušné hory für das Erzgebirge könnte man wörtlich etwa mit ›Harsche Berge‹ übersetzen. Hora (Plural hory, in anderen westslawischen Sprachen ähnlich) ist der Berg, Krušný entspricht Worten wie rau oder mühsam – für modernes Marketing nicht unbedingt eine Traumbezeichnung, aber nicht unpassend: Man sucht und findet hier eher ein breites Angebot an Abenteuern statt all-inclusive-Angeboten. ›Krušné hory‹ meint das Gebirge im engeren Sinne, für das Gebirge mit Umland gibt es noch die Bezeichnung ›Krušnohoří‹. Dieses Wort wird neuerdings auch für die Euroregion Erzgebirge (www.euroregion-erzgebirge.de) verwendet.

Nicht verwechselt werden darf das in diesem Reiseführer vorgestellte Erzgebirge mit tschechischen und slowakischen Gebirgsformationen, die das Wort Rudohoří (ruda=Erz, also wörtlich übersetzt Erzgebirge) enthalten. Und schließlich lautet ein Wortspiel Krušné horory, dort (www.krusnehorory.cz, horor=Horror) kann man mehr und weniger düstere Sagen aus dem Erzgebirge lesen.

Auch der Name von Sayda ist slawischen Ursprungs

Das Wichtigste in Kürze

Im Allgemeinen wird man mit 5–8 Mark pro Tag (excl. Bahn und Wagen) auskommen, ohne dabei entbehren zu müssen.
Hardenbergs Erzgebirgsführer 1888

Informationen vor Reisebeginn

Tourismus Marketing Gesellschaft Sachsen, Bautzner Str. 45/47, 01099 Dresden, Tel. 0351/491700.
www.sachsen-tourismus.de
Tourismusverband Erzgebirge, Adam-Ries-Str. 16, 09456 Annaberg-Buchholz, Tel. 03733/188000.
www.erzgebirge-tourismus.de
Tschechische Zentrale für Tourismus – CzechTourism, Wilhelmstr. 44, 10117 Berlin, Tel. 030/2044770.
www.czechtourism.com

Fahrradverkehr

Im Gebirge geht es natürlich bergig zu. Vor allem am steilen Südhang kommt man schiebend vielleicht sogar schneller voran als im kleinsten Gang. Ideale Ausgangspunkte für Radler sind Olbernhau und Horní Blatná (Platten).

Grenzübertritt

Die Grenzen im ›Schengenraum‹ dürfen an beliebiger Stelle übertreten werden, Personalausweis oder Reisepass ist mitzuführen.

Geld

Tschechien ist bislang nicht dem Euro beigetreten, Währung ist die die Tschechische Krone (Kč, ISO-Code CZK). Der Wechselkurs schwankte in den letzten Jahren nur leicht, derzeit etwa: 1 Euro=25 Kronen; 100 Kronen = 4 Euro. Der Euro wird auch von vielen Dienstleistern im Grenzgebiet Tschechiens akzeptiert, Anspruch auf Bezahlung in Euro besteht jedoch nicht. Dienstleistungen kosten in Tschechien oft weniger. Manche Bestattungsunternehmen bringen sogar die Toten über die Grenze. Für die niedrigsten Preise erhält man allerdings auch nur bescheidene Qualität.

Klima

Grüne Bergwiesen und plätschernde Bäche zeugen vom Wasserreichtum. Jedoch nehmen die Schneemengen tendenziell ab und 2019 trockneten erstmals auch bekanntere Kleinstgewässer wochenlang aus. Für windige Lagen ist gleichwohl sogar an Sommertagen eine wärmende Jacke sinnvoll.

Quartiere

Unterkünfte sind in allen Preislagen vorhanden, vom Campinghüttchen bis zum Komforthotel. Zur Winterferienzeit mitunter deutliche Aufschläge, besonders bei romantischen Pensionen Tschechiens über Silvester.

Preiswerter Nahverkehr mit der Straßenbahn von Litvínov

Skulptur mit natürlichem Erz in Klášterec

Reisecharakter

Sieht man von Touristentreffpunkten zur Weihnachtszeit ab, so bleibt der Gast vom Massentourismus verschont. Das Erzgebirge ist was für Entdecker, die sich mit oder ohne Fachwissen auf eine Grenzland-Region einlassen wollen.

Natur und Kulturgeschichte sind vielfältig und bieten viele lohnenswerte Beobachtungen, entsprechend entschleunigt sollte man vorgehen. Man kommt nicht wirklich im Erzgebirge an, wenn man sich einem Tagesausflug mit einer Busreisegruppe anschließt. Bausteine eines Urlaubsprogramms könnten sein: Stadtbummel in Sachsen, Stadtbummel in Böhmen, Wanderungen, Museumsbesuche, darunter auf alle Fälle eine Führung durch ein Schaubergwerk.

Reisevorbereitungen

Inzwischen ist jede Kommune, jedes Quartier und jedes Museum irgendwo im Internet beschrieben. Informationsbüros beantworten Anfragen freundlich, einige senden auch gratis Prospekte zu.

Straßenverkehr

Völlig ausreichendes Netz an Straßen und Wanderwegen. Bei Neuschnee kann es zur Sperrung kleiner Nebenstraßen in Kammnähe kommen. Bei jeder Bewegung eines Motorfahrzeugs in Tschechien ist Licht vorgeschrieben.

Schienenverkehr

Für die Bahnreise aus Südwestdeutschland nach Nordböhmen empfiehlt sich die Route über Cheb (Eger). Zwickau ist an das Netz der S-Bahn rund um Leipzig angeschlossen. Ansonsten werden Bahnfahrer wohl entlang der ›Sachsen-Franken-Magistrale‹ Reichenbach–Dresden in eine der Nebenbahnen südwärts umsteigen. Ermäßigungsmöglichkeiten sind im Buch erwähnt.

Sicherheit

Deutschland und Tschechien sind sehr sichere Reiseländer. Für teure Autos lohnen sich freilich bewachte Parkplätze.

Vergiftungen in der Natur kommen äußerst selten vor. Kreuzottern sind wenig angriffslustig und fliehen meistens bei sich nähernden Tritten. Abstand sollte man zu Riesenbärenklau und Eisenhut halten. Giftstoffe dieser beiden Pflanzen können schon bei Berührungen zu Hautentzündungen und Atemnot führen.

Die romantische Belletristik beschrieb Moore oft als düster und gruslig. Aber an Todesfälle in Erzgebirgsmooren kann sich niemand erinnern. Leichtsinnig sollte man dennoch nicht sein.

Ausführliche reisepraktische Hinweise in den Reisetipps von A bis Z ab **→ S. 318**

Diese Unterart der Alpen-Aster blüht nur an wenigen Stellen Nordböhmens

Unterwegs mit Kindern

Für Jugendliche, die wochenlang Party machen möchten, ist das Erzgebirge sicher nicht die richtige Adresse, aber sonst gibt es alles Denkbare für Kinder aller Altersgruppen: jede Menge Sport- und Spielmöglichkeiten, jede Menge aufregende **Museen** - Landwirtschaft, Handwerk einschließlich eines riesigen Sortiments an Holzspielwaren, Bergbautechnik, Verkehrstechnik und vieles mehr -, jede Menge abenteuerliche Natur, dazu leckeres Essen und kuschelige Quartiere.

Eine passende Einstimmung bei der Anreise aus nördlichen Richtungen ist der **Miniaturenpark Klein-Erzgebirge** (→ S. 163).

Größere **Skiareale** haben spezielle Angebote für Junioren, sehr in Mode sind dabei die Zauberteppich genannten Kinderlifte. Ideale Ausgangpunkte für **Fahrradrunden** sind Olbernhau (→ S. 154) und Horní Blatná (Platten, → S. 224), beide gut mit der Bahn ereichbar. Ein relativ ungefährliches Abenteuer ist es, sich in den Sommermonaten im **Kajak** die Eger (Ohře → S. 316) abwärts treiben zu lassen.

Schön gestaltete Outdoor- und Indoor-Spielplätze sind so zahlreich, dass nur die beliebtesten im vorliegenden Buch erwähnt werden können. Unter den Indoorplätzen ist **Stockhausen** (→ S. 156) wohl der am engsten mit dem Holzhandwerk im Erzgebirge verbundene, **Fundora** (→ S. 208) dagegen der modernste. Und wie wär´s mit einer von angeleinten **Eseln** (Dippoldiswalde, → S. 127), **Lamas** (Pobershau, → S. 164) oder **Alpakas** (Bockau, → S. 206) begleiteten Wanderung?

Vergnügen beim Spiel fängt damit an, dass man sich mit etwas Phantasie ganze Tage lang an den inzwischen wieder fast überall sauberen Waldbächen beschäftigen kann. Vorsicht, mancherorts sind Steine glitschig. An klaren Bächen lagen wohl früher schon beliebte Treffpunkte von Kindern. In (vorgefundene oder ausgebuddelte) Kuhlen von Bachbetten tauchten sie bis zum Hals ins kühle Wasser ein, ließen Schiffchen schwimmen, aus Moosen und Steinen bastelten Jungen und Mädchen Puppenstuben verschiedenster Größe auf dem Waldboden, besonders geschickte fingen auch mal eine Forelle mit bloßen Händen (das wäre heute nur mit Angelschein erlaubt), sammelten Kräuter undtürlich Beeren.

In der Fundora Erlebniswelt Schneeberg

Unterwegs auf dem Waldgeisterweg bei Ehrenfriedersdorf

Das Erzgebirge ist ein relativ preisgünstiges Ferienziel. Ein Schlafplatz mit eigenem Schlafsack im Dachboden der **Burg Hauenstein** (→ S. 234) kostet umgerechnet (derzeit noch) etwa sechs Euro. Natürlich gibt´s auch komfortablere Angebote.

Der familienfreundliche Ermäßigungspass ErzgebirgsCard wurde nach einer fragwürdigen Verschärfung des EU-Pauschalreiserechts 2018 eingestellt. Offenbar gilt man jetzt schon bei der Verknüpfung mehrerer Rabattoptionen als Reiseveranstalter mit allen juristischen Konsequenzen.

Leider weniger beliebt scheinen Kinder in sogenannten Wellnessanlagen zu sein. Darauf deuten schon die mageren bis ganz fehlenden Familien- beziehungsweise Kinderrabatte hin.

Spezielle Angebote mit guten Exkursionsleitern für Schulklassen sind zahlreich und müssen im vorliegenden Buch leider auch ohne detaillierte Beschreibungen bleiben. Sie können je nach Absprache zu praktisch allen Sehenswürdigkeiten der Natur und Kultur führen. Bei der Programmgestaltung helfen **Naturschutzstationen** (Schlettau, Pobershau, Kirchberg,...) und die Grüne Liga Osterzgebirge sowie die **Jugendherbergen** (→ S. 321) gern. Oder wie wär´s mit einem direkten deutsch-tschechischem Schulkontakt?

An dieser Stelle soll noch auf generationenübergreifend konzipierte Festivals aufmerksam gemacht werden, Menschen bis zu 10 Jahren brauchen beispielsweise bei ›Land and Art‹ keinen Eintritt zu bezahlen. Auch einige Museen sind unterhalb eines gewissen Alters gratis, für die Stadt **Chemnitz** (→ S. 94) werden in einem Extrakapitelchen dieses Reiseführers Vorschläge für ein entsprechendes Familienprogramm gemacht.

Kaiserquelle mit saurem Mineralwasser im Naturreservat Soos

Herausragende Sehenswürdigkeiten

Freiberg

Freiberg war wichtiger Ausgangspunkt bei der Erschließung des Erzgebirges und einige Jahrhunderte lang die größte Stadt Sachsens, 1765 wurde dann eine bergbautechnische Hochschule gegründet. Viele Denkmale und mehrere Museen erinnern an die Blütezeit der Altstadt und an internationale Spitzenleistungen der Montanwissenschaften (→ S. 140).

Scharfenstein, Augustusburg, Lichtenwalde ▲

Der Freistaat Sachsen fasst Burg Scharfenstein, Schloss Augustusburg und Schloss Lichtenwalde unter dem Werbeslogan ›Die sehenswerten Drei‹ zusammen. Das ist wahrlich nicht übertrieben, diese drei Anlagen sind die schönsten historischen Bauten des im Buch beschriebenen Gebietes. Alle stehen in der Nähe des Flusses Zschopau, an dem zwei beschilderte Wanderwege entlangführen (→ S. 172, → S. 89, → S. 90).

Schloss Schlettau

Wer es eine Nummer kleiner mag, findet im zentral gelegenen Städtchen Schlettau ein plüschiges Schlösschen an einem alten Handelsweg. Die historischen Ausstellungen im parkumspielten Bau werden durch Schauwerkstätten und eine Galerie ergänzt (→ S. 186).

Freilichtmuseum Seiffen ▲

Eines der seltensten Kunsthandwerke ist die Reifendreherei, die nur noch wenige Volkskünstler vor allem in Seiffen beherrschen. Vorführungen gibt es beispielsweise im dortigen Freilichtmuseum. Keimzelle des zum Erzgebirgischen Spielzeugmuseum gehörenden Areals war das original erhaltene ›Preißlersche Wasserkraft-Drehwerk‹ (→ S. 152).

Prächtige Bergwiesen ▼

Wer zur richtigen Zeit am richtigen Ort ist, kann im Erzgebirge blühende Landschaften vor allem in Gestalt prächtiger bunter Bergwiesen erleben: Schlüsselblumen und Krokusse, Sumpfdotterblumen und Wiesenknöterich, Fingerhut-Lichtungen und vieles andere mehr. Besonders großen Eindruck hinterlässt die Wildorchideenblüte im Kalkwerk Lengefeld (→ S. 162).

Historische Schmalspurbahnen

Das Erzgebirge ist reich an funktionsfähiger historischer Technik, und auf gleich drei Schmalspurstrecken - Weißeritztalbahn, Preßnitztalbahn und Fichtelbergbahn - verkehren regelmäßig Personenzüge mit Dampflokomotiven (→ S. 128, → S. 170, → S. 177).

Weltberühmte Geotope ▼

Hirtstein und Scheibenberg sowie die Gipfel des Böhmischen Mittelgebirges sind Überbleibsel vulkanischer Tätigkeit im Tertiär und nicht nur für geologisch interessierte Wanderer unbedingt lohnenswert (→ S. 26).
Einige sehenswerte Pingen (Einsturzstellen) aus der Bergbauzeit können leicht und inzwischen nahezu gefahrlos betrachtet werden. Eine besonders große Pinge ist in Geyer frei zugänglich (→ S. 191). Ebenso sehenswert sind die beiden länglichen Pingen in Horní Blatná (→ S. 224).
Ergänzen kann man sein erdgeschichtliches Wissen mit dem Chemnitzer versteinerten Wald (→ S. 100).

Markneukirchen ▶

Das Musikinstrumentenmuseum mit etwa 3200 Exponaten, von denen etwa ein Drittel ausgestellt ist und das mit einer auf 525 Zentimeter ausziehbaren und spielbaren Tuba aufwarten kann, lohnt allein einen Besuch in Markneukirchen. Obendrein kann der Ort noch zwei hübsche Freilichtmuseen in den Vororten vorweisen (→ S. 117).

Klášterec nad Ohří und Umgebung ▲

Das gemütliche Klášterec nad Ohří (Klösterle) gehört wahrscheinlich zu den am meisten unterschätzten Städtchen im Egertal. Es besitzt Schloss und Heilquellen, in der Umgebung stehen gleich fünf Burgruinen (→ S. 234).
Einen besonders guten Blick vom sonnigen Süden zu den höchsten Erzgebirgsgipfeln bietet die Ruine Schönberg (Šumburk, → S. 236).
Der Ausbau der Ruine Hauenstein (Horní hrad) tendiert zu einer Art alternativer Begegnungsstätte (→ S. 234).

Bergbau und Holzhandwerk machten das Erzgebirge zum am dichtesten besiedelten Mittelgebirge Europas. Die jetzige Grenze zwischen Sachsen und Böhmen besteht mit marginalen Änderungen seit 1459. Seit 2007 darf man sie an beliebiger Stelle queren.

Das Löwenportal der Augustusburg

LÄNDER UND LEUTE

Das Erzgebirge im Überblick

Geologie: Das Erzgebirge ist eine Pultscholle mit einer Kammlänge von etwa 150 Kilometern entlang der sächsisch-böhmischen Grenze mit sichtbaren Relikten vulkanischer Tätigkeit.

Bodenschätze: Wie der Name schon vermuten lässt, spielte und spielt im Erzgebirge der Bergbau eine große Rolle. Es begann im 12. Jahrhundert mit Silber- und Zinnfunden, zahlreiche andere Erze folgten. Rund um Zwickau und Oelsnitz wurde Steinkohle gefördert. Einige interessante historische Abbaustätten sind zu Schaubergwerken mit Führungen entlang unterirdische Wege umgestaltet.

DDR und ČSSR lieferten Uran an die Sowjetunion. Unter den derzeitigen ökonomischen Rahmenbedingungen lohnt ein Erzabbau nicht mehr. Am Südrand des Gebirges wird bis heute Braunkohle in großen Tagebauen gewonnen.

Vegetation: Kulturlandschaft mit artenreichen Mooren, Fichtenwäldern, Bergwiesen, im Egertal Hopfen-, Obst- und Weinanbau.

Größte Städte: Chemnitz (246 353 Einwohner), Ústí nad Labem (Aussig, 92 984), Zwickau (90 515), Most (Brüx, 66 768), Teplice (Teplitz, 49 697), Karlovy Vary (Karlsbad, 49 046), Chomutov (Komotau, 48 739), Freiberg (41 642), Cheb (Eger, 32 394), Litvínov (Leutensdorf, 24 308), Sokolov (Falkenau, 23 546), Annaberg-Buchholz (20 292), Ballungsgebiet Schneeberg-Aue-Schwarzenberg (65 748).

Höchste Erhebungen: Keilberg (Klínovec, 1244 m), Fichtelberg (1214 m), Auersberg (1018 m). Viele der Gipfel sind mit eigenem Auto zu erreichen.

Wichtigste Flüsse: Freiberger Mulde, Flöha, Zschopau, Schwarzwasser (Černá), Zwickauer Mulde, Eger (Ohře). An der Eger gibt es mehrere Bootsverleihstationen.

Schutzgebiete: Naturpark Erzgebirge-Vogtland auf sächsischer Seite (1495 Quadratkilometer), neun kleinere Naturparks auf böhmischer, Naturschutzgroßprojekt ›Bergwiesen im Osterzgebirge‹, Naturschutzgebiet ›Gottesgaber Torfmoor‹.

Infrastruktur: Viele ausgeschilderte Wege für Fuß- und Radwanderungen, dichtes Straßennetz, Möglichkeit der Kammquerung per Bahn in Johanngeorgenstadt, gute Einkaufsmöglichkeiten für Selbstversorger, WLAN in den meisten Quartieren und in vielen Museen.

Wintersport: Größtes Areal an Keilberg und Fichtelberg mit grenzüberschreitenden Kombitarifen (z.B. im Jahr 2019 Tagesticket Fichtelberg 26 Euro), kleinere Hänge, lange Loipen; Rennschlitten- und Bobbahn in Altenberg, Sprungschanzen in Oberwiesenthal und Klingenthal.

Abwanderung: Großer Bevölkerungsschwund in Nordböhmen durch die Verfolgung Sudetendeutscher 1945–1947. In Sachsen verloren einige Orte seit der Deindustrialisierung 1990 bis über die Hälfte der Bevölkerung. Aufgrund besser Bezahlung nehmen Tschechen gern Arbeitsplätze in Deutschland an. Man spürt das beispielsweise in der Gastronomie des Grenzgebietes.

Religion: Die größte Gruppe sind die Konfessionsfreien. Sachsens Geschichte ist evangelisch, Böhmens katholisch geprägt. Das spiegelt sich auch in der Architektur wieder, die strenge Religionspolitik der Herrscher Böhmens zur Barockzeit führte zu einem regelrechten ›Böhmischen Barock‹.

UNESCO-Montanregion: Seit 1998 gab es Bemühungen, eine Auswahl an Bergbaudenkmalen in die UNESCO-Welterbeliste aufzunehmen. Im Jahr 2019 wurde die ›Montanregion Erzgebirge‹ schließlich Teil des Weltkulturerbes.

Nachbarregionen: Elbsandsteingebirge, Dresdner Elbtalkessel, Mittelsächsisches Hügelland (auch Sächsisches Burgen- und Heideland genannt), Leipziger Tieflandsbucht, Altenburger Land, Vogtland mit Elstergebirge.

In Tschechien die Verwaltungsbezirke Mittelböhmen, Pilsen und Reichenberg.

Natur

Die Geschichtsschreibung des antiken Rom nannte die Mittelgebirgswälder nördlich der Donau und östlich des Rheins Hercynia silva. Vereinzelt taucht noch heute vor allem in der biologischen Literatur das Adjektiv herzynisch auf. Im ersten Jahrtausend unserer Zeitrechnung wurde das Erzgebirge vor allem als Hürde auf längeren Wegen wahrgenommen, im Jahr 17 soll der Markomannenkönig Marbod mit seinem Heer über das Gebirge in den Kampf gegen die Cherusker gezogen sein. In der Gegenrichtung bewegte sich 805 Karl der Jüngere, Sohn Karls des Großen, beim Angriff auf die Daleminzier. 965 reiste vermutlich der Kaufmann Ibrahim ibn Yaqub als Gesandter des Kalifen von Córdoba von Quedlinburg über einen Gebirgspass nach Prag.

Durch Thietmar von Merseburg (975–1018) wurde die vorher schon manchmal für dunkle Wälder verwendete Bezeichnung Miriquidi zum Synonym für das Erzgebirge. Dieses altniederdeutsche Wort entspricht Myrkviðr in der isländisch-norwegischen Sagaliteratur; wörtlich bedeutet das Dunkelwald. 1156 rief Markgraf Otto der Reiche (1125–1190) zur Besiedelung des Erzgebirges auf, schnell entstanden einige Waldhufendörfer. Zu dieser Zeit wurden viele verschiedene Gebirge rings um Böhmen Saltus bohemicus (Böhmerwald, auch Böhmischer Wald oder Beheimer Wald) genannt.

Die Bezeichnung Erzgebirge setzte sich erst ab 1589 mit der ›Meißnischen Land- und Bergchronik‹ des Petrus Albinus (1543–1598) durch. Ein kurzlebiger tschechischer Name lautete später noch Meißner Berge (Míšeňské vrchy).

Ausdehnung, Kammlinie und Naturräume

Das Erzgebirge (Krušné hory) ist ein etwa 150 Kilometer langes Mittelgebirge zwischen Sachsen und Böhmen mit einer ziemlich klar ausgeprägten Kammlinie. Es ist damit das längste Gebirge Tschechiens, unter den Mittelgebirgen Deutschlands können Schwäbische Alp und Schwarzwald mithalten. Höchste Erhebungen sind der Fichtelberg (in der tschechischen Sprache übrigens ohne anderem Namen, 1214,8 m) in Sachsen und gleich gegenüber der Keilberg (Klínovec, 1243,7 m) in Böhmen.

Das ›Spielzeugdorf‹ Seiffen ebenso wie das Fichtelberg- und das Auersberggebiet gehören zweifellos zum Erzgebirge (Krušné hory). Bei der Abgrenzung des Erzgebirges existieren verschiedene Betrachtungsweisen. Das vorliegende Buch versucht, einen praktikablen Kompromiss zwischen diesen zu finden. Dabei wurde das am Gebirgsrand liegende Westböhmische Bäderdreieck (Západočeský lázeňský trojúhelník) ausgespart, da es gegenüber den Gebirgslagen deutlich abweichende Gästegruppen anzieht und es hierzu eine Fülle separater Veröffentlichungen gibt. Während sich das Fremdenverkehrsgewerbe im Bäderdreieck auf Kurgäste und Tagesausflügler konzentriert, wird das eigentliche Erzgebirge eher von Touristen mit Interesse an Kulturgeschichte und Natur besucht.

Das Erzgebirge umfasst 5262 Quadratkilometer, das ist etwa die doppelte Größe des Saarlandes. Die Ausläufer am Elbtal haben ein anderes Klima und wurden über die Jahrhunderte viel stärker von der Residenzstadt Dresden geprägt.

Blick vom Bärenstein auf das böhmische Erzgebirge

Geologisch reicht das Erzgebirge von der sogenannten Mittelsächsischen Störung – auch Karsdorfer Verwerfung, eine nach Karsdorf bei Rabenau benannte Kante (→ S. 124) – im Osten bis zum Hohen Brand und Hohen Stein (Vysoký kámen, → S. 120) im Westen. Dabei verläuft die Kammlinie überwiegend dicht neben der Staatsgrenze im Territorium Böhmens. In der geomorphologischen Einteilung Tschechiens wird das Erzgebirge mit zwei kleineren Gebirgen links und rechts – dem Fichtelgebirge (Smrčiny) und dem Elbsandsteingebirge (Labské pískovce) – zum Erzgebirgs-Bergland (Krušnohorská hornatina) zusammengefasst.

Niemandem ist es verwehrt, beim Erzgebirge zuerst an die UNESCO-Montanregion (→ S. 60) oder an das Weihnachtsland (→ S. 69) zu denken, aber zur geographischen Abgrenzung eignen sich diese Punkteansammlungen weniger als natürliche Gegebenheiten.

Die Festlegung von Naturräumen erfolgt durch die Verwaltung flächendeckend und anwendungsorientiert.

In der Nachkriegszeit wurde das Erzgebirge mit Gliederungszahl 42 in dritter Ordnung der Östlichen Mittelgebirgsschwelle Deutschlands zugerechnet und wie folgt in vierter Ordnung unterteilt:
- 420 Südabdachung des Erzgebirges,
- 421 Oberes Westerzgebirge,
- 422 Oberes Osterzgebirge,
- 423 Unteres Westerzgebirge,
- 424 Unteres Osterzgebirge.

Eine Überarbeitung 1994 führte im Bundesland Sachsen zu folgendem Ergebnis, wobei die Städte Chemnitz und Zwickau weiterhin außerhalb bleiben:
- Westerzgebirge (mit dem Städtebund Silberberg),
- Mittelerzgebirge (zwischen Schwarzwasser und Flöha mit Annaberg-Buchholz),
- Osterzgebirge (mit Freiberg).

Naturpark Erzgebirge-Vogtland

Oft wird das Erzgebirge gemeinsam mit dem Vogtland betrachtet. Tatsächlich geht am Westrand des Erzgebirges die Natur allmählicher in benachbarte Landschaften über als in den anderen Himmelsrichtungen. Dennoch soll zugunsten einer sächsisch-böhmischen Gesamtbetrachtung des Erzgebirges im vorliegenden Buch auf einen Großteil des Vogtlandes verzichtet werden. Lediglich der sogenannte Musikwinkel ist einbezogen (→ S. 114).

Besonders auffällig ist der fließende Übergang der Natur zwischen Erzgebirge und Vogtland in der Abgrenzung des Naturparks Erzgebirge-Vogtland. Er wurde am 25. Juli 1990 gegründet, noch zu DDR-Zeiten. Unter den Bürokratieregeln und Lobbyeinflüssen Gesamtdeutschlands wäre das wohl, vorsichtig ausgedrückt, schwieriger geworden. Mit 120 Kilometern längs der Grenze, von Bad Elster bis Holzhau, und 1495 Quadratkilometern ist er einer der größten Naturparks in Deutschland. Im Jahr seiner Gründung war er nach dem Thüringer Wald der größte Naturpark Ostdeutschlands. 61 Prozent der Fläche bestehen aus Wald, 30 Prozent aus Feldern und 9 Prozent aus Siedlungen. Durch den Naturpark führen etwa 5000 Kilometer ausgeschilderte Wanderwege. Auf dem Territorium liegen zahlreiche strengere Schutzgebiete. Die EU förderte unter anderem die Revitalisierung von Mooren. Das Auerhuhn konnte dadurch aber nicht gerettet werden, seit 2015 bezeichnet es der Freistaat Sachsen als in seinem Gebiet ausgestorben.

Auf der Internet-Darstellung des Naturparks (www.naturpark-erzgebirge-vogtland.de) findet man unter anderen Termine zu Veranstaltungen einschließlich geführter Wanderungen.

Eine vorbildliche Pultscholle

Im Centralgebirge kommt der jähe Absturz des Kammes nach Süden und die sanfte Abdachung nach Norden am meisten zur Geltung.
aus Berlets Wegweiser, 1872

Das Erzgebirge ist vielleicht das deutlichste Beispiel für eine Pultscholle in Europa. Ein großräumigeres Beispiel sind die 2400 Kilometer langen Appalachen im Osten der USA. Gestein- und Gebirgsbildungsprozesse muss man immer auch in Zusammenhang mit der Plattentektonik sehen.

Pultscholle bedeutet, dass sich geologische Strukturen allmählich heben, bis es zu einem Bruch mit steilem Abfall kommt. Vom Chemnitz aus gesehen steigt das Erzgebirge langsam an, bis es am Kamm steil zum Egergraben (Oherský příkop) hin abfällt. Dort gibt es Stellen, wo die Höhendifferenz auf weniger als 10 Kilometern Luftlinie mehr als 700 Meter beträgt.

Der Prozess der Pultschollenbildung ist noch nicht zur Ruhe gekommen, die Höhendifferenz zwischen Kamm und Egertal wächst in einer für menschliche Sinne nicht wahrnehmbaren Geschwindigkeit weiter. Zudem treten immer wieder, zeitlich schwarmweise, Mini-Erdbeben auf, deren Zentrum bei Novy Kostel (Neukirchen) im Musikwinkel liegt. Boulevardblätter titelten schon reißerisch, im Oberen Vogtland würde ein Vulkan erwachen.

EXTRA

Hirtstein und Scheibenberg

Als Geotope bezeichnet man Gebilde der unbelebten Natur, die Einblicke in die Erdgeschichte vermitteln. Erzgebirge und Böhmisches Mittelgebirge weisen zahlreiche solche Geotope vor allem vulkanischen Ursprungs auf. Am populärsten auf sächsischer Seite sind Hirtstein (→ S. 168) und Scheibenberg (→ S. 187), zwei sehr attraktive Überbleibsel von Basalteruptionen, jederzeit frei in der Landschaft zu besichtigen.

Spalten im Lavagestein entstehen durch Spannungsrisse quer zum Temperaturgradienten bei der Abkühlung. je langsamer die Temperatur fällt, umso ›schöner‹ können sich die meistens sechskantigen Säulen bilden.

Dabei eint Hirtstein und Scheibenberg, dass man ohne körperliche Anstrengung dicht herankommen kann, Parkmöglichkeiten für das Auto befinden sich fast daneben. Bei beiden geht das heutige Erscheinungsbild, obwohl für Laien natürlich wirkend, auf Steinbruchtätigkeiten zurück. Der Unterschied zwischen beiden liegt darin, dass es sich beim Hirtstein um einen echten Kraterschlund handelt, bei Scheibenberg um ein zerbrochenes Lavafeld oberhalb von Sedimenten.

Hirtstein und Scheibenberg sind zwar die bekanntesten Stellen mit frei liegenden Basaltsäulen im deutschen Erzgebirge, aber bei weitem nicht die einzigen. Über das ganze in diesem Reiseführer beschriebene Territorium verstreut gibt es Punkte, wo solche Gesteinsformationen auch für weniger geübte Wanderer erreichbar sind. Hingewiesen sei hier auf den Willisch (→ S. 124), die Basaltkanten von Rothau (Rotava, → S. 120) und Seifen (Ryžovna, → S. 225) sowie den Workotsch (Vrkoč, → S. 294). Weit zahlreicher sind aber die Stellen, wo die Basaltsäulen unsichtbar unter der Erde schlummern. Beim Basalt von Bärenstein, Pöhlberg, Hirtstein und Scheibenberg handelt es sich um Augit-Nephelinit, dessen Alter auf etwa 24 Millionen Jahre datiert wurde (www.geologie.sachsen.de).

Die Deutsche Geologische Gesellschaft veranstaltet seit 2002 einen ›Tag des Geotops‹ (www.tag-des-geotops.de), er findet am dritten Sonntag im September statt.

Windstill erlebt man den Hirtstein selten

Aussichtspunkte

Das Erzgebirge bietet viele schöne Aussichtspunkte, von denen viele auch per Auto zu erreichen sind. Teils blickt man auf Wälder, teils auf Kulturlandschaften unterschiedlicher Attraktivität. Dabei lohnt sich mancher romantische Aussichtsfelsen mit eingeschränktem Blickwinkel mehr als Panoramen mit Industrieanlagen und Verkehrsschneisen. Was man als eigenständigen Berg ansieht, bleibt eine von der Schartenhöhe abhängige Definition. Die Schartenhöhe eines Gipfels ist seine Höhe über der niedrigsten geschlossenen Höhenlinie, die ihn umgibt und gleichzeitig keinen höheren Gipfel einschließt. Ist die Schartenhöhe gering, spricht man statt von einem eigenständigen Berg von einem Grat oder Nebengipfel. So wird beispielsweise der Hintere Fichtelberg (1206 m) in Statistiken oft übergangen, denn auf dem Weg zum Fichtenberg (1214 m) sinkt die Höhe nur wenig unter 1190 Meter ab und man nimmt den Hinteren Fichtelberg optisch nicht als eigenständig wahr.

Die folgende tabellarische Übersicht stellt 30 beliebte Aussichtspunkte vor, die sämtlich, sofern nicht anders erwähnt, dem Erzgebirge zuzurechnen ist. Sie sind von Ost nach West geordnet.

30 beliebte Aussichtspunkte

Aussichtspunkt	Höhe (m)	Lage/Kommentar/Parkmöglichkeit
Humboldtaussicht (Humboldtova vyhlídka in Verneřice)	680	Böhmisches Mittelgebirge, Blick nach Westen ins Elbtal, P 400 Meter entfernt
Milleschauer (Milešovka)	837	höchster Gipfel im Böhmischen Mittelgebirge, mit Aussichtsturm
Mückenberg (Komáří hůrka)	807	mit Seilbahn und Gastwirtschaft, P
Siebenbergeaussicht (Sedmihůrská vyhlídka)	885	Blick nur nach Süden, am Fahrradweg Sedmihůrská cesta
Geisingberg	824	mit Aussichtsturm und Baude
Borschen (Bořeň)	539	Böhmisches Mittelgebirge
Bornhauberg (Pramenáč)	909	
Kahleberg	905	P
Brüxer Schlossberg (Hněvín)	399	Böhmisches Mittelgebirge, mit Schlosshotel, P (geringe Kapazität)
Schwartenberg	787	eine Kulturlandschaft mit Windrädern und Bergbauerngehöften dominiert den Rundblick, relativ geringer Waldanteil für diese Höhe, mit Baude, P
Katzenstein	706	Aussichtsfelsen neben dem Flusslauf der Schwarzen Pockau, P 300 Meter entfernt
Hirtstein	890	mit freiliegenden Basaltsäulen und Baude, P
Haßberg (Jelení hora)	994	Blick auf die Preßnitz-Talsperre
Egerberg (Lestkov)	548	Ausläufer des Duppauer Gebirges bei Klösterle mit Burgruine

Schönberg (Šumburk)	540	Ausläufer des Duppauer Gebirges bei Klösterle mit Burgruine
Sphinx (Sfingy)	790	Aussichtsfelsen bei Kupferberg, Blick nur nach Süden, P
Pöhlberg	831	mit Aussichtsturm und Gastwirtschaft, P
Bärenstein	898	mit Gastwirtschaft, P
Keilberg (Klínovec)	1244	der höchste Erzgebirgsgipfel, mit Aussichtsturm, P
Fichtelberg	1214	mit Seilbahn, Aussichtsturm und Gastwirtschaft, P (gegen Gebühr)
Greifensteine	732	mit Gastwirtschaft, P
Scheibenberg	807	mit freiliegenden Basaltsäulen, modernem Aussichtsturm und Gastwirtschaft, P
Taubstein (Holubí skály)	880	Blick nach Nordwesten
Heinrichstein (Na Strašidlech)	913	Blick nur nach Westen, im Vergleich mit dem Blatenský vrch und dem Plešivec eher ein Geheimtipp, P (Feldweg für erfahrene Autolenker)
Wildenau (Jeskynní vyhlídka)	487	Kaiserwald, Aussichtsfelsen neben dem Flusslauf der Eger, letzte Meter mit Halteketten
Spiegelwald	728	mit modernem barrierefreiem Aussichtsturm und Baude, Rundblick über Bernsbach, Grünhain und Beierfeld, P
Name	**Höhe (m)**	**Lage/Kommentar/Parkmöglichkeit**
Peindlberg (Tisovský vrch)	977	mit Aussichtsturm
Auersberg	1018	mit Aussichtsturm und Gastwirtschaft, der höchste Erzgebirgsgipfel abseits des Hauptkamms, P
Hoher Stein (Vysoký kámen)	773	Übergang zum Elstergebirge, P (Feldweg von Osten für erfahrene Autolenker)
Oberer Berg	621	Elstergebirge, mit Bismarcksäule, P

Aussicht vom Taubstein

Pässe und Salzstraßen

Natürlich gab es lange vor der Entstehung des Tourismus Routen durch das Erzgebirge. Sie dienten als Handelswege und führten durch Stellen, die sich in besonderer Weise zur Querung des Gebirges anboten. Ein besonders wichtiges Transportgut war Salz, weshalb einige dieser ›Böhmischen Steige‹ auch als Salzstraßen bezeichnet wurden. Ausgangspunkt der ältesten deutschen Salzstraßen waren die Salinen von Halle an der Saale, von wo Handelswege in alle Himmelsrichtungen führten. Die bekanntesten und bedeutendsten Erzgebirgspässe waren, von Osten nach Westen, die im Folgenden genannten.

Der **Nollendorfer Pass** (Scheitelhöhe 680 m), auch Kulmer Steig bei Kulm (Chlumec u Chabařovic) genannt, entspricht der Neuen Poststraße Dresden–Teplitz. Er wurde erstmals vermutlich 1722 vermessen und wird heute ungefähr durch die Autobahn Dresden – Prag untertunnelt.

Der **Pass am Geiersberg** (Scheitelhöhe 720 m) führte vom Kloster Mariaschein (Bohosudov) an der Burgruine Geiersberg (Kynšperk) vorbei und entspricht der Alten Poststraße Dresden – Teplitz. Er wurde erstmals 1725 vermessen und weist noch zahlreiche historische Wegmarkierungen und Meilensäulen auf.

Der **Graupener Pass** (Scheitelhöhe 770 m) verlief zwischen Graupen (Krupka) und Voitsdorf (Fojtovoce) und war ein mittelalterlicher Pilgerweg.

Die **Bundesstraße Altenberg – Zinnwald – Teplitz** (Scheitelhöhe 867 m) verläuft über keinen historisch benannten Pass.

Der **Pass von Klostergrab** (Scheitelhöhe 791 m) entspricht der Alten Poststraße Freiberg–Teplitz, die erstmals vermutlich 1722 vermessen wurde, und der ehemaligen Bahnlinie Freiberg – Brüx, deren Scheitel sich etwa am Bahnhof Moldau (Moldava) befand.

Der **Pass von Ossegg** (Scheitelhöhe 870 m), der sogenannte Riesenburger Steig zum Oberlauf der Flöha, wurde bereits um 1200 unter den Hrabschitzern auf dem steilsten Stück bei Langewiese (Dlouhá Louka) gepflastert.

Der **Pass von Deutscheinsiedel** (Scheitelhöhe 771 m), die ziemlich geradlinige Wegführung Halle – Oederan – Sayda – Brüx – Prag mit Flöhaquerung in Neuhausen, am Schwartenberg vorbei und über den Einsiedler Sattel wird allgemein als die wichtigste Salzstraße nach Böhmen angesehen.

Der **Fahrweg über Kleinhan-Ladung** (Scheitelhöhe ~910 m) besitzt keine geläufige Passbezeichnung.

Der **Reitzenhainer Pass** (Scheitelhöhe 840 m), Zweig der Salzstraße, entspricht der Bundesstraße Chemnitz – Komotau und der ehemaligen Bahnlinie Pockau – Krima – Komotau. Diese Strecke forderte der böhmische König als Trassenausbau von Leipzig nach Prag bereits um 1400, 1716 wurde sie als Postkurs Leipzig – Prag unter der Regentschaft Augusts des Starken eingerichtet.

Der **Preßnitzer Pass** (Scheitelhöhe 841 m) hatte seinen Scheitel in der Südecke der heutigen Talsperre Preßnitz.

Der **Wiesenthaler Pass** (Scheitelhöhe 1083 m) führte zwischen Fichtelberg und Keilberg hindurch.

Der **Rittersgrüner Pass** (Scheitelhöhe 980 m) befand sich zwischen Schwarzenberg und Joachimsthal und führte bei Ehrenzipfel über die Grenze.

Der **Plattner Pass** (Scheitelhöhe 914 m) entspricht der Bahnlinie Schwarzenberg–Karlsbad, der Scheitel lag etwa am Bahnhof Platten (Horní Blatná).

Der **Hirschenstander Pass** (Scheitelhöhe 938 m) zwischen Oberwildenthal und Hirschenstand (Jelení) wurde 1832 chausseeartig ausgebaut und ab 1837 von der Sommer-Eilpost Zwickau – Karlsbad befahren.

Der **Frühbußer Pass** (Scheitelhöhe 943 m) führte von Frühbus (Přebuz) am Großen Kranichsee vorbei, nach dem Ausbau des Hirschenstander Passes war er wirtschaftlich bedeutungslos.

Der **Graslitzer Pass** (Scheitelhöhe 767 m) entspricht der Bahnlinie Klingenthal–Falkenau mit dem Scheitel etwa am Bahnhof Grünberg (Zelená Hora).

Klima und Wasserhaushalt

Gefährlich war's früher, durchs Moor zu geh'n,
frag nur die Birken, sie haben geseh'n,
wie mancher Versuch, hier Fuß zu fassen,
jählings gescheitert. Entsetzen! Erblassen!
Der Boden war einfach zu feucht und zu weich.
Die Birken sind heute noch kreidebleich.

Gerd Geiser (lebt heute bei Bremen)

Das Klima im Erzgebirge ist milder als in Regionen Nordamerikas oder Asiens, die auf dem gleichen Breitengrad liegen. Ursache sind meist westliche Winde mit vom Golfstrom erwärmten Luftmassen. Im Zuge des Klimawandels sind seit einigen Jahren selbst die Höhenlagen nicht mehr schneesicher.

Viele Erzählungen ranken sich um frostigere Zeiten, die aus vergangenen Jahrhunderten dokumentierten Schneemengen werden während der nächsten Generationen jedoch vermutlich nicht wiederkehren. Das Vieh erfror in den Ställen, an über der Hälfte der Tage fielen die Temperaturen auf Celsiuswerte unter Null. Familienväter wurden zum Schneeschippen durch Dachfenster geschoben, weil tiefer gelegene Hausöffnungen im weißen Pulver steckten. Gelegentlich markieren Gebirgslagen des Erzgebirges immer noch den deutschen Kälterekord des jeweiligen Winters, beispielsweise nahe der Staatsgrenze bei Marienberg im Winter 2011/12 mit unter minus 34 und im Winter 2016/17 mit rund minus 30 Grad Celsius. In diesem Bereich gibt es ein natürliches Latschenkiefern-Gebiet, was in den Alpen kaum unter 1600 Metern Höhenlage beginnt.

Am Erzgebirge kann man insbesondere beim Übergang vom Winter zum Frühling zwei Jahreszeiten gleichzeitig erleben: belebte Skipisten am Kamm und Obstbaumblüten im Egertal. Die Vegetation in den höchsten Lagen hinkt sozusagen der Pflanzenentwicklung im umgebenden Tiefland um bis zu einen Monat hinterher, entsprechend kürzer ist oben die Vegetationsperiode.

Bei den vorherrschenden Windrichtungen liegt das Erzgebirge im Regenschatten anderer Mittelgebirge, die Niederschlagsmenge fällt dadurch geringer aus. Die Klimaperiode von 1961 bis 1990 lieferte für Freiberg eine Durchschnittstemperatur von 7,7 Grad Celsius und eine jährliche Niederschlagsmenge von 764 Millimeter, für den Fichtelberg 2,9 Grad Celsius und 1117 Millimeter.

Die meisten Flüsse auf der Nordseite des Erzgebirges vereinigen sich mehr oder weniger direkt zur Mulde. Im Osten fließen einige – Weißeritz, Müglitz, Gottleuba – gleich in die Elbe. Hydrologisch ist die 78 Kilometer lange Flöha der Hauptquellast des Mulde-Einzugsgebietes, so ist bei der Mündung der Flöha in die Zschopau in der Stadt Flöha die Flöha der meistens wasserreichere Fluss. Und die 130 Kilometer lange Zschopau führt an ihrer Mündung sogar über doppelt so viel Wasser wie die Freiberger Mulde. Die vereinigte Mulde geht dann mit für Flachland-Verhältnissen hoher Fließgeschwindigkeit bei Dessau in der Elbe auf. Flöhatal-Patrioten könnten aber mit der eben beschriebenen Logik auch augenzwinkernd von einer Mündung der Flöha in die Elbe sprechen.

Die größten Zuflüsse in die Eger (Ohře) aus Richtung Erzgebirge sind die Komotau (Chomutovka, am Oberlauf Assigbach genannt), die Zwota (Svatava) und die Rohlau (Rohlava).

Das Umland des Erzgebirges ist reich an Heilquellen, bekannt sind das Westböhmische Bäderdreieck, Bad Brambach und Bad Elster, Bad Schlema, die Thermalbäder Wiesenbad und Wolkenstein, Jáchymov und Teplice, Bad Gottleuba, dazu kommen einzelne schön eingefasste Trinkquellen wie Luna in Louny. Tschechische Naturfreunde haben ein eigenes Internet-Portal für (attraktive) natürliche Wasserfälle in ihrem Land ins Leben gerufen: www.vodopady.info.

Ein interessantes Thema in Verbindung mit dem Wasserhaushalt sind die Moorlandschaften. Glücklicherweise wurde ihr Wert in letzter Zeit erkannt, und derzeit laufen einige Renaturierungs- und Pflegemaßnahmen (www.moorevital.sachsen.de). Bäche aus Moorgebieten führen oft eisenhaltiges Wasser, weshalb auch mehrmals der Flussname Schwarzwasser vorkommt. In folgende Moorareale können Wanderer einen Einblick erhalten: Georgenfelder Hochmoor, Moorgebiet Deutscheinsiedel, Moorwanderweg Rübenau durch die Hühnerheide und die Lehmheide, Mothäuser Heide mit Moorlehrpfad Stengelhaide, Hormersdorfer Hochmoor, Gottesgaber Torfmoor (Božídarské rašeliniště), Friedrichsfelder Hochmoor, Kleiner und großer Kranichsee, Moorlehrpfad Hammerbrücke.

Im Winter zeigt sich das Erzgebirge besonders reizvoll

Die letzten Hochwasser-Ereignisse, die das Erzgebirge heimsuchten, ereigneten sich im August 2002 und, etwas schwächer, im Juni 2013. Das Hochwasser 2002 war eine Katastrophe für das östliche und mittlere Erzgebirge, es riss Brücken mit sich und unterbrach den Verkehr auf einigen Eisenbahnstrecken für mehrere Jahre, 750 Millionen Euro gab die Deutsche Bahn allein für ihre Schäden in Sachsen an.

Die letzten Sommer brachten erstmals das Phänomen, dass kleine Bäche austrockneten.

Künstlich entstandene Gewässer

Größere Wasserflächen im Erzgebirge sind meistens künstlicher Natur. Ihre Anlage begann bereits im Mittelalter mit Grabensystemen für den Bergbau. Im 20. Jahrhundert wurden einige Trinkwassertalsperren errichtet. Die größte liegt bei Eibenstock (→ S. 196). Freizeitsport einschließlich Baden ist verboten. Zu DDR-Zeiten wurden für die Wasserspeicher am Oberlauf der entsprechenden Flüsse einige Orte umgesiedelt beziehungsweise aufgegeben (Neuwernsdorf, Fleyh und Preßnitz).

Wo das Baden nicht ausdrücklich verboten ist, ist es erlaubt. Am Kamm findet man besonders auf böhmischer Seite kleine romantische Floßteiche, die auch an den heißesten Sommertagen erfrischende Abkühlung bieten. Es gibt tatsächlich Erzgebirger und Gäste, die einen solchen Teich dem Gedränge auf Mallorca vorziehen. Übermut sollte jedoch fern bleiben, denn diese Teiche sind nicht nach den Sicherheitsvorschriften der EU-Schwimmbadnorm angelegt.

Mit dem angestauten Wasser wurden ab dem 16. Jahrhundert Holzstämme talwärts geschwemmt, mancherorts kann man sogar noch Reste der Floßgräben gut erkennen. Die Neugrabenflöße (Flájský plavební kanál) führten beispielsweise 18 Kilometer weit von Kammlagen bis Clausnitz. Der Schneeberger Floßgraben von Albernau bis Schlema war 15 Kilometer lang.

Zwischen Gebirge und Egertal werden einige Braunkohlegruben renaturiert und laufen dabei mit Wasser voll. Beim Milada-See am westlichen Stadtrand

Bereits oberhalb von Potůčky ist das Schwarzwasser (Černá) ein ansehnliches Flüsschen

von Ústí nad Labem (Aussig) gilt dieser Prozess als nahezu abgeschlossen, seit 2015 sind Uferbereiche öffentlich zugängig. Die Tagebauseen Jezero Medard (493 Hektar, 119 Millionen Kubikmeter) bei Sokolov (Falkenau) und Mostecké jezero (311 Hektar, 69 Millionen Kubikmeter) bei Most (Brüx) werden in absehbarer Zeit nach dem Stausee Vodní nádrž Nechranice (1338 Hektar, 287 Millionen Kubikmeter) die größten Seen Nordböhmens sein. Zu weiteren Kohlekratern dieser Dimension laufen ähnliche Planungen.

Abschließend sei erwähnt, dass in den letzten Jahren die Anzahl ganzjährig betriebener Spaßbäder deutlich zugenommen hat.

Energieversorgung

Kontrovers wird – wie fast überall – die Energieerzeugung diskutiert. Manche Naturschützer betrachten Wasser- und Windkraftanlagen ja generell als Biotopzerstörung, im Vergleich mit fossilen Energieträgern oder radioaktiven Brennstoffen sind sie aber wohl das geringere Übel. Ein Austrocknen von Fließgewässern durch abgezweigte Mühlgräben mit Kleinturbinen darf natürlich nicht geduldet werden. Ebenso sind Proteste gegen Windräder an den letzten Brutstellen des Birkhuhns höchst berechtigt.

Das Pumpspeicherkraftwerk Markersbach ist immer noch eines der größten in Europa. Der Stausee Negranitz liefert 10 Megawatt und die Trinkwassertalsperre Fleyh nebenbei 7 Megawatt Strom pro Jahr.

Die fünf seit 1992 arbeitenden Windkraftanlagen am Hirtstein sind der älteste Windpark Sachsens, Nová Ves v Horách (Gebirgsneudorf) gehörte zu den ersten Standorten von Windrädern in Tschechien. Der Windpark in Kryštofovy Hamry (Christophhammer) ist mit einer Leistung von 42 Megawatt aktuell der mit Abstand größte Tschechiens. Er stellt ein Beispiel für eine gute Zusammenarbeit deutscher und tschechischer Firmen dar. Die Windgeneratoren haben eine Nabenhöhe von 78 und einen Durchmesser von 82 Metern.

2010 schufen die Tschechen mit einem ohne Genehmigungen errichteten Solarpark auf sieben Hektar bei Moldava vollendete Tatsachen, streng juristisch gesehen müsste der Schwarzbau wieder entfernt werden.

Tier- und Pflanzenwelt

Das Erzgebirge ist ein typisches mitteleuropäisches Mittelgebirge, an einigen wenigen Stellen weist es einen subalpinen Charakter auf. Spektakuläre Superlative wie riesige Bestien oder uralte Bäume sind nicht anzutreffen. Gäste brauchen weder Gift- noch Raubtiere zu fürchten, lediglich eine Zeckenzange oder Zeckenkarte sollte man im Wandergepäck mitführen.

Einerseits hielten sich nach der letzten Eiszeit in den oberen Lagen des Erzgebirges Pflanzen, die erst wieder am Polarkreis zu finden sind. Andererseits haben wärmeliebende Tiere im südlichen Gebirgsvorland die nördlichsten Ausläufer ihrer Verbreitungsgebiete, Äskulapnatter und Ziesel gehören dazu. Diese verschiedenen Höhenzonen mit ihren spezifischen Charakteren wurden bereits beim Thema Klima erwähnt, Latschenkiefern- und Steppenbiotope liegen manchmal nur zwei Dutzend Kilometer voneinander entfernt. Einige höhere Wirbeltiere wie Wasseramsel und Wasserspitzmaus sind auf Futtersuche in klaren Bächen spezialisiert. Sorgen bereitet derzeit die schnell schwindende Zahl von Feldvögeln.

Von 2007 bis 2009 gab es in Sachsen einen Aufruf, Standorte des Kleinen Leuchtkäfers (Lamprohiza splendidula) zu melden (www.laternentanz.eu). Dieses Glühwürmchen oder Johanniswürmchen genannte Tier ist ein Insekt, das mit einer effektiven chemischen Reaktion von seinem Hinterleib Licht aussendet. Eine freudige Erkenntnis war, dass der Leuchtkäfer in allen Höhenlagen bis hinauf nach Oberwiesenthal beobachtet wurde. Wer die tanzenden Lichtpunkte sehen will, hat in Frühsommernächten in feuchten Laubwäldern die größten Chancen. Auf den Leuchtkäfer-Aufruf folgte eine allgemeinere Mitmachaktion zum Thema Insekten (www.insekten-sachsen.de), an der man sich immer noch beteiligen kann.

Es gibt Erfolge und Misserfolge im Artenschutz. Gut läuft beispielsweise das Naturschutzgroßprojekt ›Bergwiesen im Osterzgebirge‹ (www.bergwiesen-osterzgebirge.de) rund um Altenberg-Fürstenau.

Verschiedene Auffassungen zur Jagd liefern seit vielen Jahren Konflikte. Beispielsweise streitet sich die Hegegemeinschaft Erzgebirge mit dem Staatsbetrieb Sachsenforst um die Rotwildbewirtschaftung.

Klimawandel und Globalisierung machen auch vor dem Erzgebirge nicht Halt. Schon geringfügige Temperaturänderungen können die Wechselwirkungen in einem Biotop empfindlich stören. Dazu kommen eingeschleppte Arten wie der sich invasiv ausbreitende Riesenbärenklau. Berührungen mit dieser großen Pflanze führen zu ähnlichen Symptomen wie bei Verbrennungen und heilen langsam.

Eine Schlüsselblumenwiese vor der Satzunger Kirche

Geschichte

Die Autoren konzentrieren sich im Folgenden auf die Epochen und Wendepunkte, Ereignisse und Entwicklungen der Geschichte, die für Touristen interessant sind und gleichzeitig in besonderer Weise zum Verständnis der heutigen Gegebenheiten beitragen.

Böhmen im Mittelalter

Gesichert ist, dass auf dem Territorium des heutigen Tschechiens bereits vor etwa 200 000 Jahre Menschen lebten. Um 550 wanderten Slawen ein. 864 kamen die byzantinischen Mönche Kyrill und Method im Großmährischen Reich an, die eine Schlüsselrolle bei der Ausbreitung des Christentums spielten. Die Bezeichnungen Böhmen und Mähren tauchen erstmals im 9. Jahrhundert in fränkischen Quellen auf.

Das Herrschergeschlecht der Přemysliden entstammt laut Sage der Verbindung einer angesehenen Wahrsagerin mit einem pflügenden Bauern. 1085 krönte Kaiser Heinrich IV. Wratislaus II. (Vratislav II., um 1035–1092) zum ersten König Böhmens. 1212 sicherte Kaiser Friedrich II. Přemysl Ottokar I. (Otakar I., um 1155–1230) die Erblichkeit des Königstitels zu. Unter Přemysl Ottokar II. (Otakar II., um 1232–1278) besaß Böhmen mit einem Einflussbereich bis zur Adria die größte Machtfülle. Zahlreiche Stadtgründungen erfolgten, im Gebiet des vorliegenden Buches etwa Brüx (ca. 1257), Aussig und Laun (ca. 1260), Kaaden (ca. 1261), Saaz (1265) und Schlackenwerth (1269). Die wichtigsten davon wurden direkt dem König unterstellt. Freie Bürger einer solchen Königsstadt (královské město) genossen verschiedene Privilegien.

Als Blüte der Hauptstadt Prag gelten die Regentschaften des Luxemburgers Karl IV. und des Habsburges Rudolf II. Karl IV. (Karel IV., getauft auf den Namen Wenceslaus, 1316–1378) war ab 1346 römisch-deutscher König, ab 1347 König von Böhmen, ab 1355 König von Italien und ab 1355 römisch-deutscher Kaiser. Er genoss in Paris eine vielseitige Bildung und entwickelte sich zu einem der angesehenen Herrscher seiner Zeit. Umfangreiche Bauaktivitäten – darunter Karlsbrücke, Veitsdom und Neustadt – machten Prag zur ›Goldenen Stadt‹. Die Prager Universität (www.cuni.cz) gründete Karl 1348. An dieser Universität lehrten übrigens später Ernst Mach und Albert Einstein. Ab 1373 war Tangermünde am Mittellauf der Elbe im heutigen Sachsen-Anhalt Karls Zweitsitz.

Zwischen den Regierungsepochen Karls IV. und Rudolfs II. lag unter anderem die unruhige Zeit der Hussitenkriege. Der Reformator Jan Hus (1372–1415) wurde 1400 zum Priester geweiht und 1409 zum Rektor der Universität ernannt. Bezugnehmend auf John Wyclif, verfolgte Hus ähnliche Ideen wie später Martin Luther. Doch schon ab 1408 bekämpften einflussreiche Geistliche sein Wirken. Für einen Besuch des Konstanzer Konzils 1414 sicherte König Sigismund ihm freies Geleit zu. Dennoch endete Hus in Konstanz auf dem Scheiterhaufen.

Daraus resultierende Aufstände in Böhmen wurden ab 1419 durch Jan Žižka (der Einäugige, um 1360–1424) straff gebündelt und zu zahlreichen militärischen Siegen geführt. Dabei gingen die Truppen der christlichen Reformer auf ihren

Jan Žižka, Darstellung aus dem 16. Jahrhundert

Feldzügen durchaus brutal gegen die Zivilbevölkerung vor. Beim Massaker in Chomutov 1421 soll Žižka befohlen haben, von den etwa 2500 Bewohnern alle bis auf 30 niederzumetzeln. So viele hielt er für nötig, um die übrigen zu begraben. Ab 1427 erreichten diese Hussitenkriege auch Böhmens Nachbarländer. Žižkas Nachfolger Andreas Prokop (der Große, um 1380–1434) konnte zunächst ebenso erfolgreich agieren.

Zur Schwächung der Hussiten trugen interne Kämpfe zwischen verschiedenen Strömungen bei. Nach vielen erfolgreichen Schlachten führten die Jahre 1433 und 1434 schnell zu ihrer endgültigen Niederlage. Durch die Hussitenkriege wurde die Wirtschaftsentwicklung Böhmens stark zurückgeworfen.

Die Habsburger in Böhmen

Der Aufstieg der Habsburger zu einer europäischen Macht begann mit den Erfolgen Rudolfs I. (1212–1291) als König des Heiligen Römischen Reiches. Letzter König Böhmens ohne Habsburger Blut in seinen Adern war Ludwig II. (1506–1526). Er heiratete 1515 eine Enkelin Kaiser Maximilians I. (1459–1519) und starb nach der Schlacht bei Mohács. Von 1526 bis 1918 gehörten die von Prag aus regierten Länder zum Besitz des Habsburger Adels. Sie wurden als Länder der böhmischen Krone oder Böhmische Kronländer (Země Koruny české) bezeichnet. Die Verwaltung dieses Gebildes war von der deutschen Sprache dominiert. In ähnlicher Weise war das Ungarische die Herrschaftssprache in der damals Oberungarn genannten Slowakei.

Rudolf II., Gemälde (1594) von Joseph Heinz dem Älteren

Unter den Prager Regenten erfuhr Rudolf II. (1552–1612) besondere Aufmerksamkeit in der späteren Betrachtung. Er war ein versponnener Alchemist und großer Mäzen. So versammelte er bedeutende Astronomen seiner Zeit wie Tycho Brahe und Johannes Kepler sowie Künstler wie Giuseppe Arcimboldo und Hans von Aachen an seinem Hof. Seine politischen Aktivitäten dagegen blieben zunehmend erfolglos und ab 1606 entmachteten ihn seine Verwandten schrittweise. Von 1618 bis 1648 wurden Böhmen und Westsachsen durch den Dreißigjährigen Krieg stark in Mitleidenschaft gezogen. Populärster Feldherr der Habsburger dabei war Albrecht von Waldstein (→ S. 257), heute meist Wallenstein genannt.

Mit Maria Theresia (1717–1780) zählte eine Frau zu den prägenden Monarchen in der Ära des Aufgeklärten Absolutismus. In ihrer Herrschaftszeit dehnte sich das Habsburgerreich erheblich aus, gleichzeitig setzte sie zahlreiche innenpolitische Reformen in Gang. Ihr 1745 zum Kaiser gekrönter Gatte überließ ihr die Regierungsgeschäfte. Maria Theresias Sohn und Nachfolger Joseph II. (1741–1790) begann seine Regentschaft (1780–1790) mit einigen tiefgreifenden Reformen wie der Aufhebung der Leibeigenschaft 1781.

Die Geschichtsschreibung unterscheidet das Kaisertum Österreich von 1804 bis 1867 von der Doppelmonarchie (Realunion) Österreich-Ungarn, die von 1867 bis 1918 währte. Mit den Pariser Vorortverträgen endete die Herrschaft Österreich-Ungarns über die Tschechen und Slowaken.

Die Mark Meißen

Erstes Zentrum im Zuge des Besiedlung Sachsens durch Deutsche war die Markgrafenstadt Meißen an der Elbe. Das Bistum Meißen wurde 968 gegründet. Der Mittellauf der Freiberger Mulde spielte bei der Erschließung des Erzgebirges aus Richtung Meißen eine große Rolle. Nossen und Freiberg sowie vermutlich Dippoldiswalde entstanden im 12. Jahrhundert.

Eine bekannte Landkarte von Bartholomäus Scultetus (1540–1614) zeigt die Mark Meißen im Kern identisch mit dem heutigen Bundesland Sachsen, die Lausitz ist in dieser Darstellung ein eigenes Nachbarland. Dafür reicht die Mark Meißen westlich bis zu den Saalestädten Naumburg und Hof. Als Sachsen wird bei Scultetus dagegen das nördlich angrenzende Nachbarland ab etwa der Linie Doberlug – Herzberg – Dommitzsch – Landsberg – Merseburg bezeichnet.

Die Wettiner in Sachsen

Die Wettiner sind eines der ältesten europäischen Hochadelsgeschlechter mit immer noch großem Einfluss, zu ihnen gehören beispielsweise aus dem Coburger Zweig alle belgischen Könige. Sie erhielten ihren Namen von der Burg Wettin an der Saale, ab 1123 war Meißen für lange Zeit ihre Machtzentrale.

Ein besonders interessantes Kapitel des ausgehenden Mittelalters war nicht nur die Entführung der Wettiner Prinzen Ernst (1441–1486) und Albrecht (1453–1500), sondern deren ganzes Leben und Wirken. 1455 wurden beide durch einen von Kunz von Kauffungen angeführten Trupp von etwa 30 Reitern aus dem Schloss Altenburg entführt. Dieses Ereignis ging als ›Altenburger Prinzenraub‹ in die Geschichte ein. Damit wollte Kunz gegenüber dem Vater der

Brüder Entschädigungsforderungen für Verluste bei Diensten im sogenannten Sächsischen Bruderkrieg durchsetzten. Auf ihrem Weg nach Böhmen trennten die Entführer die Prinzen.

Kunz wurde in der Nähe des Klosters Grünhain gefangen genommen, fünf Tage nach der Tat in Freiberg zum Tode verurteilt und am sechsten Tag hingerichtet. Eine steinerne Entsprechung seines abgeschlagenen Kopfes ›ziert‹ den Frei-

Karte der Mark Meißen von Bartholomäus Scultetus, Osten ist oben

berger Rathauserker, die Augen sind angeblich auf die damalige Lage des Kopfes auf dem Marktplatz gerichtet.

Der jüngere der beiden Prinzen wurde zuerst verkuppelt, nämlich 1458 mit der böhmischen Königstochter Sidonie (Zdeňka z Poděbrad. 1449–1510) zur Bekräftigung des Vertrages von Eger. Darin wurde unter anderem die sächsisch-böhmische Grenze so festgelegt, wie sie heute noch verläuft.

Friedrich August I., Darstellung von 1860

Nach dem Tod seines Vaters wurde Ernst Kurfürst von Sachsen, er erweiterte seinen Einflussbereich geschickt und führte eine glückliche Ehe. 1471 beauftragten die Brüder den Baumeister Arnold von Westfalen, anstelle der alten Markgrafenburg Meißen das erste deutsche Schloss zu errichten. 1485 teilte Ernst gegen Albrechts Bedenken das Herrschaftsgebiet der beiden auf: Ernst erhielt das Kurfürstentum Sachsen (Landgrafschaft Thüringen, ernestinische Linie) und Albrecht das Herzogtum Sachsen (Markgrafschaft Meißen, albertinische Linie). Beide Brüder wurden in der Fürstenkapelle des Meißner Doms beigesetzt, die von 1428 bis 1539 den Wettiner Kurfürsten und Herzögen als letzte Ruhestätte diente. Ernsts Gebiet mit Schwerpunkt in Thüringen zersplitterte über die Jahrhunderte und führte zur Kleinstaaterei der Goethezeit. Heute wird das Jahr 1485 von Historikern als wichtige Zäsur für die Schwächung der Wettiner und den Aufstieg Brandenburg-Preußens zur Hegemonialmacht angesehen.

Zu Albrechts Kindern gehörten die in der Religion unterschiedliche Auffassung vertretenden Herzöge Georg der Bärtige (1471–1539) und Heinrich der Fromme (1473–1541). 1521 gründete Heinrich von Freiberg aus Marienberg. Nach dem Tode des Bruders machte er den Protestantismus zur Staatsreligion in Sachsen. In der Wittenberger Kapitulation 1547 erhielten die Albertiner statt der Ernestiner die Kurwürde. Durch Zersplitterungen im 17. Jahrhundert verloren die Ernestiner weiter an Einfluss.

Als bekanntester Wettiner gilt Friedrich August I. ›der Starke‹ (1670–1733), sechs Generationen nach Heinrich. Ihm ist die Blütezeit des Barock in Sachsen – noch heute sichtbar an Bauwerken in Dresden, Moritzburg, Pillnitz und Großsedlitz – zu verdanken. Zusätzlich erhielt er 1697 die Königswürde von Polen-Litauen. Im Erzgebirge hinterließ er allerdings nur wenige Spuren. Auch der Sohn von August dem Starken, August III. (1696–1763), war einer der größten Kunstmäzene seiner Zeit.

Albrechts Nachfahren gründeten 1806 das Königreich Sachsen, die Königswürde empfing Friedrich August der Gerechte (1750–1827) von Kaiser Napoléon Bonaparte. Der letzte König, Friedrich August III. (1865–1932), dankte nach der Novemberrevolution 1918 ab.

Bergmannsvokabular

EXTRA

Abbau Herauslösen des nutzbaren Gesteins einer Lagerstätte.
Abraum die das Nutzmineral überdeckenden Schichten im Tagebau.
Aufbereitung Vorbereitung von Rohstoffen für die Industrie, beispielsweise Entfernung von taubem Gestein.
Ausbau Maßnahmen zur Stabilisierung künstlicher Hohlräume.
Befahrung jede Bewegung im Bergwerk (mit oder ohne Fahrzeugen).
Berggeschrey (Geschrei) schnell umlaufende Kunde von reichen Erzfunden.
Ein- und ausfahren beginnen und beenden der Arbeitsschicht (in der Grube).
Bergstadt Stadt mit offiziellen Privilegien zur Unterstützung des Bergbaus.
Fahrt im Untertagebau eingesetzte Leiter.
Flöz Sedimentlagerstätte, die parallel zur Gesteinsschichtung verläuft.
Förderung Transport zwischen Abbau- und Aufbereitungsstätte.
Gang (begehrtes) Gestein, das durch natürliche Füllung einer Spalte in einem (älteren) anderen Gestein entstand.
Grube (Bergwerk, Zeche) Betriebsstätte zum Abbau, zur Förderung und Aufbereitung von Bodenschätzen.
Göpel (häufig von Pferden angetriebene) Fördermaschine, zentrales Bauteil ist eine Welle (aus Holz), Spindelbaum oder Ständerbaum genannt.
Hunt (Lore) offener Transportwagen (auf Schienen mit Kippmulde).
Huthaus zentrales Verwaltungsgebäude eines Bergwerks, oft mit Lagerräumen.
Hütte Fabrik, in der Erze ausgeschmolzen (verhüttet) werden.
Kaue Überbau über einem Schacht, in der einfachsten Form ein (spitzes) Holzdach.
Kux Anteilsschein (eine Art Aktie) in früheren bergrechtlichen Gewerkschaften.
Markscheider Vermessungsingenieur im Bergbau.
Mundloch Zugang eines Stollens an der Tagesoberfläche.
Pinge (Binge) Vertiefung an der Erdoberfläche (von kleinen Trichtern bis zu über 100 Metern), die durch Bergbautätigkeiten entstanden ist (Einsturz aufgegebener Grubenteile).
Pochwerk zum Zerkleinern (von Erzen) dienende Maschine.
Raubbau auf kurzfristigen Höchstgewinn gerichteter Abbau.
Saigern (seigern) entmischen einer Metallschmelze (Silberabtrennung bei der Kupferherstellung).
Schacht senkrechter künstlicher Zugang im Untertagebau.
Schlägel und Bergeisen Hammer und Meißel im Erzbergbau, seit dem 16. Jahrhundert überkreuzt als Symbolbild für Bergbautätigkeiten gebräuchlich.
Seife sekundäre Mineralanreicherung (besonders Zinn und Gold) in Sedimenten.
Steiger Aufsichtsperson im Bergbau.
Stollen künstlicher Hohlraum im Untertagebau, horizontal oder mit geringem Gefälle.
Tagebau oberirdischer Abbau von Bodenschätzen (im Sonnenlicht).
Taub nicht verwertbar(es Gestein).
Untertagebau unterirdischer Abbau von Bodenschätzen, Erschließung durch Schächte und Stollen.
Wetter alle im Bergwerk befindlichen Gase (idealerweise gesunde Luft, also gutes Wetter).

Länder und Leute

Die Entwicklung des Bergbaus

Rohstoffe und Metalle aus dem Erzgebirge hatten jahrhundertelang einen guten Ruf, Silber und Zinn sowieso. Die heute noch als Geheimnis geltende Glasfarbe in der hochgotischen Kathedrale von Chartres beruhte auf hiesigem Kobalt. Dachkupfer aus Olbernhau-Grünthal wurde europaweit für repräsentativste Sakral- und Profanbauten verwendet. Unter den aktuellen wirtschaftlichen Rahmenbedingungen lohnt sich der Bergbau im Erzgebirge aber nicht mehr.

Erstes Berggeschrey

Mit der Kunde reicher Silberfunde im Raum Freiberg 1168 – meist als ›Erstes Berggeschrey‹ bezeichnet – kam es zu einer ersten Besiedlungswelle im Erzgebirge, Bergleute wurden vor allem aus dem Harz angeworben. Dennoch blieben weite Teile des Gebirgswaldes unerschlossen. Die vermutlich größten Orte im 13. Jahrhundert waren Freiberg, Dippoldiswalde, Schlettau, Schwarzenberg, Aue, Rechenberg und Sayda. Mit Ausnahme von Freiberg darf man sich unter den Orten aber nur eine Ansammlung weniger Häuser vorstellen.

Zweites Berggeschrey

Eine zweite Besiedlungswelle – auch ›Zweites Berggeschrey‹ genannt – ab etwa 1470 führte zu schnellen Gründungen einiger Städte, die noch heute das Gebirge in höheren Lagen prägen: Annaberg, Buchholz, Joachimsthal (Jáchymov), Schneeberg. Nach etwa 1520 folgten unter anderem Marienberg, Wiesenthal, Platten (Horní Blatná) und Gottesgab (Boží Dar). Ausgangspunkt des zweiten Geschreys war Schneeberg. An der Annaberger Bergordnung von 1509 orientierte sich der gesamte deutsche Bergbau. Als Musterbeispiel für eine geplante Renaissancestadt gilt Marienberg.

Zur Förderung der Wirtschaft wurden zahlreiche Städte mit Privilegien versehen. Diese durften sich Bergstadt nennen. Die Verfahrensweise in Sachsen und Böhmen war dabei ähnlich. Mit etwa 18 200 Einwohnern war Joachimsthal 1532 hinter Prag die bevölkerungsreichste Stadt im Königreich Böhmen. Der Boom nach dem ›zweiten Geschrey‹ dauerte rund 100 Jahre. Eine wesentliche Ursache war der Preisverfall durch Importe von Edelmetallen aus Amerika. Damit hatte der Bergbau im gesamten Europa zu kämpfen. Eine letzte Blüte innerhalb des ›zweiten Geschreys‹ fand mit der Gründung Johanngeorgenstadts 1654 und einer vielfältigen Abbautätigkeit dort statt.

Goethe hielt sich häufig für geologische Studien im Erzgebirge auf

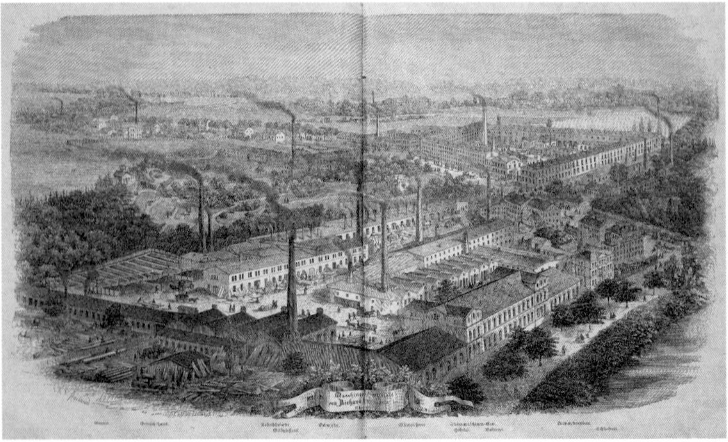

›Die Maschinenanstalt von Richard Hartmann in Chemnitz‹, Darstellung 1866 in ›Die Gartenlaube‹

Spätere Jahrhunderte

Zu den Personen, die sich unter anderem für geologische Studien gern im Erzgebirge aufhielten, gehörten Johann Wolfgang von Goethe (1749–1832) und Alexander von Humboldt (1769–1859). Freiberg, mit Abstand dann Joachimsthal, Annaberg und Johanngeorgenstadt waren immer auch Zentren der wissenschaftlichen Beschäftigung mit dem Bergbau. 14 von 21 bis 1898 beschriebene Uranmineralien stammten beispielsweise aus dem Erzgebirge. Vor allem Böhmens Erzgebirgs-Bergstädte sind im 20. Jahrhundert nochmals erheblich geschrumpft und weisen inzwischen trotz ihres Stadtstatus oft nur Einwohnerzahlen von unter 500 auf.

Möglicherweise kommt es irgendwann wieder dazu, dass sich der Erzbergbau im Erzgebirge lohnt und ein weiteres Berggeschrey ertönt. Nachdem sich der Preis für Fluorit in wenigen Jahren verdreifacht hatte, wurde 2013 zunächst das kleine Bergwerk Niederschlag (www.efs-nha.de) in Bärenstein reaktiviert. In Zinnwald wird untersucht, ob man Chile und Australien bei der Lithium-Produktion (www.bacanoralithium.com) Konkurrenz machen könnte. Auch für Pöhla gibt es eine Erlaubnis für Probebohrungen (www.smeag.de), neben Zinn könnte sich der Abbau von Wolfram und Indium lohnen.

Schaubergwerke

Der Besuch eines Schaubergwerks (Prohlídková štola) sollte bei einem längeren Erzgebirgsaufenthalt unbedingt eingeplant werden. Insbesondere kleinere Anlagen werden oft jedoch über einen Verein organisiert und leben vom ehrenamtlichen Engagement ihrer Mitglieder. Aufgrund der demographischen Situation wird wohl deren Zahl tendenziell abnehmen. Neben den im Buch aufgeführten Schaubergwerken bieten weitere kleine Bergbaustätten an einigen wenigen Terminen im Jahr eine Besuchsmöglichkeit an.

Die Industrialisierung in Sachsen

Je mehr aber die Ergibigkeit des Bergbaues abnahm, desto mehr sah sich die dichter gewordene Bevölkerung gezwungen, sich nach anderen Erwerbszweigen umzusehen.

aus Engelhardts Vaterlandskunde 1833

Der Bedeutungsverlust des Bergbaus in Sachsen wurde teilweise durch die Entwicklung von Maschinenbau, Textil- und Fahrzeugindustrie ausgeglichen. 1719 errichtete Johann Georg Esche (1682–1752) in Limbach eine Seidenstrumpfmanufaktur. Als Vater des Chemnitzer Maschinenbaus gilt Carl Gottlieb Haubold (1783–1856). Richard Hartmanns (1809–1878) Sächsische Maschinenfabrik in Chemnitz war bei seinem Tod der größte Betrieb Sachsens. Seit 1840 wurden dort Dampfkessel und seit 1847 Lokomotiven gebaut. Louis Ferdinand Schönherr (1817–1911) gelang 1840 die Konstruktion eines mechanischen Webstuhls für die Tuchproduktion, 1851 gründete er die Sächsische Webstuhlfabrik in Chemnitz. Hartmann und Schönherr entfalteten auch soziale Aktivitäten.

Nahezu auf einer Linie parallel zum Erzgebirgskamm lagen im 19. Jahrhundert weltweit führende Standorte der Textilindustrie: Flöha, Chemnitz, Limbach-Oberfrohna, Hohenstein-Ernstthal, Glauchau und Crimmitschau; Chemnitz erhielt den Beinamen ›Sächsisches Manchester‹. Ergänzend lieferte das Vogtland ›Plauener Spitze‹. Nebeneffekt der Industrialisierung war eine beträchtliche Umweltverschmutzung, so entstand im Volksmund auch die Bezeichnung ›Rußkamtz‹ (Rußchemnitz).

Die 120 Kilometer lange Leipzig-Dresdner Eisenbahn wurde 1839 fertiggestellt und war die erste deutsche Fernbahn. Größere Bedeutung für das in diesem Reiseführer behandelte Gebiet hat natürlich die sogenannte Sachsenmagistrale Dresden – Freiberg – Chemnitz – Zwickau – Werdau. Diese Bahnstrecke ging in mehreren Teilabschnitten zwischen 1845 und 1869 in Betrieb. Hinter Werdau wurden die beiden größten Ziegelbrücken der Welt errichtet: über die Göltzschtalbrücke und über die Elstertalbrücke fuhren die Züge erstmals 1851.

Ab 1904 blühte die Automobilindustrie der Region, im Laufe des 20. Jahrhunderts kamen Produkte für den Haushalt wie Kühlschränke und Waschgeräte dazu. Als bekannteste Fahrzeugfertigungen des im Buch betrachteten Gebietes seien erwähnt: die Diamant-Fahrräder aus Chemnitz, die Rasmussen-Motorräder aus Zschopau, die Motorräder von Wanderer, Schüttoff und Triumph aus Chemnitz, die Framo-Kleintransporter aus Frankenberg und natürlich die vier berühmten Autobauer Audi, DKW, Horch und

Besuchergruppe im Markus Röhling Stollen Fronau an der Sehma

Wanderer, die 1932 als Auto Union AG zum ersten staatlichen Automobilkonzern Deutschlands fusionierten. Aus den beiden Zwickauer Werken der Auto Union ging 1958 der VEB Automobilwerk Zwickau hervor, Hersteller der Trabant-Automobile.

Die Anfänge des Tourismus

Als erster Tourist im Erzgebirge gilt der Geograph Otto Delitsch (1821–1882). Er veröffentlichte ab den 1860er Jahren Reiseberichte, die auf großes Interesse stießen. 1872 erschien Bruno Berlets Wegweiser durch das sächsisch-böhmische Erzgebirge in einem kleinen Annaberger Verlag. Er erlebte zahlreiche Auflagen und kann als erster Reiseführer für die Region gelten (→ S. 184). Zur Förderung des Wanderns wurde 1878 in Aue der Erzgebirgsverein gegründet, seine größte Mitgliederzahl erreichte er 1925 mit 29350.

Um 1900 gewann der Skisport an Zulauf, der unter anderem in Oberwiesenthal vom Arzt Erwin Jaeger (1870–1955) und vom Fabrikbesitzer Ralph Müller (1886–1946) propagiert wurde. Die ersten deutschen Skiläufer waren Erwin Beck 1886 in Klingenthal und Franz Irzing 1893 in Rübenau.

In Böhmen entwickelte sich Karel Lím (1875–1958) zum wichtigsten Förderer des Tourismus im Erzgebirge. Der tapfere Lehrer – er soll bis zu 128 (!) Kinder in einer Schulklasse unterrichtet haben – war 1897 der erste tschechische Skifahrer im Erzgebirge, bemühte sich in von Deutschen dominierten Gebieten um die Pflege der tschechischen Sprache, legte Wanderwege an und führte Wandergruppen, und er organisierte den Bau einer Berghütte auf dem Stürmer (Bouřňák, 869 m).

Entwicklungen im Sudetenland

Das Verhältnis von Sudetendeutschen und Tschechen im 20. Jahrhundert war konfliktbeladen, die Demütigung der einen durch die andere Seite eskalierte mitunter in Gewaltakten. Deutsche in Tschechien gab es praktisch immer, unter den Přemysliden waren sie sogar aktiv angeworben worden. Das erste schriftliche

Gedenkstein an den Todesmarsch von Komotau neben dem Grenzbach Schweinitz

Karel Lím im Jahr 1935

Dokument über ein friedliches Miteinander stammt aus dem Jahre 1178, als der Prager Regent den deutschen Siedlern einen Freiheitsbrief erteilte.

Franz Jesser (1869–1954) aus Zwittau (Svitavy) führte nach 1900 das Wort Sudetendeutsche in die politische Diskussion ein, das ab 1918 als Sammelbezeichnung für alle Deutschen in den einst böhmischen Kronländern populär wurde. Das Statistische Jahrbuch der Tschechoslowakischen Republik gibt an, dass 43 Prozent der Bevölkerung in Böhmen und Mähren im Jahr 1921 Deutsche waren. Sie konzentrierten sich nicht nur an der Grenze zu Sachsen und Bayern, sondern auch zu Schlesien. Der Anteil der Karpatendeutschen in der Slowakei war dagegen geringer, er begrenzte sich auf kleinere geographische Räume um Pressburg (Bratislava), das Hauerland, die Regionen Zips und Gemer.

Bis 1918

Böhmen wurde im 19. Jahrhundert von Wien aus und die zu dieser Zeit Oberungarn genannte Slowakei von Budapest aus regiert, wichtige Posten gingen fast nur an deutsch- beziehungsweise ungarischsprachige Bürger. Generell kann man wohl urteilen, dass die Tschechen in Böhmen unter der Österreichischen Krone etwas weniger benachteiligt wurden als die Slowaken unter der Ungarischen Krone. Gegen diese Ungleichbehandlung formierte sich allmählich Widerstand im Sinne von erwachendem Nationalbewusstsein kleinerer Völker; ähnliche Entwicklungen fanden damals auch in anderen Teilen der Welt wie in Skandinavien oder im Osmanischen Reich statt. Zeitweise war der Panslawismus populär, der alle Slawen als ein Volk versteht und in einem Staat vereinen will. Nach dem Prager Pfingstaufstand 1848 sahen die Tschechen eine Chance auf größere Einflussnahme darin, einen gewählten Böhmischen Landtag (Zemský sněm Království českého) zu bilden. In den Gebieten des Sudetenlandes wurden jedoch Tschechen weiterhin benachteiligt, ein anschauliches Beispiel bietet dazu die Biographie des Lehrers Karel Lím (1875–1958).

Der Waffenstillstand von Compiègne am 11. November 1918 beendete die Kämpfe des Ersten Weltkriegs. Historiker meinen, dass die resultierenden Verträge, die sogenannten Pariser Vorortverträge, die Keime künftiger Konflikte in sich trugen. Auf die Befindlichkeiten der Sudetendeutschen in der neugegründeten Tschechoslowakei ging die Nationalversammlung in Prag beispielsweise wenig ein, dabei war diese Minderheit zahlenmäßig den Slowaken ebenbürtig.

Die böhmischen Kronländer blieben bis zu deren Ende 1918 Bestandteil der Multikulti-Doppelmonarchie Österreich-Ungarn. Diese Doppelmonarchie zerfiel dann in mehrere Nationalstaaten. Größere fast rein deutschsprachige Gebiete lagen außer im Kernland Österreich besonders an den Rändern der böhmischen Kronländer zu Deutschland. Die Bewohner dort votierten für eine Zuordnung zu Österreich statt zur Tschechoslowakei. Dadurch wäre natürlich das Gebiet der entstehenden Tschechoslowakei geschmälert worden. Beispielsweise wurde am 29. Oktober 1918 die anschlussbereite Provinz Deutschböhmen auf knapp 15 000 Quadratkilometern ausgerufen. Fast 93 Prozent der Einwohner dort bekannten sich als Deutsche. Sofort unterband die Prager Regierung alle Lebensmittel- und Kohlelieferungen nach Deutschböhmen und nach Wien. Ab dem 13. November 1918 besetzten Tschechen militärisch die von Österreich beanspruchten Gebiete, Widerstand äußerte sich friedlich in Demonstrationen und Streiks. Die Provinzregierung Deutschböhmens flüchtete am 14. Dezember 1918 über Dresden nach Wien. Schließlich einigten sich die Siegermächte auf eine Beibehaltung der alten Grenzen Böhmens. Die Berufung Österreichs auf die Haager Landkriegsordnung und auf das von Woodrow Wilson (1856–1924) bestätigte Selbstbestimmungsrecht der Völker blieb erfolglos.

Formal wurde der erste Weltkrieg durch die Pariser Vorortverträge beendet, die von den Siegern in Folge der Pariser Friedenskonferenz 1919 einseitig aufgesetzt und den unterlegenen Mittelmächten lediglich zur Unterzeichnung vorgelegt wurden. Der Papst hatte sich erfolglos als Moderator angeboten, er bezeichnete die Pariser Vorortverträge als ›rachsüchtiges Diktat‹. Im einzelnen waren das der Vertrag von Versailles mit dem Deutschen Reich (1919), der Vertrag von Saint-Germain-en-Laye mit Deutschösterreich (1919), der Vertrag von Neuilly-sur-Seine mit Bulgarien (1919), der Vertrag von Trianon mit Ungarn (1920), der Vertrag von Sèvres mit dem Osmanischen Reich (1920).

Von 1918 bis 1938

Mit der Unabhängigkeitserklärung am 18. Oktober 1918 begann die nachträglich als Erste Tschechoslowakische Republik bezeichnete Epoche. Eine außergewöhnliche Einmütigkeit der Sudetendeutschen – und nach einigen Quellen sogar der Juden im Gebiet – manifestierte sich am 4. März 1919. Die Demonstrationen für den Anschluss Sudetendeutschlands an Österreich wurden jedoch blutig unterdrückt und forderten in sieben Städten insgesamt 54 Menschenleben. Das Parteienspektrum im jungen Staat war weitgehend durch nationale Zugehörigkeiten geprägt; so gab es sechs nennenswerte tschechoslowakische Parteien, sieben jüdische, vier deutsche, vier ruthenische, drei ungarische, zwei polnische und zwei slowakische. Staatspräsident Tomáš Garrigue Masaryk (1850–1937) bildete als Diplomat mit deutscher Muttersprache trotz einiger unglücklicher Formulierungen einen integrierenden Faktor.

Friedhofsallee im Sudetenland

Wirtschaftlich stand besonders der dem heutigen Tschechien entsprechende Landesteil gut da. Er hatte von der Industrie der Donaumonarchie überproportional geerbt. In vielen Branchen – Chemie, Fahrzeugbau, Glas, Bier und andere Getränke, die Schuhe des Baťa-Konzerns, auch Rüstung – lieferte er Spitzenleistungen. Die Erste Tschechoslowakische Republik galt als neuntreichster Staat der Welt. Kurz vor der Weltwirtschaftskrise lag die offizielle Arbeitslosenquote bei unter einem Prozent.

Otto Delitsch im Jahr 1881

Die ČSR (Tschechoslowakische Republik) verstand sich jedoch entgegen ursprünglicher Zusagen nicht als zweite Schweiz, sondern als Nationalstaat der Tschechen und Slowaken. Eine Bodenreform begrenzte das Landeigentum von Deutschen, bei Staatsaufträgen wurden Firmen von Deutschen übergangen. Dass die Sudetendeutschen nicht gleiche Rechte wie Tschechen und Slowaken erhielten, führte in den 1930er Jahren zu einer breiten Unterstützung der Expansionspolitik Hitlers. Nachdem 1933 zwei deutsche Parteien verboten worden waren, gründete der Turnlehrer Konrad Henlein (1898–1945) die Sudetendeutsche Heimatfront, die sich ab 1935 Sudetendeutsche Partei nannte (SdP). In den deutsch besiedelten Gebieten wurde zunehmend enormer Druck unter Nachbarn und Kollegen ausgeübt, dieser Partei beizutreten. Einige Hitler-Gegner nutzen die Tschechoslowakei für ihren Weg ins Exil, beispielsweise die Schriftstellerfamilie Mann.

Im Jahr 1938 überschlugen sich die Ereignisse. Im März schlossen sich auch der Bund der Landwirte und die Deutsche Volkspartei Christlichsoziale der SdP an, Henlein traf Adolf Hitler am 28. März persönlich in Berlin, um Forderungen mit ihm abzustimmen. Am 24. April wurde daraufhin auf einem SdP-Kongress das ›Karlsbader Programm‹ mit weitgehenden Autonomieforderungen verabschiedet. Bei den Kommunalwahlen an drei Terminen im Mai/Juni gewann die SdP in den Sudetengebieten rund 90 Prozent der Stimmen, und ebenfalls im Juni schlug Hermann Göring den Botschaftern Ungarns und Polens vor, ebenfalls Gebietsforderungen gegenüber der Tschechoslowakei zu stellen. Bei der allgemeinen Mobilmachung am 23. September, eine Reaktion auf die stärker werdende Bedrohung von außen, stieg die Zahl der Soldaten in der Tschechoslowakischen Armee kurzfristig auf anderthalb Millionen. Wiederholt bezeichnete Hitler die Abtretung der sudetendeutschen Gebiete an das Reich als seine letzte territoriale Forderung. Im am 29. September unterzeichneten Münchener Abkommen genehmigten Großbritannien, Frankreich und Italien die Annexion des Sudetenlandes durch Hitlerdeutschland – und hofften wohl, damit einen Krieg in Europa in letzter Minute vermieden zu haben. Vertreter der Tschechoslowakei und der Sowjetunion waren zur Konferenz nicht eingeladen worden. Am 1. Oktober trat der ›Erlaß des Führers und Reichskanzlers über die Verwaltung der sudetendeutschen Gebiete‹ in Kraft, am gleichen Tag besetzten deutsche Truppen das Sudetenland, ab dem 2. Oktober polnische Truppen das Olsagebiet. Am 5. Oktober trat Edvard Beneš als Staatspräsident der Tschechoslowakei zurück und ging nach London ins Exil.

Die Zeit vom 1. Oktober 1938 bis zum 15. März 1939, als deutsche Truppen auch die verbliebenen Teile Tschechiens besetzten, wird mitunter als Zweite Tschechoslowakische Republik bezeichnet.

Von 1938 bis 1945

Am 14. März 1939 wurde der separate ›Schutzstaat Slowakei‹ als Satellitenstaat Deutschlands unter dem katholischen Priester Jozef Tiso (1887–1947) gegründet. Deutsche Truppen besetzten unter Verletzung der geltenden Verträge alle Gebiete der Tschechoslowakei ab dem 15. März 1939 und richteten das ›Protektorat Böhmen und Mähren‹ ein. Diese Aktion wurde und wird oft ›Zerschlagung der Rest-Tschechei‹ genannt. Die Mächte, die das Münchener Abkommen unterzeichnet hatten, sahen dem Bruch des Vertrages ohnmächtig zu. In London bildete sich um Edvard Beneš eine tschechoslowakische Exilregierung.

In seiner Programmschrift ›Mein Kampf‹ hatte Adolf Hitler vor allem zwei Ziele formuliert: die Ausrottung der europäischen Juden und die Schaffung von Lebensraum für Deutsche im Osten. Dabei sah er die Tschechen wohl nicht als zu liquidierendes Volk an, sondern als für eine ›Germanisierung‹ zugänglich. Kollaborateure unter ihnen gab es viele, Widerstand dagegen wurde hart bestraft. Sofort nach dem Einmarsch begann Hitlers Sicherheitsdienst mit der Verhaftung von Juden, Emigranten und Sozialdemokraten. Aus dem ›Altreich‹ wurden Tschechen und Slowaken vertrieben, beispielsweise aus der Stadt Wien. Die Tschechen mussten zwar nicht zum Militärdienst, ab 1943 wurden sie jedoch auch ohne ›Vergehen‹ zu Zwangsarbeiten herangezogen. Von den etwa 82 000 aus dem ›Protektorat‹ deportierten Juden überlebten nur 11200 den Krieg. Die Opferzahlen für die gesamte Tschechoslowakei lagen natürlich weit höher.

Am 27. Mai 1942 verübten Fallschirmspringer der tschechoslowakischen Exilarmee ein Attentat auf Reinhard Heydrich, dem er acht Tage später erlag. Heydrich war als Leiter des Reichssicherheitshauptamts und ›Stellvertretender Reichsprotektor in Böhmen und Mähren‹ de facto Leiter des Unterdrückungsapparetes und für zahlreiche Kriegsverbrechen und Verbrechen gegen die Menschlichkeit verantwortlich. Als Vergeltung für seine Ermordung löschten die deutschen Besatzer im Juli die beiden Orte Lidice (Liditz) und Ležáky (Lezaky) aus, nur wenige Zivilisten überlebten. Die Erwachsenen wurden erschossen. 96 Kinder im Vernichtungslager Kulmhof vergast. Die Gedenkstätte Lidice befindet sich unweit von Prag an der Straße nach Louny (Laun, www.lidice-memorial.cz). Indirekt wurde mit dem Attentat ein wichtiges politisches Ziel erreicht: Großbritannien und Frankreich widerriefen im August angesichts der Massaker ihre Zustimmung zum Münchener Abkommen.

Vom 29. August bis zum 28. Oktober 1944 fand der Slowakische Nationalaufstand statt, die heldenhafte Aktion beschleunigte das Kriegsende aber nicht wesentlich. SdP-Gründer Henlein begleitete während des Krieges zwar verschiedene exponierte Ämter im Reichsgau Sudetenland (Sudetengau), hielt sich gegenüber der Öffentlichkeit aber zurück und beging unmittelbar nach Kriegsende Suizid.

Von 1945 bis 1990

Der Zweite Weltkrieg endete in Europa am 8. Mai 1945 mit der bedingungslosen Kapitulation Deutschlands. Die Tschechoslowakei wurde zunächst in ihren Grenzen von 1937 wiederhergestellt, musste aber einige Monate später die Karpatenukraine (Podkarpatská Rus, auch Ruthenien genannt) an die Sowjetunion abtreten. Wegen des absehbaren Kriegsausgangs flohen schon vor Kriegsende Deutsche aus ihren Heimatgebieten im Osten. Unfaire Verfahren bei der Verurteilung Sudetendeutscher bis hin zu Lagerhaft waren eher die Regel als die Ausnahme.

Nach Kriegsende geschahen auf dem Gebiet Tschechiens viele Grausamkeiten gegenüber Deutschen. Zu den größten zählt das Massaker von Postelberg (Postoloprty) vom Juni 1945, bei dem über 750 Männer ermordet wurden. Aber auch Frauen und Kinder waren unter den Opfern. Während des Todesmarsches von Komotau (Chomutov) wurden von 8000 zusammengetriebenen Männern unterwegs einige erschossen. Aufgrund eines Amnestie-Gesetzes vom 8. Mai 1946 blieben derlei bis zum 28. Oktober 1945 begangene Morde straffrei. Die Anzahl der Sudetendeutschen, die von den oft mit erniedrigender Quälerei verbundenen ›wilden Vertreibungen‹ in den unmittelbaren Nachkriegsmonaten betroffen waren, wird auf 800 000 geschätzt.

Edvard Beneš (1884–1948, getauft als Eduard) war seit Gründung der Tschechoslowakei ein exponierter Politiker. Als Staatspräsident ab 1935 befeuerte er die Stimmung gegen Sudetendeutsche und Ungarn. Anders als sein intellektueller Vorgänger Tomáš Garrigue Masaryk (1850–1937) schreckte er auch vor Fälschungen und Manipulationen nicht zurück. Bereits von London aus arbeitete Beneš an einer ›nationalen Säuberung‹ der Tschechoslowakei und erhielt 1943 dafür die Zustimmung Stalins. Die nach ihm benannten Beneš-Dekrete waren schon von seiner Exilregierung formuliert und 1946 von der Prager Nationalversammlung gebilligt worden. 5 der 143 Dekrete bildeten die Grundlage für die Ausbürgerung und Enteignung der Sudetendeutschen und Ungarn. Einerseits existierte kein ausdrücklicher Vertreibungsbefehl, andererseits tobten sich auf unteren Ebenen auch Kriminelle und Sadisten aus. Bis 1947 verließen fast drei Millionen Sudetendeutsche ihre Heimat. Deshalb

Tomáš Garrigue Masaryk im Jahr 1925

fehlten der Tschechoslowakei zunächst viele Fachleute. Die meisten Sudetendeutschen siedelten sich nach mehr oder weniger großen Umwegen in Süddeutschland an. Zwischen 1947 und 1952 fand aber auch in geringem Maße eine Rückwanderung der Sudetendeutschen statt. Im Ostblock waren die Vertreibungen ein Tabuthema, in der Tschechoslowakei verbliebene Sudetendeutsche mussten Ressentiments erdulden.

Die sogenannte Dritte Tschechoslowakische Republik endete mit dem Februarumsturz 1948, mit dem die forcierte Umwandlung des Staates nach sowjetischem Vorbild einsetzte. Das nun amtierende Kabinett unter dem unbeliebten Klement Gottwald (1896–1953) orientierte sich am Stalinismus. Die DDR wurde bis zu ihrer Auflösung wie die Tschechoslowakei von der Sowjetunion kontrolliert. Mit einer Verfassungsänderung 1960 entstand die ČSSR (Tschechoslowakische Sozialistische Republik) und nach den Umstürzen 1990 die ČSFR (Tschechoslowakische Föderative Republik).

Bei Kriegsende war das Erzgebirge auf böhmischer Seite eine dicht besiedelte Mittelgebirgslandschaft. Nach der Flucht der Sudetendeutschen wurde nur ein Teil der leerstehenden Häuser von Zuzüglern genutzt, daher entstanden eine Reihe von Wüstungen. Es dauerte einige Generationen, bis diese Zuzügler das Erzgebirge emotional als Heimat wahrnahmen. Diese mangelnde Identifikation war neben den Umweltbelastungen einer der Hauptgründe für das schlechte Image des Erzgebirges in den folgenden Jahrzehnten. Zeigte unter den vielen guten Spielfilmen der ČSSR auch nur einer gewisse Sympathien für diese Landschaft?

Nach 1990

Die Vertriebenen, die in die Bundesrepublik gezogen waren, konnten von 1952 bis 1995 einen ›Antrag auf Lastenausgleich‹ stellen. Die Definition des Begriffes Heimatvertriebener geht dabei vom Wohnort zum Stichtag 31. Dezember 1937 aus. Vorbild für das Gesetz war der Lastenausgleich in Finnland nach der Vertreibung der Finnen aus Karelien. Bei fehlenden Belegen für den Verlust von Eigentum genügten oft zwei Zeugen, entsprechende Schätzungen – Immobilien, Firmen, Hausrat – fielen oft recht großzügig aus. Verlorene Vermögen bis zu 5000 Reichsmark beziehungsweise Ostmark wurden sogar vollständig vergütet, außerdem gab es sogenannte Kriegsschadenrenten und günstige Darlehen. Bis 1995 wurden insgesamt 140 Milliarden DM an Lastenausgleich in seinen verschiedenen Formen gezahlt. Da zu diesem Zeitpunkt noch offene Fälle existierten, dürfte die endgültige Gesamtsumme rund 150 Milliarden betragen. Die DDR und Österreich zahlten den Vertriebenen weitaus weniger. Man munkelte, die für das rumänische Banat im Lastenausgleich abgerechneten Flächen würden dem doppelten Banat entsprechen. In Bayern kursierte der Witz, dass der Zwergpinscher in der Hundeversammlung sagt: »I bin a Flüchtling, dahoam war i a Bernhardiner!«

Die Nazis betrachteten die Slawen als minderwertig und behandelten sie entsprechend. Bis heute leben in Deutschland Ignoranten und Scharfmacher, die die umstrittenen Beneš-Dekrete nicht als Folge dieser Diskriminierung sehen wollen. Natürlich sind die Ungerechtigkeiten bis hin zu Grausamkeiten, die die Tschechen gegenüber den Deutschen begangen haben, nicht damit zu rechtfertigen, dass zuvor die Deutschen Ungerechtigkeiten und Grausamkeiten an den

Tschechen begangen hatten. Aber statt noch immer nur die Betroffenheit der eigenen Vorfahren zu beklagen, sollte man lieber das gegenwärtige und künftige Zusammenleben friedlich gestalten. In letzter Konsequenz könnte die Spirale gegenseitiger Schuldzuweisungen sonst damit enden, dass man irgendwelche Grenzen und Erbschaften aus dem Mittelalter oder gar der Antike einfordert. Besonders schwer verständlich ist, wenn Vertriebene von damals kein Herz für die Vertriebenen von heute zeigen.

Eine von vielen Sudetendeutschen gewünschte Rücknahme der Beneš-Dekrete erfolgte auch nach dem Ende des Sozialismus nicht, schließlich hatten die Tschechen ja aus nächster Nähe die Enteignungen Ostdeutscher im Zuge der Deutschen Einheit erlebt. 1992 bot die Regierung der Tschechoslowakischen Föderation Bundeskanzler Helmut Kohl (1930–2017) an, allen rückkehrwilligen Sudetendeutschen die doppelte Staatsbürgerschaft zu geben. Kohl lehnte eigenmächtig ab, ohne irgendjemanden vorher konsultiert zu haben. Das heute weit verbreitete Geschichtsbild nimmt die Sudetendeutschen oft nur als ›fünfte Kolonne Hitlers‹ wahr. Seriöse Schätzungen gehen jedoch von etwa 185 Gruppen und 20 000 Inhaftierten unter den antifaschistischen Sudetendeutschen aus.

Seit 2006 betreibt das Institut für Zeitgeschichte an der Tschechischen Akademie der Wissenschaften in Prag in Zusammenarbeit mit dem Museum in Ústí nad Labem (Aussig) und dem Nationalarchiv in Prag ein Forschungsprogramm zur neutralen Aufarbeitung dieses Themas. Ausdrücklich ist eine ›wenigstens symbolische Wiedergutmachung‹ an antifaschistischen Sudetendeutschen als Ziel der Forschungsarbeit formuliert.

Im Jahr 2010 wurde in Tschechien zur besten Sendezeit die Reportage ›Zabíjení po česku‹ (›Töten auf Tschechisch‹) des Fernsehjournalisten David Vondráček ausgestrahlt. Viele Tschechen erfuhren dadurch erstmals von den Gräueltaten an den Sudetendeutschen. Vondráček erhielt für seine Reportage mehrere Auszeichnungen.

Die Freie Republik Schwarzenberg

Eine interessante Fußnote der Geschichte ist die Existenz einer nach Kriegsende 1945 von den Siegermächten unbesetzten Zone. 42 Tage lang gab es diese später als Freie Republik Schwarzenberg verklärte Selbstverwaltung. Der regierende Aktionsausschuss bestand aus vier Kommunisten und zwei Sozialdemokraten. Am 24. Juni 1945 beendete ein sowjetischer Kommandant diese Situation. Rund um Jáchymov (Joachimsthal) bestand eine ähnliche Lage bis zum 29. Mai 1945.

Über den Entstehungsgrund dieses Machtvakuums gibt es nur Spekulationen. Der östlichste Ausläufer war Jöhstadt am Kamm und der nördlichste Neukirchen vor Chemnitz. Annaberg und Buchholz befanden sich in der Hand der Roten Armee, westlich waren die Amerikaner bis Wilkau-Haßlau vorgerückt.

Der Schriftsteller Stefan Heym widmete diesem Zustand 1984 den Roman ›Schwarzenberg‹. Etwas dünner fiel 2004 Volker Brauns Historische Erzählung ›Das unbesetzte Gebiet‹ aus. 1995 veröffentlichte die Stadt die Jubiläumsbroschüre ›Ouvertüre im Niemandsland‹, eine lokale Künstlergruppe thematisiert bis heute die Freie Republik (www.freie-republik-schwarzenberg.de). Beispielsweise kann man einen Pass der Republik und Bücher kaufen. Manche Einheimische stehen dieser Belletristik und dieser Künstlergruppe kritisch gegenüber. Sie argumentieren, dass die Zustände damals viel härter gewesen seien als die heute zum Stadtmarketing mutierten Schilderungen, so hätten sich weder die Russen noch die Amerikaner für die Lebensmittelversorgung mitverantwortlich gefühlt und der Aktionsausschuss habe Verstöße gegen seine Regeln streng geahndet. Um die Gründung einer selbständigen politischen Einheit sei es sowieso nie gegangen.

Erinnernungstafel an einer Hauswand in Schwarzenberg

Entwicklungen im Realsozialismus

In den Jahren vor 1989 benutzten staatliche Stellen in der DDR verstärkt die Formulierung ›real existierender Sozialismus‹. Damit wollte die Staatsmacht Selbstbewusstsein demonstrieren – der Sozialismus ist bei uns verwirklicht –, aber Kritiker lasen in diesem Ausdruck auch das mehr oder weniger verklausulierte Eingeständnis, dass zwischen der Realität einerseits und den klassischen Sozialismus-Theorien beispielsweise bei Bebel und Luxemburg andererseits Unterschiede bestünden. So sei ›real existierend‹ als Gegensatz zu ›ursprünglich gewollt‹ zu verstehen. Auf einige Entwicklungen während der Zeit des ›real existierenden Sozialismus‹ auf beiden Seiten der deutsch-tschechischen Grenze soll nun kurz eingegangen werden.

Verschwundene böhmische Dörfer

Die entvölkerten Siedlungen der Sudetendeutschen wurden nur etwa zur Hälfte von Zuzüglern besiedelt, einige Dörfer verschwanden ganz. Die tschechoslowakische Propaganda verklärte das gern zu Grenzsicherungsmaßnahmen. Beschleunigt wurde der Verfall durch Gefechtsübungen der tschechoslowakischen Armee. Das Innenministerium beschloss 1956 sogar die ›Säuberung‹ eines Grenzstreifens von Gebäuden, Breitenbach (Potůčky) beispielsweise dürfte danach nicht mehr existieren. Die Umsetzung dieses Beschlusses hing jedoch stark von Funktionären unterer Ebenen ab. Komplett verlassene – und nicht überflutete – Dörfer werden als Wüstung bezeichnet. In den Wüstungen des Sudetenlandes besteht aber keine erhöhte Gefahr durch Sprengstoffreste.

Der Aufarbeitung dieses Themas widmen sich unter anderen die Wanderausstellung ›Das verschwundene Sudetenland‹ (Zmizelé sudety) von Antikomplex Prag (www.antikomplex.cz) und eine Datenbank verschwundener Objekte (www.zanikleobce.cz). Ziel ist es, in allen Generationen der Zivilgesellschaft eine friedliche Nachbarschaft zu fördern.

Uranbergbau (Drittes Berggeschrey)

In der Nachkriegszeit wurde vor allem das Westerzgebirge durch die Wismut AG, einer Zweiggesellschaft der unter der gleichen Firma in Moskau bestehenden Hauptgesellschaft, und ab 1954 durch die neu strukturierte SDAG Wismut (Sowjetisch-Deutsche Aktiengesellschaft) geprägt. In der Literatur wird dieses Wirken manchmal altertümelnd als Drittes Berggeschrey bezeichnet. Wismut war dabei eher als Tarnname zu verstehen, denn das in Sachsen und Thüringen – mit Schwerpunkt im Westerzgebirge – gewonnene Uran bildete die Rohstoffbasis der sowjetischen Atomindustrie. Zwangsvermittlungen an unbeliebte Arbeitsplätze waren schon 1945 von den Besatzungsmächten legitimiert worden, in der Sowjetischen Besatzungszone (SBZ) wurden sie mit besonderem Nachdruck umgesetzt, Hunderte entzogen sich dem durch Flucht nach Westdeutschland. Ein noch härteres Regime als bei der Wismut herrschte beim tschechoslowakischen Nationalunternehmen in Jáchymov (Joachimsthal), wo nach der Statistik von 1950 über ein Drittel der im Uranbergbau Beschäftigten wie in Konzentrationslagern gehalten wurde.

Auf den Umwelt- und Gesundheitsschutz achtete man generell anfangs wenig, Silikose und Lungenkrebs waren verbreitete Berufskrankheiten. Nach einem Grubenunglück 1955 mit 33 Toten in Oberschlema verbesserte sich die Situation, die betriebseigenen Gesundheitseinrichtungen der Wismut wurden besser ausgestattet als in der DDR üblich. Die Wismut war eines der größten Industrieunternehmen im Ostblock, blieb aber aufgrund der Preisvereinbarungen mit der Sowjetunion immer ein Zuschussgeschäft für die DDR. Bereits im Gründungsjahr 1947 übertraf die Uranproduktion in der SBZ die der Sowjetunion, und 1950 betrug der Abbau in der DDR mit 1224 Tonnen schon das Dreifache. Die Uranlieferungen an das große ›Bruderland‹ lagen von 1954 bis 1989 jeweils zwischen knapp 4000 Tonnen und über 7000 Tonnen, das Maximum lag mit 7110 Tonnen im Jahr 1967. Bis 1990 wurden 2 163 000 Tonnen Uran gefördert, danach beschäftigte sich die Wismut GmbH mit der Sanierung und Rekultivierung der Anlagen – bis heute.

Staatsmedien und Westfernsehen

Die Medien der DDR folgten der Hurra-Propaganda der Regierungspartei SED, Kontroversen waren höchstens über Nebensächlichkeiten erlaubt. Doch gelang es kaum, den Empfang des sogenannten Westfernsehens sowie der dortigen Rundfunksender einzudämmen. Weitgehend ausgeschlossen blieben allerdings einige DDR-Gebiete, in denen die Funkwellen aus Westdeutschland und Westberlin zu schwach waren. Nur wenige nahmen die schlechte Tonqualität in Kauf, die anderen Radio-Frequenzbändern als Ultrakurzwelle (UKW) entsprach. Volksläufig bezeichnete man diese Gebiete, in denen etwa 15 Prozent der DDR-Bevölkerung lebten, nach dem Dresdner Elbtal als ›Tal der Ahnungslosen‹. Dabei handelte es sich um große Teile Sachsens und um Vorpommern.

Preispolitik und Warenangebot

Für einige Waren und Dienstleistungen bestimmte die DDR-Führung unrealistisch niedrige Endverbraucherpreise. Bekannteste Beispiele waren Brot – ein Kilogramm Mischbrot-Standardqualität gab es für 52 DDR-Pfennige – und

Wohnungsmieten. Ansonsten war das Warenangebot in manchen Bereichen mager und es kam immer wieder zu Versorgungslücken. Selten erhältliche Güter entwickelten sich zur Ersatzwährung und wurden oft von Verkäufern an persönliche Bekannte ›unter dem Ladentisch‹ zugesteckt; der Volksmund sprach hier von ›Bückware‹. Dazu zählten unter anderem auch beliebte Weihnachts- und Osterartikel aus dem Erzgebirge.

Der Prager Frühling

Eine kurze ideologische Tauwetterperiode in der Tschechoslowakei ging als Prager Frühling in die Geschichte ein. Der sichtbare Beginn war der Wechsel Alexander Dubčeks (1921 –1992) an die Spitze der Regierungspartei am 4. Januar 1968. Im Februar wurde die Pressezensur aufgehoben. Bei einer Umfrage im Juli sprachen sich 89 Prozent der Bevölkerung für eine Beibehaltung des Sozialismus aus, wünschten sich aber deutliche Reformen. Der neuen Staatsführung schwebte ein liberalerer Kommunismus vor. Die ›Bruderländer‹ unter Führung der Sowjetunion beäugten die Entwicklungen argwöhnisch. In der Nacht zum 21. August 1968 marschierten etwa eine halbe Million Soldaten der Sowjetunion, Polens, Ungarns und Bulgariens in die Tschechoslowakei ein und besetzten innerhalb weniger Stunden alle strategisch wichtigen Positionen des Landes. Zur Rechtfertigung wurden viele Falschmeldungen in Umlauf gesetzt. Auf Beschluss des Warschauer Paktes war die DDR nicht aktiv an der Invasion beteiligt, allerdings unterstützte sie beispielsweise ihre Verbündeten bei der Überquerung des Erzgebirges.

Bis jetzt wird der Prager Frühling von vielen linken Bewegungen als entgangene Chance auf einen ›Sozialismus mit menschlichem Antlitz‹ (socialismus s lidskou tváří) interpretiert. Für diese Auffassung gibt es gute Argumente. Die Tschechen selbst beurteilen die Ereignisse inzwischen mehrheitlich weniger nostalgisch.

Protest gegen die Niederschlagung des Prager Frühlings in Bratislava

Pass- und Visumsfreiheit

Obwohl beim Verhältnis von DDR und Tschechoslowakei offiziell immer hochtrabend von ›Bruderländern‹ geredet wurde, waren zwischenmenschliche Kontakte zunächst gar nicht so einfach. Die erforderliche Visumsbeschaffung dauerte üblicherweise mehrere Wochen, und die Zahl der offiziellen Grenzübergangsstellen war sehr überschaubar. Es existierten zunächst nur vier Straßen- und zwei Bahntrassen für die Grenzkontrollen sowie der Güterverkehr auf der Elbe, dabei zwischen Cínovec am Ost- und Vojtanov hinter dem Westende des Erzgebirges 180 Kilometer weit keine grenzüberschreitenden Wege.

Seit 1972 konnten Bürger der DDR ohne Visum in die Tschechoslowakei und – bis zur Solidarność-Bewegung 1980 – auch nach Polen reisen, ein spontaner Besuch dieser Nachbarländer war also möglich. Ebenfalls 1972 eröffnete der Grenzübergang Oberwiesenthal, erst 1978 folgte Reitzenhain als vierter im ganzen Erzgebirgsraum. Das Warenangebot in der sozialistischen Mangelwirtschaft war auf beiden Seiten der Grenze etwas anders, so dass die Tschechoslowakei nach Hamsterkäufen bald einige Ausfuhrbeschränkungen und -verbote erließ. Weiterer limitierender Faktor war, dass die Ostdeutschen für einen Tag nur 60 und für zwei Tage 200 Kronen tauschen durften, und so wartete mancher geduldige DDR-Bürger für die Heimreise bis Mitternacht. Allgemein verfügten die Tschechen um 1972 über das breitere Warensortiment, während sie in der DDR gern subventionierte Güter wie Kinderbekleidung kauften.

Waldsterben am Erzgebirgskamm

Den ›Böhmischen Nebel‹ im Erzgebirge gab es zwar schon immer, größere Mengen giftiger Chemikalien enthält er allerdings erst seit 1939 . Trotz eines 1970 und damit bemerkenswert früh erlassenen ›Landeskulturgesetzes‹ – nach Schweden die zweite umfassende Umweltgesetzgebung in Europa – entwickelte sich einige Regionen der DDR in den Folgejahren zu ökologischen Katastrophengebieten. Ein Sanierung maroder Industriebetriebe und eine Neutralisierung anfallender Giftemissionen blieben Wunschdenken. 1982 reagierte die Regierung mit der ›Anordnung zur Sicherung des Geheimschutzes auf dem Gebiet der Umweltdaten‹, unliebsame Fakten blieben fortan unter Verschluss. Und sogar die Anordnung zum Verschluss wurde zum Staatsgeheimnis deklariert.

Das Waldsterben in dem höheren Lagen des Erzgebirges wurde jedoch nicht von der DDR-Industrie verursacht, sondern überwiegend von der expandierenden Braunkohlechemie (Záluží) und -verstromung (Prunéřov) im Nordböhmischen Becken. Obwohl der hohe Schwefelgehalt der Kohle bekannt war, verzichtete man auf Filter. Zwar wurde in mehreren Ländern damals über das Waldsterben diskutiert, aber nirgendwo anders manifestierte es sich so stark und so durchgängig wie entlang des Erzgebirgskamms. Kindergärtnerinnen dort meinten, sie könnten anhand der Gesichtsfarbe ihrer Schützlinge die Windrichtung bestimmen. Doch die DDR-Behörden schwiegen, obwohl die Gesundheit der Bevölkerung gefährdet war. Neupflanzungen auf sächsischer Seite erstickten überwiegend, auf böhmischer Seite wurden sie gar nicht erst ernsthaft unternommen. Die einzige offizielle Antwort auf die Emissionen lautete, sich um die Züchtung rauchresistenter Bäume bemühen zu wollen. Insgesamt bewertete die Staatsführung das Waldsterben als Panikmache der Westmedien, Hauptursache seien vorübergehende Wetteranomalien. In den exponiertesten böhmischen Dörfern wurde ab 1985 ein ›Genesungsbeitrag‹ von etwa 4000 Kronen jährlich pro Familie gezahlt, im Volksmund ›Beerdigungsgeld‹ genannt.

Organisierte Proteste im Erzgebirge blieben die Ausnahme, am kontinuierlichsten arbeitete ab 1988 eine Kirchengruppe in Neuhausen rund um Gert Wolf. 1987 verwendete der damalige ARD-Korrespondent Peter Wensierski eine Gegenüberstellung alter Erzgebirgs-Postkarten mit der aktuellen Situation in einem Dokumentarfilm, viele Wälder bestanden zu diesem Zeitpunkt praktisch nur noch aus kahlen schwarzen Pfählen statt der Bäume und harten hüfthohen Gräsern. Seine gruseligste Ausprägung hatte das Waldsterben zwischen Zinnwald und Satzung, westlich vom Fichtelberg nahm es ab. Auch deshalb dominiert heute im Osten und in der Mitte ein anderer Waldcharakter, aber der Anteil an Laubbäumen war im Westen schon immer geringer als in den weiter östlich gelegenen Regionen. Zwar hat sich der Erzgebirgskamm wieder erholt, doch Märchenwälder mit hundertjährigen Bäumen wachsen nun mal nicht in ein-zwei Menschengenerationen. Allerdings muss man beim Vergleich mit 100 Jahre alten Postkarten einräumen, dass die heutige Waldfläche oft sogar über die damalige Ausdehnung hinausreicht.

Der Zerfall der DDR

1947 wurden in der Sowjetischen Besatzungszone Deutschlands (SBZ) wieder Länder eingerichtet. Auf die Gründung der Bundesrepublik Deutschland (BRD) reagierte die SBZ einige Monate später mit der Gründung der Deutschen Demokratischen Republik (DDR). Eine Verwaltungsreform in der DDR führte 1952 zu kleineren Bezirken. Dabei entsprachen die Bezirke Karl-Marx-Stadt, Dresden und Leipzig mit knapp fünf Millionen Einwohnern etwa dem Territorium Sachsens.

Allgemein gelten die sogenannten Leipziger Montagsdemos als wichtigster Anschub für den Sturz des DDR-Staatsratsvorsitzenden Erich Honecker (1912–1994) am 17. Oktober 1989 und der sich danach überschlagenden Ereignisse. Ziel der Initiatoren der ersten Montagsdemos war eine Demokratisierung einer eigenständigen DDR. Die beste Zusammenfassung dieser Ansichten bildete wohl der Aufruf ›Für unser Land‹ am 26. November 1989. Durch angestachelte Konsumwünsche und geschickte Manipulationen kippte die Stimmung der DDR-Bevölkerung jedoch von ›Wir sind das Volk‹ (= alle sollen frei mitreden) zu ›Wir sind ein Volk‹ (= gebt uns die D-Mark).

Im Rahmen des Beitritts der DDR zum Geltungsbereich des Grundgesetzes der BRD wurden 1990 die drei genannten DDR-Bezirke wieder zu Sachsen vereint.

Der Zerfall der Tschechoslowakei

Auch in der Tschechoslowakei war die Übergangsphase vom Sozialismus zum Kapitalismus turbulent und gleichermaßen von Hoffnungen und Unsicherheiten geprägt. In dieser Zeit kauften sich Investoren aus dem Westen mit ihrer starken D-Mark oder dem österreichischen Schilling in ihren östlichen Nachbarländern

In den 1980er Jahren kein untypischer Anblick

billig ein, auch in der Tschechoslowakei. Viele Traditionsbetriebe sowohl Ostdeutschlands als auch Tschechiens wurden ein Spielball von Großkonzernen und Finanzinvestoren. Allgemein bekannt ist die Einverleibung von Škoda automobilová mit Sitz in Mladá Boleslav (Jungbunzlau) durch Volkswagen, der Karlsbader Kräuterlikör Becher-Bitter (Karlovarská Becherovka) gehört heute dem französischen Konzern Pernod Ricard. Die Marke Pilsener Urquell (Plzeňský Prazdroj) wechselte inzwischen schon wieder von einem südafrikanischen Tochterunternehmen des Konzerns Anheuser-Busch zum japanischen Konzern Asahi Beer, Nestlé kaufte unter anderem die Süßwarenfirma Orion. Einheimische Kaufhallenketten wie Prior und Bílá Labuť sind zu bedeutungslosen Resten geschrumpft, stattdessen findet man allerorten Billa, eine österreichische Kette.

Auf Drängen der Slowaken trennte sich die Tschechoslowakei in der Silvesternacht 1992/93 friedlich in zwei Staaten, nach vorherrschender Meinung wäre es bei einer Volksabstimmung nicht zu diese Teilung gekommen. Damals war der international sehr verehrte Menschenrechtler Václav Havel (1936–2011) Staatspräsident, aber auch er zeigte sich wenig interessiert an einer demokratischen Basisentscheidung. Es handelte sich um einen Deal der zu dieser Zeit dominierenden politischen Kasten in beiden Landesteilen. In der Slowakei hatte eine Strömung nationalistischer Populisten um Vladimír Mečiar das Sagen, die lieber erste Garde in einen kleinerem Land als zweite in einem größeren sein wollte. In Tschechien hoffte man nach dem Zusammenbruch des Realsozialismus, ohne die weniger industrialisierte Slowakei besser in die globale Marktwirtschaft starten zu können.

Über Jahrzehnte hatte es kaum eine Rolle gespielt, wer Tscheche war und wer Slowake. Mental blieben sich beide Nationen bis heute weiter gewogen, bei Umfragen erklären sie sich bis heute gegenseitig zur jeweils sympathischsten anderen Nation. Verbal verstehen sie sich jedoch schwerer als zur Zeit der Tschechoslowakei, denn durch die damals in beiden verwandten Sprachen gemischt ausgestrahlten Fernsehprogramme lernte man praktisch automatisch die ähnliche Sprache des Nachbarn.

Aktuelle Entwicklungen

Die Deutsche Einheit brachte eine Deindustrialisierung des Erzgebirges mit sich, von den größeren Betrieben wie Motorradwerk Zschopau, Kühlmaschinenwerk Scharfenstein oder Waschgerätewerk Schwarzenberg blieb kaum einer erhalten. Überwiegend wurden sie nach der Privatisierung zerschlagen, kleine Teile konnten überleben, aber oft war die Beseitigung von Konkurrenten das Ziel günstiger Aufkäufe gewesen.

Auch in der Politik gaben die Sachsen das Heft ihres Handelns nach ihrer friedlichen Revolution 1989 schnell wieder aus der Hand, vielen Politikern aus der zweiten Reihe der westlichen Bundesländer gelang ein Relaunch ihrer Karriere in den sogenannten neuen Bundesländern. Stellenausschreibungen bei Behörden waren oft so verfasst, dass erforderliche Qualifizierungsnachweise zu diesem Zeitpunkt von Ostdeutschen praktisch nicht erbracht werden konnten. Nach wie vor sind Ostdeutsche als Führungskräfte in Wirtschaft und Politik unterrepräsentiert.

Tourismus

Jede Person darf unabhängig von ihrer Staatsangehörigkeit an jeder Stelle ohne Personenkontrollen die Binnengrenzen überschreiten.

Aus dem Schengener Grenzkodex vom 15. März 2006

Glaubt man dem Liedermacher Reinald Grebe, so hat Sachsen durch den Klimawandel hervorragende Aussichten als Agrarstandort: Datteln, Pinien, Opium, Wein, Kaffee, Orangen, Oliven – und Moskitos. Aber in der Tat könnten der allmählich genesende Wald im Erzgebirge und die zu renaturierten Braunkohlegruben im Egertal in ein, zwei oder drei Generationen ein länderübergreifend großflächiges Erholungsgebiet mit Waldlandschaften und Badestränden bilden. Der Vergleich mit den bei Leipzig und im südlichen Brandenburg aus Tagebauen

Besuchermagnet: die Fichtelbergbahn zwischen Cranzahl und Oberwiesenthal

entstehenden Seenlandschaften drängt sich auf. Schon jetzt nehmen Angebote des sogenannten verträglichen Tourismus im Erzgebirge zu, und selbst in den heißesten Sommern erreichten die Kammlagen keine alle Ferienaktivitäten lähmenden Temperaturen. Und dank seiner traditionellen Handwerkserzeugnisse wird das Erzgebirge auch immer das Weihnachtsland bleiben.

Wie in Sachsen, so gehören die angrenzenden Landstriche in Tschechien, Thüringen und Bayern nicht zu den wirtschaftlich führenden ihrer Länder. Der Tourismus in Tschechien ist sehr auf Prag ausgerichtet, etwa die Hälfte der Übernachtungen ausländischer Touristen entfallen auf die Hauptstadt.

Sinnvoll in diesem Zusammenhang wäre eine Förderung des Schienenpersonenverkehrs nach dem fast störungsfrei funktionierendem Vorbild der Schweiz. Die Eisenbahn mit ihrem immer noch romantischem Charakter ist dort oft auch in unebenem Gelände das Rückgrat des Gästeverkehrs.

In Sachsen gibt es mehrere Eisenbahnmuseen und Schmalspurbahnen. Eine schöne Einstimmung bietet die kleine Serie des SWR aus dem Jahr 2007, die eine fünftägige Dampfzugfahrt mit drei Querungen des Erzgebirgskamms (Klingenthal, Bärenstein, Johanngeorgenstadt) dokumentiert. Sie ist im Internet zu finden (SWR-Eisenbahnromantik, Folgen 635, 644, 654).

Sachsen vergibt mehrere Prädikate für das Marketing im Tourismus. Unter der Marke ›Sachsens Dörfer. Land. Leute. Lebensart‹ wirbt eine Anbietergemeinschaft von 18 zertifizierten Dörfern für einen Urlaub im ländlichen Raum. Zu den Dörfern gehören Morgenröthe-Rautenkranz, Pobershau und Seiffen (www.sachsensdoerfer.de). Als ›familienfreundliche Orte‹ werden Orte ausgezeichnet, die sich besonders auf die Bedürfnisse von Familien eingestellt haben. Dazu zählen Eibenstock, Schöneck, Oederan, Olbernhau und Seiffen (www.sachsen-tourismus.de).

Drebach und Holzhau haben sich dem länderübergreifenden Projekt ›Erlebnisdörfer e. V.‹ angeschlossen. Diese Initiative will ländliche Dorfgemeinschaften in Deutschland, Österreich und Tschechien darin unterstützen, die touristische Nutzung regionaler Potentiale auszubauen und dadurch mehr Wertschöpfung in ihr Dorf und die Region zu holen (www.erlebnisdoerfer.de).

Europaregionen

Ein Konzept, um der Entvölkerung von Regionen an den Staatsrändern entgegen zu wirken, sind die Europaregionen. Diese sollen die grenzüberschreitende Zusammenarbeit in den schwächeren Regionen fördern und so zu ihrer kulturellen und gesellschaftlichen Stärkung beitragen. Diese Europaregionen können in unterschiedlichen Rechtsformen organisiert sein. Im Bereich des vorliegenden Buches bestehen drei, die sämtlich Anfang der 1990er Jahre gegründet wurden.

Euregio Egrensis: Verwaltungsbezirk Karlsbad (Karlovarský kraj), Bayern, Thüringen und Sachsen, www.euregio-egrensis.eu).

Euroregion Erzgebirge/Krušnohoří: Verwaltungsbezirk Aussig (Ústí nad Labem) und Sachsen, www.euroregion-erzgebirge.de.

Euroregion Elbe/Labe: Verwaltungsbezirk Aussig (Ústí nad Labem) und Sachsen, www.euroregion-elbe-labe.eu.

Großveranstaltungen

Die Stadt Frankenberg war von April bis Oktober 2019 Ausrichter der 8. Sächsischen Landesgartenschau 2019 (lgs-frankenberg.de). Landesgartenschauen des Freistaates finden seit 1996 alle drei Jahre statt. Unter dem Motto ›natürlich mittendrin‹ gestaltete Frankenberg vor allem Grünflächen am Zschopauufer und im Mühlbachtal.

Zwickau beherbergte die Leitausstellung der 4. Sächsischen Landesausstellung 2020 (www.boom-sachsen.de). Die Sächsische Landesausstellung ist ein ziemlich offenes Format des Freistaates zu Themen der Landesgeschichte, vorher fanden statt: ›Zisterzienser‹ in Panschwitz-Kuckau (1998), ›Reformation‹ in Torgau (2004), ›Handelswege‹ in Görlitz (2011).

Die für das Jahr 2020 vorgesehenen Ausstellungen zur Industriegeschichte in mehreren Städten – zweimal Zwickau, zweimal Chemnitz, Crimmitschau, Oelsnitz und Freiberg – sollten mit 18 Millionen Euro Zuschuss bisherige Dimensionen weit übertreffen, wurden aber durch die Corona-Pandemie stark beeinträchtigt.

UNESCO-Welterbe

1998 wurde die grenzüberschreitende ›Montan- und Kulturlandschaft Erzgebirge‹ auf die Tentativliste (nationale Vorschlagsliste) für die Aufnahme in das UNESCO-Welterbe gesetzt. Von Anfang an spielte dabei der Universitätsstandort Freiberg eine zentrale Rolle, viele Studien fanden zwischen 2001 und 2012 statt. 2014 erfolgte die erste Antragstellung und offizielle Annahme der Unterlagen durch das Welterbekomitee. Dieser Antrag wurde durch Experten des Internationalen Rates für Denkmalpflege (ICOMOS) bewertet.

2015 erfolgte die Gründung des ›Welterbe Montanregion Erzgebirge e. V.‹ als Voraussetzung für die Trägerschaft des künftigen Welterbes; Mitglieder des Vereins sind die Landkreise Erzgebirgskreis, Mittelsachsen und Osterzgebirge sowie 33 Städte und Gemeinden.

2016 empfahl der ICOMOS, den Welterbeantrag vom Februar 2014 noch nicht dem UNESCO-Welterbekomitee zur Entscheidung zu stellen, sondern das Konzept zu schärfen. Der Antrag wurde zurückgezogen, überarbeitet und gestrafft, das Sächsische Staatsministerium des Innern unterzeichnete die endgültige Version 2017. Sieben Kommunen weniger sind nun mit einem Welterbe-Bestandteil vertreten.

2018 erfolgte die zweite Antragstellung beim Welterbezentrum und am 6. 7. 2019 in Baku die endgültige Titelverleihung durch das UNESCO-Welterbekomitee. Sogenannte Welterbe-Besucherzentren sollen demnächst in Freiberg, Annaberg-Buchholz, Marienberg und Schneeberg eingerichtet werden.

Die meisten UNESCO-Welterbestätten sind flächenmäßig klar abgrenzbar, beim Erzgebirge dagegen handelt es sich eher um eine Sammlung verstreuter Areale. Nicht alle gelisteten Objekte sind für Touristen attraktiv oder zugänglich, einige wurden auch aus anderen als touristischen Gründen berücksichtigt. Die Aufnahme in die Liste führt nicht automatisch zu finanziellen Förderungen, aber das Markenzeichen UNESCO ist beim Zugang zu Förderungen hilfreich. Abgesehen davon hofft man natürlich auf mehr Touristen, die von dem Etikett angeregt werden, dorthin zu reisen.

Schwierig gestaltete sich die Zuständigkeit in Tschechien. Die meiste Arbeit blieb schließlich beim Bezirksmuseum in Most (Oblastní muzeum Most) hängen.

Bestandteile des UNESCO-Welterbeantrags

In der Antrags-Fassung vom 1. Dezember 2017 waren die folgend genannten Stätten aufgeführt.

01-DE Hochmittelalterliche Silberbergwerke Dippoldiswalde;

02-DE Montanlandschaft Altenberg-Zinnwald: Altenberger Pinge, Wäsche 4, Zwitterstock Tiefer Erbstolln mit Altbergbaugebiet am Neufang, Aschergraben, Arno-Lippmann-Schacht, Vereinigt Zwitterfeld zu Zinnwald;

03-DE Schloss und Stadtkirche Lauenstein;

04-DE Montanlandschaft Freiberg: Bergbaulandschaft Gersdorf, Erzkanal mit Gruben und Hüttenkomplex Halsbrücke, Himmelfahrt Fundgrube, Historische Altstadt Freiberg, Bergbaulandschaft Zug, Bergbaulandschaft Brand-Erbisdorf, Bergmännisches Wasserwirtschaftssystem Freiberg;

05-DE Bergbaulandschaft Hoher Forst;

06-DE Montanlandschaft Schneeberg: Historische Altstadt Schneeberg, Weißer Hirsch Fundgrube, Sauschwart Fundgrube, Daniel Fundgrube, Gesellschaft Fundgrube, Filzteich, Wolfgang Maßen Fundgrube, Siebenschlehener Pochwerk, Silberschmelzhütte, Knappschaftsteich, Fundgrube am Freudenstein nebst Troster Stolln;

07-DE Blaufarbenwerk Schindler Zschorlau;

08-DE Montanlandschaft Annaberg-Frohnau: Historische Altstadt Annaberg, Bergbaulandschaft Frohnau;

09-DE Bergbaulandschaft Pöhlberg;

10-DE Bergbaulandschaft Buchholz: Terrakonikhalden Schacht 116, Grube Alte Thiele;

11-DE Historische Altstadt Marienberg;

12-DE Bergbaulandschaft Lauta: Gangzug Bauer Morgengang, Gangzug Elisabeth Flachen;

13-DE Bergbaulandschaft Ehrenfriedersdorf: Sauberger Haupt- und Richtschacht, Strossenbaue, Röhrgraben, Zinnseifengebiet im Greifenbachtal;

14-DE Saigerhüttenkomplex Olbernhau-Grünthal;

15-DE Bergbaulandschaft Eibenstock: Schwarze Pinge, Seifengebiet Grün, Heiliger Geist und Bartholomäus Pingen, Grüner Graben;

16-DE Bergbaulandschaft Rother Berg: Herrenhof Erlahammer, Rother Berg;

17-DE Bergbaulandschaft Uranerzbergbau: Schachtkomplex 371, Haldenlandschaft des Uranerzbergbaus, Markus-Semmler-Stolln;

1-CZ Bergbaulandschaft Joachimsthal: Historische Altstadt Joachimsthal (Jáchymov), Schloss Freudenstein (Šlikův hrádek), Grube Einigkeit und Stolln 1 (Důl Svornost a Štola 1), Haldenzüge und Pingen auf dem Schweizergang (Pinky na žíle Schweizer), Elias-Tal (Eliášské údolí), Mundloch des Fundgrübner Stollns, Türkner Berg (Vrch Šance);

2-CZ Bergbaulandschaft Abertham-Gottesgab-Platten: Historische Altstadt Platten (Městská památková zóna Horní Blatná), Bergbaurevier Platten, Zinnrevier Abertham-Hengstererben (Abertamy-Hřebečná), Zinn- und Eisenbergbaurevier Breitenbach-Irrgang (Potůčky-Bludná), Bergbaurevier Goldenhöhe-Kaff (Zlatý Kopec), Bergbaurevier Kratzbach (Hrazený potok), Zinnseifen bei Gottesgab (Sejpy u Božího Daru), Plattner Kunstgraben (Blatensky přikop);

3-CZ Roter Turm des Todes (Rudá věž smrti);

4-CZ Bergbaulandschaft Graupen: Historische Altstadt Graupen (Městská památková zóna Krupka). Bergbaurevier Steinknochen (Lucás) und Alter Martin Stolln (Štola Starý Martin), Bergbaurevier Knötel (Důlní revír), Große Pinge auf dem Mückenberg (Komáří hůrka) mit Wolfgangskapelle (Kaple svatého Wolfganga);

5-CZ Bergbaulandschaft Kupferberg (Vrch Mědník).

Verwaltungsgliederung

Seit der Neugründung des Freistaates Sachsen 1990 erfolgten mehrere Umstrukturierungen, meist Vergrößerungen, der Verwaltungskreise. Zur Zeit besteht Sachsen aus zehn Landkreisen und drei kreisfreien Städten, 50 Städte haben den Status ›Große Kreisstadt‹. Im vorliegenden Buch werden neben dem Erzgebirgskreis und der kreisfreien Stadt Chemnitz auch Teile vier weiterer Landkreise beschrieben: Osterzgebirge, Mittelsachsen, Zwickau, Vogtland. Der Erzgebirgskreis hat aktuell die geringste Arbeitslosigkeit in Sachsen. Das liegt aber mehr an der demographischen Situation als an guten Jobangeboten. Beispielsweise suchen einige Gaststätten händeringend nach Personal. Kommunale Eingliederungen sind praktisch stets möglich. So erweiterte Olbernhau beispielsweise erst 2017 durch die Eingemeindung von Pfaffroda-Dörnthal seine Fläche um fast 80 Prozent, Aue und Bad Schlema fusionierten 2019.

Bezüglich Böhmen werden in diesem Reiseführer große Teile der beiden Verwaltungsbezirke Karlsbad (Karlovarský kraj) und Aussig (Ústecký kraj) vorgestellt. Das heutige Tschechien ist in 14 Regionen unterteilt. Es besteht aus Böhmen und Mähren sowie einem kleinen Teil Schlesiens rund um Ostrava (Ostrau). In der Landessprache bezeichnet ›Čechy‹ sowohl das historische Böhmen als auch die gesamte Tschechische Republik (Česká republika). Man spricht heute von Tschechien, da das Wort Tschechei seit 1989 als historisch belastet gilt. Sprachlogisch ist Tschechien jedenfalls keine bessere Wortschöpfung als Türkien. Erzgebirger jedenfalls fahren überwiegend immer noch ›in die Tschechei‹ oder ›ins Böhmsche‹ statt ›nach Tschechien‹.

Die größten Städte im betrachteten Gebiet sind Chemnitz (246353 Einwohner, 298 Meter Höhenlage), Ústí nad Labem (Aussig, 92984, 218), Zwickau (90515, 267), Most (Brüx, 66768), Teplice (Teplitz, 49697, 228), Karlovy Vary (Karlsbad, 49046, 447), Chomutov (Komotau, 48739, 340), Freiberg (41642, 400), Cheb (Eger, 32394, 459), Litvínov (Leutensdorf, 24308, 338), Sokolov (Falkenau, 23546, 401), Annaberg-Buchholz (20292, 600), außerdem das Ballungsgebiet Schneeberg-Aue-Schwarzenberg (65748). Einwohnerzahlen nach offiziellen Angaben zum 31. 12. 2016.

Bevölkerung

Für Lehrer und Schüler, für Polytechniker und Bergstudenten, überhaupt für alle die, welche neben der Schönheit der Landschaft auch die gewerblichen Leistungen der Bewohner kennen lernen wollen, ist keine Reise mehr zu empfehlen, als die ins Erzgebirge.

aus Berlets Wegweiser 1872

Die heutigen Erzgebirger über einen Kamm scheren zu wollen, wäre ein fragwürdiges Unterfangen. Wer als kreativer Kopf seine Entfaltungsmöglichkeiten ausnutzen will, verlässt oft seine Heimat, zumindest zeitweise. Beliebte Studienorte sind Prag, Berlin, Leipzig und Jena. Zudem bietet manche kleine Hochschule Ostdeutschlands entspannte Rahmenbedingungen, die in Großstädten nicht vorhanden sind.

Im 19. Jahrhundert waren die Erzgebirger noch erstaunlich standorttreu. Bei den Massenauswanderungen nach Nordamerika lag ihr Anteil unter dem deutschen Durchschnitt – auch wenn in Karl Mays Indianerbüchern immer wieder Sachsen auftauchen.

Als ab 1990 die Industrie zusammenbrach, fanden viele Erzgebirger in Südwestdeutschland eine neue Arbeit. Dennoch gilt das Erzgebirge als das am dichtesten besiedelte Mittelgebirge Europas, der Erzgebirgskreis weist 190 Einwohner pro Quadratkilometer aus. Die Gehälter liegen zwar unter dem Durchschnitt Deutschlands, aber andere Standortfaktoren wie Kinderbetreuung und Wohnungsmarkt stellen sich vielerorts problemloser dar.

Erzgebirger und Sachsen

Die Sachsen waren ursprünglich ein westgermanischer Völkerverband etwa auf dem Territorium des heutigen Niedersachsens. Im 8. Jahrhundert entwickelte sich dort das Stammesherzogtum Sachsen. Das heutige Sachsen dagegen war zunächst ebenso wie Brandenburg dünn von Slawen besiedelt. 1089 kam die Markgrafschaft Meißen in den Besitz der Wettiner. Im 15. Jahrhundert wurde die Bezeichnung Sachsen für den ganzen Herrschaftsbereich dieses Hochadelsgeschlechtes üblich.

Der erzgebirgische Dialekt zählt als eigenständige ostmitteldeutsche Mundart, während in tieferen Lagen Sachsens thüringisch-obersächsische Mundarten dominieren und rund um Bautzen lausitzische. Einige Erzgebirger legen auf die Eigenheiten ihrer Mittelgebirgs-

Bergmannsfigur in Blockhausen

heimat so viel Wert, dass sie nicht als Sachse angesprochen werden wollen. Die heutigen Sachsen können revolutionär oder konservativ sein, leger oder korrekt, großzügig oder kleinlich. Allgemein gelten sie als handwerklich improvisationsbegabt, manche trauern immer noch den verpassten Chancen in der wirren Situation um 1990 hinterher.

Bei touristischen Anbietern wird man naturgemäß eher auf die gastfreundlichen, weltoffenen Sachsen treffen. Nahezu zwangsläufig lernen Besucher sehr nette, kompetente und engagierte Erzgebirger kennen. Kleinere Vereine, Museums- und Naturschutzprojekte werden oft ehrenamtlich von Pensionären geleitet. Dann sollte man als Gast großzügig darüber hinwegsehen, dass sich Öffnungszeiten auch kurzfristig ändern können.

Deutschböhmen und Tschechen

Der Begriff Deutschböhmen bezeichnet die deutschsprachigen Bewohner Böhmens sowie ihr Siedlungsgebiet. Im 20. Jahrhundert wurde dieser Begriff durch Sudetendeutsche und Sudetendeutschland verdrängt. Im engeren Sinne sind die Sudeten die Gebirgszüge zwischen Erzgebirge und Karpaten. Ihre höchste Erhebung ist die Schneekoppe (Sněžka, 1603 m) im Riesengebirge (Krkonoše). Das konfliktbeladene Verhältnis zwischen Deutschböhmen und Tschechen wird in diesem Reiseführer im Kapitel über Entwicklungen im Sudetenland (→ S. 44) skizziert.

Was wissen einigermaßen interessierte Deutsche heutzutage über ihre Nachbarn? Die Tschechen verzichten bisher auf den Euro, mögen Bergwanderungen und Eishockey – deshalb besitzen sie in jeder mittelgroßen Stadt eine Eissporthalle –, trinken Bier, essen Knödel und Karpfen, gelten mit 60 Prozent Konfessionslosen als ›das säkularisierteste Volk Europas‹, haben obendrein einen geringeren Nationalstolz als beispielsweise die Polen, schufen romantische Musik – unter anderem Bedřich Smetana, Antonín Dvořák – und spöttische Literatur –

Beim Kaisertag in Kadaň

Jaroslav Hašek mit seinem sprichwörtlichen Soldaten Schwejk, Karel Čapek, Jaroslav Seifert und andere – sowie kultige Filme wie ›Reise in die Urzeit‹, ›Valerie a týden divu‹, ›Pan Tau‹, ›Drei Haselnüsse für Aschenbrödel‹, ›Das Ende der Wassermänner in Böhmen‹, ›Kolya‹ und ›Skřítek‹. Bald werden übrigens die Marionetten Spejbl und Hurvínek ihren 100. Geburtstag feiern.

Es gibt verschiedene Theorien darüber, warum der Seemannsgruß ›Ahoi‹ bei Tschechen und Slowaken so beliebt ist. Die Tschechoslowakei pachtete gemäß einer Regelungen des Versailler Vertrages jedenfalls ein Stückchen des Hamburger Hafens bis zum Jahr 2028. Das Binnenland besaß eine Handelsmarine mit bis zu 13 Schiffen. Eine zentrale Rolle bei der Verbreitung des ›Ahoi‹ spielten die Kanuten (skauti) in den 1920er Jahren.

In der heutigen Populärkultur der Tschechen ist das dünn besiedelte Erzgebirge praktisch nicht existent. Einige Handlungsorte tauchen in Sagenbüchern bei Karel Jaromír Erben (1811–1870) und Alois Jirásek (1851–1930) auf. Das Pendant zu so berühmten Berggeistern wie Rübezahl oder Radegast ist im Erzgebirge die Marzebilla. Zur Zeit bemüht sich der Kulturwissenschaftler Petr Mikšíček (geb. 1977) um den vernachlässigten Landstrich auch unter Einbeziehung solcher Geschichten.

Das Interesse der Tschechen an der deutschen Sprache ist größer als das Interesse der Deutschen an der tschechischen. Dennoch verliert in Tschechien der deutsche Sprachunterricht gegenüber dem englischen zunehmend an Beliebtheit. Gute Ansatzpunkte wie zweisprachige Kindergärten unterstützt der Freistaat Sachsen nur halbherzig.

Ehemals vollwertige Immobilien am Kamm werden oft von Städtern (Pragern) als Wochenendhaus (Chata) betrieben.

Minderheiten in Tschechien

Slowaken und Tschechen bezeichnen sich als Brudervölker, es gibt keinerlei Ressentiments zwischen ihnen. Beide heutigen Länder waren Teile der Donaumonarchie, wobei die Slowaken mehr von den Ungarn und die Tschechen mehr von den Österreichern dominiert wurden. Als die Tschechoslowakei nach dem Ersten Weltkrieg entstand, wurde die zunehmende Anzahl an binationalen Ehen als Selbstverständlichkeit angesehen. Nach langer Zeit in einem gemeinsamen Land und den vielen in diesen Jahrzehnten geschlossenen Mischehen ist es praktisch unmöglich, die Zahl der Slowaken in Tschechien genau zu beziffern.

Seit dem Zerfall der Sowjetunion versuchen Ukrainer verstärkt, in wirtschaftlich stabileren (EU-) Ländern Fuß zu fassen. Aus ihrer Sicht gehören schon die westslawischen Länder dazu, zumal dort die Sprachbarriere für sie niedrig ist. Inzwischen heißt es in offiziellen Statistiken, es gäbe bereits mehr Ukrainer als Slowaken in Tschechien.

Ansiedlungen jüdischer Händler in Böhmen sind seit der vorletzten Jahrtausendwende belegt. Neben Prag als unbestrittenem Zentrum spielte vor allem Nordböhmen eine größere Rolle, wichtige Städte waren Teplitz-Schönau, Aussig und Brüx. Oft wurde die jüdische Bevölkerung unterdrückt und verfolgt. Im heutigen Alltagsleben sind ihre Kultur und ihre Religion praktisch verschwunden.

Im Sudentenland heute: Blick vom Biliner Borschen auf die Industriestadt Most

Roma leben seit 1417 in Böhmen. Von dort zogen sie beispielsweise nach Frankreich weiter und prägten dort den Begriff Bohème (›die aus Böhmen kommenden‹) für eine hauptsächlich aus Künstlern und Studenten bestehende Subkultur. Unter allen Minderheiten Böhmens wurden und werden die Roma am geringschätzigsten behandelt. Staatliche Maßnahmen zielten vorwiegend auf Assimilation ab. Es kam in der Tschechoslowakei sogar zu Sterilisationen ohne Einverständnis, und bis heute werden vielen Roma durch Vorurteile Bildungschancen verwehrt. So besucht jedes dritte Kind eine Sonderschule für geistig Behinderte. Die wirtschaftliche und soziale Situation der Roma-Familien hat sich in den letzten Jahren sichtbar verschlechtert. Sie haben kaum Chancen auf dem normalen Wohnungsmarkt und werden zunehmend zum Spielball skrupelloser Mietspekulanten. Einige Roma-Siedlungen weisen Merkmale von Slums auf. Gelder aus EU-Fonds zwecks Restrukturierung der Ghettos flossen oft in andere Wohnviertel.x

Die Vietnamesen kamen ursprünglich im Rahmen sozialistischer Kooperationsverträge nach Tschechien, insbesondere in den 1970er und 1980er Jahren. Ihre Integration war damals ausdrücklich unerwünscht. Der Transformationsprozess ab 1989 führte zu einem unsicheren Rechtsstatus. Viele Vietnamesen machten sich mit Handels- und Dienstleistungsgründungen selbstständig, auf eine gute Ausbildung ihrer Kinder legen sie großen Wert. Sie sind stark im Einzelhandel vertreten und überproportional an höheren Schulen. Die Zahl der Roma und der Vietnamesen wird von Insidern höher geschätzt, als es die offizielle Statistik ausweist.

Ein Abkommen des Europarates von 1995 regt in schwammiger Sprache an, topographische Hinweise auch in Minderheitensprachen zu beschriften. In einigen Ländern ist es nun üblich, bei über zehn Prozent von Bevölkerungsminderheiten entsprechende Ortsschilder zwei- oder dreisprachig zu gestalten. Den Deutschen auf der böhmischen Seite des Erzgebirges scheint es ziemlich egal zu sein, ob das in den durchaus gegebenen Fällen umgesetzt wird. Bei der derzeitigen demographischen Entwicklung deutet sich aber an, dass die Ortsschilder von Cheb (Eger) außer den tschechischen Namen eines Tages auch vietnamesische aufweisen können.

Kultur

Trotz Globalisierung halten sich einige Traditionen des Erzgebirges. Das trifft sogar auf Sitten und Gebräuche aus der längst vergangenen Bergbauzeit zu. Manches änderte sich jedoch radikal. Die Instrumentenindustrie im Musikwinkel beispielsweise brach vor zwei, drei Jahrzehnten zusammen. Viele sehen im Erzgebirge wieder mal eine abgehängte Gegend.

Wohnverhältnisse

Der Sinn für Reinlichkeit tritt dem Fremden ungesucht entgegen. Die steinernen Gebäude gefallen meist schon durch ihren gut erhaltenen Bewurf und Anstrich und das Innere der Häuser und Hütten erfreut noch mehr durch die daselbst herrschende Sauberkeit.

aus Berlets Wegweiser 1872

Mag es auch viele beschwingte Geschichten aus alten Zeiten geben, so war das Erzgebirge doch eine arme Gegend. Zwar bestanden Mietverhältnisse selten, Familien besaßen überwiegend Wohneigentum. Doch wie bescheiden es in diesen Erzgebirgshäusern zuging, kann man beispielsweise im Freilichtmuseum Seiffen (→ S. 152) sehen.

Die Einfamilienhäuser konnten mit mehr als einem Dutzend Personen belegt sein, dann stand nicht einmal für jedes Kind ein eigenes Bett zur Verfügung. Bei ärmeren Familien befanden sich Stallungen unter dem gleichen Dach. Oft gab es nur einen einzigen Ofen, als Ergänzung zum Hauptofen dienten sogenannte Kanonenöfen. Gehalten wurden überwiegend anspruchslose Nutztiere, woran unter anderem die Rassebezeichnung Erzgebirgsziege erinnert. Als kuriose Besonderheit im Erzgebirge fällt vielen Besuchern die Lage der Toilette in alten Bauernhäusern auf. Das Plumpsklo war überwiegend in Form eines Holz-erkers im Obergeschoss ausgeführt, die Exkremente fielen auf den Misthaufen direkt darunter. Die meisten Schlafstätten und natürlich auch die Toiletten blieben unbeheizbar, Raureif auf der Bettdecke kam durchaus vor. Entsprechender Beliebtheit erfreuten sich Wärmflaschen aus Metall. Schwalben wurden als Glücksbringer angesehen und daher manchmal sogar in Schlafzimmern geduldet.

Gründerzeitarchitektur in Annaberg

Größere Werkstätten wurden mit Wasserkraft betrieben. Sachsens erstes öffentliches Stromnetz entstand ab

1892 in Olbernhau, die Vernetzung über Freileitungen schritt in den folgenden Jahrzehnten schnell voran. 1912 war Sachsens erste Hochspannungsleitung fertiggestellt.

Die Mietwohnungen im Erzgebirgsraum entstanden überwiegend zur Gründerzeit und im Realsozialismus. Für Karlsbad, Teplitz und Aussig wurden 1852 erst 3400, 2800 beziehungsweise 2600 Einwohner angegeben. Chemnitz wuchs von 11 000 Einwohnern im Jahre 1801 über 31 000 (1849) auf 111 000 (1885) und schließlich auf 311 000 im Jahr 1919. Das Jugendstilviertel Chemnitz-Kaßberg und die Blockrandbebauung Chemnitz-Sonnenberg wurden aus dem Boden gestampft, später setzten ČSSR und DDR auf Plattenbauweise. Unter den damaligen Rahmenbedingungen boten viele solche Wohnblocks mehr Komfort als ältere Bauten.

Im Unterschied zum angespannten Wohnungsmarkt in vielen Regionen Deutschlands sieht man im Erzgebirge immer wieder auch Leerstand. Entsprechend realistisch ist die Chance auf den Erwerb renovierungsbedürftiger Immobilien auch bei kleinen bis mittleren Einkommen.

Holzhandwerk

Sein Image verdankt das sächsische Erzgebirge den vor allem als Weihnachtsdekoration verwendeten Figuren und Kerzenhaltern, außerdem werden Kinderspielzeuge gefertigt. Bekannte Erzeugnisse sind etwa Nussknacker, Räuchermännchen, Weihnachtsengel und Bergmannfiguren, Weihnachtspyramiden, Leuchterspinnen, Modelle der Seiffener Kirche mit Kurrende, Osterhasen, Spieldosen, Spanbäume, Reifentiere mit der Arche Noah, Szenen in der Zündholzschachtel, Baukästen, Hampelmänner, Puppenmöbel, Modellfahrzeuge mit Holz- oder

Berühmte Erzeugnisse aus Seiffen

Metallrädchen. Oft wird das Erzgebirge wegen seiner traditionellen Volkskunstprodukte als ›Werkstatt des Weihnachtsmanns‹ oder gar als ›Weihnachtsland‹ bezeichnet. Zentrum dieser Gewerbe ist unstrittig das ›Spielzeugdorf‹ Seiffen mit seiner Umgebung (→ S. 151), weitere entsprechende Handwerksansiedlungen konzentrieren sich in Grünhainichen, Annaberg-Buchholz und Schneeberg. Im Gegensatz zu den Holzwaren entstand der Schwibbogen ursprünglich als Metallprodukt, das älteste bekannte Exemplar wurde 1740 in Johanngeorgenstadt hergestellt.

Reifentiere als Rohlinge

Holzbearbeitung früher

Die Figur ist ja schon im Holz und ich muss nur alles andere wegmachen.

Populärer Spruch der Schnitzer

Die Handwerkskunst im Erzgebirge ist eng mit Zeiten des rückläufigen Bergbaus verbunden, die Familien suchten schlicht nach einem anderen Broterwerb. Bald entwickelte sich die Holzbearbeitung – schnitzen, drechseln, bemalen – zum dominierenden Handwerk, meistens in Familienstrukturen. Kinderarbeit war nahezu selbstverständlich, es herrschte eine hohe Kindersterblichkeit. Wem die Wasserkraft für Drechselarbeiten fehlte, der mietete sich dafür mitunter bei Nachbarn ein, von Brandau aus sogar grenzüberschreitend in Rothenthal.

Oft kauften Zwischenhändler, die die Preise gnadenlos drückten, die Ware auf. Für die Zeit um 1780 belegen Dokumente, dass Samuel Friedrich Heimann in Seiffen und Johann Gottlob Semmler in Olbernhau europäische Handels-netze betrieben. Mitunter legten Familienangehörige der Hersteller aber auch lange Wege zu Fuß zurück, beispielsweise bis zur Leipziger Messe oder zum Dresdner Striezelmarkt. Um die Qualität der Waren und damit deren Ruf zu sichern, gab es im 19. Jahrhundert mehrere Anläufe zur Einrichtung entsprechender Gewerbeschulen.

Einige heute für Holzwaren weniger geläufige Orte waren früher weltweit für bestimmte Spezialisierungen bekannt. So stellten etwa die Firmen von Moritz Gottschalk und Albin Schönherr in Marienberg ab 1873 beziehungsweise 1895 Zubehör für Puppenspiele her, ›Hecker und Söhne‹ entwickelte sich ab 1908 in Eppendorf zur größten Fabrik für Schachspiele.

Um 1800 dehnte sich die Produktion von Holzspielwaren bis in Böhmens Städte am Fuße des Erzgebirges aus. Mit der Vertreibung der Sudetendeutschen nach 1945 erloschen die entsprechenden Betriebe. Bestandteil des Internetauftritts der Seiffener Museen ist eine zweisprachige Darstellung ›Das Sächsisch-böhmische Spielzeuggebiet im mittleren Erzgebirge‹ (www.spielzeugmuseum-seiffen.de/spielzeuggebiet), die diese Traditionen umfassend beleuchtet.

Holzbearbeitung heute

Erzgebirgische Volkskunst ist mittlerweile eine eingetragene Wortmarke des Verbandes Erzgebirgischer Kunsthandwerker und Spielzeughersteller (www.diekunstzumleben.com). Der Verband unterhält in Seiffen eine Holzspielzeugmacher- und Drechslerschule. Starke Konkurrenz kommt von Billigprodukten aus Fernost.

Eine große Rolle als Ausbildungsstätte spielt die Fachschule für angewandte Kunst Schneeberg (www.fh-zwickau.de/aks), die die Studienrichtungen Holzgestaltung, Musikinstrumentenbau, Modedesign und Textilkunst anbietet. Diese Fachschule ging aus der 1878 gegründeten Königlichen Spitzenklöppelmusterschule hervor und 1992 in der heutigen Westsächsischen Hochschule auf. Dekan der Fakultät war bis 2012 Gerd Kaden (geb. 1949, www.gerdkaden.de), der international vor allem durch seine aus klaren geometrischen Formen kombinierten Kugelbahnen bekannt wurde. Auf ihn folgte der Möbeldesigner Jacob Strobel (geb. 1978, www.jacobstrobel.com).

Reifendrehen und Masseformen

Zu den mittlerweile seltensten Handwerken der Welt zählt die Reifendreherei (www.reifentiere.de). Nur noch sechs Personen auf der Welt arbeiten als Reifendreher, seit 1997 wird unter dieser Berufsbezeichnung nicht mehr offiziell ausgebildet. Ein Erfinder ist nicht persönlich bekannt, Vorführungen dazu gibt es im Erzgebirgischen Freilichtmuseum Seiffen und bei einigen Herstellern. Reifen werden aus länger gewässerten Stämmen – zu 90 Prozent aus Fichtenholz, seltener Laubholz – so gedrechselt und aufgespalten, dass als resultierende ›Tortenstückchen‹ beispielsweise Rohlinge für Tierfiguren entstehen. Nach dem ersten Spaltvorgang ist es nicht mehr möglich, dieses Ergebnis auf der Drehbank zu korrigieren. Freilich dürfen die Kunsthandwerker Schablonen benutzen, um ihr Augenmaß zu kontrollieren. Die Rohlinge werden anschließend beschnitzt und bemalt, man kann aber als Souvenir auch rohe Reifenteile kaufen.

Eine nicht zum Holzhandwerk im engeren Sinne gehörende Technologie war die Fertigung von Massefiguren. Um 1900 formten über 50 Kleinbetriebe diese Spielzeugartikel aus Papiermaché, Roggenmehl, Schlemmkreide und Leim.

Ortspyramiden

Die ersten Freilandpyramiden wurden 1933 in Frohnau (verschollen, verkleinerter Nachbau im Annaberger Rathaus) und 1934 in Aue (in repariertem Zustand jetzt in Schwarzenberg) zur Weihnachtszeit aufgestellt. Diese Beispiele fanden schnell Nachahmer und die Zahl wächst immer noch weiter, über 150 sind es mittlerweile allein im Erzgebirgskreis. Natürlich werden sie nicht durch Kerzenwärme angetrieben, und nicht immer sind sie so hübsch proportioniert wie die kleinen Pyramiden. Aber bei angemessen großen Flügelrädern besteht eine hohe Bruchgefahr durch Wind und Schnee. Den Rekord hält seit 2014 die 25,52 Meter hohe Pyramide in Johanngeorgenstadt. Bei diesen Dimensionen ist ein jährlicher Auf- und Abbau nicht mehr praktikabel. Außerdem kann man ganzjährig eine 6,30 Meter hohe Pyramide in der Mitte des Spielzeugmuseums Seiffen bewundern.

Brauchtum

Den Erzgebirger charakterisiren Zufriedenheit mit wenigem, Treuherzigkeit und Geradheit beim Umgang, etwas singendes beim Sprechen, häufiges Verdrehen üblicher [...] Wörter, die Anhängung des Taufnamens an den Familiennamen, so daß er aus Gottlieb Richter einen Richterlieb macht und aus dessen Sohn Karl einen Richterliebkarl.

aus Engelhardts Vaterlandskunde 1833

Die im Erzgebirge intensiv begangene Weihnachtszeit liegt nach verbreiteter Auffassung eigentlich zwischen Andreasnacht (30. November) und Hochneujahr (6. Januar), die Adventszeit kann je nach Lage der Wochentage sogar schon davor beginnen. Mittlerweile werden viele Weihnachtsmärkte von mehr oder weniger süßlich-kitschigem Gebimmel einschließlich austauschbarer Fressbuden und ungenießbarem Glühwein dominiert. Dazwischen gibt es freilich auch originelle und hochwertige Angebote. In den letzten Jahren nahm die Anzahl regelmäßiger Bergparaden im Erzgebirge wieder zu. 2017 fanden sie in folgender zeitlicher Reihenfolge statt: in Chemnitz, Zwönitz, Aue und Thum am 1. Adventswochenende; in Freiberg, Olbernhau, Stollberg, Pobershau und Schneeberg am 2. Adventswochenende; in Seiffen, Schwarzenberg, Zwickau und Marienberg am 3. Adventswochenende; zum Abschluss in Annaberg am 4. Adventswochenende.

Zu den weiteren Höhepunkten im Jahresverlauf gehörten Osterrituale und Kirchweihfeste. Am Ostermorgen sollte man möglichst vor Sonnenaufgang schweigend zu einer natürlichen Quelle oder einem jungen Bachlauf gehen, das dort geschöpfte Wasser war angeblich auf nahezu magische Weise schönheits- und gesundheitsfördernd für Mensch und Tier. Der Geburtstag der zuständigen Kirche (Kirmes, Kirchmess) wurde oft zum Anlass des größten jährlichen Treffens der Verwandtschaft genommen. Bis weit in die atheistisch geprägten Generationen der DDR setzte sich diese Tradition fort.

Neben Sagengestalten aus dem Gebirge wie zänkische oder sanftmütige Kobolde genossen auch sozusagen die zeitgenössischen Durchgeknallten (→ S. 180, Arthur Schramm) große Bekanntheit und eine gewisse Sympathie.

Abschlussbergparade am vierten Advent in Annaberg-Buchholz

Wos en Hannes getraamt hot

Nachten Obnd war ich hutzen in Stübel dernaabn,
sat der Hannes: Heit halt ich ober enn racht olbern Traam.
Do traamt mer, deß ich wollt in de Schwamme naus gieh
on laaf e su a ne Waldsaam hi.

Net weit derva war der Hirt mit 'n Viech
on der Bommel derbei, mir gob 's doch enn Stiech,
denn mei Tüchel war rut, wu ich de Schwamme nei tu,
on dos wußt ich, do laaft gern der Bommel drauf zu.

On richtig, kaum hot mich dos Mistviech gesaah,
do kam 'r gespronge, on ich spring halt aah.
Gesatzt on gefabelt bi ich auf on derva,
ober der Bommel kam immer Wetter a mer ra.

Nu dach ich in menn Ugelück, mußt saah, deß gelingt,
weil der Bommel doch immer gerodaus springt,
deß ich ben Walle dos Eckel erwisch,
do spring ich nort nüm on hupp nei in Gebüsch.

Nu halt 'r mich ball, itze war 'r ball dra,
on ich fang halt noch meh ze satzen a.
On wie ich e su üme Eck nüm saus, –
do hirzt 's mich doch aus 'n Bettstaatel naus.

Anton Günther 1902 (unvertontes Gedicht)

Gottesgab, der Heimatort Anton Günthers

›Dr Hutzenobnd‹

Wenn's draußen üma Haisel racht wattert un stürmt, is drinna im Stübel gar fei. Do werd sich der Buckel an Ufen gewärmt, mer legt mancha Stöckwurzel nei.

Luise Pinc (1895–1982)

Bei Hutzenabenden handelte es sich um gesellige Nachbarschaftstreffen mit handwerklichen Tätigkeiten, symbolisch dafür werden in Volksliedern meistens das Schnitzen (Männer) und das Klöppeln (Frauen) genannt. Es gibt widersprüchliche Erinnerungen darüber, ob eine räumliche Trennung zwischen den Geschlechtern erfolgte. Zumindest wird es so gewesen sein, dass die Treffen auch für Besuche des anderen Geschlechts zugänglich waren. Nicht immer ging es lammfromm zu, einige Orte waren wohl verrufen wie heutzutage manche Diskothek. In Steinbach ließ der Gemeindevorstand 1906 Plakate anschlagen, auf denen im Falle von Teilnehmenden unter 16 Jahren an Klöppelabenden eine Strafe von 30 Mark angedroht wurde. Davon hätte man über 100 Kilogramm Brot kaufen können. Ein Spareffekt bestand in den kälteren Monaten sicher darin, dass man statt mehrerer Stuben nur eine oder zwei heizen musste.

Als jährliche Sonderaktion des Hutzengehens ist wohl das Federnschleißen (Frauen) interpretierbar, eine Aufbereitung von Federn geschlachteter Tiere für Federbetten. Dabei wurden die harten Federkiele in Handarbeit entfernt, und die gastgebende Federneigentümerin musste ordentlich auftischen.

Die Hutzenabend genannten Folkloreveranstaltungen heutzutage haben mit den klassischen Hutzenabenden wenig zu tun.

Dialekt

Wu de Hasen Hosen hasen unn de Hosen Husen hasen, do sei mir dorhamm! (Wo die Hasen ›Hosen‹ heißen und die Hosen ›Husen‹ heißen, dort sind wir zu Hause!)

Verfasser unbekannt

Schon an der Sprache merkt man, dass die Erzgebirger keine ›Durchschnittssachsen‹ sind. Viele Sprachwissenschaftler zählen den erzgebirgischen Dialekt nicht zur thüringisch-obersächsischen Dialektgruppe, sondern als eigenständige ostmitteldeutsche Mundart. Entsprechend litt das erzgebirgische Image weniger, als unter dem DDR-Staatsratsvorsitzenden Walter Ulbricht und seinem Umfeld der sächsische Dialekt als Synonym für ideologische Verbohrtheit in Verruf kam. Dabei galt das weiche ›Kaffeesächsisch‹ früher sogar als besonders elegant, angeblich schickten auswärtige Adelsfamilien ihre Kinder zur Verfeinerung der Sprache zeitweise an den Dresdner Hof. Mit dem Machtverlust Sachsens innerhalb des Deutschen Reiches schwand auch das Ansehen des sächsischen Dialektes, und mehr oder weniger gelungene Späße der Wessis über die Ossis beschädigten sein Image weiter.

Die Grundlage des erzgebirgischen Dialektes wurde im 12. Jahrhundert aus dem mainfränkischen Raum importiert, die sich entwickelnde Sprache dann wiederum im 16. Jahrhundert über Bergleute in den Westharz exportiert. Einen reinen erzgebirgischen Dialekt hört man kaum noch, am ehesten bei bewusster Traditionspflege. Vor einigen Jahrzehnten war es oft noch möglich, anhand von Dialekt-Nuancen im Alltagsgebrauch den genauen Herkunftsort Sprechender herauszufinden.

Die sich östlich an das Erzgebirge anschließenden Untergruppe des thüringisch-obersächsischen Dialektes wird als Meißnisch, die sich westlich anschließende als Vogtländisch (www.vogtlandmundart.de) bezeichnet.

Zahlreich sind die Anekdoten, die sich um das ›Nu‹ ranken, was eher wie ›Nee‹ klingt, aber ›Ja‹ meint. Man kann als Gebirgsgast bei entsprechendem Interesse kurzweilige Beobachtungen zum Dialekt anstellen, solle aber nicht versuchen, schon nach ein paar Tagen aktiv teilzunehmen. Allenfalls bei Franken würde das noch akzeptiert werden...

Auf böhmischer Seite des Erzgebirges war der Dialekt punktuell durchsetzt von einigen spezifischen Wörtern der Donaumonarchie wie Spital (= Krankenhaus), Karfiol (= Blumenkohl) oder Kukuruz (= Mais). Dort ist Deutsch beziehungsweise Erzgebirgisch als Muttersprache praktisch ausgestorben, die wenigen nach 1945 verbliebenen Sudetendeutschen sind in der Mehrheitsbevölkerung assimiliert worden. Selbst wer sich in den Bergdörfern als Deutscher bezeichnet, hat oft bessere Kenntnisse des Tschechischen als des Deutschen.

Literatur

Als Begründer der erzgebirgischen Mundartliteratur gilt der Pfarrer Christian Gottlob Wild (1785–1839). Einige interessante Beobachtungen über das Erzgebirge in hochdeutscher Sprache lieferte Moritz Hartmann (1821–1872). Ebenfalls Sachsen und dem Erzgebirge verbunden fühlte sich der in Ernstthal geborene Abenteuerschriftsteller Karl May (1842–1912). Seine ›Erzgebirgischen Dorfgeschichten‹ erschienen zwischen 1874 und 1879, eine erweiterte Ausgabe 1903.

Anton Günther (1876–1937) ist bis heute die prägendste Persönlichkeit einer spezifisch erzgebirgischen Kultur. Seine Sprache gilt als Quasi-Standard für den erzgebirgischen Dialekt. Einen großen Teil seines Lebens verbrachte Günther in Gottesgab (Boží Dar), wo er in einer kinderreichen Familie geboren wurde und wo er auch gestorben ist. Ursprünglich wollte der ›Tholer-Hans-Tonl‹ (der Anton vom Johann aus dem Tal) Förster werden, aber sein Zeichentalent und gute Verdienstmöglichkeiten in der Lithographie führten ihn nach Buchholz und Prag. Ohne richtige musikalische Ausbildung sang er zur Gitarre eigene Lieder, 1895 erfand er dabei die Liedpostkarte (www.liedpostkarte.de). Also er war der erste, der Postkarten mit kompletten Liedern – Noten, Text, meistens eine Illustration – verkaufte. 1901 kehrte Günther nach Gottesgab zurück, 1908 heiratete er. 1907 sang er vor dem sächsischen König auf dem Fichtelberg und 1908 vor dem österreichischen Kaiser auf dem Keilberg seine berühmte Liedzeile, dass er wegen der Lage seines Berghäusleins nicht mit einem König tauschen möchte. 1908 forderte eine patriotische Liedzeile, sich deutsch und frei zu fühlen. Im Gegensatz zu einigen heutigen Interpretationen meinete er damit keineswegs, das soziale Mitgefühl oder die erzgebirgische Gastfreundschaft abzuschaffen. Günther wurde mit seiner Kunst zwar nicht reich, aber zu einer angesehene Persönlichkeit. Begeis-

Anton Günther 1921 vor seinem Haus

tert zog er in Serbien für seinen Kaiser in den Krieg, enttäuscht kehrte er heim. Natürlich missfiel ihm einerseits, dass seine Nation in der 1918 entstehenden Tschechoslowakei benachteiligt wurde. Andererseits ließ er sich nicht für plumpe Propaganda einspannen, eine Mitgliedschaft in der NSDAP lehnte er immer wieder ab. Er würde sich sicher davon distanzieren, dass Sachsens Ausländerfeinde heutzutage Sprüche von ihm zitieren. Man darf eher davon ausgehen, dass er als Angehöriger einer Minderheit ganz allgemein für Rechte von Minderheiten eintrat. Günther stellte Liedpostkarten nur mit eigenen Liedern her, 34 seiner Lieder blieben jedoch ohne Karte. Unter den von ihm selbst vertriebenen Alben ist ›Andenken an Gottesgab‹ von 1932 das umfangreichste, es beinhaltet 94 Karten mit 78 kompletten Liedern. Über seinen Suizid wurden der Öffentlichkeit kaum Details bekannt, einen Abschiedsbrief gab es wohl nicht.

Es gibt etwa 50 Anton-Günther-Gedenksteine an öffentlichen Plätzen bis über das Erzgebirge hinaus, einen Anton-Günther-Wanderweg (→ S. 308) und viele nach ihm benannte Chöre. Günther selbst spielte in den Jahren von 1921 bis 1931 Tonaufnahmen ein, die staunen lassen. Da ist nichts von weichgespülter Folklore oder von schmissigen Märschen zu spüren, womit seine Lieder später oft dargeboten wurden. Es ist eher ein bescheidener Sprechgesang, den man neudeutsch als Stil der Singer-Songwriter bezeichnen könnte. Gewisse Parallelen existieren zu Otto Reutter (1870–1931), der Alltagsbeobachtungen in Berlin auf ähnlicher Wellenlänge zu Couplets verarbeitete. Ganz klar: Singer-Songwriter gab es schon lange vor Bob Dylan.

Die im Dialekt literarisch besten Zeitgenossen Günthers waren der am Rhein geborene Redakteur Emil Rosenow (1871–1904) und der Lehrer Max Wenzel (1879–1946), der viele Kurzgeschichten schrieb, die zwischen 1910 und 1938 erschienen. Eine Generation später konnten vor allem der Lehrer Stephan Dietrich (genannt Saafnlob, 1898–1969) und der nach Franken vertriebene Max Tandler (1895–1982) an Günthers Heimatdichtung anknüpfen.

Emil Rosenows bekanntestes Stück ist die Komödie ›Kater Lampe‹ aus dem Jahre 1902, deren Handlung sich in Rothenthal tatsächlich zugetragen haben soll. Von 1892 bis 1899 lebte Rosenow in Chemnitz, wo er 1896 sechs Monate in Haft wegen ›Verächtlichmachung von behördlichen Anordnungen‹ saß. 1898 wurde er für die SPD, als Abgeordneter des Wahlkreises Marienberg/Zschopau, in den Deutschen Reichstag gewählt, zu diesem Zeitpunkt war er der bislang jüngste Abgeordnete.

Institutionen des Erzgebirges organisieren Literaturveranstaltungen beispielsweise in Flöha, Marienberg, Annaberg, Aue, sogar einige böhmische Vereine interessieren sich für deutsche Dialekte.

Medien

Tonangebendes Printmedium im Erzgebirge ist die ›Freie Presse‹ (www.freiepresse.de) aus Chemnitz mit 19 Lokalteilen, darunter Annaberg, Aue, Chemnitz, Flöha, Freiberg, Marienberg, Schwarzenberg, Zschopau und Zwickau. Sie war seit 1963 das SED-Organ im Bezirk Karl-Marx-Stadt und wurde unter Einflussnahme Helmut Kohls 1990 der Medien-Union Ludwigshafen zugespielt. Mit sinkender Zahl von inzwischen nur noch 225 000 verkauften Druckexemplaren bleibt sie trotzdem die größte Zeitung Ostdeutschlands und eine der auflagenstärksten Zeitungen Deutschlands.

Gemeinsam mit Sachsen-Anhalt und Thüringen betreibt Sachsen die öffentlich-rechtlichen Programme des MDR (www.mdr.de). Hohes Niveau lieferte die deutschsprachige Prager Zeitung (www.pragerzeitung.cz) wöchentlich bis 2016, seitdem existiert aber nur noch ein bescheidener Internet-Auftritt. Die Landesversammlung der deutschen Vereine in der Tschechischen Republik ist Herausgeber des monatlichen LandesECHOs (www.landesecho.cz). Wesentlich älter sind die fremdsprachigen Programme von Radio Prag (www.radio.cz/de).

Musik und Instrumentenbau

Verbreitete Folkloreinstrumente im Erzgebirge sind Akkordeon, Zither und Mandoline. Größere Bergparaden und ähnlich Umzüge werden oft von Spielmannszüge mit Bläsern, Lyra-Glockenspielen und Pauken angeführt. Schnittstelle zwischen Spielmannszügen und der Nachwuchsförderung sind dabei oft engagierte Dozenten, beispielsweise Jörg Küttner in Annaberg (www.bergmusikkorps-frisch-glueck.de). Mancherorts treten zur Weihnachtszeit Turmbläser auf, am regelmäßigsten in Schneeberg.

Als typischer Tanz Böhmens gilt die um 1835 entstandene Polka, bekannte Beispiele stammen von Johann Strauss (1825–1899) und Jaromír Vejvoda (1902–1988). Die Tradition der Egerländer Blasmusik wurde in der Nachkriegszeit vor allem in den Grenzgebieten Bayerns gepflegt. Eine zentrale Rolle spielte dabei Ernst Mosch (1925–1999), der 1956 ›Die Original Egerländer Musikanten‹ gründete. Als Mosch in Germaringen starb, waren über 40 Millionen Tonträger unter seinem Namen verkauft.

Spielmannszüge gibt es nach wie vor viele

Der Übergang vom Vogtland zum Erzgebirge mit den Städten Klingenthal und Markneukirchen, Kraslice (Graslitz) und Luby (Schönbach) ist ein altes Zentrum des Musikinstrumentenbaus (→ S. 114). Die Bedeutung hat leider stark abgenommen, seit es Konkurrenz in Fernost gibt.

In den Kirchen des Erzgebirges findet man viele schöne Orgeln. Berühmt sind die Instrumente Gottfried Silbermanns (→ Extra S. 139) und seiner Schüler. Die klangvollste große Orgel aus der Epoche der Romantik ist wohl die der Annenkirche in Annaberg (→ S. 182). Die Hauptorgel der Marienkirche in Zwickau ist das größte in der DDR erbaute Musikinstrument.

Wichtigster Volksmusikbetrieb der letzten Jahrzehnte war und ist das Erzgebirgsensemble Aue. Es wurde von seiner offiziellen Gründung 1963 bis 1989 vom Publizisten Manfred Blechschmidt (1923–2015) geleitet, der auf Linientreue gegenüber der SED-Staatsmacht achtete. Die inzwischen als GmbH organisierte Gruppe ist nach innen und außen sehr flexibel. Ihre Besetzung bei Auftritten reicht von kleinen Teilgruppen bis zu kooperativen Gemeinschaftsaktionen mit anderen sächsischen Volkskünstlern. Oft versumpften die Folkloredarbietungen der DDR-Zeit in Stagnation und Gemütlichkeit. Ohne den Rückgriff auf Anton Günthers Lieder wären viele entsprechende Veranstaltungen wohl in völligem Kitsch aufgegangen.

Ein wichtiger Akteur aufmüpfiger Jugendmusik in der DDR war der in Stützengrün aufgewachsene und in Zwönitz wohnende Bibliothekar Stefan Gerlach. Konflikte mit Staatsmacht und Stasi führten beispielsweise zu Auftrittsverboten. Gelegentlich spielt er wieder mit der Folkrock-Legende ›Wind, Sand & Sterne‹.

Den größten überregionalen Erzgebirgshit landeten ›De Randfichten‹ 2004 mit ihrem Lied ›Lebt denn dr alte Holzmichl noch?‹. 2008 veröffentlichte die Band eine Version des Heilig-Obnd-Liedes von 70 Minuten mit 156 Strophen. Es wird als längstes Weihnachtslied der Welt vermarktet. Etwas tiefgründigere Texte lieferte der Erzgebirgsrock von ›De Krippelkiefern‹.

In Litvínov (Leutensdorf) würde 1982 Iva Frühlingová geboren, die überwiegend Pop-Chansons in französischer Sprache darbietet. Ihr erstes Album 2003 hieß Litvínov, außer in ihrer Heimat wurde es in Frankreich und Belgien ein großer Erfolg. Schließlich sei noch erwähnt, dass es in Tschechien ausgezeichnete Jazzmusik gibt. Tonangebend sind dabei natürlich Prager Jazzclubs, allen voran AghaRTA (www.agharta.cz).

Theater mit regelmäßigen Opernaufführungen besitzen die Städte Freiberg, Annaberg, Chemnitz, Zwickau, Karlsbad und Ústí nad Labem (Aussig).

Kirchen

Es fällt schnell auf, dass auf der böhmischen Seite des Erzgebirges die Barockarchitektur viel präsenter ist als auf der sächsischen. Das hat vor allem einen religionspolitischen Grund, bezieht sich aber nicht nur auf Sakralbauten. Böhmischer Barock ist sogar ein Fachbegriff für die spezifische Architektur, die die böhmische Gegenreformation prägte. Nachdem sich in Böhmen zunächst Luthers Gedankengut sehr schnell ausgebreitet hatte, kam es ab der Schlacht am Weißen Berg 1620 zu einer so umfassenden Rekatholisierung wie in kaum einer anderen Region Europas. Insofern waren barocke Repräsentationsbauten nicht nur in Mode, sondern auch Symbole des verordneten Glaubens. Ein prägender Baumeister Nordböhmens war Christoph Dientzenhofer (1655–1722), mehrere Architekten kamen auch aus Italien.

Erntedankfest in der Stadtkirche Zöblitz

Sakralbauten bilden oft die Dominante eines Ortes, nur selten, wie beispielsweise im Jagdschloss Augustusburg (→ S. 89), wurden sie äußerlich unauffällig in ein Gebäudeensemble integriert. Einige wenige große Kirchen funktionieren außerhalb der Gottesdienste als Museum, andere sind zu bestimmten Zeiten gratis geöffnet. Kleinere Häuser können Touristen oft nach Absprache beim zuständigen Pfarramt betreten.

In der sozialistischen Tschechoslowakei verfielen die Kirchen stärker als in Ostdeutschland. Dieser Sanierungsstau wurde und wird seit 1989 vielerorts allmählich beseitigt. Oft beteiligten sich Sudetendeutsche mit Spenden für ihre alten Heimatorte. Als ältester Wallfahrtsort Böhmens zählt Mariánské Radčice (Maria Ratschitz,→ S. 280). Manche Bauten wie das Kloster Mariasorg bei Jáchymov (Joachimsthal) hatten freilich nicht überlebt.

Im Folgenden werden einige besonders interessante Kirchen des Erzgebirges zusammenfassend genannt. Die berühmten Orgeln von Johann Gottfried Silbermann sind an anderer Stelle genannt (→ S. 139).

Evangelische Stadtkirchen

Als die schönsten evangelischen Stadtkirchen im Erzgebirgsraum kann man ansehen: **Schlosskirche Chemnitz** (www.sps.kirchechemnitz.de, → S. 103); **Freiberger Dom** (www.freiberger-dom.de, → S. 143), auch Museum; **Stadtkiche Lauenstein** (www.stadtkirche-lauenstein.jimdo.com, → S. 131); **Stadtkirche Zöblitz** (www.stadtkirche-zöblitz.de, → S. 165); **Annenkirche Annaberg** (www.kirche-annaberg-buchholz.de, → S. 182), auch Museum; **Georgenkirche Schwarzenberg** (www.st-georgen-schwarzenberg.de, → S. 202); **Wolfgangskirche Schneeberg**, auch ›Bergmannsdom‹ genannt (www.st-wolfgang-schneeberg.de, → S. 208).

Wehrkirchen

Im mittleren Erzgebirge haben vier evangelische Kirchen den Charakter einer Verteidigungsanlage. Auf dicke Steinmauern wurde im 15. Jahrhundert jeweils ein hölzernes Blockgeschoss mit einem Wehrgang aufgesetzt, hier konnte die Dorfbevölkerung Zuflucht bei militärischen Auseinandersetzungen finden. Zu nennen sind: **Wehrkirche Mittelsaida** (original, Homepage in Arbeit); **Wehrkirche Dörnthal** (original, www.kirche-forchheim-doernthal.de); **Wehrkirche Lauterbach** (1906 versetzt, www.kg-lauterbach.jimdo.com); **Wehrkirche Großrückerswalde** (original, www.kirche-grossrueckerswalde.de, → S. 171).

Zudem weist die Kreuzkapelle in Mauersberg einen Wehrgang auf, die 1953 geweihte Rekonstruktion des 1889 abgerissenen Baus entstand auf Betreiben des Kreuzkantors Rudolf Mauersberger (1889–1971).

Dorfkirchen

Weitere besonders sehenswerte evangelische Dorfkirchen sind: **Wallfahrtskirche Clausnitz** (www.kirchenbezirk-freiberg.de, → S. 134); **Bergkirche Seiffen** (www.bergkirche-seiffen.de, → S. 152); **Barbarakirche Markersbach** (www.kirche-markersbach.de, → S. 202); **Trinitatiskirche Carlsfeld** (www.carlsfeld.com, → S. 196).

Der ›Erzgebirgsdom‹ in Výsluní

Katholische Kirchen

Die interessantesten katholischen Kirchen im Erzgebirgsraum sind: **Franziskanerkloster Cheb** (→ S. 256); **Wenzelskirche Výsluní**, auch ›Erzgebirgsdom‹ genannt (www.znicenekostely.cz, → S. 239); **Stadtkirche Jáchymov** (www.pamatkyaprirodakarlovarska.cz, → S. 230); **Wallfahrtskirche Květnov** (www.kvetnov-quinau.cz, → S. 241); **Dekanatskirche Most** (www.kostel-most.cz, → S. 274), nur Museum; **Kloster Osek** (www.kloster-osek.info, → S. 278); **Marienkirche Dubí** (www.mesto-dubi.cz, → S. 247).

Sakralbauten anderer Konfessionen

Mormonentempel Freiberg (www.lds.org); **Eliasburg Pockau** (nur für Lorenzianer zugänglich, → S. 161); **Synagoge Chemnitz** (www.jg-chemnitz.de); **russisch-orthodoxe Kirche Karlovy Vary** (Chrám svatého Petra a Pavla).

Musik- und Theaterfestivals

Ganzjährig: Artmontan (www.artmontan.de), Musik verschiedener Genres an verschiedenen (Bergbau-) Plätzen;
April: Jazztage (Freiberg, seit 1972);
Mai: Internationaler Akkordeonwettbewerb (Klingenthal, seit 1963), Orchestertreff (Thum, seit 1991)
Juli: Rock auf dem Berg (Pobershau, seit 1998);
August: Land and Art (Králův mlýn, seit 2012, → Extra S. 238), InsectLongue (Börnichen, seit 1999), Märchenfilmfestival fabulix (Annaberg-Buchholz, seit 2017), Festival Mitte Europa (2015 eingestellt);

September: Europäisches Blasmusikfestival (Bad Schlema, seit 1992), Mundharmonikafestival (Klingenthal, seit 2001), Silbermann-Tage (Freiberg und Umgebung, seit 1978), Musikfest Erzgebirge (www.musikfest-erzgebirge.de, zu den geraden Jahren, an mehreren Orten), Folklorefestival (www.kffestival.cz, Karlovy Vary, seit 1996);
Oktober: Osterzgebirgische Puppentheaterfest (Bärenfels, seit 2005), Bandonionfestival (Carlsfeld, seit 1993), Jazzfestival (www.jazzfest.cz, Karlovy Vary und Sokolov, seit 2001), Jazz Jam (www.jazzjam.cz, Cheb, seit 1996), Theaterfestival KULT (Ústí, seit 1998);
Dezember: Dark Storm (Chemnitz, seit 2004).

Essen und Trinken

Wohl auf keinem deutschen Gebirge ist die Kost so ärmlich wie auf dem Erzgebirge.

aus Engelhardts Vaterlandskunde 1833

Gegen 1700 gab es zwei Umbrüche, was die Verfügbarkeit von Nahrungsmitteln betrifft, die das Erzgebirge bis heute prägen. Zum einen reduzierten das Einwohnerwachstum und die Gewässerverschmutzung die Fischbestände erheblich, Stör und Lachs verschwanden allmählich völlig. Zum anderen begann der Siegeszug der Kartoffel, die seitdem die wichtigste Pflanze bei der Ernährung der Bevölkerung und Grundlage unzähliger traditioneller Gerichte ist. Ab dem 19. Jahrhundert bereicherten einzelne Dorfschullehrer ihre Gärten durch frostresistente Obstsorten der Nordhalbkugel wie den Antonapfel oder die Worcesterbeere, die noch in über 1000 Metern Früchte tragen. Manche in Deutschland fast schon allgegenwärtige Kulturpflanzen wie der Mais dagegen haben ab etwa 300 bis 400 Metern Höhenlage geringe Chancen auf halbwegs wirtschaftliche Erträge, stattdessen kommen essbare Wildpflanzen erneut in Mode. Man findet nicht nur Heidel- und Preiselbeeren, sondern sogar Rausch- und Moosbeeren. In Schutzgebieten darf natürlich nicht gesammelt werden.

Die Küche des Erzgebirges kann mit Pilzen sehr gut umgehen, die von den Erzgebirgern als Schwamme oder auch ›Fleisch des Waldes‹ bezeichnet werden. Pilze liefern bei entsprechender Zubereitung leckere Aromen mit wenigen Kalorien, passen also hervorragend zu heutigen Ernährungstrends. Ein oft verpönter, im Gebirge aber nie aus der Mode gekommener Waldpilz ist der Hallimasch (václavka). Für sein Wachstum zersetzt er totes Holz, manchmal greift er sogar lebende Bäume an. Die Kappen treiben im Herbst büschelweise aus und enthaltene schwache Giftstoffe, die sich beim Erhitzen aber schnell zersetzen. Die tschechische Bezeichnung geht auf den Todestag des Heiligen Wenzel (Svatý Václav) am 28. September zurück, erfahrungsgemäß ein Tag mit guter Halli-Ausbeute. Ein Hallimasch-Wurzelgeflecht in Oregon übrigens ist mit über neun Quadratkilometern Ausdehnung das größte Lebewesen der Welt, schätzungsweise 2400 Jahre alt und 600 Tonnen schwer.

Ebenfalls mit heutigen Ernährungstrends korrespondieren hochwertige Speiseöle, von denen einige sogar in historischen Mühlen – etwa wie Dörnthal und Pockau – entstehen.

Die beliebten Leinölküchelnl. Andernorts sind sie unter anderen Namen bekannt

Das bekannteste Mehrgänge-(Weihnachts-)Festmahl des Erzgebirges ist das »Neinerlaa« (Neunerlei), wobei verschiedenste Auffassungen zu seinen Bestandteilen kursieren. In ärmeren Haushalten bestand der Hauptgang oft aus knusprigen Bratwürsten, als edelste Fleischsorte gilt bei vielen Erzgebirgern dagegen Kaninchen.

Auf der böhmischen Seite des Erzgebirges merkt man deutliche Einflüsse der Küche Österreich-Ungarns, bis heute ergab sich nur ansatzweise eine grenzübergreifende Durchmischung. Böhmische Restaurants und böhmische Läden bieten Lebensmittel an, die auf sächsischer Seite immer noch unüblich bis unbekannt sind – und umgekehrt. Bei Süßigkeiten gibt es beispielsweise große Unterschiede, ohne dass man die Auswahl auf einer Seite als kleiner bezeichnen könnte. Eine kräftige Suppe (polévka) sowie Hefe- und Semmelknödelscheiben (knedlíky) mit Rahmsoße (smetana) findet man eher am Südhang des Erzgebirges, Leinöl wird in einigen Haushalten am Nordhang exzessiv genutzt. Im Süden gibt es preiswerte Alltagsbrötchen in Hörnchenform (rohlíčky) und Brot mit zermahlenem Kümmel (chléb s kmínem), im Norden zum Weihnachtsfest leckeren Rosinenstollen. Manches findet man auf böhmischen und sächsischen Speisekarten gleichermaßen, Sauerkraut (kyselé zelí) als Beilage zu vielen Gerichten beispielsweise oder Forelle (pstruh) als Hauptgang.

In den Vertrieb von Supermärkten haben es die Firmen Lawa (www.lawafrische.de) und Scharnis (www.scharnis.de) geschafft, die gekühlte Kloßteig-Erzeugnisse anbieten. Im Vergleich mit anderen Regionen Deutschlands gibt es im Erzgebirge noch überdurchschnittlich viele familiengeführte Bäckereien und Fleischereien, denen die Weihnachtszeit natürlich auch erhöhte Umsätze beschert.

Weihnachtsstollen

Frühe Belege über das Hefegebäck Stollen waren das Naumburger Innungsprivileg von 1328 und der Zeithainer Riesenstollen von 1730. Das Deutsche Lebensmittelbuch versteht unter einem Stollen ohne Namenszusatz stets einen

Rosinenstollen (Grundbestandteile: 100 Teile Mehl, 30 Teile Butter, 60 Teile Rosinen). Der Phantasie bei verfeinernden Zutaten wie gemahlenen Mandeln oder Trockenfrüchtestückchen sind keine Grenzen gesetzt.

Bis weit in die DDR-Zeit hinein war es verbreitet, dass Familien selbst beschaffte Zutaten für eine individuelle Teigmischung ihrer jährlichen Stollenbackaktion zum Dorfbäcker brachten. Um Verwechslungen auszuschließen, markierten sie ihre Teiglinge mit spitzen Metallschildchen. Die Fertigstellung erfolgte dann im großen Handwerksofen; Ende November ordentlich gebackene Stollen waren bei geeigneter Lagerung (13–15 Grad Celsius) bis Mitte März haltbar. Ganz frisch schmecken sie nicht optimal, ein Stollen muss erst mal eine Weile ziehen.

Es gibt einen Stollenverband Erzgebirge mit 21 Mitgliedern (www.originalstollen.de) und bei einigen Bäckern die Möglichkeit, sich Stollen aus dem Erzgebirge zuschicken zu lassen (u.a. www.viewegerback.de, www.baeckerei-seifert.de). Richtige Handwerksqualität ist aber kein Schnäppchen, es sollten etwa 18 Euro pro Kilogramm eingeplant werden.

Alkoholika

Als kultigster Schnaps des Erzgebirges gilt der giftgrüne ›Lauterbacher Tropfen‹ (www.lauterbacher-tropfen.de) aus Lauterbach. Es folgen das kräftige ›Grubenfeuer‹ aus Schlettau (www.grubenfeuer.de) und der ölige ›Stoughtons‹ aus Bockau (www.bockauer-likoer.de). Der ›Lauterbacher Tropfen‹ ist der Magenputzer vieler Erzgebirger nach fettigen Mahlzeiten schlechthin. Sein Rezept wird als Geheimnis bewahrt, es erfolgt keinerlei Zuckerzusatz. Hüten sollte man sich vor der nicht annähernd gelungenen Kopie dieses Produktes aus der Stadt Lauter. Das ›Grubenfeuer‹ der Familie Brenner ist mit 60 Volumenprozent zum Flambieren geeignet, bei Brenners erfolgt alles bis zum manuellen Aufkleben der Etiketten noch in relativ kleinen Räumlichkeiten. Der ›Stoughtons‹ geht angeblich auf ein patentiertes Rezept eines englischen Apothekers zurück. Dieser soll sich während seiner Lehrjahre in Bockau aufgehalten haben. Im Gegensatz zum Lauterbacher und zum Grubenfeuer ist die Bockauer Destillerie aber kein Familienbetrieb, sie wechselt immer mal wieder die Eigentümer. Weitere Hersteller sind die beiden von Otto Ficker und Max Sonntag gegründeten kleinen Brennereien im Fichtelberggebiet sowie die Altenberger Kräuterlikörfabrik. Alle haben auch Produkte mit Vogelbeeren im Angebot.

Bekanntermaßen brauen die Tschechen hervorragende Biere (pivo), als Hochprozentiges lohnen sich neben dem Verdauungslikör ›Karlsbader Becher-Bitter‹ (Karlovarská Becherovka, www.becherovka.com) gute Wacholder- (jalovcová) und Pflaumenschnäpse (slivovice).

Einige alkoholhaltige Klassiker

Pufferrezepte

Als Beispiel dafür, wie vielfältig und schmackhaft man auch mit relativ bescheidenem Finanzaufwand satt werden kann, seien hier einige Pufferrezepte verschiedener Erzgebirgsregionen aufgeführt. Neben unzähligen Varianten von aus Kartoffelteigklecksen ausgebackenen runden Puffern sind außerdem Gerichte beliebt, bei denen der Teig die Pfannen bodenbedeckend ausfüllt, beispielsweise Rauchemaad oder Getzen. Eine weitere typische Erzgebirgskomponente können derartige Gerichte durch Vogelbeerkonfitüre (→ S. 112) erhalten. Nach mindestens zwei Tagen im Gefrierschrank sind die Bitterstoffe der Vogelbeeren deutlich reduziert. Je nach Zuckerart und weiteren Zutaten (Sternanis, Quitten, Stachelbeeren) entstehen dann beim Kochen der Konfitüre verschiedene Geschmacksnuancen.

Rauchemaad

Bezüglich der Zutaten ist Rauchemaad eines der einfachsten Erzgebirgsgerichte, bezüglich der Zubereitung aber von einigen Rahmenbedingungen wie der Backform abhängig und oft nicht beim ersten Versuch perfekt. Insbesondere erkennt man eine gute Küchen-Azubine (also ›de Maad‹, das Mädchen) daran, dass das Gericht trotz eines leicht knusprigen Randes nicht verbrennt (raucht).
Zutaten: Rauchemaad besteht zu 99 Prozent aus gekochten Kartoffeln.
Zubereitung: Bodenbedeckend dünn zerlaufenes Schmalz (oder anderes Fett) in das Backgefäß – am besten eine flache Glas- oder Gusseisenform – geben, daumendick die zerstampften abgekühlten Salzkartoffeln fest hineindrücken, bei mittlerer Temperatur backen. Zucker macht das ganze süßer, Pfeffer herzhafter, auch Muskat und Kümmel sind als Würze beliebt. Dazu gibt es Rapunzelsalat, Apfelmus oder Waldbeerkompott.

Buttermilchgetzen

Getzen werden zunehmend als traditionelle Mahlzeit von Gasthäusern in verschiedenen Varianten angeboten. Dabei wird eine sämige Masse in die ganze Backform gegossen. Wegen des hohen Wasseranteils im Teig sind Getzen unter allen hier aufgeführten Gerichten die mit der längsten Backzeit. Diese Dauer sollte man auch in den Gaststuben einplanen. Oft bekommt man sie dann gleich in der Pfanne. Die Dörnthaler Ölmühle rechnet mit bis zu 90 Minuten!
Zutaten: 1 kg geriebene rohe Kartoffeln (Wasser auspressen), 400 ml Buttermilch, Kümmel, eventuell fein geschnittene Wurst- und Fleischstückchen, nach Geschmack Speckgrieben und Zwiebeln.
Zubereitung: Außer den Speckgrieben und den Zwiebeln alles verrühren und etwa drei Zentimeter hoch in ein bodenbedeckend mit Leinöl gefettetes Backgefäß – am besten eine flache Glas- oder Gusseisenform – geben, kurz vor dem Servieren mit angeröstetem Speck und heißen Zwiebelstückchen dekorieren. Ein Getzen ist fertig, wenn er goldbraun aussieht und keine flüssigen Stellen mehr beinhaltet.

Lottes Leinölkücheln

Ein bislang geheimes Familienrezept aus dem sächsischen Erzgebirge. Die Zubereitung erfordert einige Übung, denn der Geschmack ist abhängig von vielen De-

tails des Bratvorganges: Höhe der Kleckse, Feinheit der Masse, Temperatur. Am besten gelingen Leinölküchlen in der Backröhre.
Zutaten: 1/4 l Buttermilch, 6 geriebene gekochte Kartoffeln, 12 geriebene rohe Kartoffeln (Wasser auspressen), 1 Ei, Salz, Kümmel, eventuell etwas Quark.
Zubereitung: In die Pfanne bodenbedeckend 1/3 Leinöl und 2/3 Sonnenblumenöl geben. Mit einem Schöpflöffel Portionskleckse der zähflüssigen Masse ins warme Öl (mehrmals verwendbar) geben. Gelegentlich wenden, die Backzeit beträgt etwa 15 Minuten. Kinder nehmen gern Ahornsirup dazu, als Getränk ist Heidelbeermilch zu empfehlen.

Olgas Knoblauchküchlen

Bisher geheimes Familienrezept aus der habsburgischen Mittelgebirgswelt, ähnelt zufälligerweise in mancher Hinsicht Lottes Leinölküchlen. Die Zubereitung erfordert einige Übung, denn der Geschmack ist abhängig von vielen Details des Bratvorganges: Höhe der Kleckse, Feinheit der Masse, Temperatur.
Zutaten: 1 kg sehr feine geriebene rohe Kartoffeln (Wasser auspressen), 2 Eier, Salz und Pfeffer, zerdrückte/geriebene Zwiebel, zerdrückter/geriebener Knoblauch.
Zubereitung: Sonnenblumenöl bodenbedeckend in die Pfanne geben. Mit einem Schöpflöffel Portionskleckse der zähflüssigen Masse ins warme Öl (mehrmals verwendbar) geben. Gelegentlich wenden, die Backzeit beträgt etwa 15 Minuten. In kleiner Ausformung sind die Küchlein auch als Einlage für Gulaschsuppen und Eintöpfe geeignet.

Zwiebelkrüstchen

Zwiebelkrüstchen enthalten keine Kartoffeln und sind eher als deftige Knabberei denn als Hauptmahlzeit geeignet. Der Teig reagiert nicht so sensibel auf ungeübte Köche.
Zutaten: 300 g kleingehackte Zwiebeln, 100 g geriebener Gouda, 3 EL Mehl, 2 EL Saure Sahne, 1 Ei, Pfeffer, Fett zum Braten.
Zubereitung: Praktisch eignet sich jede Art von Fett (Öl, Schmalz), in der man die Teigkleckse auf kleiner Flamme so lange brät, bis die äußeren Zwiebeln hellbraun werden.

Sauerkraut-Kartoffelpuffer

Dieses Gericht ist ebenso wie Sauerkraut-Kartoffelbrei eher auf der habsburgischen Seite des Erzgebirges zu finden. Die erste Variante mit den rohen Zutaten besitzt einen kräftigeren Eigengeschmack, die zweite Variante mit den vorgekochten Zutaten ist leichter verdaulich.
Zutaten (Variante 1): 500 g ausgedrückte und geriebene Kartoffeln, 250 g kleingeschnittenes Sauerkraut, 1 geriebene Zwiebel, 1 Ei, Gewürzkräuter, 3 TL Speisestärke.
Zutaten (Variante 2): 800 g gekochte Kartoffeln, 250 g gegartes Sauerkraut, 250 g gewürfelter Schinken, 2 kleingehackte Zwiebeln, gehackte frische Petersilie, 4 Eier (einzeln einrühren), Saure Sahne, Salz, Pfeffer, eventuell Muskat und Senf, 2–3 EL Mehl
Zubereitung (Variante 1 und 2): Jeweils alles zu einem Teig vermischen, wie Küchlen (siehe oben) backen, traditionell wird Sonnenblumenöl verwendet.

EXTRA

Im 19. Jahrhundert entwickelte sich das Königreich Sachsen vor allem entlang der Bahntrassen zum fortschrittlichsten und innovativsten Wirtschaftsraum Deutschlands. Moderne Museen beziehen sich oft auf diese Zeit. Auch sonst gibt es erstaunlich viel zu entdecken.

Das Freilichtmuseum Eubabrunn in Erlbach

NÖRDLICHES UND WESTLICHES UMLAND

Das Erzgebirgsvorland (D)

Während die Pultscholle des Erzgebirges (→ S. 25) am Südhang steil abbricht, steigt sie am Nordhang nur allmählich an. Entsprechend schwer ist es, den Begriff Erzgebirgsvorland abzugrenzen. Dazu kommt, dass der Kulturraum Erzgebirge sich nicht völlig mit geologischen Vorgaben deckt.

Die Zschopau ab Zschopau

Der Fluss Zschopau entspringt am bewaldeten Nordhang des Fichtelberges und ist 130 Kilometer lang. Die an ihm liegenden Orte von Jöhstädt bis Scharfenstein liegen im Oberen Erzgebirge und werden daher in diesem Kapitel beschrieben (→ ab S. 170). Gemeinsam mit Brand-Erbisdorf gehören Zschopau und Flöha mit jeweils etwa 10 000 Einwohnern zu den kleinsten ›Großen Kreisstädten‹ Sachsens.

■ Zschopau

Rings um die Burg aus dem 12. Jahrhundert entwickelte sich schnell eine Stadt. Trotz der Anerkennung als Bergstadt blieb der Bergbau jedoch zweitrangig. Eine damals relativ fortschrittliche Textilindustrie ist ab 1802 vor allem der Unternehmerfamilie Bodemer zu verdanken.

Fassade des Zschopauer Rathauses

▲ Karte: vordere Umschlagklappe

Im 20. Jahrhundert wurde Zschopau durch den Motorradbau International bekannt. 1907 erwarb der Däne Jørgen Skafte Rasmussen (1878 - 1964) eine stillgelegte Tuchfabrik in einem verkehrsgünstig gelegenem Bachtal. Ab 1921 stellte Rasmussen Fahrräder mit Hilfsmotoren her und verkaufte diese sehr erfolgreich als ›Das kleine Wunder‹. Basis war der 1919 von Hugo Ruppe (1879 - 1949) entwickelte Zweitaktmotor ›Des Knaben Wunsch‹ für Spielzeugantriebe. 1922 begann die Serienproduktion von Motorrädern, 1923 wandelte Rasmussen die Motorenwerke in eine Aktiengesellschaft um, 1926 entstand das erste Motorrad-Fließband der Welt. 1929 war das Werk mit einer Jahresproduktion von 60 000 Krädern die größte Motorradfabrik der Welt.
Nach Kriegsende wurden die Fertigungsanlagen komplett demontiert und nach Ischewsk verbracht, aber bereits 1950 lief die Serienfertigung in Zschopau wieder an. Ab 1956 hießen alle Kräder des VEB Motorradwerkes Zschopau MZ. Besonders die Ausführung mit Seitenwagen kompensierte in der DDR teilweise den PKW-Bedarf. Die Modelle waren auch im Ausland beliebt, und von 1957 bis 1973 war MZ eine führende Marke im internationalen Motorradrennsport. Allein von der Baureihe MZ ES 125/150 mit ihren Nachfolgern ETS und TS wurden etwa 900 000 Stück gebaut. 1975 war bei einer Jahresproduktion von 92 000 Krädern abermals von der größten Motorradfabrik der Welt die Rede. Ab 1990 führten die fallende Nachfrage und eine unprofessionelle Privatisierungspolitik die Marke MZ ins Aus. Das bisher letzte Zschopauer Motorrad ZPsport 449 wurde in einer geringen Stückzahl zwischen 2012 und 2016 gefertigt.

Zschopaus Zentrum liegt an einem Südhang dicht neben dem gleichnamigen Fluss. Hier konzentrieren sich einige **Bürgerhäuser** aus den Jahrzehnten nach dem letzten großen Stadtbrand 1748.
Das 2017 renovierte **Museum im Schloss Wildeck** besteht aus mehreren Teilen: den Ausstellungen (Renaissanceräume aus dem 16. Jahrhundert, Stadtgeschichte unter besonderer Berücksichtigung des Motorradbaus der Marken DKW und MZ), den Schauwerkstätten (Buchdruck, Münzprägung, Stempelherstellung), der Mineraliensammlung ›Erzgewölbe‹, dem Bergfried ›Dicker Heinrich‹ mit 144 Stufen bis zur Aussichtsplattform. Der barocke Schlossgarten darf sogar gratis besucht werden.
Die denkmalgeschützten **Aquädukte** in Zschopau und im 1999 eingemeindeten Krumhermersdorf aus dem Jahr 1907 gehören zur Verbindung der Talsperren Nenzehnhain I und Einsiedel. Beide sind als fünfbogige Brücke mit Bruchsteinmauerwerk ausgeführt.

Amtsberg

Westlich an Zschopau grenzt die Gemeinde Amtsberg. Das seit 2002 im Ortsteil Weißbach aufgebaute **Mini-Weißbach** besteht aus Gebäudemodellen im Maßstab 1:10 und ist frei zugänglich. Im Gegensatz zur vielen anderen Outdoor-Miniaturwelten bleibt die Anlage von Mai über die Weihnachtszeit hinaus aufgebaut. Am meisten verzaubert sie tatsächlich beleuchtet im Schnee.

Hohenfichte und Hennersdorf

Sowohl über die Flöha in Hohenfichte als auch über die Zschopau in Hennersdorf führt die Landstraße durch jeweils eine überdachte **Holzbrücke**. Die gedeckte Brücke in Hohenfichte aus dem Jahr 1832 ist ist 55 Meter lang, die in Hennerdorf von 1840 misst 36 Meter.

Jagdschloss Augustusburg

Das weithin sichtbare Schloss Augustusburg auf dem Schellenberg (516 m) ist wohl der markanteste Bau der nördlichen Ausläufer des Erzgebirges. Aber auch das exponiert gelegene Städtchen Augustusburg (bis 1899 Schellenberg) zwischen den Flüssen Flöha (→ S. 161) und Zschopau macht einen hübschen Eindruck.
Eine besondere Ausprägung der Renaissancearchitektur wird Sächsische Renaissance genannt. Die meisten Beispiele für diesen Stil stehen wie das Alte Rathaus Leipzig in Innenstädten oder wie das Schloss Doberlug in Flusstälern. Die mächtige Augustusburg ist hier in vieler Hinsicht eine Ausnahme. Sie entstand ab 1568 auf Geheiß von Kurfürst August (1526 - 1586). Neben Hieronymus Lotter (1497 - 1580) und Hans Irmsch (1526 - 1597) war wohl auch der Kurfürst selbst an der Architektur beteiligt. Nirgendwo anders wurde ein Renaissancegrundriss so geometrisch einheitlich umgesetzt. Die Schlosslinde steht allerdings bereits seit 1421.
Eine evangelische **Schlosskapelle** war 1569 fertig. Ihre letzte Restaurierung wurde 2015 beendet. Das Altarbild von Lucas Cranach dem Jüngeren (1515 - 1586) mit der Familie des Kur-

Im Motorradmuseum

So gelangt man nach Erdmannsdorf

fürsten unter dem Christuskreuz ist von unschätzbarem historischem Wert. Im **Schlossbrunnen** stieß man 1577 in erst 130,6 Metern auf Wasser.

Während einer Schlossführung besichtigt man die Kapelle und das Brunnenhaus, andere Teile des Museums können ohne Führung besucht werden. Dankbare Fotomotive sind auch das prächtige **Wappen** innen über dem Südtor sowie Ausblicke von der Burg.

Wegen des umfangreichen **Motorradmuseums** und damit verbundener Veranstaltungen wird Augustusburg manchmal als Bikerschloss bezeichnet. Auf einer Fläche von 1200 Quadratmetern werden 175 Exponate in Szene gesetzt. Einen Schwerpunkt dabei bilden die Motorräder aus Zschopauer Produktion. Es gibt auf Anfrage ein Kombiticket mit der Zschopauer Motorradausstellung in Schloss Wildeck.

Hinunter zum im Zschopautal gelegenen Ortsteil **Erdmannsdorf** braucht die Standseilbahn acht Minuten. Am gleichen Hang befindet sich das Freizeitzentrum Rost's Wiesen mit Sommerrodelbahn. Auf dem Zschopautal-Wanderweg gelangt man südwärts nach zwei Kilometern zum **Aussichtsfelsen Kunnerstein** über dem Flussufer.

▲ Karte: vordere Umschlagklappe

Flöha

In Flöhas Nordwesten mündet die oft wasserreichere Flöha in die Zschopau. In der Stadt verbrachte der Naturrechtsphilosoph Samuel von Pufendorf (1632 – 1694) seine Kinder- und Jugendzeit. Das moderne Gymnasium ist nach ihm benannt. Ein Gemäldezyklus zu Friedrich Schillers »Lied von der Glocke« von Ernst Erwin Oehme (1831 - 1907) hängt in der ehemaligen **Baumwollspinnerei** Flöha. Dieses Industriegebäude (www.baumwolle-floeha.de) wurde in den letzten Jahren mit Bibliothek und Klubräumen zum gesellschaftlichen Zentrum der Stadt umgestaltet.

Schloss und Park Lichtenwalde

Das Schloss Lichtenwalde steht in der Gemeinde Niederwiesa, dicht an der Stadtgrenze von Chemnitz. Um 1230 entstand 60 Meter über dem linken Ufer der Zschopau eine Burganlage. In der ersten Hälfte des 18. Jahrhunderts entwickelte sich daraus ein dreiflügeliges Barockschloss mit weitläufigem Barockpark. 2010 wurde nach umfangreichen Umbauarbeiten ein komplett neuer **Museumskomplex** eröffnet. Die Ausstattung mit Gemälden und Möbeln ist zum Teil eine Schenkung des Chemnitzer Kunst-

Baumumspieltes Kleinod: Schloss Lichtenwalde

händlers Georg Brühl (1931 – 2009). Als Kleinod gilt das Chinesische Zimmer. In die Wandvertäfelungen sind Holzschnitte und Tuschzeichnungen aus der Zeit um 1700 eingearbeitet. Durch die Räume mit Barockausstattung einschließlich Kapelle und Teehaus finden Führungen statt. Ein ›Schatzkammer-Museum‹ zeigt wertvolle Kunstobjekte aus Afrika und Asien sowie Scherenschnittkunst. Im Nordflügel entstand die Galerie Junges Design.

Von dem im Marketing des Freistaates ›Die sehenswerten Drei‹ genannten Prunkbauten besitzt Lichtenwalde den schönsten Park. Er zieht sich mit Blumenbeeten und Wasserspielen rechts vor dem Schloss 400 Meter lang am Hang der Zschopau entlang. Der Uferstreifen unter dem Park ist Naturschutzgebiet.

Etwa einen Kilometer flussabwärts vom Schloss, am anderen Ufer, liegt der **Aussichtspunkt Harrasfelsen**. Zwischen dem Schlosspark und dem Ortszentrum Niederwiesa wurden 2009 fünf **Liederwege** (www.liederwege-in-niederwiesa.de) angelegt. Diese Wanderangebote mit durchschnittlich vier Kilometer Länge beziehen sich auf 54 deutsche Volkslieder.

Frankenberg

Die Stadt Frankenberg war Ausrichter der Landesgartenschau 2019 des Freistaates Sachsen (lgs-frankenberg.de, → S. 58), was neu gestaltete Parkanlagen hinterließ. Vor der Stadt, hinter dem anderen Zschopauufer, liegt das Betriebsgelände der Lichtenauer Mineralquellen. Nach Eigenangaben ist dies die führende ostdeutsche Marke für abgefülltes Brunnenwasser.

Das **Heimatmuseum Frankenberg** befindet sich im Zentrum, in einem Renaissancegebäude von 1553. Seine Besonderheit ist eine Zigarrenmacher-Schauwerkstatt. Herzstück der Fahrzeugausstellung hinter dem Bahnhof sind 19 liebevoll restaurierte Fahrzeuge. In Frankenberg wurde vor allem für die Kleintransporter der Marken Framo und Barkas gearbeitet. Das Schicksal des Barkas B 1000 lässt sich mit dem des Trabant 601 vergleichen: Bei seiner Markteinführung 1961 war er durchaus ein zeitgemäßes Auto, am Ende seiner Produktionszeit jedoch hoffnungslos veraltet.

Ein kleines Naherholungsgebiet der Frankenberger ist der Lützelbach mit seinem gelb markierten **Rundweg Lützeltal**.

Nördlich von Frankenberg folgen an der Zschopau das **ehemalige Konzentrationslager Sachsenburg** und auf einem Hügel das Schloss Sachsenburg. Die Behörden gaben beim Poker um ›Deutschlands einziges KZ in Privathand‹ zeitweise ein zögerliches Bild ab. Unter anderem der Geländebesitzer und die Chemnitzer Initiative Klick forderten ein größeres Engagement der staatlichen Gedenkpolitik. 2018 gründete sich schließlich der Verein Geschichtswerkstatt Sachsenburg (www.gedenkstaette-sachsenburg.de). Der Stadtrat Frankenberg beschloss die Errichtung einer Gedenkstätte und will bis 2021 eine entsprechende Dauerausstellung eröffnen. Ein Bericht des ehemaligen Häftlings Kurt Kohlsche ist im Internet frei verfügbar (www.stsg.de/cms/torgau/veroeffentlichungen/zeitepoche?details=367).

Schloss Sachsenburg ist eines der wenigen vollständig erhaltenen spätgotischen Wohnschlösser in Sachsen. Das heutige Aussehen entspricht dem nach dem Umbau unter Hans Reynhart ab 1482. Der Bau gehört der Gemeinde und wird gerade für sieben Millionen Euro saniert.

Etwa anderthalb Kilometer sind es vom Zschopaufluss bis zum **Freilichtmuseum der verlassenen Bergstadt Bleiberg**. Zwischen 1220 und 1350 blühte in ›Blyberge‹ am Hügel Treppenhauer

Im Freilichtmuseum der verlassenen Bergstadt Bleiberg

(351 m) der Blei- und Silberbergbau, bis zu 1500 Menschen lebten wohl im mittelalterlichen Bleiberg. Das Gelände war lange Zeit vergessen und wurde vor knapp 50 Jahren vom Archäologen Wolfgang Schwabenicky wiedererweckt. Ein rühriger Verein bemüht sich um die authentische Rekonstruktion der Anlage. Er steht im Erfahrungsaustausch mit anderen Stätten experimenteller Archäologie (www.exarc.net). Sogar nach heutigen Gesetzen anerkannte Heiraten sind möglich. Ein weiterer Verein aus Frankenberg organisiert seit 1994 jährlich einen ›Historischen Besiedlungszug‹ (www.historischer-besiedlungszug.de). An acht Julitagen bewegt sich ein Tross aus etwa 150 Siedlern und Kindern, 15 Planwagen mit ihren Pferden und anderem Getier jeweils 25 Kilometer von Rastplatz zu Rastplatz. Man bezieht sich auf den Aufruf von Markgraf Otto dem Reichen (1125 - 1190), der 1156 quasi Gastarbeiter in die Mark Meißen einlud und damit die Besiedelung des Erzgebirges in Gang brachte.

Kriebstein

Als wichtigste Sehenswürdigkeit am weiteren Verlauf der Zschopau sei noch die Spornburg Kriebstein genannt, die sich trutzig hinter dem gleichnamigen Stausee erhebt. ›Die schönste Ritterburg Sachsens‹ bietet ein romantisches Bild und befindet sich seit 1993 im Besitz des Freistaates. Unter anderem wurden hier moderne Verfilmungen von ›Schneewittchen‹ (Erstausstrahlung ARD Weihnachten 2009) und ›Die sechs Schwäne‹ (Erstausstrahlung ZDF Weihnachten 2012) gedreht. Das Tourismus-Marketing bezeichnet die fruchtbare Gegend als Sächsisches Burgen- und Heideland (www.saechsisches-burgenland.de).

Die Zschopau ab Zschopau

Touristinformation (im Schloss), Altmarkt 2, Zschopau, Tel. 03725/287164; Apr.-Okt. 10–17, Nov.-März 10–16 Uhr. www.zschopau.de

Besucherservice (im Rittergut Lichtenwalde), Tel. 037206/74233; Di-So 11-16 Uhr. Mit Liste von Veranstaltungen im Schloss und im Barockgarten unter www.lichtenwalde-mueller.de

Bahnstrecke Reichenbach-Dresden (Kursbuch 510), mit Halt u. a. in Zwickau, Chemnitz, Flöha, Freiberg.

Bahnstrecke Chemnitz - Cranzahl (Kursbuch 517) mit Halt u. a.in Flöha, Erdmannsdorf-Augustusburg, Zschopau, Scharfenstein, Annaberg-Buchholz. Unregelmäßig (an Sommerwochenenden) kommt es zur Weiterführung der Fahrt bis Vejprty.

Standseilbahn Augustusburg; Di-So 9-18, Mo 13.20-17.40 Uhr. dsb.vms.de

Villa Wilisch, An der Schlösselmühle 1, Amtsberg-Wilischthal, Tel. 03725/7867880; DZ o. F. 69 Euro. Mit Sauna, grüne Lage südwestlich von Zschopau. www.villa-wilisch.de

▸ Karte: vordere Umschlagklappe

Alte Spinnerei, Bahnhofstr. 18, Hennersdorf, Tel. 037291/139992; ab 70 Euro. Ferienwohnungen im Studienzentrum der Jesus-Bruderschaft, ruhige Lage am Flussufer. www.jesus-bruderschaft-hennersdorf.de

Friedrich, Hans-Planer-Str. 1, Augustusburg, Tel. 037291/6666; DZ 80 Euro. Vielseitige Konditorei mit Gästezimmern. www.cafe-friedrich.de

Am Kunnerstein, Waldstr. 23, Augustusburg, Tel. 037291/20598; DZ 75 Euro. Sporthotel mit Bowlingbahn. www.hotel-kunnerstein.de

May-Vogel, Steiler Weg 10, Flöha, Tel. 03726/3066; pro Person o. F. 25 Euro. Hanglage am nordwestlichen Ortsausgang. www.pension-may-vogel.de

Am Rittergut, Hainichener Str. 4, Frankenberg, Mobiltel. 0176/80844620; DZ 69 Euro. Gepflegtes Kleinstadthotel. www.hotel-am-rittergut.com

Zonos Kaffeehelden, Schloßstr. 2, Augustusburg, Tel. 037291/178890; Do–So 12–18 Uhr. Espressobar mit eigener Kafferösterei. www.kaffeehelden.de

Blockhauscafé, Rittergasse 17, Augustusburg-Erdmannsdorf, Tel. 037291/178333. Bio-Restaurant nahe der Talstation der Drahtseilbahn. www.blockhauscafe.de

Finkenmühle, Zur Finkenmühle 4, Flöha, Tel. 03726/6556. Schlichte Landgaststätte am Flussufer. www.finkenmuehle-floeha.de

Vitzthum, Schlossallee 1, Lichtenwalde, Tel. 037206/891898. Im Kreuzgewölbe des Schlosses. www.restaurant-vitzthum.de

Athene, Winklerstr. 35, Frankenberg, Tel. 037206/81311. Gutes griechisches Angebot. www.restaurant-athene.de

Schloss Wildeck mit Schlossgarten, Altmarkt 2, Zschopau, Tel. 03725/287170; Apr.–Okt. 10–17 Uhr, Nov.–März 10–16 Uhr. www.schloss-wildeck.de

Schloss Augustusburg, Schloss 1, Augustusburg, Tel. 037291/3800; Apr.–Okt. 9.30–18 Uhr, Nov.–März 10–17 Uhr. www.augustusburg.de und www.die-sehenswerten-drei.de

Musikkabinett Augustusburg, Privatmuseum mit Exponaten der Augustusburger Klavier- und Harmoniumfabrik sowie aus der Geschichte der Tontechnik, nur nach Anmeldung unter Tel. 037291/489644.

Schauweberei Braunsdorf, Inselsteig 16, Niederwiesa, Tel. 037206/899800; Apr.–Okt. Mi–So 10–16 Uhr, Nov.–März Mi–Fr 10–16 Uhr. www.historische-schauweberei-braunsdorf.de

Schloss Lichtenwalde, Schlossallee 1, Niederwiesa, Tel. 037291/3800; Apr.–Okt. Di–So 10–18 Uhr, Nov.–März Di–So 10–17 Uhr. www.touristinfo-lichtenwalde.de und www.die-sehenswerten-drei.de

Schlosspark Lichtenwalde, 9.30–18 Uhr.

Die Stadt Frankenberg betreibt zwei kleine Museen; Mi–Do 10–16, Fr–So 13–16 Uhr. www.museen-frankenberg.de

– Rittergut, Hainichener Str. 5 A, Tel. 037206/2579, **Fahrzeugausstellung**, Mühlbacher Str. 7, Tel. 037206/82735.

Bergstadt Bleiberg, Schönborner Str. 11, Frankenberg, Mobiltel. 0173/9789230; Apr.–Okt. Mi–Fr u. So 10–16, Sa 10–18 Uhr, Nov.–März Mo–Fr 10–15 Uhr. Sehenswertes Mittelaltergelände mit Campingmöglichkeit. www.bergstadt-bleiberg.de

Burg Kriebstein, Kriebsteiner Str. 7, Kriebstein, Tel. 034327/95230; Feb.–März Di–Fr 10–16 Uhr, Apr.–Okt. Di–Fr 10–17 u. Sa/So 10–18 Uhr, Nov. Sa/So 10–16 Uhr. www.burgkriebstein.eu

Alte Hoffnung Erbstolln, Feldstr. 15, Rossau-Schönborn, Tel. 03727/91845; Führungen (Mindestalter 6 Jahre) Apr.–Nov. Sa 10 u. 13 Uhr. www.schaubergwerk.de

Theaterkompanie Holzoper, Meltzerstr. 5 D, Frankenberg, Tel. 037206/483754. Das letzte Wandermarionettentheater Sachsens, von einem gemeinnützigen Verein gepflegt. www.holzoper-frankenberg.de

Sonnenland, Sachsenstr. 6, Lichtenau, Tel. 037208/883978; Apr.–Okt. 10–18 Uhr. Weitgehend barrierefreier Freizeitpark mit Tiergehegen und seit 2018 Deutschlands höchstem Rutschenturm, abgesehen davon ein Sammelsurium ohne eigenen Charakter. www.sonnenlandpark.de

Zwei **Antiquitätenläden** in Grünhainichen: Rochhausmühle, Tel. 037294/87683. www.antiquitaeten-erzgebirge.de

Chemnitzer Str. 39, Tel. 037294/90167. www.antik-erzgebirge.de

fjord-fish, Neue Marienberger Str. 189 A, Zschopau, Tel. 03725/342788. Großer Laden für Anglerbedarf. www.fjordfish.de

Klinikum Mittleres Erzgebirge, Haus Zschopau, Alte Marienberger Str. 52, 03725/400. www.kkh-mek.de

Landkreis Krankenhaus Mittweida, Hainichener Str. 4–6, Tel. 03727/990. www.lmkgmbh.de

Chemnitz

Daß Chemnitz, die Hauptstadt der Gewerbeindustrie, welche ihre Blüte dem Maschinenwesen verdankt, auch der Geburtsort des sächsischen Maschinenbaus geworden, ist nicht mehr als natürlich.

aus Engelhardts Vaterlandskunde 1833

Die mit Abstand größte Stadt im Kulturraum Erzgebirge ist Chemnitz. Es handelt sich nach dem konservativ-barocken Dresden und dem trendig-quirligen Leipzig um Sachsens drittgrößte Stadt, rund 246 000 Menschen leben hier. Ihre Geschichte begann mit der Gründung eines Benedikterklosters im Jahr 1136. Der Name leitet sich aus der obersorbischen Sprache vom Flüsschen Chemnitz (Kamenica = Steinbach) ab. Das Stadtzentrum liegt knapp 60 Kilometer Fahrradweg (am kürzesten über Crottendorf) vom Fichtelberg entfernt.

Stadtgeschichte

Die Entstehung herausragender Sehenswürdigkeiten der Stadt begann mit dem Ausbruch des Zeisigwald-Vulkans vor etwa 291 Millionen Jahren. Pflanzen wurden damals durch Kieselsäure bis hinein in mikroskopische Details konserviert. Immer wieder werden Stücke dieses versteinerten Regenwaldes (Chemnitz petrified forest) gefunden. Größere Stammabschnitte stehen im Museum DAStiez. Es existieren Pläne für die Freilegung eines zwei Hektar großen Areals dieses Waldes. Das größte zusammenhängende Stammbruchstück misst etwa 440 Zentimeter.

Zwar besuchten prominente Feudalherren die Stadt und während der Renaissance entwickelte sich Chemnitz zu einem Zentrum des Humanismus, doch ab der ersten Erhebung der Einwohnerzahl 1450 stagnierte diese praktisch 250 Jahre lang.

Viele Chemnitzer Kirchen entstanden zwischen 1850 und 1950. Die Lutherkirche von 1908 an der Zschopauer Straße beispielsweise vereint frühe Stahlbetonbauweise mit maßvollem Jugendstil. Die Josephskirche von 1909 im Stadtteil Sonnenberg ist die schönste katholische Kirche. Die beiden wichtigsten Kirchen mit überwiegend älterer Bausubstanz sind die Schlosskirche in Schlosschemnitz und die Stiftskirche in Ebersdorf.

Am Ende des letzten Krieges fielen bei Luftangriffen über 7700 Tonnen Bomben auf die Stadt, besonders verlustreich waren die Angriffe zwischen dem 6. Februar und dem 5. März 1945. Die Innenstadt war danach ein einziges Trümmerfeld, es gab Tausende Tote. Insgesamt sank

▸ Karte S. 95

die Einwohnerzahl während des Krieges um ein Viertel.

Von 1953 bis 1990 hieß Chemnitz Karl-Marx-Stadt. Damit wollte die DDR den wichtigsten Theoretiker der Proletarischen Revolution ehren. Außerhalb Sachsens sprach man gelegentlich von der Stadt mit den drei O (Korl-Morx-Stodt). Karl-Marx-Stadt war die langweilige Bezirksstadt des bevölkerungsreichsten der 14 DDR-Verwaltungsbezirke. Ab 1962 wurden mehrere große Wohngebiete in Plattenbauweise errichtet. Auch unter den repräsentativeren Bauten dieser Zeit entstand kaum etwas Hübsches oder Originelles. Bei einer Volksabstimmung im April 1990 votierten 76 Prozent der Einwohner für die Rückbenennung. Sicher war nicht jedes Votum für den Namen Chemnitz ein Votum gegen die Person Marx.

Zu den bekanntesten Bürgern gehören: der Universalgelehrte Georgius Agricola (eigentlich Georg Bauer, 1494–1555),

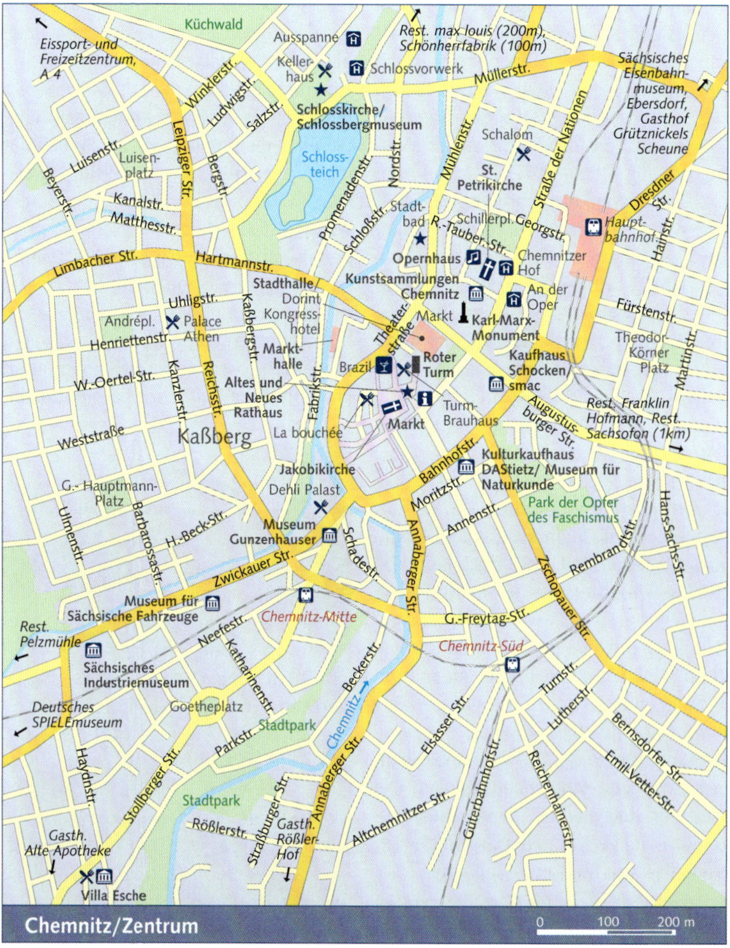

Chemnitz/Zentrum

der viermal kurzzeitig Bürgermeister war; der Tuchhändler und Bürgermeister Paul Neefe (1502 - 1566); Christian Gottlob Neefe (1748 - 1798, Lehrer Beethovens); Fritz Heckert (1884 -1936), einer der führenden Köpfe in der KPD; Karl Schmidt-Rottluff (1884 -1976, Künstler des Expressionismus); Stefan Heym (eigentlich Helmut Flieg, 1913 - 2001), Schriftsteller, 1994/95 Alterspräsident des Deutschen Bundestages); der Publizist Walter Janka (1914 -1994), der wegen seiner Überzeugungen sowohl in der NS-Zeit als auch in der DDR in Haft saß; der Schriftsteller Stephan Hermlin (eigentlich Rudolf Leder, 1915 - 1997); der Architekt Frei Otto aus Siegmar (1925 - 2015); der Schriftsteller Werner Bräunig (1934 -1976). Nach Heym und Bräunig sind Literaturpreise der Stadt Chemnitz beziehungsweise des Aufbau Verlages benannt. Die Eiskunstlauf-Trainerin Jutta Müller (geb. 1928) führte ihre Schützlinge - darunter zunächst ihre Tochter Gabriele Seyfert, dann Jan Hoffmann, Anett Pötzsch und Katarina Witt - im Sportclub Wismut zu olympischen Medaillen und internationalen Meistertiteln.

Aktuelle Entwicklungen

Heute besteht Chemnitz aus 39 Verwaltungseinheiten. Seit 1993 besitzt die SPD das Bürgermeisteramt. Der Stadtrat weist ein breites parteipolitisches Spektrum auf. Die aus der 1836 gegründeten Königlichen Gewerbschule hervorgegangene Technische Universität Chemnitz gewährt ihren Studenten beispielsweise mit Familienförderung und 2100 Wohnheimplätzen relativ gute Rahmenbedingungen. Die Zahl der Studierenden pendelt seit Jahren um die 11 000. Start-Ups finden im Verhältnis zur Stadtgröße günstige Mieten. Dem seit 2007 propagierten Slogan ›Stadt der Moderne‹ stehen viele Einwohner dennoch kritisch gegenüber. Sicher war Chemnitz zwischen Industrialisierung und Expressionismus eine tonangebende Stadt. Doch die Parodien ›Chemnitz zieht weg‹ und ›Statt der Moderne‹ ließen nicht lange auf sich warten. Manchen kommen Entwicklungen im heutigen Alltag wohl nicht schnell genug voran.

Keine Unterstützung in diesem Zusammenhang ist das in Sachsen besonders ungeschickte Agieren der Polizei beispielsweise bei Demonstrationen, gegenüber rechtspopulistischen Strömungen gibt es bis in höchste Landesebenen hinein überhaupt eine gewisse Ignoranz.

Chemnitz gilt nicht gerade als Touristenmagnet. Die historische Innenstadt wurde durch die Bombenangriffe im Februar und März 1945 nahezu vollständig zerstört. Oft sprechen Medien obendrein von der Großstadt Deutschlands mit dem höchsten Altersdurchschnitt. Aber das ist nur die halbe Wahrheit. Die Industrialisierung (→ S. 43) im 19. Jahrhundert brachte den Chemnitzern nicht nur das höchste Pro-Kopf-Einkommen im Deutschen Reich, sondern hinterließ

Karl Schmidt-Rottluff, Selbstporträt

▲ Karte S. 95

Die neugotische Petrikirche stammt aus dem späten 19. Jahrhundert

zahlreiche bauliche Zeugnisse dieser Zeit. Viele Museen in der Stadt sind relativ jung oder relativ neu an ihrem jetzigen Standort, diese Palette und ein interessantes Musikleben bieten durchaus Potential für mehrere Urlaubstage. Verwaiste Industrie-Brachen ziehen Künstler aus der ganzen Bundesrepublik an, denen Leipzig bereits zu etabliert und teuer geworden ist. Bei politischen Aktionen ›gegen Rechts‹ stößt man oft auf die erfolgreiche Band Kraftklub, deren fünf Mitglieder alle in Karl-Marx-Stadt geboren wurden.
Erstaunlich, aber Chemnitz lohnt sich!

Kulturhauptstadt 2025

2025 werden Deutschland und Slowenien die beiden Kulturhauptstädte Europas stellen, 2018 entschloss sich Chemnitz zur entsprechenden Bewerbung (www.chemnitz2025.de). Im nationalen Vorentscheid trat Chemnitz gegen sieben Konkurrenten an, im Oktober 2020 verkündete EU-Kulturexpertin Sylvia Amann den Sieg. Zusätzlich zur EU-Förderung erhält Chemnitz von Bund und Land jeweils 25 Millionen Euro, entsprechende Projekte werden detailliert natürlich erst seit der Titelverleihung geplant.

▸ Ein ›**Purple Path**‹ soll Kunststationen von 24 Gemeinden (Amtsberg, Annaberg-Buchholz, Aue, Augustusburg, Burgstädt, Burkhardtsdorf, Flöha, Frankenberg, Hainichen, Jahnsdorf, Lichtenau, Limbach-Oberfrohna, Lößnitz, Mittweida, Neukirchen, Niederdorf, Niederwiesa, Niederwürschnitz, Oelsnitz, Olbernhau, Pockau-Lengefeld, Stollberg, Thalheim, Zwönitz) und drei assoziierten Partnern (Freiberg, Zschopau, Zwickau) mit Chemnitz verbinden.

▸ Für die ›**Parade der Apfelbäume**‹ sollen 4000 Apfelbäume von 2000 Sorten quer durch ganz Chemnitz gepflanzt werden. Fachliche Begleitung bietet die Landesgruppe Sachsen des Pomologen-Vereins (www.pomologen-verein.de). Für entsprechende Baumpatenschaften kann man sich melden.

▸ **3000 Garagen** sollen kreativ für Kunst- und Nachbarschaftsprojekte umgenutzt werden.

▸ Erfreulich ist auch die längst nötige Förderung des Fahrradverkehrs (www.numic.city). Im **Fahrradkino** (www.fahrradkino-chemnitz.de) wird die Energie

Der sogenannte Versteinerte Wald im Kulturkaufhaus Tietz (DAStietz, → S. 100)

Die Moderne prägt das Stadtzentrum von Chemnitz

für eine Kinovorführung über die Pedalkurbeln generiert. Auf den Spuren des legendären Ostblock-Radrennens **Friedensfahrt** werden 170 Kilometer in zwei Etappen von Plzeň (Pilsen) nach Chemnitz führen.

■ Verkehrsknotenpunkte

Als ›**Chemnitzer Modell**‹ bezeichnet man eine in Stufen bis inzwischen 2030 geplante Verknüpfung von Regional- und Straßenbahnlinien, Stufe Null war 2002 die Pilotstrecke vom Hauptbahnhof nach Stollberg. 2008 wurde das Betriebskonzept des Bus- und Straßenbahnnetz grundlegend neu gestaltet, woraus eine Vervielfachung der Fahrgastzahlen einiger Strecken resultierte. 2016 fuhren erstmals Citylink-Züge durch den Hauptbahnhof durch, sozusagen auf der einen Seite als ›Train‹ mit Diesel und auf der anderen als ›Tram‹ mit Strom.

Am Chemnitzer **Hauptbahnhof** halten täglich etwa 350 Nahverkehrszüge. Die Bahnstation eröffnete 1852 und die jetzige Empfangshalle 1872.

▶ Karte S.

Ein weiterer wichtiger Knoten des Nahverkehrs ist die **Zentalhaltestelle unweit der Rathäuse**r (→ S. 100). 1999 eröffnete die kommunale Chemnitzer Verkehrs-Aktiengesellschaft dort ihr Mobilitätszentrum.

Hinter der Petrikirche (→ S. 102) befinden sich der **Schillerplatz** und der **Busbahnhof**. Bei seiner Inbetriebnahme 1968 galt der Busbahnhof als modernste Anlage Europas. 2014 beschloss die Stadt seine Verlegung und seitdem ist ein sichtbarer Verfall eingetreten. Die Anlage mit ihrem Klapperbrunnen steht allerdings unter Denkmalschutz. Nach Nutzungsende soll sie ins Konzept der Universität eingebunden werden. Universitätsbibliothek und -archiv sind bereits in das **Gebäude der Alten Aktienspinnerei** nebenan eingezogen.

Für die Stadterkundung ist insbesondere in den Außenbezirken das Fahrrad sehr zu empfehlen. Die im Folgenden vorgestellten Besichtigungsrouten berücksichtigen die Kompatibilität mit diesem umweltfreundlichen Verkehrsmittel.

Europäische Kulturhauptstädte

Die Benennung einer ›Kulturhauptstadt Europas‹ wurde 1985 auf Initiative der damaligen griechischen Kulturministerin Melina Mercouri (1920–1994) von der EU beschlossen. Diese Idee soll über Kulturprojekte Verständnis und Zusammenhalt in Europa stärken. Seit 2007 geht der Titel jährlich an zwei Städte. Häufig ist das eine Kombination von einer Stadt aus den 15 älteren EU-Staaten mit einer Stadt aus den EU-Beitritten seit 2004.

Bisherige deutsche Kulturhauptstädte waren West-Berlin 1988, Weimar 1999, schließlich Essen mit dem Ruhrgebiet 2010 (www.ruhr2010.de). Vor 2017 stellte Weimar die mit Abstand kleinste der Kulturhauptstädte, es gab einen Bauboom und einige Aufreger. Essen hatte seinen Titel stellvertretend für die 53 Städte des Regionalverbandes Ruhr (RVR) erhalten; damit war erstmals eine Region als Ganzes berücksichtigt. Zuletzt wurden überwiegend Städte gefördert, die nicht schon Touristen-Hotspot sind, sondern ihr Potential noch entfalten müssen. Als Evaluierungskriterien gelten Langzeitstrategie, europäische Dimension, kulturelle und künstlerische Inhalte, Umsetzungsfähigkeit, Einbindung der Gesellschaft, Verwaltung.

Kulturhauptstädte Europas werden spätestens vier Jahre vor dem tatsächlichen Hauptstadtjahr formell ernannt, dem geht aber schon ein mehrjähriger nationaler Auswahlprozess voraus. Wegen der Corona-Pandemie wird diskutiert, einige Festlegungen für die nächsten Jahre zu verschieben.

Nach dem Vorbild der ›Kulturhauptstadt Europas‹ gibt es seit 2000 auch eine ›Kulturhauptstadt Amerikas‹, wobei das Vergabeverfahren intransparent ist. Bisher beteiligten sich nur Städte Lateinamerikas, eine Stadt Kanadas lehnte die Zuerkennung des Titels demonstrativ ab. Litauen veranstaltet seit 2008 einen Wettbewerb innerhalb seines Landes, dort kamen auch Kleinststädte wie Ramygala und Žagarė zum Zuge.

Markt vor dem Alten und dem Neuen Rathaus

EXTRA

Rund um drei Rathäuser

Ein guter Ausgangspunkt für einen Stadtrundgang ist das **Kulturkaufhaus Tietz** (DAStietz). Es beherbergt Stadtbibliothek und Volkshochschule, **Museum für Naturkunde** und **Neue Sächsische Galerie**. Der jüdischen Kaufmannsfamilie Tietz gehörten moderne Warenhäuser in mehreren deutschen Städten. Das in Chemnitz wurde 1913 als damals größtes Warenhaus Sachsens eröffnet und 1938 von den Nationalsozialisten geschlossen. Seit der Rekonstruktion 2004 ist das Haus ein Eigenbetrieb der Stadt Chemnitz. Im Innenhof steht das **größte Ensemble des Chemnitzer versteinerten Waldes**. Es wird als das größte Pflanzenfossil Europas bezeichnet. Überhaupt beschäftigt sich das Museum für Naturkunde sehr mit dieser etwa 291 Millionen Jahre zurückliegenden Zeit. Nach dem Paläontologen Johann Traugott Sterzel (1841 - 1914) heißt dieser Ausstellungsteil Sterzeleanum. Sterzel leitete um 1900 die Bergung der verkieselten Baumstücke. 2010 und 2015 wurden Chemnitzer Exponate als ›Fossil des Jahres‹ ausgezeichnet. Weiterhin präsentiert das Museum für Naturkunde neben temporären Sonderausstellungen ein historisches Kabinett und lebende Insekten. Die Neue Sächsische Galerie an der anderen Seite des Lichthofes versteht sich als Museum für zeitgenössische Kunst. Im Fundus befinden sich über 12 000 Werke sächsischer Kunst nach 1945.

Vom Kulturkaufhaus gelangt man schnell zu zwei Rathäusern. **Altes und Neues Rathaus**, innen durch Gänge verbunden, bilden den wichtigsten Komplex historischer Gebäude der Stadt. Allein darüber gibt es ganze Bücher. Als eines der wenigen Innenstadtgebäude blieb das Neue Rathaus bei den Luftangriffen 1945 weitgehend unversehrt. Alles andere wurde rekonstruiert. Der eigentlich älteste Teil des Doppelrathauses ist der **Jakobikirchturm**, auch Jacobikirchturm, Hoher Turm oder Rathausturm genannt. Nach mehreren abgebrannten hölzernen Rathäusern entstand ein steinernes von 1496 bis 1498. Die heutige Fassade schuf der Freiberger Ratszimmermeister Johann Gottlieb Ohndorff (1702 - 1773) im Jahr 1746. Das Neue Rathaus ist ein Jugendstilbau aus den Jahren von 1907 bis 1911 nach Plänen des Stadtbaurates Richard Möbius (1859 - 1945) mit Rolandsfigur. 1978 erhielt das Haus ein Glockenspiel (Carillon) mit einem Tonumfang von vier Oktaven. Es ertönt mittwochs und samstags um zehn Uhr sowie freitags um halb fünf.

Unter den wenigen erhaltenen Barockfassaden in Chemnitz besitzt das Siegertsche Haus die schönste. Die Rathausecke am **Siegertschen Haus** führt zur **Jakobikirche**. Eigentlich ist das eine der ältesten Kirchen der Stadt. Wegen der großen Kriegszerstörungen kann man aber nicht mehr von originaler Bausubstanz sprechen. Den architektonischen Höhepunkt stellt der Chorraum dar, der Hochaltar aus dem Jahr 1504 ist eine Arbeit von Peter Breuer und Hans Hesse.

Das Areal rund um die beiden Rathäuser war schon immer ein beliebter Handelsplatz. Zwischen 1961 und 1963 kam die **Ladenpassage Rosenhof** dazu. Die Laubengänge haben durchaus ihren Charme. Die Achse vom Rosenhof in die Straße der Nationen hinein bis zum Busbahnhof am Schillerplatz war zur DDR-Zeit eine großzügige Flaniermeile, nach der Wende folgten moderne Kaufhausgebäude. Werktags findet an den Rathäusern ein Wochenmarkt statt.

Zwischen den Rathäusern und dem Karl-Marx-Monument findet man außer einigen neueren Gebäuden das älteste erhaltene Bauwerk der Stadt: Der **Rote Turm** wurde um 1200 errichtet und kurz

▸ Karte S. 95

Am Theaterplatz, geradeaus das König-Albert-Museum, links die Petrikirche

darauf in die Stadtbefestigung eingebunden. Lange diente er als Gefängnis, berühmte Insassen waren Karl Stülpner (→ S. 173) und August Bebel. Der Farbton kommt vom Porphyrtuff. Die Flasche des Spülmittels ›Fit‹ ist dem Turm nachempfunden.

Die benachbarte **Stadthalle,** eine gelungene Verbindung aus funktionaler und attraktiver Architektur, wurde 1974 eröffnet. Ihre Orgel ist mit 5536 Pfeifen eine der größten Orgeln in einem Profanbau.

Die über sieben Meter hohe **Porträtbüste von Karl Marx** auf einem sechs Meter hohen Sockel ist die zweitgrößte Porträtbüste der Welt und das wohl bekannteste Symbol der Stadt. Von den 17 Entwürfen des Bildhauers Lew Kerbel (1917–2003) waren alle anderen 16 Ganzkörperdarstellungen. Die 95 Teile des Hohlkopfes wurden in Leningrad aus Bronze gegossen und in Karl-Marx-Stadt zusammengeschweißt. Die Gebäudewand dahinter zitiert in vier Sprachen aus dem Kommunistischen Manifest. Eine Einweihungsfeier erfolgte 1971 durch die DDR-Staatsführung im Beisein eines Urenkels von Karl Marx. Der Volksmund nennt den Kopf ›Nischl‹ und die vorbeiführende Straße ›Schädelgasse‹. Bis 2007 verwendete die zurückbenannte Stadt Chemnitz den Spruch ›Stadt mit Köpfchen‹.

Wie das Kulturkaufhaus Tietz ist das Gebäude des **Staatlichen Museums für Archäologie Chemnitz** (smac) ein ehemaliges jüdisches Kaufhaus. Die Brüder Schocken eröffneten es 1930. Nach einem Leerstand ab 2001 begannen 2010 die Umbauarbeiten zur 2014 eröffneten Nachfolgeinstitution des Landesmuseums für Vorgeschichte Dresden. Das Dresdner Museum wiederum zeigt heute ethnographische Sammlungen.

Über 20 Jahre lang war das ›Conti-Loch‹ in der Bahnhofstraße eine städtebauliche Wunde in bester Citylage. Nun wurde dort ein eher sparsamer Zweckbau fertiggestellt. Neun Ämter der Stadt mit 690 Arbeitsplätzen arbeiten seit 2018 als Mieter in diesem sogenannten **Neuen Technischen Rathaus**.

▲ Karte S. 95

Rund um den Theaterplatz

Auf dem Theaterplatz befinden sich das Opernhaus, das König-Albert-Museum und die Petrikirche. Das 1909 eingeweihte **Opernhaus** gehört nach einer Rekonstruktion 1992 wieder zu den modernsten Bühnen Deutschlands. Das Profi-Orchester der Stadt heißt Robert-Schumann-Philharmonie. Es spielt außer bei den Chemnitzer Bühnenaufführungen auch reine Konzerte an verschiedenen Orten. Die zweitwichtigste Spielstätte des Chemnitzer Theaters, das Schauspielhaus, ein funktionaler Bau von 1980, steht übrigens etwas versteckt anderthalb Kilometer südwärts.

Ebenso wie die Oper eröffnete das **König-Albert-Museum** 1909. Es beherbergt heute eine Kunstsammlung, deren Schwerpunkt auf europäischen Gemälden seit der Romantik liegt. Besonders umfangreich ist der Expressionist Karl Schmidt aus dem 1929 nach Chemnitz eingemeindeten Dorf Rottluff vertreten. 1905 gründete er mit drei weiteren Architekturstudenten die Künstlergruppe Brücke. Ab 1947 lebte Schmidt-Rottluff dann überwiegend in Westberlin. Aus seinem ehemaligen Chemnitzer Wohnhaus will ein engagierter Verein ein Kulturzentrum machen.

Das älteste Gebäude am Theaterplatz ist die außen und innen sehr hübsch proportionierte **Petrikirche**. Die Farben von Backstein und Sandstein geben reizvolle Kontraste. Das Gotteshaus wurde 1888 eingeweiht und war von 1987 bis 2008 geschlossen. Es beherbergt die größte Orgel der Stadt, für deren Bau der berühmte Orgelbauer Friedrich Ladegast

(1818–1905) gewonnen werden konnte. Überarbeitungen erfolgten 1913 durch die Firma Jehmlich und 2008 durch die Werkstatt Vleugels.

Vom Theaterplatz zum Küchwald

Zwischen Opernhaus und König-Albert-Museum hindurch kommt man zum **Heck-ART**. Das Geburtshaus des Kommunisten Fritz Heckert (1884–1936) beherbergt heute ein Restaurant. Nordwärts folgt dann auf der anderen Seite der Mühlenstraße das **Stadtbad** im Bauhausstil. Weiter führt der Weg durch den **Boulevard Brühl** (www.chemnitz-bruehl.de). Der Brühl war in der DDR-Zeit ein attraktives Wohn- und Gewerbegebiet, Immobilienspekulationen führten dann zu Leerstand und Verfall.

Die beiden beliebtesten Familienparks in Zentrumsnähe grenzen fast aneinander. Es handelt sich um das Ensemble aus Schlossteich und Schlossberg sowie um den Küchwaldpark. Der **Schlossteich** wurde 1493 als Fischteich für das Kloster angelegt. Es gibt eine Insel, die Figurengruppe Vier Tageszeiten von Johannes Schilling (1828–1910) und eine Gondelstation genannten Bootsverleih. Der Schlossberg mit seinem ehemaligen Kloster im Stadtteil Schlosschemnitz ist der älteste Teil der Stadt. Allerdings erfolgte die Eingemeindung von Schlosschemnitz nach Chemnitz erst 1880. Auf einer Anhöhe stehen die Schlosskirche und das Schlossbergmuseum. Die erste Kirche entstand nach der Klosterstiftung 1136, ab 1499 erfolgte ein spätgotischer Umbau. Man kann lebensnahe Schnitzarbeiten aus der Zeit dieses Umbaus und eine relativ neue Orgel bewundern. Die **Schlosskirche** gilt als das wertvollste Gebäude der Stadt. In einem erhalten gebliebenen Flügel des Klosters nebenan ist das **Schlossbergmuseum** untergebracht. Von 1931 bis 1979 waren hier Exponate aus der Stadtgeschichte ausgestellt. Nach einer langen Sanierung begann 1994 der erneute Museumsbetrieb mit einer Festwoche.

Vor dem Besuch des Küchwaldes könnte man noch einen Abstecher zur **Schönherrfabrik** (www.schoenherrfabrik.de) machen. 1875 stiftete der Webstuhlfabrikant Louis Schönherr einen Parkstreifen zwischen seiner Fabrik und dem Küchwald. Von Schlossteich und Schlossberg führt die Schönherrstraße am Schönherrpark entlang zum denkmalgeschützten Hauptgebäude der Schönherrfabrik.

Chemnitzer Esse, Schlossberg und Schlossteich

Eines der Exponate im Sächsischen Eisenbahnmuseum

Dieses beherbergt heute einen bunten Gewerbemix.

Im **Küchwald** gibt es die **Parkeisenbahn** mit einer Runde von über zwei Kilometern auf einer Spurweite von 60 Zentimetern, eine Festwiese, eine Freilichtbühne, das Kosmonautenzentrum und das Eissportzentrum. Die Schmalspurbahn fährt seit 1954 und wurde später zur Parkeisenbahn Chemnitz gGmbH umstrukturiert. Ihre Betreiber organisieren auch das Chemnitzer Ballonfest (seit 2005 im Frühling) und waren zweimal Gastgeber des Internationalen Feldbahntreffens (1999 und 2013). Die Arbeit wird überwiegend ehrenamtlich unter Einbeziehung von Kindern und Jugendlichen geleistet.

Eine Hauptstraße und wenige Meter trennen den Küchwald vom kleinen **Chemnitzer Botanischen Garten** – ehemals Station Junger Naturforscher – mit seinen Bildungsangeboten. Die Anlage darf gratis besucht werden.

▲ Karte S. 95

■ Stadtrandviertel im Nordosten

Fans nennen die **Chemnitzer Esse** des Heizkraftwerkes Nord das höchste Kunstwerk der Welt, von Einheimischen wird sie dagegen überwiegend bespöttelt. 1984 wurde der knapp 302 Meter hohe Schornstein fertiggestellt. 2013 verpasste ihm der Franzose Daniel Buren einen aus sieben etwa gleich langen Farbabschnitten bestehenden bunten Anstrich. Die zugehörige LED-Beleuchtung funktioniert nach einigen Schwierigkeiten erst seit 2017 wieder. Man kommt am Uferweg des Flusses Chemnitz (Chemnitztalradweg) ziemlich dicht an das höchste Bauwerk Sachsens heran.

Von dort aus kann man den Stadtteil **Ebersdorf** über grüne Nebenstraßen erreichen. Die beiden wichtigsten Sehenswürdigkeiten Ebersdorfs sind ein Schulmuseum und die Stiftskirche. Das **Schulmuseum** im ehemaligen Ebersdorfer Rathaus veranschaulicht das Schulwesen von der Vorkriegs- bis zur DDR-Zeit. Die **Kirche Unserer lieben Frauen** entstand im 12. Jahrhundert etwa gleichzeitig mit ›Ebirhardisdorf‹. Sie gewann im 14. Jahrhundert als Wallfahrtskirche an Bedeutung und wurde im 15. schrittweise spätgotisch umgebaut. Der berühmteste Tag ihrer Geschichte war das Dankopfer 1455 nach dem Altenburger Prinzenraub (→ S. 37). Einige Kunstwerke werden dem Bildhauer Hans Witten zugeschrieben.

Im ehemaligen Bahnbetriebswerk Hilbersdorf südlich an der Bahnlinie Chemnitz–Dresden befindet sich heute das **Sächsische Eisenbahnmuseum**. Von der Doppelkurve der Frankenberger Straße aus beträgt der Weg am Bahndamm entlang etwa einen Kilometer. Das Museum verfügt über zwei Ringlokschuppen und eine Feldbahnanlage. Unter den 37 Lokomotiven steht die Dampflok 503648 für Sonderfahrten zur Verfügung. Bemerkenswert ist auch ein hübsch herausgeputztes Exemplar des dieselhydraulischen Schnelltriebzuges ›Karlex‹. Vom ehemaligen Rangierbahnhof Hilbersdorf westlich des Bahnbetriebswerkes ist noch die Seilablaufanlage als technisches Denkmal erhalten.

Der **Zeisigwald** stellt mit über 600 Hektar nach dem Rabensteiner Wald die zweitgrößte zusammenhängende Waldfläche im Stadtgebiet dar. Der Name rührt von der früher betriebenen Vogelstellerei her. Ab Mitte des 16. Jahrhunderts wurde Porphyrtuff abgebaut. Ein Teil der alten Steinbruchflächen ist seit 2013 Naturschutzgebiet. Von den Gasthäusern und Schwimmbädern im Zeisigwald haben nur die ›Zeisigwaldschänke‹ und die ›Heideschänke‹ überlebt. Da auch eine militärische Nutzung nicht mehr stattfindet, konnte sich ein artenreicher Mischwald entwickeln. Wenige Straßen trennen den Zeisigwald vom Eibsee und seinem 2010 deklarierten Naturschutzgebiet.

Von der Stadtgrenze ist es nicht weit bis zu den Schlössern Lichtenwalde (→ S. 90) und Augustusburg (→ S. 89).

Am Kaßberg

Der Kaßberg gilt als das **größte Gründerzeit- und Jugendstilviertel Deutschlands**. Dieses Denkmalschutzgebiet zieht sich von der Bierbrücke bis zur Kochstraße im Stadtteil Altendorf hin. Neben Wohn- und Geschäftshäusern, Verwaltungs- und Schulgebäuden stehen auch 317 Gaslaternen unter Denkmalschutz.

Im 16. Jahrhundert wurden Keller als Getränkelager angelegt. Eine erste steinerne Bierbrücke über die Chemnitz entstand 1536 und die jetzige Bierbrücke 1869. Die **Markthalle** daneben wurde 1891 eröffnet.

1855 errichtete ein Chemnitzer Lehrer das erste Haus auf dem Kaßberg. In den folgenden Jahrzehnten entwickelte sich dort ein nobles Wohnviertel. Eine Synagoge am Stephanplatz eröffnete 1899 und wurde in der Reichspogromnacht 1938 zerstört. Die jüdische Trauerhalle von 1872 blieb dagegen verschont. Umgeben wird sie von einem immer noch für Beerdigungen genutzten Friedhof.

Bei der Vielzahl der architektonischen Details im Kaßbergviertel fällt die Empfehlung einzelner Fassaden schwer. Eine besonders reiche Verzierung weist das Haus in der Andréstraße 8 von 1899 auf. Ebenso wie die Synagoge entstand es unter Leitung des Architekten Wenzel Bürger (1869 - 1946).

Industriegeschichte im Südwesten

In Chemnitz mangelt es wahrlich nicht an Denkmalen aus der Industriegeschichte, viele davon häufen sich im Südwesten. Zugegeben: als Fußweg überwiegend entlang von Hauptstraßen ist die folgende Route nicht gerade romantisch. Andererseits lohnt es sich kaum, für kurze Strecken von ein oder zwei Stationen auf Bus oder Straßenbahn zu warten.

Die **Esche-Villa** liegt an einem Grünstreifen längs des Flusses Chemnitz. Der Textilfabrikant Herbert Eugen Esche (1874 - 1962) befreundete sich mit dem damals noch wenig bekannten Henry van de Velde (1863 - 1957) und ließ ihm freie Hand bei der Architektur und

Das Industriemuseum thematisiert wichtige Phasen der Stadtgeschichte

der Ausstattung. Van de Velde gilt als vielseitiger Künstler des ausklingenden Jugendstils. Von 1903 bis 1945 bewohnte Esches Familie das Haus. Zu den berühmtesten Gästen zählte der Expressionist Edvard Munch (1863 - 1944), der ab 1905 hier zeitweise malte. Die Villa Esche wurde 2001 als Begegnungsstätte wiedereröffnet und zeigt im Museum Interieur aus der Entstehungszeit. Ein weiteres Esche-Museum ist die von Johann Georg Esche (1682 - 1752) gegründete Strumpfwarenfabrik in Chemnitz´ Nachbarstadt Limbach-Oberfrohna.

Vom für Touristen eher weniger interessanten ›solaris Förderzentrum für Jugend und Umwelt‹ in der Neefestraße 88 liegen nun vier bedeutende Museen an der Hauptstraße in Richtung Zentrum. Im **Deutschen SPIELEmuseum** gibt es neben Ausstellungen auch etwa 2700 Spiele zur Probe. Die Idee dazu geht auf einen 1986 in Hamburg gegründeten Verein zurück. Das Chemnitzer Industriemuseum nutzt überwiegend Gebäude einer 1982 stillgelegten Gießerei. Nach dem Kauf des Geländes 1999 durch die Stadt eröffnete es 2003. Das **Museum für sächsische Fahrzeuge** befindet sich seit 2008 in einer der ältesten Hochgaragen Deutschlands. Der Hauptteil der Sammlung mit über 150 Fahrzeugen ist chronologisch geordnet. Das **Museum Gunzenhauser** der Kunstsammlungen Chemnitz zeigt seit 2007 etwa 300 Exponate der Klassischen Moderne. Der Kunsthändler Alfred Gunzenhauser stellte 2459 Werke der Stadt zur dauerhaften Präsentation zur Verfügung.

Stadtrandviertel im Süden

Harthau (eingemeindet 1950), Klaffenbach und Einsiedel (beide eingemeindet 1997) im südlichsten Zipfel von Chemnitz machen einen dörflichen Eindruck. Noch zum Stadtgebiet gehört das **Renaissance-Wasserschloss Klaffenbach** aus dem 16. Jahrhundert. Das unverwechselbare Gebäude besitzt einen quadratischen Grundriss und kielbogenförmige Giebel. Seine Wirtschaftsgebäude weisen auf den ehemaligen Betrieb als Rittergut hin. Nebenan fließt die Würschnitz vorbei. Zum nahen Bahnhof Neukirchen-Klaffenbach kommt man tagsüber halbstündlich mit der City-Bahn.

Ein Bewohner des Wildgatters Oberrabenstein

In Rabenstein

Der **Rabensteiner Wald** im Westen von Chemnitz ist knapp 900 Hektar groß. Er trennt den Nordrand des Erzgebirgsbeckens vom Südrand des Mittelsächsischen Lößlehm-Hügellandes. Die höchste Erhebung ist der Totenstein (483 m) mit seinen Felsen im Stadtteil Grüna. Ein **Aussichtsturm** (30 m) kann gratis bestiegen werden. Er wurde 1998 nach dem Vorbild des abgerissenen Maria-Josepha-Turmes errichtet.

Um 1170 entstand die Herrschaft Rabenstein mit ihrer Burg im Zuge der Besiedlung des Erzgebirgswaldes während der deutschen Ostexpansion. Ein Besitzstreit

▶ Karte S. 95

im 14. Jahrhundert ging als Rabensteiner Fehde in die Geschichte ein.

Die Hauptstraße Rabensteins wird in der Ortsmitte von einer Eisenbahnbrücke aus dem Jahre 1897 überspannt. Dieses **Viadukt** ist eine der ältesten Brücken in Stahlhochbauweise und dient heute einem Wanderweg. Dahinter kommt man zur kleinsten mittelalterlichen Burg Sachsens, der **Burg Rabenstein**. Zu den Sagen über diesen Ort gehört auch eine zünftig spukende Braut. 1645 wurde Hans Carl von Carlowitz (→ S. 140) auf der Burg Rabenstein geboren. Heute ist die Burg Außenstelle des Schlossbergmuseums. Das 1776 erbaute bequemere Herrenhaus des Rittergutes zu Oberrabenstein steht wenige Meter westlich der Burg und dient als Hotel. Weiter in nordwestlicher Richtung gelangt man zu einem als Freibad beliebten **Stausee** mit FKK-Bereich.

Am östlichen Rand Rabensteins findet man die **Felsendome**. Dieses 1906 stillgelegte Kalkwerk ist seit 1936 für Besucher geöffnet. Außer der geologischen Vielfalt beeindrucken die Akustik und ein See untertage.

Der 1964 eröffnete **Tierpark** im Stadtteil Reichenbrand an der Grenze zu Rabenstein zeigt auf rund 10 Hektar knapp 200 Arten. Eine Besonderheit ist das Vivarium mit fast 60 Amphibienarten. Der Tierpark beteiligt sich derzeit an 27 Erhaltungszuchtprogrammen für bedrohte Arten (darunter Neuweltaffen, Huftiere und Katzen). Seit 1995 gehört das 1973 gegründete **Wildgatter Oberrabenstein** unweit des erwähnten Stausees zum Tierpark Chemnitz. Auf 35 Hektar Waldfläche werden über 15 europäische Arten gehalten.

Etwa ein Kilometer südlich des Tierparks, in der Jagdschänkenstraße 50, steht das ehemalige Hauptverwaltungsgebäude der SDAG Wismut (→ S. 53) von 1954.

■ Familienprogramm

Zusammenfassend soll kurz noch einmal aufgelistet werden, was für interessierte Heranwachsende besonders attraktiv sein könnte:

Chemnitz West: Tierpark, Wildgatter, Kletterwald (relativ teuer), Felsendome.

Chemnitz Zentrum: Spielemuseum (bis 18 Jahre gratis), Naturkundemuseum (bis 18 Jahre gratis), Innenstadtbummel (Wochenmarkt, Jakobikirche, Rathäuser, Nischl, Theaterplatz; ca. 1 km), Bootsfahrt auf dem Schlossteich (1 h Tretboot für 4 Pers. 11 Euro, 1 h Ruderboot für 4 Pers. 7 Euro, Rettungsweste 1 Euro extra, manchmal etwas gestresstes Personal).

Chemnitz Nordost: Schulmuseum Ebersdorf, Eisenbahnmuseum Hilbersdorf.

Nähere Umgebung: Jagdschloss Augustusburg mit Standseilbahn, Schloss und Park Lichtenwalde, Bergstadt Bleiberg bei Frankenberg.

i Chemnitz

Tourist-Information mit Buchungsmöglichkeit verschiedener thematischer Stadtführungen, Markt 1, Chemnitz, Tel. 0371/690680; Mo–Fr 9–18, Sa 9–16 Uhr. www.chemnitz-tourismus.de

Technische Universität, Str. der Nationen 62, Chemnitz. www.tu-chemnitz.de. Allgemein über die Kultur- und Kreativwirtschaft der Stadt informiert: www.kreatives-chemnitz.de

Chemnitz ist Eisenbahnknotenpunkt. Die weitesten Direktverbindungen führten 2018 allerdings nur noch bis Hof (100 min), Elsterwerda (90 min) und Leipzig (60 min).

Bahnstrecke Reichenbach–Dresden (Kursbuch 510), ›Sachsen-Franken-Magistrale‹, mit Halt u. a. in Zwickau, Chemnitz, Flöha, Freiberg.

Bahnstrecke von Chemnitz nach Olbern-

hau-Grünthal (Kursbuch 519), ›Flöhatalbahn‹, tagsüber zweistündlich mit Halt u. a. in Flöha und Pockau-Lengefeld.
Bahnstrecke Chemnitz – Cranzahl (Kursbuch 517) mit Halt u. a. in Flöha, Erdmannsdorf-Augustusburg, Zschopau, Scharfenstein, Annaberg-Buchholz. Unregelmäßig (an Sommerwochenenden) kommt es zur Weiterführung der Fahrt bis Vejprty.
Bahnstrecke Aue – Chemnitz (Kursbuch 524) mit Halt u. a. in Zwönitz, Thalheim und Burkhardtsdorf.
Parkeisenbahn Chemnitz, Küchwaldring 24, Tel. 0371/3301100; März–Okt. außer Mo. www.parkeisenbahn-chemnitz.de

Den **Busbahnhof** findet man (wahrscheinlich noch mehrere Jahre) 200 m westlich des Hauptbahnhofs, gegenüber dem Schillerplatz. Über seine Verlegung wird diskutiert.
Der Öffentlicher Nahverkehr wird durch die **Chemnitzer Verkehrs-AG** abgewickelt, Tel. 0371/2370333. Die Tarifzone Chemnitz (Zone VMS 13) deckt das gesamte Stadtgebiet von Klaffenbach und Rabenstein bis nach Ebersdorf ab, die übertragbare Siebentageskarte für eine Zone kostet 19 Euro, die Tageskarte 4,40 und die Mitfahrer-Tageskarte 3,10. www.cvag.de

In Chemnitz wurde ein durch Werbung gesponsertes **Leihfahrradsystem** aufgebaut mit der Zentrale am Hauptbahnhof und acht Filialen (sieben Hotels u. eine Klinik), Tel. 0371/3346056; März–Okt. tägl., Nov.–Feb. nur mit Reservierung. Nicht übermäßig schick, aber durchaus brauchbar, ein Tag kostet 2 Euro und ein Monat 30 Euro. www.chemnitzer-stadtfahrrad.de

Runde im Kleinflugzeug vom **Sportflughafen** aus, Wilhermsdorfer Str. 43, Jahnsdorf, Mobiltel. 0176/11445611. www.chemnitzrundflug.de

Seit 2017 unterliegt folgendes Innenstadtareal flächendeckend tagsüber einer moderaten Parkraumgebühr: Reichsstr., Leipziger Str., Matthesstr., Schloßteichstr., Müllerstr., August-Bebel-Str., Dresdner Str., Lessingstr., Hainstr., Eisenbahnbogen.

▸ In der Innenstadt:
An der Oper, Str. der Nationen 56, Tel. 0371/6810; DZ ab 120 Euro. Ursprünglich als Hotel Moskau ein sozialistischer Funktionsbau, inzwischen wohl das beste Innenstadthotel. www.hoteloper-chemnitz.de
Schlossvorwerk, Schloßberg 1, Tel. 0371/3378785; DZ o. F. ab 70 Euro. Pension mit Eiscafé unterm Schlossberg. www.schlossvorwerk.de
Ausspanne, Schloßberg 4, Tel. 0371/3300225; DZ o. F. ab 45 Euro. Fachwerkhaus unterm Schlossberg. www.pension-ausspanne.de
▸ In den Außenbezirken und im Umland:
Landsprosse, Garnsdorfer Hauptstr. 42, Lichtenau-Garnsdorf, Tel. 037208/883931; DZ ab 49 Euro. Bauernhof mit Wildkräuterkursen. www.landsprosse.de
Villa Markersdorf, Hauptstr. 70, Claußnitz, Tel. 037202/4120; DZ 70 Euro. 12 km nördlich vom Zentrum. www.villa-markersdorf.de
Braugut, Chemnitzer Str. 2, Hartmannsdorf, Tel. 03722/631310; DZ o. F. ab 49 Euro. Hotel mit mäßiger Küche und rustikaler Tanzfläche 10 km in Richtung Leipzig. www.braugut.de
Schloss Rabenstein, Thomas-Müntzer-Höhe 14, Tel. 0371/444664; DZ ab 109 Euro. 10 km westlich von Zentrum. www.hotel-schloss-rabenstein.de
Felsendome Rabenstein, Weg nach dem Kalkwerk 4, Tel. 0371/8080037; DZ 55 Euro. Kleine Pension des Schaubergwerks. www.felsendome.de
Folklorehof Grüna, Pleißaer Str. 18, Tel. 0371/8102944; DZ 84 Euro. 12 km westlich vom Zentrum. www.folklorehof.de
Zum scharfen Eck, Neukirchner Str. 1,

▸ Karte S. 95

Neukirchen-Adorf, Tel. 0371/2607157; DZ ab 48 Euro. Ehemaliges Bahnhofsgebäude 12 km südlich des Zentrums. www.zumscharfeneck.de
Topfmarktscheune, Topfmarkt 7, Burkhardtsdorf, Tel. 03721/24324; DZ ab 70 Euro. Ländlicher Charme unweit von Chemnitz. www.topfmarktscheune.de

Made in Ottendorf, Hohe Str. 28, Lichtenau-Ottendorf, Tel. 037208/877848; März–Sept., Tiny House für 2 Nächte 160 Euro. Kleiner naturnaher Campingplatz mit asiatischen Kochworkshops. www.mio-minicamping.de

▸ In der Innenstadt:
La bouchée, Innere Klosterstraße 9, Tel. 0371/6948181; So Ruhetag. Brasserie gehobener Preislage neben dem Rathaus. www.la-bouchee.de
Turm-Brauhaus, Neumarkt 2, Tel. 0371/9095095. Minibrauerei mit Museumsecke gegenüber dem Rathaus. www.turmbrauhaus.de
Dehli Palast, Zwickauer Str. 10, 0371/35565000; Mo Ruhetag. Sehr gelobtes indisches Restaurant. www.delhipalast.com
Palace Athen, Kanzlerstr. 52, Tel. 0371/3899500. Griechisches Restaurant am Kaßberg. www.grieche-chemnitz.de
Schalom, Heinrich-Zille-Str. 15, Tel. 0371/6957769; außer Mo u. Fr ab 17 Uhr. Koschere Küche unweit des Hauptbahnhofes. www.schalom-chemnitz.de
Kellerhaus, Schloßberg 2, Tel. 0371/3351677. Fachwerkgebäude am Schlossberg. www.kellerhaus-chemnitz.de
max louis, Schönherrstr. 8, Eingang D, Tel. 0371/46402433. Neues trendiges Restaurant in der Schönherrfabrik, mittags günstig, abends edler und teurer. www.max-louis.de
▸ In den Außenbezirken:
Villa Esche, Parkstr. 58, Tel. 0371/2361363; So u. Mo Ruhetage. Gehobene Preislage in der Remise der Fabrikantenvilla. www.restaurant-villaesche.de
Franklin Hofmann, Augustusburger Str. 265, Tel. 0371/6761684. Hervorragende Pferdefleischgaststätte seit 1865. www.pferde-hofmann.de
Sachsofon, Augustusburger Str. 244, Tel. 0371/4014785; Mo–Sa ab 17.30 Uhr. Kiezkneipe in Gablenz. www.sachsofon.de
Pelzmühle, Pelzmühlenstr. 17, Tel. 0371/523567. Ausflugsgaststätte am Tierpark-Teich. www.pelzmuehle.de
Grütznickels Scheune, Ortelsdorfer Str. 31, Tel. 0371/6949080; Mo u. Di Ruhetage. Bauernhof in Ebersdorf. www.gruetznickels-scheune.de
Alte Apotheke, Hauptstr. 32, Neukirchen, Tel. 0371/2802099; Mi–So ab 17 Uhr. An der südwestlichen Stadtgrenze. www.gasthaus-alte-apotheke.de
Rößler-Hof, Obere Hauptstr. 61, Burkhardtsdorf, Tel. 03721/23283; Mo Ruhetag. Bauernhofcafé und Schaukäserei hinter der südlichen Stadtgrenze. www.roessler-hof.de
Laurus, Limbacher Str. 19, Hartmannsdorf, Tel. Tel. 03722/505210. Regionale SlowFood-Küche und Kochschule. www.restaurant-laurus.de

Schloss Klaffenbach, Wasserschloßweg 6, Tel. 0371/266350; Di–So 11–17 Uhr. www.c3-chemnitz.de
Burg Rabenstein, Oberfrohnaer Str. 147, Tel. 0371/853353; Mai–Okt. 9–12 u. 13–18 Uhr. www.burg-rabenstein.info
Jakobikirche, Jakobikirchplatz 1, Tel. 0371/6949230; Di–Do 11–18, Fr–Mo 11–15 Uhr. www.jakobi.kirchechemnitz.de
Kunstsammlungen Chemnitz, www.kunstsammlungen-chemnitz.de:
- **König-Albert-Museum**, Theaterplatz 1, Tel. 0371/4884424; Di u. Do–So 11–18, Mi 14–21 Uhr.
- **Museum Gunzenhauser**, Stollberger Str. 2, Tel. 0371/4887024; Di u. Do–So 11–18, Mi 14–21 Uhr.
- **Museum Henry van de Velde** in der Villa Esche, Parkstr. 55, Tel. 0371/5330;

Mi u. Fr–So 10–18 Uhr. www.villaesche.de – **Schlossbergmuseum**, Schloßberg 12, Tel. 0371/4884501; Di–So 11–18 Uhr. www.schlossbergmuseum.de

Staatliches Museum für Archäologie, Stefan-Heym-Platz 1, Tel. 0371/9119990; Di/Mi u. Fr–So 10–18, Do 10–20 Uhr. www.smac.sachsen.de

Museum für zeitgenössische Kunst im Tietz, Moritzstr. 20, Tel. 0371/3676680; Do–Mo 11–17, Di 11–19 Uhr, gratis für Besucher bis 18 Jahre. www.neue-saechsische-galerie.de

Museum für Naturkunde im Tietz, Moritzstr. 20, Tel. 0371/4884551; Mo–Di u. Do–Fr 9–17, Sa/So 10–18 Uhr, gratis für Besucher bis 18 Jahre. www.naturkundemuseum-chemnitz.de

Grabungsfeld Fenster in die Erdgeschichte, Glockenstr. 16. Veranstaltungstermine siehe Internet: www.grabungsteam-chemnitz.de

Chemnitzer Gewölbegänge, Fabrikstr. 6, Tel. 0371/3346056; Sa/So 14–17 Uhr stündlich Führungen durch die Keller am Kaßberg. www.chemnitzer-gewoelbegaenge.de

Deutsches SPIELEmuseum, Neefestr. 78 A, Tel. 0371/306565; Mi–Fr 13–18, Sa/So 13–19 Uhr, gratis für Besucher bis 18 Jahre. www.deutsches-spielemuseum.eu

Industriemuseum, Zwickauer Str. 119, Tel. 0371/3676140; Di–Fr 9–17, Sa/So 10–17 Uhr, gratis für Besucher bis 18 Jahre. www.saechsisches-industriemuseum.com

Sächsisches Fahrzeugmuseum, Zwickauer Str. 77, Tel. 0371/2601196; Di–So 10–17 Uhr. In einer Hochgarage von 1928. www.fahrzeugmuseum-chemnitz.de

Ebersdorfer Schulmuseum, Silcherstr. 1, Tel. 0371/4640844; Di–Fr 10–16, Sa 14–17 Uhr. www.schulmuseum-ebersdorf.de

Einsiedler Brauhaus, Einsiedler Hauptstr. 144, Tel. 0372/096610. Führungen nach Anmeldung. www.einsiedler.de

Sächsisches Eisenbahnmuseum, An der Dresdner Bahnlinie 130 C, Tel. 0371/92092848; Sa/So 10–17 Uhr. Mit großem Dampflokschuppen gegenüber dem Bahnhof Hilbersdorf. www.sem-chemnitz.de

▸ Im Umland:

Esche-Museum, Sachsenstr. 3, Limbach-Oberfrohna, Tel. 03722/93039; Di–So 13–17 Uhr. www.esche-museum.de

Landmaschinenausstellung Bulldog-Museum, Topfmarkt 14, Burkhardtsdorf, Tel. 03721/22584; Apr.–Nov. So 13–17 Uhr. www.bulldog-freunde-erzgebirge.de

Sächsisches Nutzfahrzeugmuseum, Mühlauer Str. 2, Hartmannsdorf, Tel. 03722/890049; Di–Fr 9–16, Sa 10–16 Uhr. www.nutzfahrzeugmuseum.de

Felsendome Rabenstein, Weg nach dem Kalkwerk 5, Tel. 0371/8080037; 10–16 Uhr stündlich rollstuhlgerechte Führungen, Tauchmöglichkeiten nach Anmeldung. www.felsendome.de

Tierpark Chemnitz, Nevoigtstr. 18, Tel. 0371/850028; Apr.–Sept. 9–19 Uhr, März u. Okt. 9–17 Uhr, Nov.–Feb. 9–16 Uhr. www.tierpark-chemnitz.de

Wildgatter Oberrabenstein, Thomas-Müntzer-Höhe 12, Tel. 0371/850708; Apr.–Sept. 8–18 Uhr, Okt.–März 8–16 Uhr. www.tierpark-chemnitz.de

Botanischer Garten, Leipziger Str. 147, Tel. 0371/4886765; März–Okt. 8–18 Uhr, Nov.–Feb. 8–17 Uhr, außer bei Sonderveranstaltungen gratis zugänglich. www.chemnitz.de

Jazzclub, Kaßbergstr. 36, Tel. 0371/38390356. Gute Konzerte, aber nur ein bis zwei pro Monat. www.chemnitzer-jazzclub.de

Das **Städtische Theater Chemnitz**, Ticket-Hotline 0371/4000430, www.theater-

▸ Karte S. 95

chemnitz.de, veranstaltet seine eigenen Programme vor allem
- im **Opernhaus**, Theaterplatz 2, Tel. 0371/69695;
- im **Schauspielhaus** und **Figurentheater**, Zieschestr. 28, Tel. 0371/6969710;
- in der **Stadthalle**, Theaterstr. 3, Tel. 0371/45080.

weltecho, Annaberger Str. 24, Tel. 0371/364691. Club, Programmkino und Galerie im ehemaligen Haus ›Kammer der Technik‹. www.weltecho.eu

Fritz, Kirchhoffstr. 34–36, Tel. 0371/8747270. Von zwei Münchener Enthusiasten gegründete Sprechtheater-Privatbühne im Stadtteil Siegmar. www.fritz-theater.de

Chemnitzer Kabarett, An der Markthalle 2, Tel. 0371/675090. www.das-chemnitzer-kabarett.de.

FRESSTheater Chemnitz, Bahnhofstr. 6, Tel. 0371/6663996. Unter dem Motto ›Mundart mit Klößen‹ wird seichte Unterhaltung in hübschem Ambiente geboten, oft ausverkauft. www.fresstheater.de

Gelenauer Marionettenspiele, Erich-Weinert-Weg 27, Gelenau, Tel. 037297/2000, 20 Kilometer südlich von Chemnitz. www.gelenauer-marionettenspiele.de

Kosmonautenzentrum Sigmund Jähn, Küchwaldring 20, Tel. 0371/3300621; Di–Fr 14–17 Uhr. Jugendfreizeiteinrichtung (Mindestalter 6 Jahre) zum Thema Kosmos. www.kosmonautenzentrum.de

Fichtelberg-Radmarathon. 90 km von Chemnitz aus, jährliche Sportveranstaltung mit einer Beschränkung auf 900 Teilnehmer. www.fichtelberg-radmarathon.de

Fichtelbergmarsch (1 Tag) und **Fichtelbergmarsch-Genusswanderung** (2 Tage), jährlich mit beschränkter Teilnehmerzahl. www.fichtelbergmarsch.de

Kunst- und Kulturfestival Begehungen → www.begehungen-chemnitz.de

Dark Storm, Weihnachtsfestival der sogenannten Schwarzen Szene (Electro, Gothic, Industrial). www.darkstorm-festival.de

Stadtbad im Zentrum, Mühlenstr. 27, Tel. 0371/4885248. Denkmalgeschütztes Hallenbad im Bauhausstil, teilweise von Gruppen belegt, Öffnungszeiten: www.chemnitz.de

Freibad in Gablenz, Am Gablenzer Bad 34 A, Tel. 0371/7007997. Chemnitz' schönstes Freibad, Öffnungszeiten (richten sich unter anderem nach den sächsischen Schulferien): www.chemnitz.de

Hochseilgarten, Küchwaldring 20, Tel. 0371/3360722. www.hochseilgarten-chemnitz.de

Kletterwald, Oberfrohnaer Str. 165, Mobiltel. 0172/7962379. www.kletterwald.eu

Wochenmarkt vor den Rathäusern; Di–Sa ab 9 Uhr.

Rosenhof, kurzer Einkaufsboulevard mit dem Charme der DDR-Plattenarchitektur. www.rosenhof-chemnitz.de

XXL Emporon, An der Markthalle 1, Tel. 0371/367773920. Chemnitz' größter Fahrradladen in einer historischen Markthalle. www.fahrrad-xxl.de

FAIREwelt, Moritzstr. 20, Tel. 0371/44479888. www.weltladen-chemnitz.de

Papeterie Haamit, Weststr. 67, Tel. 0371/4790213. Handwerkliche Papierwaren und Druckerzeugnisse. www.haamit.com

SBS Dekorationen, Robert-Blum-Str. 21 A, Tel. 0371/8101949; Mo–Fr 10–18, Sa 10–16 Uhr. An- und Verkauf sowie Verleih von Antik bis DDR-Kult, eine Art ständiger Trödelmarkt. www.sbs-deko.de

Krankenhäuser mit Notaufnahme:

Klinikum Chemnitz, Flemmingstr. 2, Tel. 0371/3330, Kinderabteilung Tel. 0371/33322267. www.klinikumchemnitz.de

Zeisigwaldkliniken Bethanien (im Osten), Zeisigwaldstr. 101, Tel. 0371/4300. www.bethanien-chemnitz.de

Krankenhaus DRK Rabenstein (im Westen), Unritzstr. 23, Tel. 0371/8320. www.drk-khs.de

»Dr Vuglbeerbaam«

Wenn de Vugelbeer blüht, freit sich Herz un Gemüt.

Anton Günther (1876 - 1937)

Der Vogelbeerbaum (oft einfach Vogelbeere genannt, korrekter Eberesche, Sorbus aucuparia) ist ein leicht erkennbarer Laubbaum, der als Symbol für das Erzgebirge gilt. Dort schrieb der Förster August Max Schreyer (1845–1922) sein Lied ›Dar Vuglbärbaam‹. Es entstand vermutlich 1887 und gehört zu den bekanntesten Liedern in erzgebirgischer Mundart. Auf Schreyers Grab in Pulsnitz ebenso wie auf dem Grab des populärsten erzgebirgischen Dichters Anton Günther in Gottesgab (Boží Dar) wachsen Vogelbeeren. Die originale Titelschreibweise des Liedes ist weitgehend verschwunden, Günther verwendete ›Dr Vuglbeerbaam‹ und Blechschmidt ›Dr Vugelbeerbaum‹. Auch in anderen Ländern spielt der Vogelbeerbaum eine große Rolle im Brauchtum, beispielsweise in Schottland und im Baltikum.

Vögel fressen nicht nur die Früchte des Baumes sehr gern, sondern wurden mit diesen früher sogar gelockt und gefangen. Für 63 heimische Vogelarten ist der Verzehr von Vogelbeeren nachgewiesen, entsprechende Vogelausscheidungen sind der wichtigste Weg bei der Verbreitung der Samen.

Die Vogelbeere steht auf verschiedensten Untergründen, wegen ihrer auffälligen Früchte und der farbenfrohen Herbstbelaubung ist sie ein beliebter Baum in Gärten und Parkanlagen. Sie gilt als typisch für mitteleuropäische Gebirge sowie skandinavische und britische Landschaften, da sie sehr gut mit Kälte und Wind zurechtkommt. Sie besiedelt Brachflächen nicht nur schnell, sondern erweist sich auch als unempfindlich gegenüber vielen industriellen Schadstoffen. Sie wächst zwar nicht nur in Gebirgen, wird aber in flacher Natur von anderen Gehölzen meistens verdrängt. Die Vogelbeere ist der am weitesten nördlich anzutreffende Laubbaum, in den Alpen werden Höhenlagen von weit über 2000 Metern erobert. Leider gibt es nur wenige Orte – etwa Fojtovice, Satzung und Wernitzgrün –, in oder bei denen die Vogelbeere wegbegleitend als Alleegehölz fungiert.

Der Baum wächst in der Jugend rasch, wird aber oft nur 5 bis 10 Meter hoch. In Ausnahmefällen erreicht er eine Höhe von bis zu 25 Metern und einen Stammdurchmesser von über 60 Zentimetern; er kann über 100 Jahre alt werden. Zwischen den Wurzelzellen befindet sich ein Pilzgeflecht, das die Nährstoffaufnahme durch die Pflanze erleichtert. Das Holz ist schön gemasert, es eignet es sich gut zum Drechseln und Schnitzen.

Die Vogelbeere blüht im späten Frühling, ihre weiß-gelben Blüten sind nur etwa einen Zentimeter breit. Sie stehen in Doldenrispen von bis über 200 Einzelblüten. Der Geruch der Blüten kommt hauptsächlich vom enthaltenen Methylamin. Die Bestäubung erfolgt durch Insekten. Die Vogelbeere ist eine wichtige Futterpflanze für Kleinschmetterlinge und Rüsselkäfer. Gegen Herbstanfang erscheinen büschelweise die erbsengroßen, auffälligen roten Früchte, die oft bis in den Winter hinein am Baum bleiben. Sie sehen auf den ersten Blick wie Beeren aus und werden üblicherweise auch so bezeichnet. In Wirklichkeit handelt es sich allerdings um kleine Apfelfrüchte (Pflanzenfamilie Rosengewächse, Subtribus Kernobstgewächse) mit drei bis sechs Kernen.

Bereits Hippokrates kannte die Vogelbeere als Mittel gegen Durchfall, Lonicerus beschreibt die Schmerzlinderung bei Nierenerkrankungen. Hartnäckig hält sich das Gerücht, die Vogelbeere sei giftig. Es sei hier noch einmal betont, dass die ganze Pflanze keinerlei giftige Stoffe enthält. Man kann das natürlich auch philosophisch sehen wie der Arzt Paracelsus (Philippus Theophrastus Aureolus Bombastus von Hohenheim, 1493–1541), der meinte, dass alles bei hoher Dosierung giftig und bei geringer Dosierung ungiftig wird. Ein Erwachsener müsste schätzungsweise 90 Kilogramm rohe Vogelbeeren essen, um an der enthaltenen Parasorbinsäure zu sterben. Aber roh schmecken Vogelbeeren sowieso eher unangenehm, was automatisch eine Einnahme größerer Mengen verhindert. Durch Erhitzen entsteht aus der Parasorbinsäure die besser verträgliche Sorbinsäure, die nach der Vogelbeere (Sorbus aucuparia) benannt wurde. Sorbinsäure besitzt eine antibakterielle Wirkung, außerdem enthalten die Früchte Pektin und Karotin. Besonders hervorzuheben ist der hohe Gehalt an Vitamin C. Deswegen wird die Vogelbeere gelegentlich als ›Zitrone des Nordens‹ bezeichnet. Den hohen Zuckeranteil der Früchte (über zehn Prozent) spürt man aufgrund des herben Aromas kaum. Die Liste von Anwendungen in der Volksheilkunde ist sehr lang. In der Tierheilkunde gelten Vogelbeeren als Mittel gegen Ziegen- und Schweinerotlauf.

Die Unterart Edeleberesche (Sorbus aucuparia edulis) mit reduziertem Bitterstoffgehalt stammt aus dem Altvatergebirge (Hrubý Jesenik) in Tschechien. Sie heißt auch Süße Eberesche (Sorbus aucuparia dulcis) oder Mährische Eberesche (Sorbus aucuparia moravica). Um 1810 wurde sie angeblich von einem Hirtenjungen bei Spornhau (Ostružná) entdeckt.

Es bereitet keine große Mühe, die Früchte sozusagen als Vogelbeerkorinthen zu trocknen. Unter realsozialistischen Verhältnissen gab es einige Getränkefabriken, zu deren Sortiment ›Edelebereschensüßmost‹ gehörte. Wenn in der Küche keine Preiselbeeren verfügbar sind, können Vogelbeeren als Ersatz dienen.

Reife Vogelbeeren

EXTRA

Der Musikwinkel (D und CZ)

Der Begriff Musikwinkel geht auf den Zwotaer Heimatdichter Max Schmerler (1873 - 1960) zurück und bezieht sich auf die Bedeutung dieser Region im Instrumentenbau. Der Musikwinkel wird dem Kulturraum Vogtland zugerechnet. 1254 schlossen die Markgrafen von Meißen und die Vögte von Weida einen gleichberechtigten Vertrag. Der Name Vogtland für den Herrschaftsbereich der Vögte von Weida ist erstmals für das Jahr 1343 belegt. Das historische Vogtland erstreckt sich vor allem in westliche Richtungen über das heutige sächsische Gebiet hinaus. Naturräumlich gesehen gehören Schöneck und Klingenthal jedoch noch zum Erzgebirge.

Auf sächsischer Seite ist ein Musikantenradweg von 108 Kilometern ausgeschildert. Diese Runde führt von Schöneck über Klingenthal und Markneukirchen bis nach Bad Brambach und Bad Elster.

Schöneck und Umgebung

Eine Burg des niederen Adels entstand ab etwa 1180 und wurde nach einem Stadtbrand 1761 innerhalb von vier Jahren abgetragen. Auf den Burgfelsen **Alter Söll** (734 m) führt heute eine Stahltreppe. Durch Verpfändungen gehörte das Gebiet mehrmals jahrzehntelang zu Böhmen.

Im 17. Jahrhundert brachten Graslitzer Exulanten den Geigenbau in nach Schöneck im Vogtland, und im Ort wurden die Tasteninstrumentenbauer Christian Gottlob Steinmüller (1792–1864) und Franz Rudolph Wurlitzer (1831–1914) geboren. Zwischen 1865 und 1969 gab es eine Zigarrenproduktion. Viele Bauernhöfe bereiteten selbst ihr benötigtes Schwarzpech in erhitzten Granitvertiefungen zu.

▲ Karte: vordere Umschlagklappe

Das ruhige Zentrum ist von Gebäuden der Zeit um 1900 geprägt. Ein hübsches **Rathaus** entstand 1923. Die Höhenlage und Waldgebiete vor allem ostwärts führten 1962 zum Prädikat eines staatlich anerkannten Erholungsortes. Das 1985 eingeweihte ›Ferien- und Erholungsheim Karl Marx‹ des DDR-Gewerkschaftsbundes auf der Hohen Reuth gehörte mit 1000 Betten zu den größten Neubauten dieser Art. Mittlerweile modernisiert, wird es heute unter dem Dach der Hotelkette IFA (Insel Ferien Anlagen) weiter betrieben. Rund um die Anlage haben sich viele Einrichtungen für den Freizeitsport entwickelt. Die Stadt wirbt mit dem Slogan ›Balkon des Vogtlandes‹ für sich. Durch das Stadtgebiet verläuft die Wasserscheide zwischen der Mulde und der Eger. Die **Talsperre** im benachbarten **Muldenberg** hat mit 525 Metern die längste Mauerkrone Sachsens, das Bruchsteinmauerwerk nach dem Intze-Prinzip wurde 1925 fertiggestellt. In den Stausee münden die beiden Quellbäche der Zwickauer Mulde ein.

Rathaus Schöneck vom Alten Söll aus

Schöneck und Umgebung

Tourist-Info, Hohe Reuth 9, Schöneck, Tel. 037464/330011; Mo–Fr 9.30–17, Sa/So 9.30–14.30 Uhr. Vermittelt auch ›Nachtwächterführungen‹ (Mindestalter 6 Jahre). www.schoeneck.eu

Bahnstrecke Zwickau - Sokolov (Kursbuch D 539, CZ 145) mit Halt u. a. in Schöneck, Klingenthal, Kraslice und Rotava.

Muldenberg, Am Bahnhof 2, Grünbach-Muldenberg, Tel. 037465/6207; DZ 65 Euro. Im Wald am Floßgrabensystem. www.hausmuldenberg.de

Vogtlandhütte, Sandweg, Schöneck, Tel. 03741/527060; komplett ab 120 Euro. Schlichtes Matratzenlager des Deutschen Alpenvereins in einsamer Waldlage für bis zu 18 Pers. www.vogtlandhuette.de

Heimatmuseum, Bauhofstr. 1, Schöneck, Tel. 0162/4253142; Di u. Do 14–17 Uhr.

Aqua World Erlebnisbad, Hohe Reuth 5, Schöneck, Tel. 37464/30; 10–20 Uhr, mit Sauna und Massageangeboten. www.ifa-schoeneck-hotel.com

Sauteich Muldenberg, Naturbadestelle im Wald.

Bikewelt, Hohe Reuth 5, Schöneck, Tel. 037464/330011. MTB-Parkours und Downhill-Strecken. www.bikewelt-schoeneck.de

Areal Schöneck, ca. 2500 m Piste, 1 Sessellift, 3 Schlepplifte, 1 Kinderlift, Skischule, Rodelhang. www.skiwelt-schoeneck.de.

Klingenthal und Umgebung

Im 19. Jahrhundert kam es zu einer Spezialisierung Klingenthals auf Instrumente mit Metallzungen. Als Begründer der Klingenthaler Harmonika-Industrie gilt der Händler Johann Wilhelm Rudolph Glier (1793 - 1873). 1829 erhielt er eine Mundharmonika geschenkt und erkannte das wirtschaftliche Potential. Mit viel Unternehmergeist bereiste er ganz Europa, um 1840 herum war die Mundharmonika bereits äußerst populär. Aus Gliers Familie stammte übrigens der russische Komponist Reinhold Moritzewitsch Glière (1875 -1956). Die jetzt noch im Stadtteil Sachsenberg produzierte Saxony Chromatic von CASS beispielsweise war die erste in Serie hergestellte chromatische Mundharmonika mit Edelstahlstimmzungen (www.seydel1847.de).

Die älteste Akkordeonmanufaktur der Welt wurde 1852 gegründet und ging später in der DDR-Marke Weltmeister auf. Aus dem Jahre 1860 ist die Produktionszahl von 214 500 Akkordeons in den 20 Akkordeonfabriken der Gegend belegt, 1961 wurden 125 578 Klingenthaler Akkordeons in über 40 Ländern verkauft. 2016 lag die Zahl bei 2000 Akkordeons in nur einer verbliebenen Werkstätte (www.akkordeonmanufaktur.de). Markantester Bau im Stadtzentrum ist sicher die achteckige **Rundkirche Zum Friedensfürsten**, die 1737 geweiht wurde. Am östlichen Stadtrand liegt der **Aschberg** (Kamenáč, 936 m) in den Wäldern der Staatsgrenze, auf sächsischer Seite wurde im Jahr 2017 nach einer Renovierung ein 32 Meter hoher **Aussichtsturm** auf 917 Metern wiedereröffnet. Turm und Gipfel sind Bestandteile des 2011 mit 20 Tafeln ausgeschilderten **Rundweges Grenzenlos Wandern**, der auf 19 Kilometern Klingenthal mit Bublava (Schwaderbach) und Kraslice (Graslitz) verbindet.

15 Kilometer nördlich von Klingenthal liegt mit **Morgenröthe-Rautenkranz** der

Am Zugang zur Raumfahrtausstellung

östlichste Ort des Vogtlandkreises. Praktisch über Nacht bekannt wurde er 1978 durch den ersten deutschen Raumflieger. Der hier 1937 geborene Siegmund Jähn hielt sich knapp acht Tage im Weltall auf. Bereits 1979 eröffnete dann eine Ständige Ausstellung des ersten gemeinsamen Kosmosfluges UdSSR-DDR. Etwa 70 000 Gäste jährlich besuchen das zur **Deutschen Raumfahrtausstellung** modern erweiterte Museum. Fast alle deutschen Kosmonauten und Astronauten sind Mitglied im Trägerverein.

In den Wäldern zwischen Klingenthal und Morgenröthe-Rautenkranz gibt es unter anderem zu entdecken: Den vor allem durch Topasfunde bekannten Felsen **Schneckenstein**, das **Vogtländisch-Böhmische Mineralienzentrum**, das **Schaubergwerk Tannenberg**, die **Vogtlandschanze** und eine **Sommerrodelbahn**.

Die Vogtlandschanze, einzige Großschanze Sachsens, dient regelmäßig internationalen Wettbewerben. 2011 wurde der Schanzenrekord mit knapp 147 Metern aufgestellt. Die Sommerrodelbahn findet man knapp drei Kilometer südlich davon.

Klingenthal und Umgebung

Gästebüro im Musik- und Wintersportmuseum, Schloßstr. 3, Klingenthal, Tel. 037467/64832; Mo 9–15, Di–Do 9–17, Fr 9–16, Sa 9–13 Uhr. www.klingenthal.de

Touristinformation, Klingenthaler Str. 2, Tannenbergsthal, Tel. 037465/402825; Mo–Di 8–15, Do 8–17, Fr 8–12 Uhr. www.muldenhammer.com

Bahnstrecke Zwickau–Sokolov (Kursbuch D 539, CZ 145) mit Halt u. a. in Schöneck, Klingenthal, Kraslice und Rotava.

Berglandstübel, Tannenbergsthaler Str. 26, Hammerbrücke, Tel. 037465/6180, DZ 80 Euro. Zwischen Klingenthal und Auerbach. www.berglandstuebel.de

Friedenshöhe, Zollstr. 70, Klingenthal, Tel. 037467/25975. Deftige Küche mit Terrasse am Hang, der Küchenchef wurde 2002 zum Deutschen Sauerbratenchampion gekürt. www.gaststaette-friedenshoehe.de

Rundkirche Zum Friedefürsten, Kirchstr. 19, Klingenthal Mai–Okt. Mo–Sa 10–12 u. 14–16 Uhr.
www.kirche-klingenthal.de

Städtisches Musik- und Wintersportmuseum, Schloßstr. 3, Klingenthal, Tel. 037467/64827; Di–Fr 10–16, Sa/So 13–17 Uhr. www.klingenthal.de

Harmonikamuseum, Kirchstr. 2, Zwota, Tel. 037467/22262; Di–Do 10–16 Uhr. www.harmonikamuseum-zwota.de

Deutsche Raumfahrtausstellung, Bahnhofstr. 4, Morgenröthe-Rautenkranz, Tel. 037465/2538; 10–17 Uhr.
www.deutsche-raumfahrtausstellung.de

Vogtländisch-Böhmisches Mineralienzentrum, Zum Schneckenstein 44, Muldenhammer, Tel. 037465/40800; Di–So 10–17 Uhr. www.schneckenstein.com

▶ Karte: vordere Umschlagklappe

Grube Tannenberg, Zum Schneckenstein 42, Muldenhammer, Tel. 037465/41993; Führungen Di–So 10 u. 11.30 u. 13 u. 14.30 Uhr. www.schneckenstein.de

Anfang Mai wird eine Woche lang der Internationale **Akkordeonwettbewerb** durchgeführt. www.accordion-competition.de

Jedes dritte Septemberwochenende findet das **Mundharmonikafestival** statt. www.mundharmonika-live.de

Terré, Hans-Sachs-Str. 53, Plauen, Tel. 03741/5953290. Musikwinkel goes Multikulti. Netter Laden u. a. mit großen Hangs und erschwinglichen Didgeridoos aus Eigenproduktion. www.terre.de

Markneukirchen und Umgebung

Nach den Klängen Markneukirchner Instrumente marschiren die Regimenter aller Staaten, tanzen die Balldamen aller Erdtheile, und wie sie vielen Kindern als ohrzerreissendes Spielwerk dienen, so ist andererseits kein Concert ohne sie denkbar.

Bruno Berlet zitiert hier Engelhardt, Originalquelle unbekannt

Die Gegend um Markneukirchen - vor 1858 Markt Neukirchen - im kleinen Elstergebirge (Halštrovské hory) wurde vermutlich um 1300 aus südlicher Richtung besiedelt. Im Zuge der Gegenreformation suchten unter anderem zwölf Geigenmacher aus Graslitz (Kraslice) hier Exil. Sie gründeten 1677 die erste Geigenmacherinnung Deutschlands. Nach und nach wurden auch andere Instrumente im Ort hergestellt, um 1900 soll weltweit etwa die Hälfte der klassischen Orchesterinstrumente in Markneukirchen produziert worden sein. Zur DDR-Zeit beschäftigte der VEB Musima (Musikinstrumentenbau Markneukirchen) bis zu 1260 Mitarbeiter.

Sehenswürdigkeiten

Heute ist Markneukirchen das schönste Städtchen im Musikwinkel. Man kann mindestens einen Tag für den Besuch der Museen einplanen. Die **Stadtkirche** beherbergt Sachsens einzige Orgel von Johann Friedrich Schulze (1793–1858). Das **Paulus-Schlössel** im Zentrum verfügt über eine der besten Musikinstrumentenausstellungen überhaupt. Sie wurde 1883 vom Fachschullehrer Paul Otto Apian-Bennewitz (1847–1892) gegründet. Von den 3100 Exponaten sind etwa 1000 einschließlich vieler Kuriositäten für Besucher zu sehen. Die größte spielbare Tuba der Welt ist ausgezogen 525 Zentimeter lang, der Durchmesser ihres Schallstücks misst 102 Zentimeter. Zur Museumsausstattung gehören Gemälde des Markneukirchner Landschaftsmalers Rudolf Schuster (1848–1902). Zwischen April und Oktober ist ein 2014 entstandener Experimentiergarten zur Klangerzeugung im Eintrittspreis enthalten.

Das hübsche Paulus-Schlössel

Gleich zwei außerhalb gelegene Ortsteile bieten ein Freilichtmuseum mit Bauernhöfen einschließlich je einer Gaststube. Das **Vogtländische Freilichtmuseum Landwüst** eröffnete 1968. Grundlage war die Sammelleidenschaft des Bauern Walter Wunderlich. Auf 2,5 Hektar sind vier Hofanlagen mit jeweils mehreren Gebäuden und bewirtschafteten Flächen zu sehen.

Das **Vogtländische Freilichtmuseum Eubabrunn** eröffnete 1995 und zeigt auf vier Hektar drei hierher versetzte Höfe. Nach Anmeldung und gegen eine relativ hohe Gebühr kann man auch das **Betriebsmuseum** des Gitarrenherstellers Framus (Fränkische Musikinstrumentenerzeugung) besuchen. Die vor allem bei Jazzmusikern legendäre, aber 1981 in Konkurs gegangene Marke wurde beim Umzug der ebenfalls in Franken entstandenen Marke Warwick 1995 nach Markneukirchen wiederbelebt. Ein weiteres Privatmuseum zeigt mechanische Musikautomaten.

■ Bergwanderungen

Den höchsten Punkt der Erzgebirgsausläufer zwischen Klingenthal und Markneukirchen markiert der bewaldete **Ursprungberg** (Počátecký vrch, 819 m) auf böhmischem Gebiet. Vom Hohen Stein (774 m) hinter der Staatsgrenze ins Zentrum Markneukirchens ist es näher als von dort ins Zentrum der zugehörigen Stadt Kraslice (Graslitz).

Zwei Aussichtspunkte südlich von Markneukirchen seien hier noch genannt. Am Rande der Siedlungsbebauung findet man den **Oberen Berg** (621 m) mit der Bismarcksäule (14 m) mit 58 Stufen. Nach einem Entwurf 1899 von Wilhelm Kreis wurden in Deutschland 47 dieser ›Götterdämmerungs-Türme‹ mit Feuerschale errichtet. 1938 musste die Schale einer Überdachung mit Verglasung weichen. In Landwüst erwartet der **Wirtsberg** (664 m) mit dem Aussichtsturm ›Zitronenpresse‹ (9 m) seine Besucher. Daneben steht eine Säule der Königlich-Sächsischen Triangulation von 1876.

Durch den Naturpark Leopoldhammer

Start und Ziel: Eubabrunn.
Länge: 11 km.
Infos: https://www.wanderkompass.de/Vogtland/6386-rundwanderweg-ueber-hohen-stein.html

Diese kleine Runde führt vom Markneukirchener Ortsteil Eubabrunn über den Hohen Stein (Vysoký kámen). Die waldreiche Gegend entlang der Grenze hat in beiden Ländern den Staus eines Naturparks. In Sachsen ist das der große Naturpark Erzgebirge-Vogtland. Zwischen Kraslice (Graslitz) und Luby (Schönbach) erstreckt sich den Přírodní park Leopoldovy Hamry (Naturpark Leopoldhammer), westlich schließt sich dann der Přírodní park Kamenné vrchy (Naturpark Steinberge) an. Zu den seltenen Tieren hier zählen Fadenmolch und Waldwasserläufer.

Vom Parkplatz am **Freilichtmuseum Eubabrunn** aus folgt man einem gelb markierten Weg am Unterstand Lohe Hütt'n vorbei über die Grenze. Nach einem weiteren halben Kilometer bergauf erreicht man den **Hohen Stein.** Dieser romantische Aussichtsfelsen lädt zu einer längeren Pause ein. Das Sträßchen nordwärts führt dann an einem Kapellchen vorbei zum **Hinteren Kegelberg** (Kuželka, 749 m). Der Weg bergab am Skihang hinter der Grenze ist wieder gelb als Erlbacher Bergweg markiert. Vom Fuße des Skihangs nach links gelangt man über den Vogtland-Panorama-Weg wieder in den Bereich des Freilichtmuseums zurück. Oder man läuft auf der Klingenthaler Straße entlang im Bachtal zur Ortsmitte von Erlbach. Auf letzterem Weg liegt mit dem Erlbacher Brauhaus (www.brauhaus-erlbach.de) ein Ausschank.

▶ Karte: vordere Umschlagklappe

Markneukirchen und Umgebung

Tourist-Info, Trobitzschen 14, Markneukirchen, Tel. 037422/40775; Apr.-Okt. Di-So 10-16.30 Uhr, Nov.-März 10-16 Uhr. www.markneukirchen.de

Tourist-Info, Marktplatz 2, Erlbach, Tel. 037422/6125; Mo u. Fr 9-12, Di u. Do 9-12 u. 13-16 Uhr.

Heiterer Blick, Oberer Berg 54, Markneukirchen, Tel. 037422/2695; DZ 70 Euro, Gaststube Di Ruhetag. In grüner Umgebung südlich der Stadt. www.heiterer-blick.de

Gläserner Bauernhof Vogtland, Breitenfelder Str. 40, Markneukirchen-Siebenbrunn, Tel. 037422/74859. Mit Lehrpfaden und Angelmöglichkeit, Schlafplatz im Heulager und Frühstück 23 Euro. www.glaeserner-bauernhof.de

Der Landschaftspflegeverband Oberes Vogtland bietet auf Anfrage Campingmöglichkeit und Gästezimmer am **Riedelhof**, Zur Waldschänke 2, Markneukirchen-Eubabrunn, Tel. 037422/40831; Schlafplatz ab 15 Euro, Künstlerwohnung 80 (2 Pers.) bis 160 (8 Pers.) Euro, 35 Euro Endreinigung, Veranstaltungsscheune 150 Euro. www.riedelhof.de

Musikinstrumentenmuseum, Bienengarten 2, Tel. 037422/2018; Apr.-Okt. Di-So 10-17 Uhr, Nov.-März Di-So 10-16 Uhr. www.museum-markneukirchen.de

Vogtländisches Freilichtmuseum Eubabrunn, Waldstr. 2 A, Tel. 037422/6536; Di-So 10-17 Uhr. www.freilichtmuseum-eubabrunn.de

Vogtländisches Freilichtmuseum Landwüst, Rohrbacher Str. 4, Tel. 037422/2136; Apr.-Nov. Di-So 10-17 Uhr, Dez.-März Sa/So 10-17 Uhr. www.museum-landwuest.de

Framus Museum, Adorfer Str. 25, Anmeldung 037422/5551010. www.framus-vintage.de

Hüttels Musikwerk-Ausstellung Wohlhausen, Hauptstr. 10, Tel. 037422/2069; 9-16 Uhr. www.musikwerke.net

Bismarcksäule, Am Aussichtsturm; 9-17 Uhr, Zutritt gratis.

Erlebniswelt Musikinstrumentenbau, J.-S.-Bach-Str. 13. Markkneukirchen, Tel. 037422/402940. Reiseveranstalter, organisiert u. a. im Musikwinkel Betriebsbesichtigungen bei Instrumentenbauern. www.erlebniswelt-musikinstrumentenbau.de

Der Bergwanderverein Erlbach (www.bergwanderverein.de) bietet regelmäßig geführte Bergwanderungen an.

Bergfest an der Bismarcksäule Markneukirchen Ende Juli. www.bergfest-markneukirchen.de

Kegelberg Erlbach, ca. 2000 m Piste, Flutlicht, 2 Schlepplifte, Rodelhang. www.kegelberg.de

Kraslice und Luby

Die Orte Kraslice (Graslitz, wörtlich übersetzt Osterei) an der Zwota (Svatava, in Böhmen auch Zwodau genannt) und Luby (Schönbach) am Flüsschen Lubinka (Schönbach) sind die Fortsetzung des Musikwinkels. Eigentlich kamen die Instrumentenbauer ja sogar von Böhmen nach Sachsen. Das Gebiet wurde vom Kloster Waldsassen aus im 12. Jahrhundert besiedelt.

Kraslice

Trotz des Status einer Königsstadt seit 1370 wuchs Graslitz zunächst nur langsam. Doch um 1600 handelte es sich um die zweitgrößte Bergstadt im Böhmischen Erzgebirge. Nach 1671 kam es zu Exodus der Protestanten. Um 1800 entwickelten sich dann Textilbetriebe.

In Kraslice werden nach wie vor Musikinstrumente hergestellt, vor allem die tiefen Blechblasinstrumente aus der 1842 von

Václav František Červený (1819 - 1896) gegründeten Firma (www.vfcerveny.cz) haben einen guten Ruf. 1846 erfand Červený das Drehventil und baute neben bekannten Bügelhörnern wie Tenorhorn und Tuba eigene Kreationen wie Cornon und Phonikon, die aber bald wieder verschwanden. Das Blasmusikerbe wird beispielsweise von der Kapelle Horalka (www.horalka.unas.cz) gepflegt, die oft im Rundfunk zu hören ist. Aus Graslitz kam auch der Kaufmann Julius Meinl (1824 - 1914), der zum größten Kafferöster der Donaumonarchie aufstieg. Auf dem Weg von Klingenthal nach Kraslice passiert man zunächst einen der an solchen Hauptstraßen üblichen Grenzmärkte. Das Städtchen selbst hat außer Kirchen und Villen vorwiegend aus der Zeit um 1900 keine besonderen Attraktionen zu bieten. Einen recht urtümlichen Eindruck macht das barocke Interieur der alten **Dorfkirche** (Kostel svatého Jakuba Většího) im südwestlichen Vorort Sněžná (Schönau). Im Wald bei Rotava (Rothau) südöstlich von Kraslice ist ein malerischer Basaltbruch unter dem Namen **Rothauer Basaltorgel** (Rotavské varhany) zu finden. Das Kirchlein in Rotava wurde hübsch restauriert.

Das Rathaus in Kraslice

▲ Karte: vordere Umschlagklappe

Vom Hohen Stein eröffnen sich weite Blicke

■ Hoher Stein

Zum Stadtgebiet von Kraslice gehört mit dem Hohen Stein (Vysoký kámen, 773 m) der geologisch westlichste Ausläufer des Erzgebirges im Übergang zum kleinen Elstergebirge.

Man findet den Hohen Stein unmittelbar an der Staatsgrenze gegenüber von Markneukirchen. Auf deutscher Seite führt der Erlbacher Bergweg vom Freilichtmuseum Eubabrunn (→ S. 118) in etwa einer Wanderstunde dorthin. Auf tschechischer Seite kommt man auf einem Feldweg von Kostelní (Kirchberg) aus auch per Auto ziemlich nahe an die romantischen Felsen heran - für Familien mit lauffaulen Teenagern sehr geeignet als Ausflug in die Natur. Am Standpunkt des ehemaligen Wirtshauses nebenan wurde 2016 ein **Kapellchen** errichtet.

»Der mächtige Felsen ist von großer geologischer Eigenart, von malerischer Schönheit und bietet eine entzückende Aussicht. Er gehört mit seiner Umgebung einem ausgedehnten Urtonschiefergebiet an und er ist einer der wenigen Felsberge überhaupt, In denen der Tonschiefer in der Form von Blöcken und in so abenteuerlichen Gebilden auftritt.«

(Erzgebirgs-Kammwegführer von 1932)

Rund um Kraslice

Zwischen Zelená Hora (Graslitz-Grünberg) und Bublava (Schwaderbach) dominiert der **Bleiberg** (Olověný vrch, 802 m) mit seinem Aussichtsturm (1933) die Gegend, ein kompletter Panoramablick ist aber wegen der benachbarten Bäume nicht mehr möglich. Turm und Gipfel sind Bestandteile des 2011 mit 20 Tafeln ausgeschilderten **Rundweges Grenzenlos Wandern**, der auf 19 Kilometern Klingenthal mit Kraslice und Bublava verbindet.

Bublava, die nördliche Nachbargemeinde Kraslices, verspekulierte sich schlimm mit einem Aquapark. 1999 wurden 95 Millionen Kronen dafür freigegeben, das Bad aber ging nie in Betrieb und ziert als Torso bis heute die Ortsmitte.

Südliche Nachbarstadt von Kraslice im Tal der Zwota ist **Oloví** (Bleistadt), nicht zu verwechseln mit Bleistadt bei Frankenberg. Zeitweise war dort ein ab 1891 erbauter Glasbetrieb mit über 1000 Arbeitskräften der größte Flachglasproduzent der Welt.

Luby

Schönbach wurde im 16. Jahrhundert bekannt für seine Zinnoberlagerstätten. Die Stadt war ab dem 17. Jahrhundert ein Zentrum des Geigenbaus und wurde sogar ›Österreichs Cremona‹ genannt. Größter noch existierender Geigenproduzent ist die Firma Strunal (www.strunalschonbach.cz). Um 1949 kristallisierte sich Bubenreuth in Franken als Zentrum für die aus dem Sudetenland vertriebenen Schönbacher Geigenbauer heraus. Auf Bubenreuther Instrumenten der Marke Framus (Fränkische Musikinstrumentenerzeugung) spielten außer den Beatles beispielsweise Bill Wyman und Jan Akkerman. Im Vorort **Horní Luby** (Oberschönbach) findet man neben alten Bäumen wie einer Winterlinde mit fast acht Metern Umfang eine verwahrloste Burgruine und einen geschlossenen Aussichtsturm vor. Von Luby führen angenehme Radwege nach Nejdek und Sokolov, westwärts kommt man über Bad Brambach und Aš (Asch) nach Franken.

Kraslice und Luby

Kulturní a informační centrum (Kulturhaus), Nám. Masaryka 1782, Kraslice. Tel. 0352/686328; Mo u. Mi 8.30–17, Di u. Do–Fr 8.30–15.30, Sa 8.30–11.30 Uhr. www.kraslice.cz

Kulturní a informační centrum (Gemeindebibliothek), Sídliště 721, Rotava, Tel. 0359/574146; Mo u. Mi 8–17, Di u. Do–Fr 8–14 Uhr. www.rotava.cz

Bahnstrecke Zwickau–Sokolov (Kursbuch D 539, CZ 145) mit Halt u. a. in Schöneck, Klingenthal, Kraslice und Rotava. Außerdem gibt es die Provinzbahnlinie von Luby über Soos nach Cheb (Kursbuch 146).

Švejk, Bublava 245, Mobiltel. 0602/307467; DZ ab 1200 Kč. Familienfreundliches Hotel. www.svejk-bublava.cz

Kozabar, Horní Luby 27, Luby, Mobiltel. 0776/061246; DZ 700 Kč. Preiswerte Lösung für Pragmatiker. www.kozabar.cz

Krušnohor, Tisová 1792, Kraslice, Mobiltel. 0602/307465. Brauereischänke bis 18 Uhr. www.krusnohor.eu

Areale **Kraslice-Saporo** und **Kraslice-Krajka**, je ca. 1000 m Piste, je 1 Schlepplift. www.lkkraslice.cz

Areal **Bublava-Stříbrná**, ca. 4500 m Piste, 1 Sessellift, 5 Schlepplifte, 2 Kinderlifte, Skischule. www.bublava.cz

Strunal, Bezruče 730, Luby, Tel. 0354/477111. Manufaktur für Saiteninstrumente mit Fabrikverkauf. www.strunalschonbach.cz

Trotz seiner äußerst vielfältigen Mischung aus Kulturgeschichte und Natur blieb das Erzgebirge weitgehend vom Massentourismus verschont. Besonders reizvoll ist der Vergleich von sächsisch-protestantischen mit böhmisch-katholischen Traditionen. Felsen und Bäche zwischen Wäldern und Wiesen am Erzgebirgskamm liefern zu allen Jahreszeiten romantische Bilder.

Blick auf Kalek

UNESCO-MONTANREGION ERZGEBIRGE

Östliches Erzgebirge (D)

Verschiedene deutschsprachige Reiseführer verknüpften den sächsischen Teil des Erzgebirges mit dem sächsischen Elbtal im Osten, andere mit dem sächsischem Vogtland und dem sächsischen Elstergebirge im Westen. Hier soll stattdessen der Anspruch erfüllt werden, das sächsische und das böhmische Erzgebirge als Einheit zu betrachten. Dies bedeutet für einen kompakte Reiseführer, die Blicke nicht allzu weit nach Osten und Westen schweifen zu lassen.

Das Erzgebirge weist bezüglich Natur und Sozialstruktur Gefälle auf. Von Osten nach Westen nimmt der Waldanteil in den Kammlagen zu, bei Fürstenau beispielsweise ziehen sich große Bergwiesen bis über den Kamm. Das gibt es rund um den Auersberg nicht mehr. Von Osten nach Westen wird zudem die Wirtschaft etwas vielfältiger.

Im August 2002 richtete ein Hochwasser in den Flusstälern - unter anderem Müglitz, Weißeritz, Flöha - große Schäden an.

Der Hohle Stein macht seinem Namen alle Ehre

Die östlichsten Gebirgsausläufer

Geologen bezeichnen den Übergang des Erzgebirges zum Elbtal als Mittelsächsische Störung, auch Karsdorfer Verwerfung genannt. Höchster Hügel dieser Kante ist der **Willisch** (476 m) fünf Kilometer südöstlich von Karsdorf. An seinen Hängen sieht man stellenweise freiliegenden Basalt. Nordöstlich der Kante dringen Schiefergesteine an die Oberfläche.

Im Bewusstsein vieler Erzgebirger endet ihr Gebirge bei Altenberg und die östlichsten Ausläufer werden schon als Vororte Dresdens wahrgenommen. Tatsächlich ist diese Gegend kulturhistorisch mehr mit dieser Residenzstadt verflochten als mit der Herstellung von Nussknackern und Räuchermännchen. Der durch die Autobahn verursachte Landschaftsschnitt wirkt zusätzlich noch trennend. Ortsansässige dort fahren für Tagesausflüge eher in die Sächsische Schweiz als ins eigene Gebirge.

Zentrum dieser Hügellandschaft zwischen Autobahn und Elbe ist die 1999 erfolgte Fusion des Moorheilbades Bad Gottleuba mit dem Kneippkurort Berggießhübel im Tal der Gottleuba.

Der Bergbau in **Gottleuba** begann im Spätmittelalter. Heilwässer konnten 1828 in Gottleuba und 1717 in Berggießhübel identifiziert werden. Es gibt mehrere hübsche **Kirchen** in Gottleuba und mehrere hübsche **Postmeilensäulen**. Zu den Badegästen gehörten der Satiriker Gottlieb Wilhelm Rabener (1714 - 1771) und der Fabeldichter Christian Fürchtegott Gellert (1715 - 1769). Ab 1914 wohnte der fast vergessene Organist Camillo Schumann (1872 - 1946) in Gottleuba, der zahlreiche anspruchsvolle Kammermusikwerke im Stile von Brahms komponierte; seine Grabstätte ist noch erhalten.

▶ Karte: hintere Umschlagklappe

In der Bergstadt **Berggießhübel** lädt seit 2006 ein **Schaubergwerk** zum Besuch ein. Flussabwärts bildet die Gottleuba Strudellöcher. Kurz vor seiner Mündung in die Gottleuba formt der Langenhennersdorfer Dorfbach einen neun Meter hohen **Wasserfall**. Daneben führt ein Steig vor eine natürliche Höhle.

Zwischen Oeslen und der Talsperre Gottleuba kann man zum **Hohlen Stein** wandern. Dabei handelt sich um ein Felsentor in grauem Biotitgneis, dessen Öffnung etwa zehn Quadratmeter groß ist.

Schon westlich der Autobahn liegt **Liebstadt** mit dem **Schloss Kuckuckstein**, bezüglich der Einwohnerzahl die kleinste Stadt Sachsens. Kuckuckstein wurde auf vier Ebenen eines Felsvorsprungs gebaut. Ein besonderer Reiz ergibt sich aus der Kombination echter alter Bausubstanz mit romanisch-sentimentalen Umbauten der Neugotik. Das Schloss diente mehrmals als Filmkulisse. 2007 verkaufte die Stadt das Schloss an einen Privatinvestor. Der aber unterließ die vertragliche zugesagte Sanierung des Bauwerkes. Er verfiel weiter und soll daher demnächst an einen anderen Besitzer übergehen.

Nördlich von Liebstadt schließt sich die Gemeinde Müglitztal an. Bekannteste Sehenswürdigkeit ist das **Schloss Weesenstein** etwa vier Kilometer Luftlinie vor der Elbe. 1933 wurde erstmals ein Museum eingerichtet, 2015 eine letzte gründliche Renovierung abgeschlossen. Das Areal organisiert auch kulturelle Veranstaltungen, zu den Unterstützern gehörte der sehr verehrte Schauspieler Rolf Hoppe (1930 - 2018). Der **Barockgarten Großsedlitz** etwa einen Kilometer vor der Elbe gehört zur Stadt Heidenau. ›Sachsens Versailles‹ zeichnet sich durch strenge Geometrie und viele Kübelpflanzen aus.

i Die östlichsten Gebirgsausläufer

Touristinformationen,
www.badgottleuba-berggiesshuebel.de:
- Königstr. 13, Gottleuba, Tel. 035023/51135; Di–Do u. Sa 9.30–12.30, Fr 13–17 Uhr;
- Talstr. 2 A, Berggießhübel, Tel. 035023/52980; Juni–Sept. 10–17 Uhr, Okt.–Mai Mo 10–15, Mi–So 10–17 Uhr.

Augustusberg, Augustusberg 15, Gottleuba, Tel. 035023/62504; DZ ab 75 Euro. Mit Panoramablick und Sauna. www.augustusberg.de

Medizinhistorische Sammlungen, Hauptstr. 39, Gottleuba, Tel. 035023/648932; Di–Do u. Sa 13–17, So 10–17 Uhr. www.medizinhistorische-sammlungen-gottleuba.de

Schloss Weesenstein, Am Schloßberg 1, Müglitztal, Tel. 035027/6260; Apr.–Okt. 10–18 Uhr, Nov.–März Di–So 10–16 Uhr. www.schloss-weesenstein.de

Barockgarten Großsedlitz, Parkstr. 85, Heidenau Tel. 03529/56390; Apr.–Okt. 10–18 Uhr. www.barockgarten-grosssedlitz.de

Marie-Luise-Stolln, Talstr. 2 A, Berggießhübel, Tel. 35023/52980; 10–17 Uhr, Okt.–Mai nur Mi–So, Führungen (Mindestalter 5 Jahre) zu jeder vollen Stunde. www.marie-louise-stolln.de

Naturbühne, Maxener Str. 71, Müglitztal, Tel. 035206/21880. Familiärer Veranstaltungsort in einem ehemaligen Marmorbruch. www.naturbuehne-maxen.de

Salzscheune, Inhalationsraum und Knabberfußmassage, Oberer Ladenberg 3 B, Berggießhübel, Tel. 035023/52480; Anmeldung erwünscht. www.salzscheune.de

EXTRA

Die Grüne Liga Osterzgebirge

Unabhängige Vereine gab es in der DDR praktisch nicht. Gegen Ende der DDR-Zeit führte aber das Thema Ökologie verstärkt zu Gruppenstrukturen. Schließlich gründete sich die Grüne Liga (GL) als ›Netzwerk ökologischer Bewegungen‹. Von den Ökovereinen der DDR ist die GL der größte verbliebene. Die meisten engagierten Umwelt- und Naturschützer schlossen sich dagegen den aus den alten Bundesländern herübergeschwappten Strukturen wie dem NABU an.

Die einzelnen Netzwerk-Gruppen der GL arbeiten recht eigenständig in ihren Regionen, zu den bekanntesten zählt die Grüne Liga Osterzgebirge. 1991 begannen deren Aktivitäten damit, Müll aus dem Schatthangwald Obercunnersdorf zu beseitigen. Manche familienfreundliche Arbeitseinsätze wie die alljährlich Heuernte im Juli sind schon so beliebt, dass eine Anmeldung ›fremder‹ Teilnehmer kaum noch möglich ist. Man kümmert sich um die Natur des Osterzgebirgskreises zwischen Freitaler Windberg und Wieselstein, überregional bekannt sind beispielsweise die artenreiche Bergwiesen und Steinrücken rund um Altenberg-Fürstenau. Hier leben unter Birkhühner und Wachtelkönige, man findet Knabenkräuter und Fettkraut. Früher wurde der Holzapfel genutzt, roh sind die Früchte allerdings ungenießbar.

Das Büro befindet sich in Dippoldiswalde, die Biotoppflegebasis in der Altenberger Bielatalstraße. Seit 2018 gibt es zusätzlich die Naturschutzstation Osterzgebirge als Zusammenschluss von GL Osterzgebirge mit drei weiteren Vereinen der Region. Deren Büro befindet sich am Altenberger Bahnhof. Ein dort beteiligter Verein verwaltet den Botanischen Garten Schellerhau und das Georgenfelder Hochmoor. Eine enge Zusammenarbeit existiert zudem mit tschechischen Organisationen.

Felsen-Fetthenne in Schellerhau

Naturführer der GL Osterzgebirge

Band 1, Pflanzen und Tiere (über 750 Artenbeschreibungen) 2007, 978-3-940319-16-6,
Band 2, Natur im Überblick (Geologie, Biotopcharaktere, Landschaftsschutzgeschichte) 2007, 978-3-940319-17-3,
Band 3, Naturkundliche Wanderziele (geographisch sortiert vom Flöhatal ostwärts), 2. Auflage 2011, 978-3-942442-48-2
Ergänzungsband, Naturschatz Ost-Erzgebirge (mit großen Fotos) 2015, 978-3-95498-170-0

www.osterzgebirge.org
www.bergwiesen-osterzgebirge.de
www.wildapfel.info
www.naturschutzstation-osterzgebirge.de

Von Glashütte nach Dippoldiswalde

Zwischen Glashütte und Dippoldiswalde erstreckt sich eine historisch gewachsene Kulturlandschaft, die für Erzgebirgsverhältnisse wenig Wald aufweist. Bei Freital-Hainsberg vereinigen sich Rote und Wilde Weißeritz zur Weißeritz. In den Trinkwassertalsperren der Wilden Weißeritz ist Baden verboten.

Glashütte

Die Bergstadt Glashütte an der Müglitz ist vor allem durch edle mechanische Uhren bekannt. Die Geschichte der Uhrmacherei begann 1845 mit Ferdinand Adolph Lange (1815 - 1875). Von 1848 bis 1866 war er auch Bürgermeister des Ortes. Luxusuhren kosten heute schon mal über 100 000 Euro. Außer dem **Deutschen Uhrenmuseum** gibt es wenig Sehenswertes. Die drei größten der ansässigen Uhrenproduzenten und Marken sind derzeit A. Lange & Söhne mit etwa 500 Beschäftigten, der Glashütter Uhrenbetrieb sowie Nomos Glashütte mit je rund 300 Mitarbeitern.

Reinhardsgrimma

Reinhardsgrimma wurde 2008 nach Glashütte eingemeindet. Architektonische Kleinode dort sind das **Barockschloss** und die **Dorfkirche**. Das ländliche Barockschloss wurde von 1765 bis 1767 nach Plänen von Johann Friedrich Knöbel (1724 - 1792) errichtet. Der Kirchenbau entstand schon um 1200 und erreichte um 1550 seine heutige Größe. Auf der Westempore steht eine Silbermannorgel aus dem Jahr 1731. Sie war ein Lieblingsinstrument der Komponisten Helmut Walcha und Herbert Collum.

Östlich an Reinhardsgrimma schließt sich die **Reinhardtsgrimmaer Heide** an, ein Nadelwaldgebiet auf Böden aus Kreide und Sandstein.

Dippoldiswalde

Eine Legende berichtet vom Einsiedlermönch Dippold um das Jahr 800 herum. Der Bergbau blühte im 12. Jahrhundert, und zu dieser Zeit wurde auch das **Schloss** als Höhenburg im Stadtkern angelegt. Der wichtigste Umbau erfolgte unter dem Nürnberger Baumeister Peter Flötner (um 1490 - 1546). Im 13. Jahrhundert besaß Dippoldiswalde - oder ›Dipps‹, wie man sagt - schon zwei repräsentative steinerne Kirchen. Die Stadt an der Roten Weißeritz ist die größte im Osterzgebirge. Im Gegensatz zu vielen anderen Orten des Gebirges stieg die Einwohnerzahl in den letzten Jahren sogar, auf derzeit rund 14 500. Die **Museen** werden derzeit umstrukturiert und sind ab 2020 wieder zugänglich. **Schloss Reichstädt** in einem südwestlichen Vorort befindet sich in Privatbesitz und wird für Veranstaltungen vermietet. Ein beliebtes Naherholungsgebiet der Gegend ist die am nördlichen Stadtrand von Dippoldiswalde beginnende **Talperre Malter**; sie ist 84 Hektar groß.

In der Stadtkirche Dippoldiswalde

In voller Fahrt über die Talsperre Malter hinweg

Im Gegensatz zu vielen Talsperren des Erzgebirges wurde sie nie zur Trinkwassergewinnung benutzt und somit nie mit Badeverbot belegt.

Am Anfang der Dippoldiswalder Heide, hinter dem Landgasthaus ›Heidehof‹, steht der **König-Johann-Turm** von 1886. Die Plattform des Aussichtsturmes ist etwa 20 Meter hoch; 102 Stufen führt dorthin.

Weißeritztalbahn

In Freital-Hainsberg zweigt die Weißeritztalbahn vom Normalspur-Bahnnetz ab. Die Strecke wurde 1882 bis Schmiedeberg und 1883 bis Kipsdorf eröffnet. Sie ist neben Preßnitztalbahn und Fichtelbergbahn eine von drei regelmäßig mit Dampfbetrieb verkehrenden Schmalspurbahnen im Erzgebirge. Unter anderem geht es im Rabenauer Grund entlang und über die Talsperre Malter hinweg.

Immer mal wieder kam der Betrieb zum Erliegen. Die letzte große Pause wurde durch das Hochwasser 2002 verursacht. Erst 2017 war die Strecke wieder auf der Gesamtlänge repariert. Zwischen Freital-Hainsberg und Kipsdorf fahren seitdem bis zu fünf Züge täglich pro Richtung. Die Höchstgeschwindigkeit liegt bei 30 Kilometern pro Stunde. Betreiber ist die 1998 gegründete und 2007 umbenannte Sächsischen Dampfeisenbahngesellschaft mit Sitz in Annaberg. Am dritten Juli-Wochenende findet seit 2009 im Tal der Roten Weißeritz das Schmalspurbahn-Festival statt.

▶ Karte: hintere Umschlagklappe

Von Glashütte nach Dippoldiswalde

Tourismusbüro Glashütte, Schulstr. 4 A, Tel. 035053/329829; Mo 12–16, Di 10–12 u. 13–16, Do.12–17 Uhr. www.glashuette-sachs.de

Zu den Naturschutzgebieten und entsprechenden Mitmach-Projekten im Osterzgebirge: www.osterzgebirge.org, → S.

Bahnstrecke Heidenau–Altenberg (Kursbuch 246), ›Müglitztalbahn‹, mit Halt u. a. in Glashütte, Bärenstein, Lauenstein, Geising und Altenberg. Fahrplan auch unter www.staedtebahn-sachsen.de

›Weißeritztalbahn‹ (Kursbuch 513, Schmalspur) mit diesen Bahnhöfen und Haltepunkten: Hainsberg, Coßmannsdorf, Rabenau, Spechtritz, Seifersdorf, Malter,

Dippoldiswalde, Ulberndorf, Obercarsdorf, Naundorf, Schmiedeberg, Buschmühle, Kipsdorf. www.weisseritztalbahn.com
Die **internationale Buslinie 398** führt von Dresden über Dippoldiswalde und Altenberg nach Dubi und Teplice. www.rvd.de

Heidemühle, Heidestr. 73, Rabenau-Karsdorf, Tel. 03504/64840; DZ ab 119 Euro. Historisches Haus mit Schwimmteich. www.heidemuehle.de
Bahnhotel, Bahnhofstr. 17, Dippoldiswalde, Tel. 03504/612509; DZ 65 Euro. Angeschlossene Tischtennisschule mit Nationalspielern als Trainingspartner. www.bahnhotel-dippoldiswalde.de
Ferienhof Näcke, Mühlenstr. 30, Klingenberg-Beerwalde, Mobiltel. 01520/1799401; DZ ab 40 Euro. Ruhiger Dreiseitenhof mit Flechtwerkstatt.
www.ferienhof-naecke.de

Aurora Erbstolln im Tal der Wilden Weißeritz, Tel. 0351/6502700, Dorfhain; Apr.–Okt. Sa 10–14.30 Uhr.
www.auroraerbstolln.de

Deutsches Uhrenmuseum, Schillerstraße 3A, Glashütte Tel. 035053/4612101; 10–17 Uhr.
www.uhrenmuseum-glashuette.com
Lohgerbermuseum Dippoldiswalde, Tel. 03504/612418; Di–So 10–17 Uhr. Wird derzeit umfangreich saniert und öffnet voraussichtlich erst wieder im Jahr 2021. www.lohgerbermuseum.de
Das Museum hat zwei Standorte:
- **Hauptgebäude** südlich der Altstadt an der Roten Weißeritz, Freiberger Str. 18
- **Bergbauabteilung** (ehemals Osterzgebirgsgalerie) in einem Schlossflügel der Altstadt, Kirchplatz 8.

Pilzmuseum Reinhardsgrimma, vorwiegend an Sommersonntagen geöffnet. www.pilzmuseum.erbgericht.org
Bärenhecker Getreidemühle, Führungen im technischen Denkmal Mi 15 Uhr, www.baeckerei-baerenhecke.de

Schloss- und Orgelkonzerte in Reinhardsgrimma:
www.reinhardtsgrimma.hiller-musik.de

Adrenalin-Radsport, Alte Altenberger Str. 40, Dippoldiswalde, Tel. 03504/6288400. E-Bike-Verleih, auch Lieferung zu Quartieren. www.radsport-erzgebirge.de

Drutschmann, Am Dorfbach 10, Dippoldiswalde-Reichstädt, Tel. 03504/613973. Gepflegter Schäfereiladen mit Wurst und Wolle. www.schaeferei-drutschmann.de
Mehrere **Uhrenläden** rund ums Uhrenmuseum Glashütte.

Bitte recht freundlich: Fotograf bei der Heuernte der Grünen Liga

Kurort Altenberg und Umgebung

Mit der Biathlonarena sowie dem ENSO-Eiskanal für Bob-, Rodel- und Skeleton-Wettbewerbe ist die Berg- und Kurstadt Altenberg das wichtigste Wintersportzentrum im Osterzgebirge. Zu anderen Jahreszeiten lohnt beispielsweise der grenzüberschreitender Bergbaulehrpfad (Příhraniční naučná hornická stezka, → S. 308) zwischen Altenberg und Krupka (Graupen).

■ Altenberg

Der Bergbau begann um 1440 mit der Erschließung einer Zinnerzlagerstätte. Unter anderem wurde ein etwa 30 Kilometer langes System von Gräben rund und die Galgenteiche angelegt. Ein erster Zecheneinbruch im Jahre 1620 führte zur Pinge. Heute hat der Krater einen Durchmesser von durchschnittlich 400 und eine Tiefe von 130 Metern. Ein Betreten des Areals ist verboten. Außer der Pinge gibt es viele weitere Zeugnisse der Bergbaugeschichte. Bestandteile des **Bergbaumuseums** sind eine Pochwäsche und ein Schaustollen. In der Pochwäsche wurde das Zinn aus dem Erzschlamm extrahiert. Das unterirdisch verbliebene Zinnerz nach dem Ende des Abbaus 1991 wird auf über 75 000 Tonnen geschätzt.

1923 erfolgte der Bahnanschluss durch das Müglitztal. In den letzten Kriegstagen 1945 wurde die Innenstadt zerstört. Mehrere Eingemeindungen führten zu inzwischen 20 Ortsteilen Altenbergs mit insgesamt fast 146 Quadratkilometern, darunter die ehemals selbstständigen Städte Bärenstein (seit 2004, nicht verwechseln mit Bärenstein bei Oberwiesenthal), Geising und Lauenstein (beide 2011), sowie die ehemaligen Kurorte Kipsdorf (1996) und Bärenfels (1999). 2004 wurde der Stadt das Prädikat Kneippkurort verliehen.

Altenberger Rennschlitten- und Bobbahn

■ Wintersportanlagen in Altenberg

Gebaut wurde die **Rennschlitten- und Bobbahn** (RSBB, ENSO-Eiskanal) in Altenberg als Prestigeobjekt der DDR unter Förderung des Stasichefs Erich Mielke; sie zählt seit ihrer Inbetriebnahme 1987 nach mehreren Planungs- und Baufehlern zu den anspruchsvollsten Kunsteisbahnen der Welt. Für die westdeutschen Bahnen bedeutete die RSBB unliebsame Konkurrenz, doch sie erkämpfte sich mit der Bob-Weltmeisterschaft 1991 einen Platz auf der internationalen Bühne. Seit 2007 hat die Bahn auf 1413 Metern 18 Kurven, es werden Geschwindigkeiten bis zu 140 Kilometer pro Stunde erreicht.

Zusätzlich zu der unter den Mehrtagestouren (→ S. 301) beschriebenen Skimagistrale auf böhmischer Seite gibt es noch parallel die 23 Kilometer lange **Osterzgebirgsloipe**. Sie verläuft von Altenberg über Holzhau nach Deutschgeorgenthal ziemlich eng auf sächsischer Seite an der

▸ Karte: hintere Umschlagklappe

Staatsgrenze entlang, dabei im Wald und oft windgeschützt. Abzweigungen führen in alle Himmelsrichtungen.

Lauenstein

Mit einer ersten Erwähnung im Jahr 1289 zählt der Stadtteil Lauenstein zu den ältesten Siedlungsorten im Osterzgebirge. Von 1517 bis 1821 war die Herrschaft Lauenstein im Besitz der Adelsfamilie Bünau. Die 1594 abgebrannte Burg wurde durch ein **Renaissanceschloss** ersetzt. Die **Stadtkirche** beherbergt einzigartige Sandsteinarbeiten der Pirnaer Bildhauer Michael Schwenke (um 1563 – 1610) und Lorentz Hörnig (um 1575 – 1624). Gemeinsam mit der Fürstlichen Begräbniskapelle im Freiberger Dom handelt es sich hier um das typischste Kunstwerk des Manierismus im Erzgebirge.

Rund um Altenberg

In **Bärenstein** steht die älteste fast komplett originale **Kursächsische Distanzsäule** Sachsens. Sie wurde 1734 auf dem Marktplatz aufgestellt. Über der Müglitz erhebt sich ein in Privatbesitz befindliches Renaissanceschloss.

Unter den ausgeschilderten **Waldwanderungen** des Gebietes seien zwei kleinere Runden bei Oberbärenburg besonders empfohlen: Der ›Kleine Rundwanderweg‹ (fünf Kilometer) führt nordwestwärts zur Tellkoppe (756 m), der ›Große‹ (neun Kilometer) ostwärts an der Rennschlitten- und Bobbahn vorbei zu den Siedlungen Hirschsprung und Waldidylle. Die Aussicht an der Tellkoppe ist allerdings zugewachsen, einen besseren Blick bietet da der 2004 errichtete Aussichtsturm am Hang des Oberbärenburger Opelberges (772 m).

»Der Geisingberg wird von Dresden aus viel besucht, aber nicht nur wegen der Aussicht, sondern wegen des Reichtums an seltenen Pflanzen, die an seinem Abhange und in seiner Nachbarschaft gedeihen, eine Wirkung der bunten geognostischen Zusammensetzung dieser Gegend.« (Das Erzgebirge und das sächsische Bergland, 1882)

Heute ist der **Geisingberg** (821 m) ein Naturschutzgebiet von 310 Hektar.

Der **Louisenturm** auf dem Geisingberg (www.geisingberg.de) wird von der benachbarten Bergbaude bewirtschaftet. Mehrere weitere Gipfel in der unmittelbaren Umgebung wie Kohlhaukuppe (786 m) und Kahleberg (905 m) bieten ebenfalls schöne Blicke.

Im ehemaligen Altenburger Biathlonstadion, seit 1997 Naturschutzgebiet am Galgenteich, hat sich **Sachsens größter Orchideenbestand** entwickelt.

In **Zinnwald** wurde außer Zinn auch Wolfram und Lithium abgebaut. Im 1992 eröffneten **Schaubergwerk** passiert der Führungsweg untertage die Staatsgrenze und einen See.

Der Falknerbrunnen in Lauenstein

Kurort Altenberg und Umgebung

Tourist-Info-Büro Altenberg, Am Bahnhof 1, Tel. 035056/23993; Mo–Fr 9–17, Sa/So 9.30–14.30 Uhr. www.altenberg.de

Bürgerhaus Bahnhof Kipsdorf, Altenberger Str. 22, Tel. 035052/65327; Mo 10.45–11.15 u. 17–17.30, Di–Fr 10–12 u. 16–18, Sa/So 10–12 u. 14–18 Uhr.

Zu den Naturschutzgebieten und entsprechenden Mitmach-Projekten im Osterzgebirge siehe auch www.osterzgebirge.org

Bahnstrecke Heidenau – Altenberg (Kursbuch 246), ›Müglitztalbahn‹, mit Halt u. a. in Glashütte, Lauenstein, Geising und Altenberg. www.staedtebahn-sachsen.de

Bahnstrecke Hainsberg – Kipsdorf (Kursbuch 513, Schmalspur), ›Weißeritztalbahn‹, mit Halt u. a. in Dippoldiswalde. www.weisseritztalbahn.com

Die **internationale Buslinie 398** führt von Dresden über Dippoldiswalde und Altenberg nach Dubi und Teplice. www.rvd.de

Am Aschergraben, Teplitzer Str.36, Geising, Tel. 035056/23400; DZ ab 80 Euro. Einsame Lage am Kammwald. www.waldhotel-aschergraben.de

Zum Silberstollen, Landweg 5, Schellerhau, kostenlose Hotline 0800/7753374; DZ ab 80 Euro, Familienwohnungen bis zu 6 Pers. www.silberstollen.de

Lockwitzgrund, Hauptstraße 50 D, Schellerhau, Tel. 035052/65310; DZ ab 50 Euro. Gasthaus mit Sauna und Garteneisenbahn. www.berghotel-lockwitzgrund.de

Zur Bergwiese, Dorfstr. 14, Altenberg-Fürstenau. Tel. 035054/29660; DZ 80 Euro. Mit öffentlichem Wellnessbereich. www.zur-bergwiese.de

Naturhotel, Alte Böhmische Str. 1, Bärenfels, Tel. 035052/2280; DZ 74 Euro. Modernes Biohotel in historischem Gebäude. www.gasthof-baerenfels.de

Altes Zollhaus, Altenberger Str. 7, Neuhermsdorf, Tel. 035057/540; DZ ab 79 Euro. Größeres Landhotel mit vielseitigen Freizeitangeboten. www.landhotel-altes-zollhaus.com

Camping Kleiner Galgenteich, Galgenteich 3, Altenberg, Tel. 035056/31995; ganzjährig. www.cbm-camping.de

Baude und Naturbad Hüttenteich, Hüttenteich 1, Geising, Tel. 035056/35507; Badestelle am Naturteich zur Schulferienzeit, sonstiges nach Absprache. www.huettenteich.de

Osterzgebirgsmuseum, Schloss Lauenstein, Tel. 035054/25402; Di–So 10–16.30 Uhr. www.schloss-lauenstein.de

Besichtigung Kräuterlikörfabrik, Rathausstr. 27, Altenberg, Tel. 035056/32305; Do 16 Uhr. www.altenberger-kraeuterlikoer.de

Wildpark Osterzgebirge, Dresdner Str. 37, Geising, Tel. 035056/33334; zur Sommerzeit 10–18, zur Winterzeit 10–16 Uhr. www.wildpark-osterzgebirge.de

Botanischer Garten, Hauptstr. 41 A, Schellerhau, Tel. 035052/67938; Mai–Okt. 9–17 Uhr. www.naturbewahrung-osterzgebirge.de

Georgenfelder Hochmoor, Hochmoorweg 9, Zinnwald-Georgenfeld, Tel. 035056/35355; Mai–Okt. 9–17 Uhr, Führungen (nicht obligatorisch) nach Anmeldung. www.naturbewahrung-osterzgebirge.de

Bergbaumuseum, Mühlenstr. 2, Altenberg, Tel. 035056/31703; Sa–Do 11–16 Uhr. www.bergbaumuseum-altenberg.de

Vereinigt Zwitterfeld, Goetheweg 8, Zinnwald-Georgenfeld, Tel. 035056/31344, Führungen (ab 6 Jahre) Mi–Sa 10.30–15 Uhr. www.besucherbergwerk-zinnwald.de

Seit 2005 wird jährlich Anfang Oktober das **Osterzgebirgische Puppentheaterfest** rund um Bärenfels durchgeführt.

▶ Karte: hintere Umschlagklappe

www.puppentheaterfest.de
Der Botanische Garten veranstaltet **Kräuterfeste** an zwei Sommersonntagen, jeweils 10–17 Uhr.

In der östlichen Hälfte des Erzgebirges ist Altenberg der Ort mit den vielfältigsten Sportmöglichkeiten.
Eishalle Gründelstadion, Lange Str. 32, Geising, Tel. 035056/35142. www.geising.de
Rennschlitten- und Bobbahn, Neuer Kohlgrundweg 1, Altenberg, Tel. 035056/35120; ganzjährig (Mindestalter im Gästebob 16 Jahre), Führungen Di 10 Uhr, Besichtigung zu Trainingszeiten gratis. www.wia-altenberg.de
Sportcamp Erzgebirge, Talblick 4 A, Oberbärenburg, Mobiltel. 0174/3124514. Von Profis organisierte Schnupperkurse (ab 2 h = 50 Euro) im Biathlon- und Bobsport. www.sportcamp-erzgebirge.de
Winterwelt Rehefeld (im kältesten Tal des Osterzgebirges), ca. 3700 m Piste, 1 Sessellift, 1 Schlepplift, Skischule, Motorschlitten, Snowtubing, 1100 m Naturrodelbahn. www.winterwelt-rehefeld.de
Areal Raupennest Altenberg, ca. 500 m Piste, Flutlicht, 1 Schlepplift, 1 Kinderlift, Skischule. www.skilifte-geising.de
Areal Wache Geising, 800 m Piste, 2 Schlepplifte, 1 Kinderlift. www.skilifte-geising.de
Areal Rotterhang Schellerhau, 350 m Piste, 1 Schlepplift. www.skilift-rotterhang.de
Areal Oberbärenburg, 600 m Piste, 1 Schlepplift nur Sa/So, kleine Rodelhänge. www.oberbaerenburg.de

Frauenstein, Rechenberg-Bienenmühle und Dorfchemnitz

Die Gewässer des Gebietes gehören zum Oberlauf der Freiberger Mulde. Diese entspringt als Moldauer Bach (Moldavský potok) nur einen Kilometer von der Flöhaquelle entfernt. Hier befindet man sich im Herzen des Osterzgebirges, näher an Freiberg als an Dresden, aber noch wenig beeinflusst von der Weihnachtsfigurenindustrie. Etwa in der Höhenlage von 400 Metern verliert die Freiberger Mulde dann ihren Charakter als Gebirgsbach.

Frauenstein

Zwischen der Tälern der Gimmlitz und der Bobritzsch erhebt sich Frauenstein. Die **Burg** entstand als Grenzfestung, seit dem Stadtbrand 1728 gilt sie als größte Burgruine Sachsens. Von 1585 bis 1588 wurde neben der Burg ein **Renaissanceschloss** errichtet. Es beherbergt seit 1954 das **Silbermann-Museum**. Die Burgruine und Schloss umgebende Siedlung erhielt 1411 das Stadtrecht. Berühmteste Einwohner waren die Orgelbauer Andreas und Gottfried Silbermann (→ S. 139).

Frauenstein: Schloss und Burg

Montanregion Erzgebirge

Adam und Eva als Ergebnis filigraner Kettensägearbeiten in Dorfchemnitz

Frauenstein hat auch **markante Geotope** zu bieten, der Burgfelsen beispielsweise ist ein Sporn aus Granitporphyr, helle Quarzitklippen westlich davon heißen Buttertöpfe.

Rechenberg-Bienenmühle

Im Jahre 1200 wurde erstmals die Holzburg Rechenberg als Besitz der slawischen Adelsfamilie Hrabischitz (→ S. 278, Riesenburg) erwähnt. 1398 kaufte der Markgraf von Meißen die Gegend. Es entstanden Wassermühlen und eine Brauerei. 1884 gastierten hier die ersten Sommerfrischler, der Eisenbahnanschluss entstand 1885. Bienenmühle wurde 1925 nach Rechenberg eingemeindet, 1993 folgten Holzhau und Clausnitz. Der rührige Heimatgeschichtsverein Rechenberg-Bienenmühle (www.hgv-rechenberg.de) hat seinen Sitz in einem historischen **Flößerhaus** an der Freiberger Mulde. Von Rechenberg führt ein historischer **Pilgerpfad** über die Grenze nach Mariánské Radčice (Maria Ratschitz, → S. 280). Die frühesten Gewerbetreibenden in **Holzhau** waren Holzhauer, Flößerei ist ab 1438 nachweisbar. Der Ort liegt in einer kalten Kerbe zwischen 800 Meter hohen Bergen. Hier fanden schon internationale Eisschwimm-Event statt (www.addicted-to.com/zollhaus-open)

Clausnitz hat ein hübsches **Kirchlein**, das vor der Reformation für Wallfahrten genutzt wurde. 2016 kam der Ort international in die Schlagzeilen, als ein Mob mit braunen Profis von außerhalb die Belegung einer Flüchtlingsunterkunft blockierte und die Polizei eher hilflos agierte. Die Situation normalisierte sich, und bald sprachen die Flüchtlinge von ihrer neuen Heimat; geblieben ist vor allem ein Misstrauen Einheimischer gegenüber den Medien.

Dorfchemnitz

Einen botanisch besonders interessanter Abschnitt an den zufließenden Gewässern der Freiberger Mulde bildet der **Chemnitzbach** (Achtung, hier ist nicht der Fluss Chemnitz gemeint!) zwischen Dorfchemnitz und Mulda. In der Bachaue und auf umgebenden Wiesen findet man viele seltene Pflanzen. Teilweise herrscht Sumpf- und Niedermoorcharakter.

Das **Walderlebniszentrum Blockhausen** liegt in Dorfchemnitz an der Gemeindegrenze zu Mulda. Auf dem Gelände herrscht eine schwer vergleichbare Mischung aus Ökoengagement und Biergartenatmosphäre. Unter anderem werden große Holzskulpturen mit der Kettensäge hergestellt. Jährlich zu Pfingsten findet seit 2004 ein seit 2007 von Husqvarna gesponserter Wettbewerb unter dem Namen ›Huskycup‹ statt. 2010 ging die Beurkundung ›Längster Tisch der Welt‹ im Guinness-Buch der Rekorde an ein knapp 40 Meter langes Fichtenstammkonstrukt in Blockhausen.

▶ Karte: hintere Umschlagklappe

Frauenstein und Umgebung

Tourismusbüro (im Rathaus), An der Schanze 1, Rechenberg, Tel. 037327/833098; Mo–Do 9–14, Fr 9–12 Uhr. Zu den kleinen jährlichen Veranstaltungen im Gebiet zählen der Holzhauer Skifasching (Winter), der Frauensteiner Flödelmarkt, das Rechenberger Bergwiesenfest, der Clausnitzer Jahrmarkt (alle Frühsommer), seit 2015 schließlich der Wildschweinschmaus der Freiwilligen Feuerwehr (Frühherbst). www.rechenberg-holzhau.de

Bahnstrecke Freiberg – Holzhau (Kursbuch 514).

Körnermühle, Ammelsdorf 59, Dippoldiswalde, Tel. 035052/297867; DZ 60 Euro. Sehr vielseitiger Bio-Hof mit Eselwanderungen, Übernachtungen auch im Heu oder im Zelt möglich; nach Frauenstein ist es deutlich näher als nach Dipps. www.koernermuehle.de

Fischerbaude, Ringelstr. 4, Holzhau, Tel. 037327/7404, DZ 60 Euro. Hinter einer hochgelegenen Bergwiese. www.fischerbaude.de

Wolfsgrund, Wolfsgrund 20, Dorfchemnitz, Tel. 037320/4098050; DZ ab 36 Euro. Sonniger Landgasthof in ruhiger Lage. www.landgasthof-wolfsgrund.de

Grüne Schule, Zethau 93, Mulda, Tel. 037320/80170. Schullandheim mit Vernetzung nach Tschechien. www.gruene-schule-grenzenlos.de

Adelklause, Hauptstr. 49, Voigtsdorf, Tel. 037365/1840, ohne eigene Homepage; Sa–Mi 14–17 Uhr. Kuchenparadies!

Silbermann-Museum, Am Schloß 3, Frauenstein, Tel. 037326/1224; Di–So 10–16 Uhr. Musikermuseum, gewidmet dem Orgelbauer Gottfried Silbermann, seiner Familie und seiner Geburtsstadt, angrenzendes Burgruinen-Gelände nur Mai–Okt. www.silbermann-museum.de und www.musikermuseen.de

Sächsisches Brauereimuseum, An der Schanze 3, Rechenberg-Bienenmühle, Tel. 037327/88015; nur im Rahmen von Führungen mit Bierprobe, Di–Fr 10 u. 14, Sa/So 10 u. 13 u. 15 Uhr. www.museumsbrauerei.de

Blockhausen, 1,5 km Fußweg vom Parkplatz an der Buswendeschleife Dorfchemnitz, Tel. 037320/83969; Holzskulpturen-Freigelände jederzeit zugänglich. www.blockhausen.de

Eisenhammer, Hauptstr. 11, Dorfchemnitz, Tel. 037320/1777; Mai–Okt. Do–So 13–16 Uhr. www.eisenhammer-dorfchemnitz.de

Ökobad, Am Freibad 1, Rechenberg, Tel. 4937327/9871; Mai–Sept. 10–20 Uhr. www.oekobad.de

Erlebnisbad, Eppenflußweg 1, Mulda, Tel. 037320/8720; Juni–Sept. 10–20 Uhr. Sommerfreibad mit mehreren Becken und großer Wiese. www.erlebnisbad-mulda.de

Snowpark Hermsdorf, 900 m Piste, 1 Schlepplift, Snowboard- und Funpark. www.cms.emoto-sachsen.de

Skigebiet Holzhau, 1300 m Piste, Flutlicht, 2 Schlepplifte, Skischule. www.snowsports.de

Die Kammreiter, Altenberger Str. 7 A, Neuhermsdorf, Tel. 035057/50187. Wanderritte durch das Osterzgebirge. www.wanderreiten-erzgebirge.de

Berlebach Eschenholzstative in Profiqualität (für Fotografie und Himmelsbeobachtung), Fabrikverkauf nach Anmeldung. www.berlebach.de

Modellbahnshop, Alte Str. 4, Bienenmühle, Tel. 037327/1211; 15–18 Uhr. Modelleisenbahnsachen und Tonträger mit DDR-Bezug. www.modellbahn-shop-rebie.de

Zu Fuß oder per Rad durch das Gimmlitztal

Start: Lichtenberg
Ziel: Neuhermsdorf
Länge: 25 km
Infos: www.frauenstein-erzgebirge.de/index.php?id=121

Das 25 Kilometer lange Tal der Gimmlitz ist seit langem ein beliebtes Ausflugsgebiet mit Wanderwegen, ein offizieller Gimmlitztalweg wurde jedoch erst 2016 eingeweiht. Er führt von Lichtenberg im Erzgebirge bis Neuhermsdorf. Eingerichtet wurde der Weg für Fußwanderer, man kommt aber auch als Radler durchaus durch. Nur beim Burgberg muss das Fahrrad draußen bleiben.

Der **Bahnhof Lichtenberg** ist nicht weit von der Mündung der Gimmlitz entfernt, man könnte aber die Wanderung auch am **Bahnhof Mulda** beginnen. In Lichtenberg läuft man nicht die Dorfstraße am Flüsschen entlang, sondern wählt parallel dazu den Kirchweg und den Trassenweg. Vor der Staumauer der **Trinkwassertalsperre Lichtenberg** muss man etwas aufpassen, der Weg wechselt dreimal ans andere Ufer. Ein wenig bekannter Aussichtsfelsen ist der **Burgberg** (621 m), wo im 14. Jahrhundert die Burg Lichtenberg stand. Die Biotope am Ufer sind bunt und artenreich, beispielsweise blüht im Frühsommer an der Vorsperre Dittersbach der Wasserhahnenfuß.

Von der Mitte des Tales aus könnte man in knapp drei Kilometern **Frauenstein** erreichen, es existieren mehrere Verbindungswege.

Die obere Hälfte des Gimmlitztales war bekannt für seine Wasserräder, die vor allem Mühlen antrieben. Viele dieser Bauten sind verschwunden, aber einige auch erhalten. Besonderer Beliebtheit erfreute sich in den letzten Jahren die **Weicheltmühle** (www.weicheltmuehle.com), die leider ihren Restaurantbetrieb eingestellt hat.

Von der Quelle der Gimmlitz – sie liegt etwas westlich von Neuhermsdorf – sind es auf kürzestem Wege bis zum Bahnhof Holzhau vier Kilometer, bis zum Bahnhof Moldava (Moldau) am Gebirgskamm sechs.

Grenzenloses Wandern im Erzgebirge

Karte: hintere Umschlagklappe

Silbernes Erzgebirge (D)

Obwohl Freiberg 35 Kilometer Luftlinie vom Erzgebirgskamm entfernt liegt und damit kaum näher als Chemnitz oder Zwickau, wird die Stadt aufgrund ihrer herausragenden Bergbaugeschichte meistens zum Gebirge dazugerechnet. In diesen Buch soll unter anderem grob zwischen Silbernem und Oberem Erzgebirge unterschieden werden, obwohl beide Formulierungen nicht eindeutig definiert sind. Das Kapitel Silbernes Erzgebirge beschreibt die Teile des Ost- und Mittelerzgebirges, die mit ersten Silberfunden den Bergbauboom auslösten und wo sich die Instrumente der Orgelbauerfamilie Silbermann konzentrieren. Zwar könnte man auch das ganze Erzgebirge als Silbernes Erzgebirge bezeichnen, doch ist die hier getroffene Zuordnung zu diesem Teilstück häufig anzutreffen.

Nossen und Umgebung

Eine Hauptsehenswürdigkeit Nossens ist das am westlichen Rand der Altstadt gelegene Kloster Altzella. Dieses war der wohl am weitesten vom eigentlichen Gebirge entfernt gelegene Bestandteil der ersten Versionen des Aufnahmeantrags der Montanregion Erzgebirge in die UNESCO-Welterbeliste. Spätere Versionen verzichteten dann auf das Kloster.

■ Klosterpark Altzella

Im ehemaligen Zisterzienserkloster befindet sich die **Erbbegräbnisstätte der Wettiner** für den Zeitraum von 1190 bis 1381. Unter engagierten Äbten erlebte das Kloster um 1500 seine Blütezeit, doch die Säkularisierung 1540 und ein Brand 1599 führten zu einem gravierenden Bedeutungsverlust. Der Freistaat Sachsen übernahm 1993 das Kloster und ließ es denkmalgerecht sanieren.

■ Weitere Sehenswürdigkeiten

Bekanntestes Baudenkmal von Nossen ist das **Schloss**, nicht zuletzt wegen seiner exponierten Lage: Es steht auf einem Felssporn zwischen der Stadtmitte und der Freiberger Mulde. Die heutige Gestaltung wurde wesentlich von Kurfürst August (1526 – 1586) bestimmt. Große Bedeutung für Stadt und Schloss hatte die Erneuerung der **Muldenbrücke** durch Matthäus Daniel Pöppelmann (1662 – 1736) in den Jahren von 1715 bis 1717. Bis heute hielt sein sorgfältiges Konstrukt allen Verkehrsbelastungen und Hochwassern stand.

Eine Erweiterung der heutigen Ausstellungen im Schloss zum **Museum des sächsischen Adels** ist seit 2005 zwischen verschiedenen Partnern – vereinfacht gesagt: zwischen dem Freistaat Sachsen und alten Adelsfamilien – in Planung. Die Vorstellung des Konzeptes im Landtag betitelten die ›Dresdner Neuen Nachrichten‹ 2013 mit der Zeile ›Zwischen Seidenkleid und Spießigkeit‹. Der sächsische Adel spricht eher von einer Mischung aus Ahnenstolz und Pflichtbewusstsein. Der letzte Zeitplan geht von einer Fertigstellung 2022 aus.

Das Schloss in Nossen ist weithin sichtbar

Das heutige **Fotostudio Junghanß** am Markt entstand aus einem 1809 eröffneten Kolonialwarenladen und befindet sich immer noch im Besitz derselben Familie. Historisches Ladeninterieur wird im Rahmen von Stadtführungen gezeigt. Viele markante Gebäude Nossens entstanden um die vorletzte Jahrhundertwende. Das **Ballhaus Sachsenhof** von 1899 besitzt noch immer originale Jugendstildekorationen, das **Rathaus** ein paar Schritte daneben wurde von 1914 bis 1917 errichtet.

Großschirma

Zu Großschirma zwischen Nossen und Freiberg gehören Kleinvoigtsberg und Rothenfurth. An beiden Orten können einige gut erhaltene bergbauliche Anlagen von außen besichtigt werden: Die **Grube Rothenfurth** war im 18. Jahrhundert mit zeitweise über 600 Beschäftigten ein wichtiger Arbeitgeber, die **Grube Kleinvoigtsberg** war von 1741 bis 1939 ununterbrochen in Betrieb und eine der ertragreichsten des Freiberger Reviers. Größtes der unter Denkmalschutz stehenden Gebäude ist das **Schachthaus**, das hübscheste sicherlich das **Huthaus** mit seinem Glockentürmchen. Der Bergbauhistoriker Jens Kugler rekonstruierte es quasi aus einer Ruine als Domizil für seine Familie und sein Archiv.

Tharandter Wald und Mohorn

Südöstlich von Nossen liegt der unter Forstwissenschaftlern und Geologen bekannte Tharandter Wald. Seine Zugehörigkeit zum Osterzgebirge ist umstritten. Ab 1811 wurde er durch Heinrich Cotta (1763 – 1844) und seinen Söhnen in damals fortschrittlichster Weise bewirtschaftet.

Von Nossen aus gesehen liegt das zu Wilsdruff gehörende Dorf Mohorn direkt vor dem Wald. Die **Räucherkerzenfirma Knox** ist in Mohorn-Grund ansässig und zeigt seit 1999 eine kleine Ausstellung zu ihrer Geschichte. Neben dem Schmiedersgrabenweg von Mohorn-Grund sieht man an einer Felswand einen Porphyrfächer.

Nossen und Umgebung

Nossen ist seit 2015 vom Eisenbahnverkehr abgehängt.

Gut Gödelitz, Mochau, Tel. 034325/20306; DZ ab 70 Euro. Ehemaliges Rittergut in ruhiger Lage. www.gut-goedelitz.de

Fröhnerhaus im Kloster Altzella, Zellaer Str. 10, Nossen, Tel. 035242/50435; DZ o. F. 50 Euro. www.kloster-altzella.de

Blaue Mühle, Hetzdorfer Str. 3, Mohorn-Grund, Tel. 035209/29057; DZ o. F. ab 65 Euro. Familiengeführte Pension in einem Fachwerkbau am Tharander Wald. www.blauemuehle.de

Klosterpark Altzella, Zellaer Str. 10, Nossen, Tel. 035242/50435, Apr.–Okt. Di–Fr 10–17 Uhr, Sa/So 10–18 Uhr. www.kloster-altzella.de

Schlossmuseum, Am Schloss 3, Nossen, Tel. 035242/50435; Apr.–Okt. Di–Fr 10–17 Uhr, Sa/So 10–18 Uhr. www.schloss-nossen.de

Räucherkerzenmuseum, Am Tharandter Wald 12, Mohorn-Grund, Tel. 035209/20512; Mo–Do 9–15.45, Fr 9–13 Uhr. www.knox.de

Rothschönberger Stolln, Reinsberg, Mobiltel. 01520/8767517; Führungen nach Anmeldung. www.viertes-lichtloch.de

Campingmöglichkeit auf Anfrage bei: **Alte Schmiede Rothenfurth**, Münzbachtal 93. www.friedrich-august-schmiede.de

▶ Karte: hintere Umschlagklappe

Gottfried Silbermann

Beim Vergleich von Orgeln denken viele Touristen vor allem an das optische Erscheinungsbild, weniger an das sich im Laufe der Mode durchaus ändernde Klangideal. Gottfried Silbermann ist der vielleicht bekannteste Vertreter einer barocken Akustik, die tatsächlich mit seinem Namen korrespondiert. Ein hell ›silbern glänzender‹, kraftvoller und gravitätischer Klang wurde durch hohen Winddruck und breite Pfeifenkanten erzeugt. Zimbelsterne, Registerkopplungen und Springladen verwendete Silbermann nie.

Gottfried Silbermann (1683 - 1753) und sein älterer Bruder Andreas (1678 - 1734) wurden in Kleinbobritzsch geboren, wuchsen in Frauenstein auf und erlernten ihr Handwerk in Straßburg. Als Meister kehrte Gottfried 1710 nach Sachsen zurück, da die Brüder sonst Konkurrenten gewesen wären. Gottfried fertigte seine Instrumente angesichts ihrer hohen Qualität recht preisbewusst, was ihm viele Aufträge und entsprechenden Wohlstand einbrachte. Damals stellten Orgelbauer oft auch andere Tasteninstrumente her, Gottfried machte sich um die technische Entwicklung des Hammerklaviers verdient. Die letzte Werkstatt des kinderlosen Gottfried Silbermann befand sich am Freiberger Schlossplatz 6 und wurde von Adam Gottfried Oehme (1719 - 1789) weitergeführt, seinem letzten Schüler. Dessen größte Orgeln stehen in Brand-Erbisdorf, Cämmerswalde und Zethau. Ein weiterer angesehener Schüler Silbermanns war Zacharias Hildebrandt (1688 - 1757), sein Meisterstück steht in Langhennersdorf. Auch vom Brandenburger Orgelbauer Joachim Wagner (1690 - 1749) ist belegt, dass er auf Wanderschaft für Silbermann tätig war. Funktionsfähige – meistens restaurierte – Kirchenorgeln von Gottfried Silbermann gibt es noch 31, darunter in folgenden Orten des in diesem Reiseführer behandelten Gebietes: Forchheim, Frankenstein, Freiberg (gleich vier!), Großhartmannsdorf, Helbigsdorf, Nassau, Niederschöna, Oederan, Pfaffroda, Reinhardtsgrimma, Ringethal, Schweikershain und Zöblitz.

Das Museum in Frauenstein widmet sich neben Gottfried Silbermann auch Andreas und dessen Sohn Johann Andreas (1712 - 1783). Es besitzt die spielbereite Kopie einer kleinen Dorforgel von Gottfried, weitere Räume veranschaulichen Frauensteins Geschichte. In Freiberg ist die Silbermann-Gesellschaft ansässig, die dort ein kleines Museum unterhält, Konzerte und Publikationen organisiert.

Kleine Silbermannorgel im Freiberger Dom

Freiberg und Umgebung

Freiberg besitzt unter allen sächsischen Städten den grössten Weltruf.

aus Berlets Wegweiser 1872

Die Bergstadt Freiberg liegt fast am geographischen Mittelpunkt Sachsens und ziemlich genau auf halber Strecke zwischen Chemnitz und Dresden, bis zur alten Fürstenresidenz Meißen sind es knapp 40 Kilometer. Freiberg gehört praktisch seit seiner Entstehung zu den weltweit führenden Zentren der Montanwissenschaften. Seit der Gebietsreform 2008 ist die Stadt Verwaltungssitz des Landkreises Mittelsachsen.

Stadtgeschichte

Markgraf Otto der Reiche (1125 - 1190) ließ in den Jahren von 1156 bis 1162 die bewaldete Hochfläche zwischen Freiberger Mulde und Großer Striegis durch Waldhufendörfer von fränkischen Bauern besiedeln. Keimzelle Freibergs ist Christiansdorf am Münzbach, eines dieser Dörfer. Nach legendären Erzfunden ließ Otto das spätere Schloss Freudenstein anlegen.

Der Name Freiberg lässt sich erstmals für 1201 belegen und das älteste Stadtsiegel der Mark Meißen für 1227. Im 13. Jahrhundert kam es zu mehreren Klostergründungen. Freiberg entwickelte sich schnell zur größten Stadt Sachsens. Nach Stadtbränden 1471 und 1484 verlor Freiberg seine Führungsrolle in Sachsen an die aufstrebende Handelsstadt Leipzig und die neue Residenzstadt Dresden.

Der Universalgelehrte Ulrich Rülein von Calw (1465 - 1523) begleitete von 1514 bis 1519 das Amt des Bürgermeisters. 1515 gründete er das erste humanistische Gymnasium in Sachsen. Ein weiterer bekannter Name in der Stadt ist der des Kunz von Kauffungen (um 1410 - 1455, → S. 37). Der Oberberghauptmann Hans Carl von Carlowitz (1645 - 1714) entwickelte mit seinem Werk ›Sylvicultura oeconomica‹ (1713) aus forstwirtschaftlicher Perspektive den Begriff und das Prinzip der Nachhaltigkeit.

Der Sprengstoffeinsatz im Bergbau ist eine Freiberger Erfindung aus dem Jahre 1613. 1765 entstand die ›Kurfürstlich-Sächsische Bergakademie zu Freiberg‹. Damit ist sie die älteste bestehende Montanhochschule der Welt; alle älteren Lehreinrichtungen wurden mittlerweile geschlossen. Seit 1993 heißt die Bergakademie ›Technische Universität

Eine Aufführung während der Jazztage

▲ Karte S. 141

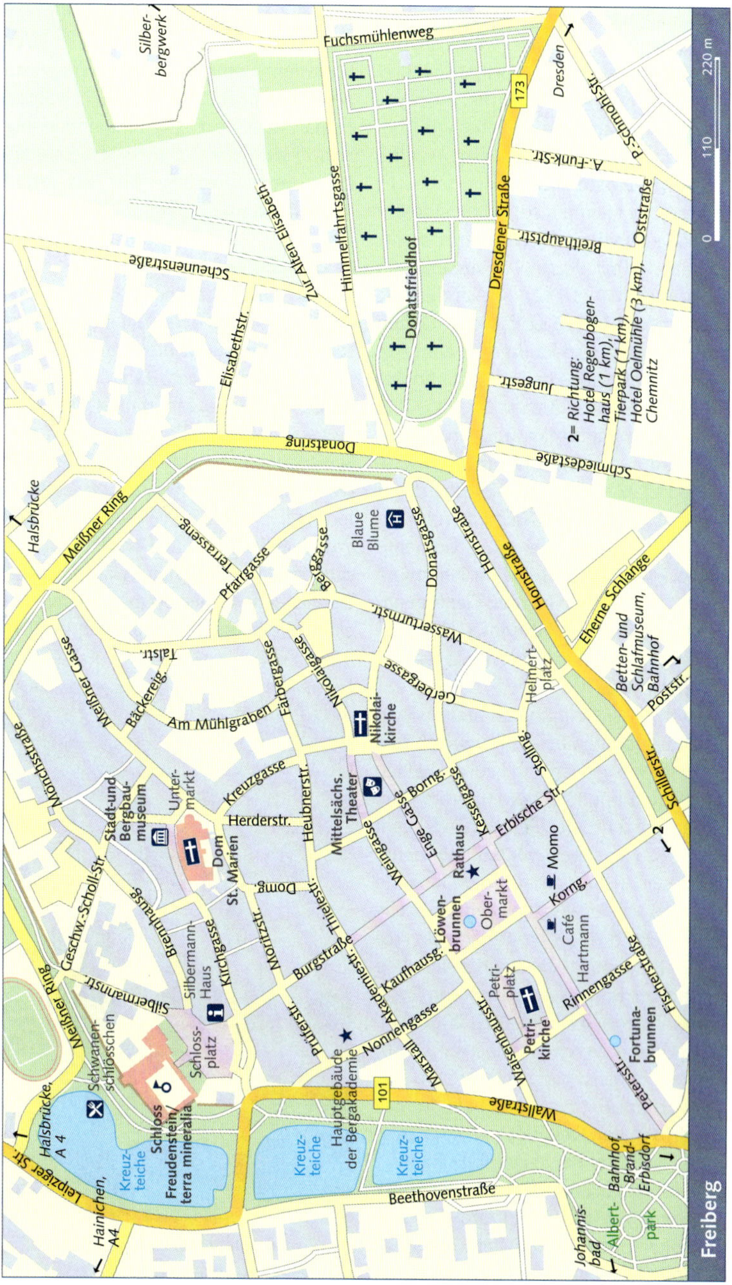
Freiberg
0
110
220 m
Fuchsmühlenweg
Silber-
bergwerk
Dresden
173
101
P.-Schmohl-Str.
A.-Funk-Str.
Oststraße
Breithauptstr.
Himmelfahrtsgasse
Zur Alten Elisabeth
Scheunenstraße
Elisabethstr.
Donatsfriedhof
Dresdener Straße
Jungestr.
2= Richtung:
Hotel Regenbogen-
haus (1 km),
Tierpark (1 km),
Hotel Oelmühle (3 km),
Chemnitz
Schmiedestraße
Donatsring
Halsbrücke
Meißner Ring
Terrasseng.
Pfarrgasse
Blaue
Blume
Donatsgasse
Hornstraße
Eherne Schlange
Betten- und
Schlafmuseum,
Bahnhof
Poststr.
Wasserturmstr.
Talstr.
Berggasse
Färbergasse
Nikolaigasse
Gerbergasse
Helmert-
platz
Am Mühlgraben
Bäckereig.
Meißner Gasse
Nikolai-
kirche
Mönchsstraße
Kreuzgasse
Heubnerstr.
Mittelsächs.
Theater
Borng.
Enge Gasse
Kesselgasse
Stollng.
Erbische Str.
Schillerstr.
Unter-
markt
Stadt-und
Bergbau-
museum
Herderstr.
Dom
St. Marien
Weingasse
Rathaus
Momo
Domg.
Thielestr.
Moritzstr.
Geschw.-Scholl-Str.
Brennhausg.
Löwen-
brunnen
Ober-
markt
Korng.
Café
Hartmann
Silbermann-
Haus
Kirchgasse
Burgstraße
Akademiestr.
Kaufhausg.
Petri-
platz
Rinnengasse
Fischerstraße
Silbermannstr.
Prüferstr.
Nonnengasse
Weisenhausstr.
Petri-
kirche
Fortuna-
brunnen
Schwanen-
schlösschen
Schloss-
platz
Hauptgebäude
der Bergakademie
Marstall
Wallstraße
Peterstr.
Halsbrücke,
A 4
Schloss
Freudenstein/
terra mineralia
Kreuz-
teiche
Bahnhof,
Brand-
Erbisdorf
Leipziger Str.
Hainichen,
A4
Beethovenstraße
Johannis-
bad
Albert-
park

Bergakademie Freiberg‹. Von unter 2000 Studierenden 1993 stieg die Zahl auf zeitweise fast 5000, von denen drei Viertel MINT-Fächer (Mathe, Informatik, Naturwissenschaften, Technik) belegen. Ab 2019 soll eine neue Unibibliothek entstehen.

In Freiberg hielten sich unter anderem zu Studienzwecken Michail Lomonossow (1711 - 1765), Johann Wolfgang von Goethe (1749 -1832), Alexander von Humboldt (1769 -1849), Georg Philipp Friedrich von Hardenberg (genannt Novalis, 1772 - 1801) und Theodor Körner (1791 -1813) auf. Zu den Geologie-Professoren zählten Abraham Gottlob Werner (1749 - 1817), Carl Friedrich Naumann (1797 - 1873) und Bernhard von Cotta (1808 - 1879). An der Bergakademie wurden zwei chemische Elemente entdeckt, Indium 1863 von Ferdinand Reich und Theodor Richter, Germanium 1886 von Clemens Winkler. Gebürtiger Freiberger war der Maler Ernst Gustav Doerell (1832 - 1877). Er wurde mit romantischen Landschaftsdarstellungen aus Nordböhmen bekannt und ließ sich 1859 in Aussig (Ústí nad Labem) nieder.

Im 19. Jahrhundert wurden erhebliche Teile der Stadtbefestigung abgetragen. Ein großzügig angelegter Bahnhof nahm 1862 seinen Betrieb auf, die Gebäude befinden sich inzwischen in einem peinlichen Zustand. 1863 produzierte ein Freiberger Brauhaus unter der Bezeichnung ›Freiberger Böhmisch‹ erstmals in Sachsen ein Bier nach Pilsener Art, 2006 wurde das Brauhaus (www.freiberger-pils.de) der Radeberger Gruppe einverleibt. Das Landratsamt Mittelsachsen befindet sich übrigens in den Gebäuden einer ehemaligen Filiale der Porzellanfabrik Kahla.

Bei einem Luftangriff 1944 mit über 60 Tonnen Bomben wurden die Straßenzüge rund um den Bahnhof stark zerstört. In Freiberg befand sich 1945 eins der größten Sammellager für Heimatvertriebene aus dem Sudetenland, Schlesien, Pommern sowie West- und Ostpreußen; 82 000 Personen wurden damals registriert. 1375 von ihnen fanden in der Himmelfahrtsgasse gegenüber dem Donatsfriedhof ihre letzte Ruhestätte.

Orientierung

Freibergs Altstadt innerhalb der ehemaligen Stadtmauern hat einen Durchmesser von etwa 700 Metern und lässt sich gut zu Fuß erkunden. Es ist das größte Bauensemble dieser Geschlossenheit im Erzgebirgsraum. Viele Gassen laden zum Schlendern ein, praktisch jedes Gebäude der Altstadt kann interessante Geschichten erzählen. Auch Teile der Stadtbefestigung wie der 35 Meter hohe Donatsturm sind erhalten. Die Touristeninformation bietet einen ›Kleinen Stadtrundgang‹ und einen ›Freiberger Gelehrtenweg‹ als PDF und als Flyer an.

Kurfürstin Anna und Kurfürst August beim Freiberger Bergfest

▶ Karte S. 141

Petrikirche und Obermarkt

Die Stadtkirche Sankt Petri war anfangs die Hauptkirche Freibergs. Sie steht am höchsten Punkt der Altstadt und bestimmt mit ihrem 71 Meter hohen Turm deren Silhouette. Ihre renovierte Orgel von Gottfried Silbermann verfügt über die reichhaltigste Diskographie der Freiberg Gegend.

In der Straßenecke zwischen Petriplatz und Petersstraße wurde zum Stadtjubiläum 1986 der vom Freiberger Bernd Göbel geschaffene **Fortunabrunnen** aufgestellt, Die schwungvolle Plastik zeigt am Sockel einige Persönlichkeiten der Stadtgeschichte.

Die Bausubstanz am rechteckigen Obermarkt stammt überwiegend aus dem 16. Jahrhundert, die hohen Satteldächer der Altstadt werden hier besonders schön sichtbar. Markantestes Gebäude ist das breite **Renaissancerathaus** mit vorgestelltem Turm und wappengeschmückten Erker. Die **Brunnenfigur** von 1897 zeigt im Stil der Bismarckzeit den Stadtgründer Otto. Umrahmt wird der Löwenbrunnen mit Otto durch zwei schlichte sternförmige Bodenwasserspiele.

Buttermarkt und Untermarkt

Der kleine Buttermarkt im Herzen der Altstadt ist ganz von der Kultur umgeben. Hier hat das **Mittelsächsische Theater** seinen Sitz. Es nennt sich ›ältestes Stadttheater der Welt‹ im Sinne des ältesten im angestammten Gebäude verbliebenen städtischen Ensembles. 1789 ließ der Unternehmer Johann Gotthelf Engler ein Wohnhaus umbauen und 1790 von der damals renommierten Secondaschen Truppe als Theater eröffnen. 1800 wurde hier das erste Bühnenwerk des jungen Carl Maria von Weber (1786 – 1826) uraufgeführt, ›Das Waldmännchen‹. 1993 erfolgte ein Zusammenschluss der Stadttheater Freiberg und Döbeln. Gleich gegenüber dem Theater steht die seit 1975 im Besitz der Stadt befindliche **Nikolaikirche**. Sie dient als Konzert- und Veranstaltungshalle.

Der historisch bedeutsame Untermarkt mit Gebäuden aus dem 16. Jahrhundert ist eine Stelle, an der Lebensqualität verschenkt wird: Er präsentiert sich als Autoparkplatz ohne Grün.

Freiberger Dom

Südwestlich an den Untermarkt schließt sich Freibergs bekanntestes Gebäude an, der Dom Sankt Marien. Allerdings ist die Namensgebung etwas irreführend, denn der Dom war nie Bischofskirche. Das Bauwerk ist weltberühmt für seine **Goldene Pforte**, die **Bergmannskanzel** und die **Tulpenkanzel**, die **Fürstliche Begräbniskapelle**, die beiden **Silbermann-Orgeln** und vieles mehr.

Der romanische Vorgängerbau entstand um 1180 und wurde schon 1480 zum Dom erhoben. Aus den Anfangsjahrzehnten zu sehen sind beispielsweise die versetzte Goldene Pforte als erstes vollständig erhaltenes Statuenportal Deutschlands und die Kreuzigungsgruppe im Triumphbogen des Chores. Beim Stadtbrand 1484 wurde der Dom fast völlig zerstört. Es folgte eine spätgotische Hallenkirche mit asymmetrischen Ein- und Anbauten. Die Gewölbegestaltung wurde sicherlich von der Prager Burg inspiriert. Mit der freistehenden Tulpenkanzel entstand ein spätgotisches Unikat, ihre Zuordnung zum Bildhauer Hans Witten ist nicht eindeutig belegt. Der Dom diente von 1541 bis 1696 den Wettiner Herzögen und Kurfürsten als letzte Ruhestätte. Das begann mit Herzog Heinrich und endete mit dem Übertritt Augusts des Starken zum Katholizismus. Die Fürstliche Begräbniskapelle als Gesamtkunstwerk des Manierismus wurde entscheidend durch

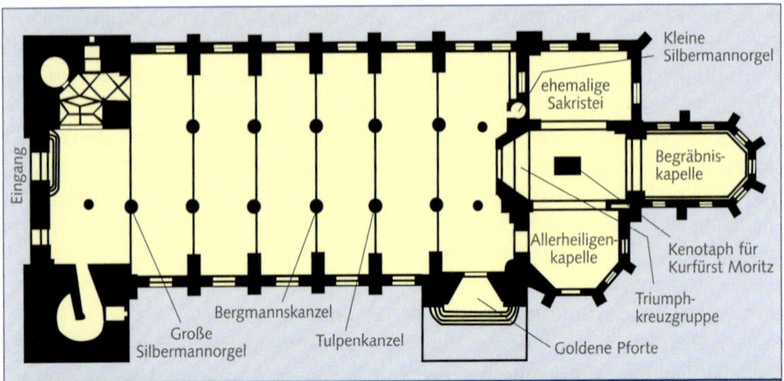

Der Grundriss des Freiberger Doms

Giovanni Maria Nosseni (1544 - 1620) geprägt. Er leitete die Planung und die Ausführung von 1589 bis 1595. Die Instrumente der Engel sind teilweise echte Musikinstrumente der Renaissance. Etwas abseits davon steht das monumentale **Kenotaph** für ersten albertinischen Kurfürsten Moritz.

Die Hauptorgel des Doms ist das größte komplett von Gottfried Silbermann (→ Extra S. 139) gebaute Instrument. Die kleine Silbermannorgel wurde 1939 aus der Johanniskirche hierher versetzt.

Schoss Freudenstein

Seine Blüte als Adelssitz erlebte Schloss Freudenstein im 16. Jahrhundert. Die Stadt kaufte das verfallende Schloss 2003 und eröffnete 2008 nach gründlicher Sanierung mit **terra mineralia** eine der größten Mineralienausstellungen der Welt. Grundlage war eine Dauerleihgabe der Mäzenin Erika Pohl-Ströher (1919 - 2016) an die Bergakademie, das Ausstellungskonzept setzt die Idee einer Weltreise um. Die ursprüngliche Mineraliensammlung der Bergakademie wird unweit vom Schloss im Abraham-Gottlob-Werner-Bau präsentiert.

Die ehemalige Werkstatt des Orgelbauers Gottfried Silbermann befindet sich ebenfalls am Schlossplatz. Es ist heute ein liebevoll eingerichtetes kleines **Museum**, das auch Mitmachangebote für Gruppen jeden Alters organisiert.

Halsbrücke

Nördlich von Freiberg, an Mäandern der Freiberger Mulde, liegt Halsbrücke. Die 140 Meter hohe **Halsbrücker Esse** war zur Zeit ihrer Fertigstellung 1889 der höchste Ziegelschornstein der Welt. Von den bedeutenden wassertechnischen Anlagen der Bergbauzeit wie dem Aquädukt Altväterbrücke existieren aber nur noch Reste. Die 24 Meter hohe Brücke transportierte Aufschlagwasser aus dem Münzbach über die Mulde hinweg. Flussabwärts sind außerdem Deutschlands einzige beiden Reste von **Kahnhebehäusern** zu finden. Die primitiven Schiffshebewerke standen bei Rothenfurth und Großvoigtsberg.

Brand-Erbisdorf und Umgebung

Das 1912 aus der Bergstadt Brand und dem flächengrößeren Erbisdorf zwangsvereinigte Brand-Erbisdorf ist die südliche Nachbarstadt Freibergs. Von 1913 bis 1920 entstanden dort Fahrzeuge der Marke Elite. Zeitweise waren die Glashütten und ein Glühlampenwerk größe-

► Karte S. 141

re Arbeitgeber, bis 1994 produzierte die Keksfabrik den bekanntesten DDR-Keks, den ›Hansa-Keks‹. Die Stadt hat ein **Heimatmuseum** mit Schwerpunkt Bergbaugeschichte und ein modernes Gymnasium von 1997 mit einem **Planetenlehrpfad**. Aus Brand-Erbisdorf stammt über ein Fünftel des in Sachsen gewonnenen Silbers. Zu den repräsentativsten Bergbaugebäuden des Erzgebirges zählen das **Huthaus** der Grube Beschert Glück aus dem Jahre 1786 und das **Bethaus** der Alten Mordgrube von 1853.

Südlich vom Brand-Erbisdorf befinden sich einige hübsch in der Natur angelegte **Teiche** aus dem Wasserkunstsystem der Bergbauzeit: Die beiden Langenauer Pochwerkteiche, Erzengler Teich, Lother Teich und Rothbächer Teich. Der Untere Pochwerkteich und der Erzengler Teich eignen sich zum Baden.

Eines der jüngsten Gymnasiumsgebäude im Erzgebirge

Freiberg und Umgebung

Tourist-Information mit kurzfristiger Buchung von Stadtrundgängen, Schloßplatz 6, Freiberg, Tel. 03731/273664; Mo–Fr 10–18 Uhr, Sa–So 10–12.30 u. 13.15–16 Uhr, Jan.–März am Wochenende nur Sa 10–13 Uhr. www.freiberg.de

Die übertragbare **Freiberger SilberCard** kostet 19 Euro und gewährleistet drei (!) Jahre lang freien Eintritt zu den vier größten Museen sowie einige Rabatte.

Technische Universität Bergakademie, Akademiestr. 6, Freiberg. www.tu-freiberg.de.

Sächsischer Landesverband der Bergmanns-, Hütten- und Knappenvereine, Chemnitzer Str. 8, Freiberg, Tel. 03731/245670. www.bergbautradition-sachsen.de. Koordiniert die Traditionspflege u. a. bei Paraden und Bergmusik.

Bahnstrecke Reichenbach – Dresden (Kursbuch 510) ›Sachsen-Franken-Magistrale‹, mit Halt u. a. in Zwickau, Chemnitz, Flöha, Freiberg. Verbindung von und nach Dresden werktags tagsüber halbstündlich..

Bahnstrecke Freiberg – Holzhau (Kursbuch 514).

Stadt- und Regionalbuslinien in Freiberg: www.regiobus.com

Regenbogenhaus, Brückenstr. 5, Freiberg, Tel. 03731/79850; DZ ab 85 Euro. Barrierefreies Hotel am westlichen Stadtrand mit Einbeziehung behinderter Servicekräfte. www.regen-bogen-haus.de

Blaue Blume, Donatsgasse 25. Freiberg, Tei. 03731/26560; DZ 70 Euro. Im Zentrum, gutes Preis-Leistungs-Verhältnis. www.blaue-blume.de

Oelmühle, Dorfstr. 10, Oberschöna, Tel. 037321/235; DZ ab 65 Euro. Dorfgasthof südwestlich von Freiberg. www.pension-oelmuehle.de

Schwanenschlößchen, Meißner Ring 33, Freiberg, Tel. 03731/216533. Holzhaus auf einem Ponton im Schwanenteich. www.schwanenschloesschen.de

Stadtwirtschaft, Burgstr. 18, Freiberg, Tel. 03731/419113. Böhmische Küche im Zentrum. www.stadtwirtschaft.de

Konditoreicafé Hartmann, Petersstr. 1 A, Freiberg, Tel. 03731/22807. Hier gibt es als legendäre Spezialitäten den Freiberger Bauernhasen und die Freiberger Eierschecke! www.cafe-hartmann.de

Momo, Korngasse 3, Freiberg, Tel. 03731/419240. Kleine Kaffeestube mit eigener Rösterei. www.roesterei-momo.de

terra mineralia, www.terra-mineralia.de, mit drei Standorten:

- im **Schloss Freudenstein**, Schloßplatz 4, Tel. 03731/394654; Mo–Fr 10–17, Sa/So 10–18 Uhr,
- im **Krügerhaus**, Schloßplatz 3, Tel. 03731/394654, Mo–Fr 10–16, Sa/So 10–18 Uhr,
- im **Abraham-Gottlob-Werner-Bau**, Brennhausgasse 14, Tel. 03731/392265, Mo–Do 9–16 Uhr.

Silbermann-Haus, Schloßplatz 6, Tel. 03731/7746505, Di–So 11–17 Uhr. www.silbermann.org

Freiberger Dom, Untermarkt 1, Tel. 03731/22598; Mai–Okt. Mo–Sa 10–17, So 11.30–17 Uhr, Nov.–Apr. Mo–Sa 10–16, So 11.30–16 Uhr, Führung ohne Anmeldung So 11.30 u. Mai–Okt. tägl. 14 Uhr. www.freiberger-dom-app.de und www.freiberger-dom.de

Petrikirche, April–Okt. Mo–Fr 11–17 Uhr

Stadt- und Bergbaumuseum, Am Dom 1, Tel. 03731/20250; Di–So 10–17 Uhr. www.museum-freiberg.de

Betten- und Schlafmuseum, Bahnhofstr. 28, Tel. 03731/355290; Mo–Fr 9–18, Sa 9–12 Uhr, Zutritt gratis. Privatmuseum eines Fachhändlers zwischen Altstadt und Bahnhof. www.betten-24.de

Privates Wäschemangelmuseum, Am Schulberg 1 A, Halsbrücke, Tel. 03731/30590; Besuch nach Anmeldung. www.steinrestaurierung.de

Tierpark Freiberg, Chemnitzer Str. 8, Tel. 03731/247674; Mai–Sept. 9–17 Uhr, Okt.–Apr. 9–15.30 Uhr, Zutritt gratis. www.fv-freiberger-tierpark.de

Huthaus Einigkeit, Jahnstr. 14, Brand-Erbisdorf, Tel. 037322/50699; Di–So 10–12 u. 13.30–17 Uhr. www.brand-erbisdorf.de

Silberbergwerk, Fuchsmühlenweg 9, Freiberg, Tel. 03731/394571; Führungen in 150 m Tiefe: Grubentour (erlaubt für 12–75 Jahre) Mi–Fr 10.30, Sa 13 Uhr; Erlebnistour (erlaubt für 12–75 Jahre) Sa 11 Uhr; Untertagelehrpfad (Mindestalter 6 Jahre) Mi–Fr 12.30 Uhr; weitere Termine und weitere Führungen (bis zu 5 h) nach Anmeldung. www.silberbergwerk-freiberg.de

Mittelsächsisches Theater, Borngasse 1, Tel. 03731/35820, Vorverkauf: Schlossplatz 6. www.mittelsaechsisches-theater.de

Halbstündiges **Orgelspiel** in der Petrikirche; Mai–Okt. Mi 12 Uhr.

Die **Silbermann-Tage** (12 Tage im September) sind seit 1978 das solideste Musikfestival im Erzgebirgsvorland. www.silbermann.org

Die im Studentenwerk angesiedelte IG Jazz veranstaltet regelmäßig im April die **Freiberger Jazztage**. www.freiberger-jazztage.de

Jährlich am letzten Juni-Wochenende findet das **Bergstadt-Fest** in der Altstadt statt, www.bergstadtfest.de, jährlich an einem Samstag im Mai oder Juni die **Internationale Freiberger Mineralienbörse** in der Heubner-Sporthalle, www.freiberger-mineralienfreunde.de, jährlich im November ein eintägiges **Multikulti-Fest**, www.freibergeragenda21.de

Gleich zweimal lädt ein Kartoffellager in Großwaltersdorf zu einem **Markt** mit Volksfestcharakter (März: Pflanzkartoffelmarkt, September: Kartoffelfest) ein. www.kluhg-eg.de

▸Karte S. 141

Johannisbad, Johann-Sebastian-Bach-Str. 1 A, Tel. 03731/20020; 10–22 Uhr. Badelandschaft mit Innen- und Außenbereich, Rutsche und Sauna. www.johannisbad-freiberg.de

Frei zugängliche **Badestelle** am Unteren Pochwerkteich Langenau, Parkmöglichkeit bequem an der Westecke.

Frei zugängliches **Waldbad** am Großen Teich, Grenzstr. 7, 4 km südwestl.

Erzengler Teich, Brandsteig, Brand-Erbisdorf, 037322/320; im Sommer 9–20 Uhr, weitere Öffnungszeiten siehe Internet. Bewirtschafteter Badeteich mit FKK-Bereich im Wald südöstlich der Stadt. www.erzengler.de

Der Rucksachse, Petersstr. 20, Tel. 03731/7750091. Outdoor-Laden. www.der-rucksachse.de

Werksverkauf Freiberger Porzellan, Zuger Str. 46, Tel. 03731/798859. www.freiberger-porzellan.com

Steinis Mineralienwelt, Burgstr. 25, Tel. 03731/203622. www.mineralien-fossilien.com

Mineralienwerkstatt Pönitz, Burgstr. 19, Tel. 03731/166978. www.mineralienwerkstatt.de

Essig-Schneider, Am Bahnhof 2, Klingenberg-Colmnitz, Tel. 035202/2040. Sympathischer Hofladen südlich des Tharander Waldes. www.essig-schneider.de

Weise-Erben, Bobritzschtalstr. 131, Bobritzsch, Tel. 037325/6204. Historische Ölmühle mit Hofladen. www.oelmuehle-bobritzsch.de

Kreiskrankenhaus, Donatsring 20, Freiberg, Tel. 03731/770. www.kkh-freiberg.com

Sayda und Neuhausen

Im Mittelalter war Sayda ein wichtiger Speditionsort für Waaren, welche von Leipzig nach Böhmen gingen.

aus Berlets Wegweiser 1872

Die Landschaft um Sayda und Neuhausen bietet eine Mischung aus den letzten großen Feldern Mittelsachsens und dem beginnenden Gebirgswald. In früheren Zeiten verlief hier die Hauptroute der Salzstraße Halle – Prag (www.alte-salzstrasse.de).

1352 verkaufte hier das böhmische Geschlecht Hrabsichitz seine Besitzungen (also die spätere Herrschaft Purschenstein) Rechenberg, Sayda und Borschenstein an die sächsischen Schönbergs. Das waren die letzten Gebiete, die der böhmische Adel nördlich der heutigen Staatsgrenze im Gebirge besessen hatte.

Eine Radrunde zwischen Olbernhau und Cämmerswalde ist bei Olbernhau beschrieben (→ S. 158).

Großhartmannsdorf

Aus Richtung Freiberg führt der schnellste Weg ins Mittelerzgebirge durch Großhartmannsdorf. Der **Untere Großhartmannsdorfer Teich** ist mit 61 Hektar der größte Bestandteil des ab dem 16. Jahrhundert ausgebauten Systems ›Revierwasserlaufanstalt Freiberg‹. Es folgen der **Obere Großhartmannsdorfer Teich** mit 21 und der **Dörnthaler Teich** mit 20 Hektar.

Der zwölf Kilometer lange **Kohlbach-Kunstgraben** verbindet den Oberen Großhartmannsdorfer Teich mit Gruben bei Brand-Erbisdorf.

Großhartmannsdorf entstand als Waldhufendorf und erhielt im 18. Jahrhundert eine **Kirche mit Silbermannorgel**. Beeinflusst von christlich-charismatischen Strömungen, war der Ort 1973 Treffpunkt oppositioneller DDR-Jugendlicher. Der erhaltene Teil eines mittelalterlichen **Mayoratsgutes** wurde 2008 als vielseitige Bürgerbegegnungsstätte eingeweiht.

Mühle im Mortelgrund

Sayda

Mit 680 Metern liegt die kleine Bergstadt Sayda (unter 2000 Einwohner) relativ hoch. Seit der Stiftung des Klosters Ossegg existieren Dokumente über das slawische ›Zavidowe‹. Es dürfte sich also um die älteste Siedlung des Gebirges handeln. Mit den neuen Bergbaustädten beim Zweiten Berggeschrey verlor der Handelsweg durch Sayda an Bedeutung. Von Burg und Stadtbefestigung sind nur noch Erdwälle erhalten. Es gibt eine große Kirche und mehrere kleine **Museen**. Ein hübsches Bachtal ist der **Mortelgrund** südwärts.

Neuhausen

Das auf einem Hügel liegende **Schloss Purschenstein** dominiert den Ort. ›Castrum Borsensteyn‹ entstand unter der slawischen Adelsfamilie Hrabischitz (→ Riesenburg, S. 278) um 1200. Die Schönbergs ließen die Burg 1550 zu einem Renaissanceschloss umbauen, barocke und neugotische Details folgten. 2005 wurde die Anlage an einen Privatinvestor veräußert.

In Neuhausen gründete die Familie Löschner 1994 eins der bekanntesten Privatmuseen Ostdeutschlands, das **Nussknackermuseum**, unter anderem mit dem größten Nussknacker – mehr als zehn Meter, knackt Kokosnüsse – und der größten Spieldose – über fünf Meter – der Welt. Ausgestellt sind 5300 Figuren aus 30 Ländern, das älteste Exemplar wurde um 1650 in der Schweiz gefertigt. Zum Museum gehört die Alte Stuhlfabrik, wo die Möbelproduktion der Gegend anschaulich gewürdigt wird.

In Cämmerswalde stehen zwei ausrangierte sowjetische Flugzeuge zur Besichtigung. Von hier stammt der Kunstpädagoge Wilhelm Walther (1826–1913). Sein Hauptwerk ist der 102 Meter lange ›Fürstenzug‹ in Dresden.

Neuwernsdorf ist Geburtsort der Gebrüder Jehmlich. Die Tischler gründeten 1808 die Firma Jehmlich Orgelbau. Sie wird inzwischen in sechster Generation in Dresden geführt. Orgeln von Jehmlich stehen unter anderem in mehreren Dresdner Kirchen, in der Chemnitzer Stadthalle (1976), im Berliner Schauspielhaus (1984), im Magdeburger Kloster (1979) und in der Schneeberger Wolfgangskirche (1998).

Für die **Trinkwassertalsperre Rauschenbach** wurde ein Großteil Neuwernsdorfs umgesiedelt. Zu Neuhausen gehört der **Schwartenberg** (787 m) mit beliebtem Rundblick und bewirtschafteter Baude.

▶ Karte: hintere Umschlagklappe

Sayda und Neuhausen

Bürger- und Tourismusbüro, Am Markt 1, Sayda, Tel. 037365/97222; Mo–Di 9–12 u. 14–16, Mi u. Fr 9–12, Do 9–12 u. 14–18 Uhr. www.sayda.eu

Purschenstein, Purschenstein 1, Neuhausen, Tel. 037361/14080; DZ 110–210 Euro. Schlosshotel in der Ortsmitte. www.purschenstein.de

Goldhübel, Am Goldhübel 3, Neuhausen, Tel. 037361/45204; ab 42 Euro pro Person mit HP. Am Nordhang, familienfreundliche Zimmer oder Finnhütten. www.goldhuebel.de

Kreuztanne, Kreuztannenstr. 10, Sayda, Tel. 037365/1760; DZ 100 Euro. Waldhotel in Richtung Cämmerswalde. www.kreuztanne.de

Kleines Vorwerk, Mühlholzweg 12, Sayda, Tel. 037365/99910; DZ ab 80 Euro. Einsamer und familienfreundlicher Gasthof in Richtung Niederseiffenbach. www.kleines-vorwerk.de

Trakehnerhof, Mittelsaidaer Str. 25, Großwaltersdorf, Tel. 037293/329; DZ 95 Euro. Familiengeführtes, familienfreundliches Landhotel mit Reitmöglichkeit, die Küchenchefin und ein weiterer Mitarbeiter sind Mitglieder der international erfolgreichen deutschen Köche-Nationalmannschaft. www.trakehnerhof.de

Nussknackermuseum und alte Stuhlfabrik, Bahnhofstr. 20–24, Neuhausen, Tel. 037361/4161; Mo–Fr 9–18, Sa/So 9–17 Uhr. www.nussknackermuseum-neuhausen.de

Glashüttenmuseum, Freiberger Str. 10, Neuhausen; Mi–Fr 10–12 u. 13–16, Sa/So 13–16.30 Uhr.

Mayoratsgut, Hauptstr. 106, Großhartmannsdorf, Tel. 037329/7990; So 14–17 Uhr. www.grosshartmannsdorf.de

Der Stadtverein Sayda organisiert vier traditionelle **Volksfeste** in der zweiten Jahreshälfte.

Das **Bergfest** der Stadt Sayda findet seit rund 50 Jahren Ende August statt. www.stadtverein-sayda.de

Frei zugängliche **Badestelle** mit FKK-Bereich am Neuen Teich, Hauptstr. 221, Großhartmannsdorf.

Blick über Seiffen hinweg nach Sayda, in der Mitte die achteckige Dorfkirche

Berühmte Spielzeugmacher

Is dr Heilige Obnd nu ra, werd geds ze enn Kind.
Wieder waarn in geden Haus Lichter agezündt.

Erich Lang (1895 - 1940)

Im Folgenden eine begrenzte Auswahl, in der aus Platzgründen leider viele namhafte Hersteller erzgebirgischer Holzkunst, wichtige Städte, ja sogar ganze Produktgruppen fehlen (müssen).

Familie Reuter (und andere), Blumenau: Im Örtchen Blumenau entstanden um 1850 mehrere Produzenten von Spielzeugbaukästen, die zu sozialistischer Zeit nicht alle freiwillig im Kombinat VERO (VEB Vereinigte Olbernhauer Spielwarenbetriebe) aufgingen und dessen Kern bildeten. Legendär wurden ab etwa 1972 die Baukästen VERO Construc, außerdem stellte das Kombinat beispielsweise Wachsblumen und Modelleisenbahnzubehör her.

Familie Füchtner, Seiffen: Viele Erzgebirger erzählen, dass die Nussknackerfigur auf den 1870 entstandenen ›Füchtner-König‹ von Wilhelm Friedrich Füchtner (1844 - 1923) zurückgeht. Dies kann aber schon deshalb nicht stimmen, weil bereits E. T. A. Hoffmanns 1816 verfasste Erzählung ›Nußknacker und Mausekönig‹ (später von Tschaikowsky zu einem berühmten Ballett verarbeitet) eindeutig eine ähnliche Figur beschreibt. Gelegentlich hört man, schon Aristoteles habe eine Mechanik zum Nüsseknacken in Figurenform besessen. Füchtners Familienbetrieb besteht in achter Generation, seine Nussknacker sind bis heute der vielleicht bekannteste Weihnachtsartikel aus dem Erzgebirge. Als Klassiker wird ein König mit geschwungenem Schnurrbart auf grünen Brettchen, mit roter Jacke und schwarzgoldener Krone angesehen. www.fuechtnerwerkstatt.de

Grete Wendt (1887 - 1979) und **Margarete Kühn** (1888 - 1977), Grünhainichen: Frauenpower vor über 100 Jahren! 1915 gründeten zwei Absolventinnen der Königlich-Sächsischen Kunstgewerbeschule Dresden eine Firma, die sich zum Inbegriff sauber lackierter Weihnachtsengel entwickelte, die ›Madonna mit dem Engelberg‹ erhielt auf der Weltausstellung 1937 in Paris einen Grand Prix und eine Goldmedaille. www.wendt-kuehn.de

Auguste Müller (1847 - 1930) und ihr Neffe **Karl Müller** (1879 -1958), Seiffen: Zwei prägende Volkskünstler, denen wirtschaftlicher Erfolg versagt blieb. Ihre realistischen Figuren spiegelten das Alltagsleben ihrer Zeit.

Seiffener Verleger: Künstlerische Impulse kamen nicht nur von den Herstellern selbst, sondern auch vom Verlagshandel, und oft verdienten die Verleger besser als die Hersteller. Heinrich Emil Langer gilt als Erfinder ganzer Produktgruppen, vor allem trieb er nach 1900 die Miniaturisierung voran, um Transportkosten zu sparen. Richard Glässer gründete 1932 sein eigenes Handelshaus, nach Kriegsende produzierte er auch Eigenmarken, seit langem ist sein Betrieb nun der größte Hersteller original erzgebirgischer Standpyramiden. www.glaesser-seiffen.de

Familie Auerbach, Seiffen: Bekannt beispielsweise durch Max Auerbachs (1890–1970) Produktion der gemeinsam mit Max Schanz (1895 - 1953) entworfenen Striezelkinder, die auf der Weltausstellung in Paris 1937 eine Goldmedaille erhielten, und Heinz Auerbachs (1920 - 2002) Räuchertürken, die sich statt einer bunten Bemalung durch eine dezente Hervorhebung der Holzmaserung auszeichnen.

Kurort Seiffen und Umgebung

Was wird da gedrechselt, geschnitzt, geleimt und gemalt!

aus Berlets Wegweiser 1872

Der Kurort Seiffen ist durch seine Weihnachtspyramiden, Nussknacker und Räuchermännchen weltweit bekannt. Es gibt bei rund 2200 Einwohnern 40 (!) Verkaufsstellen von Original Erzgebirgischer Volkskunst, diese Dichte ist nirgendwo anders zu finden. Schutzmarken sollen verhindern, dass Plagiate eine ernsthafte Konkurrenz darstellen. Gäste können sich vorab überlegen, ob sie geselligen Weihnachtstrubel mögen oder ihm lieber aus dem Wege gehen.

Der Andrang in Seiffen weist etwa folgende Besucherstärken auf: Zwischen Mitte Januar und Anfang November kann man Seiffen meistens entspannt genießen, das Frühlingsgrün im Mai und die Obsternte im September bieten besondere Farbtupfer. Zwischen Mitte November und Anfang Januar ist ein gemütlicher Kurzbesuch kaum realisierbar, denn dann spucken viele Reisebusse ihre Tagestouristen aus. Die Bürgersteige sind schmal, aber einige Autolenker reizen trotzdem die erlaubten Höchstgeschwindigkeiten aus – keine gute Zeit, um mit bewegungsfreudigen Kindern unterwegs zu sein. An den Adventswochenenden ist der Ortskern für motorisierten Verkehr (außer für Linienbusse) gesperrt, Parkplätze stehen an den Rändern in ausreichender Zahl zur Verfügung.

Den ›Männlmachern‹ (Figurenherstellern) mag es im Vergleich mit dem Umland wirtschaftlich nicht schlecht gehen, die Kommune Seiffen trägt allerdings durch hastige Investitionen in der Nachwendezeit einen hohen Schuldenberg. Das ›Erlebnisbad Spielzeugland‹ an der Stelle des abgerissenen Kulturhauses wurde nur vier Jahre lang betrieben, ziemlich bald machten sich Baumängel bemerkbar. Die Gäste waren zwar sehr zufrieden, aber statt erforderlicher 300 täglich kamen weniger als 100.

Eine Radrunde zwischen Olbernhau und Cämmerswalde durch das hier betrachtete Gebiet wird bei Olbernhau beschrieben (→ S. 158).

Ortsgeschichte

In einer 1324 für die Burg Sayda und die Burg Purschenstein ausgestellten Lehnsurkunde ist erstmals von ›Cynsifen‹ (Zinn-Seifen) die Rede. Ab 1635 erlebte der Ort einen Zuzug von Protestanten aus Böhmen, gewerbliche Holzartikel in dieser Zeit waren Gebrauchsgegenstände wie Schüsseln und Knöpfe. In der ersten Hälfte des 18. Jahrhunderts lag der Höhepunkt des Zinnabbaus, etwa 1750 waren die bekannten Lagerstätten dann aber fast erschöpft. Um 1800 entstanden die ersten Reifendrehereien. Zu dieser Zeit wurden Seiffener Holzwaren bereits weltweit gehandelt. Ein Bericht über das Jahr 1868 beziffert die Kinderarbeit auf ein Drittel der Mitwirkenden. Um 1900 verstärkte sich der Trend zum Miniatur-Spielzeug. Heu-

Ein Spielzeugmacher in Seiffen erklärt sein Holzlager

te sind über 140 Betriebe Mitglied der Genossenschaft Dregeno. Im Nachbarort Deutschkatharinenberg war die Holzleuchtenfabrik Zico von 1894 bis 1992 ein größerer Arbeitgeber.

Sehenswürdigkeiten

Als innerstes Zentrum Seiffens könnte man das Dreieck aus dem Wahrzeichen Seiffens, der achteckigen Kirche, Bibliothek und Museum bezeichnen. Die von 1776 bis 1779 erbaute **Bergkirche** ist nicht zuletzt ein beliebtes Motiv der Volkskunst. Ihr Modell ist hunderttausendfach Teil von Weihnachspyramiden und anderen Holzdekorationen. 1833 wurde die Zahl der Sitzplätze durch Einbauten erhöht. Neben der Kirche stehen ein Schulgebäude von 1864 und das Rathaus von 1927. Wenige Meter bergauf liegt für Touristen unzugänglich die kleine Seiffener Binge (hochdeutsch meistens Pinge). Hier befand sich das Zentrum der Zinnförderung. Etwas unterhalb an einer unübersichtlichen Kreuzung ist die Gemeindebibliothek mit einer kleinen Galerie kombiniert.

Was wäre ein Familienurlaub im Erzgebirge ohne den Besuch des seit Jahrzehnten bekanntesten Museums? Die beiden gleichermaßen interessanten Teile des **Erzgebirgischen Spielzeugmuseums Seiffen** befinden sich in Trägerschaft der Gemeinde. Im Gebäude einer Werbeschau (1936 - 1943) wurde 1953 das **Museum an der Hauptstraße** neu eröffnet. Dokumentiert werden Historie und Vielfalt der erzgebirgischen Holzkunst. 1973 kam das **Erzgebirgische Freilichtmuseum** mit bislang 14 typischen Häusern aus der Zeit vor 1900 am östlichen Ortsrand hinzu. Am Freilichtmuseum mündet ein im 16. Jahrhundert für den Bergbau angelegter Kunstgraben in den Oberlauf des Seiffenbachs. Später diente das Wasser zum Antrieb des Preißlerschen Wasserkraft-Drehwerks. Dieses 1760 bezogene Gebäude ist das einzige im Freilichtmuseum am ursprünglichen Standort. Alle anderen wurden hierher versetzt. Täglich finden Vorführungen des Reifendrehens (→ S. 70) statt.

Kurviertel

Zisterzienser des Klosters Ossegg legten das heute zu Seiffen gehörende Einsiedel schon um 1209 im Kammwald an. Leonhard Thurneysser (1531 - 1596) beschrieb die **eisen- und kieselsäurehaltigen Quellen** des Frauenbaches, ein Kurbetrieb mit Badehaus fand in Bad Einsiedel von 1723 bis 1937 statt.

Blick vom Freilichtmuseum Seiffen zum Schwartenberg

▲ Karte: hintere Umschlagklappe

Deutschneudorf

Eins der in seiner künstlerischen Wirkung gelungensten Denkmale zur Vertreibung der Sudetendeutschen im Erzgebirge ist ein 2003 errichteter **Gedenkstein** im Deutschneudorfer Zentrum am Grenzbach. Er bezieht sich besonders auf den Todesmarsch von Komotau (Chomutov) am 9. Juni 1945 (→ S. 49, www.heimatkreis-komotau.de).

Der Glockenwanderweg in Deutschneudorf

Start und Ziel: beliebig entlang der beschriebenen Runde, größerer Parkplatz beispielsweise am Fortuna-Stollen
Länge: 22 km
Infos: www.seiffen.de/ausflugziel/glockenwanderweg

Der erste deutsche Glockenwanderweg wurde 2015 eingeweiht. Die Idee dazu entstand beim Austausch der Deutschneudorfer Kirchenglocken im Jahr 2012. Auf der Landkarte bildet der Weg ungefähr ein Viereck mit den **Eckpunkten Deutschneudorf–Oberlochmühle–Seiffen–Deutscheinsiedel**. An 16 Stationen und vier zusätzlichen Infotafeln wird die Vielfalt der Glocken demonstriert. Einige Glocken hängen am Rande des Weges in extra errichteten Glockenstühlen, man darf - sanft - anklopfen. Der gut beschilderte Weg führt auch an der ersten **Wanderkapelle** des sächsischen Erzgebirges vorbei, Verknüpfungen mit dem Landstraßennetz sind an mehreren Punkten gegeben. Ein ausführliches Faltblatt steht als PDF-Download zur Verfügung, auch empfohlene Parkplätze wie beispielsweise am Fortuna-Stollen sind dort eingezeichnet. Sogar ein bebilderter Wikipedia-Eintrag mit GPS-Daten existiert.

Seiffen und Umgebung

Touristinformation (Spielzeugmuseum Obergeschoss), Hauptstr. 73, Seiffen, Tel. 037362/8438; 10–17 Uhr. www.seiffen.de und www.grenzenloses-erzgebirge.de

Wettiner Höhe, Jahnstr. 23, Seiffen, Tel. 037362/1400; DZ ab 69 Euro. Panoramahotel zwischen Seiffen und Heidersdorf. www.travdo-hotels.de

Alter Paulshof, Salzweg 2, Deutschneudorf, Tel. 037368/5157; DZ 65 Euro. Gebäude von 1650 mit Gartensauna und Souvenirverkauf. www.paulshof-erzgebirge.de

Gute Ferienwohnungen und Pensionen auch im **Ortsteil Seiffen-Heidelberg** zwischen Freilichtmuseum, Ahornberg und Schwartenberg.

Holzwurm, Hauptstr. 71 A, Seiffen, Tel. 037362/7277. Als zentrale Gaststube mit hübschem Ambiente oft überfüllt, bei Interesse Reservierung ratsam. www.holzwurm-seiffen.de

Huthaus, Deutschkatharinenberg 14, Tel. 037368/12942. Rustikale Gaststätte am Schaubergwerk mit gelegentlichen Veranstaltungen. www.fortuna-bernstein.de

Bergkirche Seiffen, Am Rathaus 12, Tel. 037362/87692; Mo–Sa 11–15, Führung mit Orgelspiel 12, So 13–15 Uhr. www.bergkirche-seiffen.de

Seiffener Volkskunst, Bahnhofstr. 12, Tel. 037362/7740; Schauvorführungen Mo–Fr 10–16, Bastelbereich Mo–Sa 10–16 Uhr. Die älteste ohne Anmeldung funktionierende Schauwerkstatt Seiffens mit Anleitungen zum Mitmachen. www.schauwerkstatt.de

Erzgebirgisches Spielzeugmuseum Seiffen; 10–17 Uhr, ein Erwachsenen-Ticket gilt auch für alle Familienkinder bis zu 16 Jahren. www.spielzeugmuseum-seiffen.de
- Hauptgebäude, Hauptstr. 73, Tel. 037362/17019;
- Freilichtmuseum mit Reifendrehwerk,

Hauptstr. 203, Tel. 037362/8388, im Winter mitunter witterungsbedingt geschlossen.
Galerie in der Gemeindebibliothek, Hauptstr. 95, Seiffen, Tel. 037362/8288; Mo u. Do 12–17, Di 13–18 Uhr www.seiffen.de

Fortuna-Stollen, Deutschkatharinenberg 14, Tel. 037368/12942. Führungen Di–Fr 10.30 u. 12 u. 13.30, Sa/So zusätzlich 15 Uhr. www.fortuna-bernstein.de

Areal Reicheltberg, 1800 m Piste, Flutlicht, 1 Schlepplift, Skischule, Rodelhang. www.skilift-seiffen.de

Etwa **40 Verkaufsstätten** von Original erzgebirgischer Volkskunst in Seiffen, vor allem im Zentrum - das ist natürlich Weltspitze.
Schauwerkstätt'l, Mineralienschleiferei und Souvenirverkauf, Deutschkatharinenberg 5 A, Tel. 037368/5221. www.schauwerkstaettl.de

Olbernhau und Umgebung

Steig ich dann hinauf zum Anton-Günther-Stein
schau ich in das wunderschöne Tal hinein.

anonyme Olbernhau-Hymne

Von allen Städten des Erzgebirges, die unmittelbar an der Staatsgrenze liegen, ist Olbernhau mit rund 11 320 Einwohnern die mit Abstand größte. Außerdem handelt es sich um die größte Stadt im Flöhatal, selbst wenn man die Stadt Flöha an der Mündung der Flöha mitzählt. Stadtsymbole sind das Nussknacker-Reiterlein und die Pfefferkuchenfrau, das schlichte Wappen zeigt drei Tannen.
Olbernhaus Zentrum liegt nur 2,5 Kilometer von der Grenze entfernt, dennoch gab es zur DDR-Zeit kaum einen Austausch, da hier kein offizieller Grenzübergang vorhanden war. Seit 2009 fahren Busse der Linie 521 in die Partnerstadt Litvínov (Leutensdorf).
Mit einer seit 1992 existierenden Erdgas-Verdichterstation (heute Eigentum von OPAL Gastransport Kassel) und einer 2008 fertiggestellten Pseudo-Umgehungsstraße (dicht und parallel zur Talstraße) sind Blickwinkel auf einige Hänge südlich der Stadt zwar unansehnlich geworden, andere Perspektiven zeigen jedoch, dass sich die ›Stadt der sieben Täler‹ recht hübsch am Fluss Flöha entlang schlängelt.
Olbernhau blieb mit seinem Blechwalzwerk bis 1990 Standort der Metallindustrie, im Zuge der Deutschen Einheit brach der Absatz jedoch innerhalb kürzester Zeit zusammen. Auch andere Betriebe mit durchaus gutem Ruf teilten dieses Schicksal, beispielsweise ›Pech & Kunte‹ (Bleikristallveredlung, Einscheiben-Sicherheitsglas) und das Fahrzeugwerk (Hersteller des Klappfix-Campinganhängers).
Seit 2015 ist der Elektroingenieur Heinz-Peter Haustein (geb. 1954) Bürgermeister der Stadt; er erlangte vor allem durch seine Suche nach dem Bernsteinzimmer in Deutschkatharinenberg überregionale Bekanntheit. Als 2015 der Abriss der seit dem Hochwasser 2002 nur noch selten befahrenen Eisenbahngleise zwischen Olbernhau-Grünthal und Neuhausen drohte, gründete er die Haustein Eisenbahngesellschaft und pachtete die Strecke. 2016 gehörte er dafür zu den Preisträgern des Fahrgastpreises, mit dem der Bürgerverband Pro Bahn engagierte Initiativen für den öffentlichen Verkehr würdigt.

▶ Karte: hintere Umschlagklappe

Die Sage vom Hüttenmatths

Allgemein werden Volkssagen mündlich ›weitergesagt‹, und so entsteht aus einer Episode oder einem Gerücht schließlich eine Vielzahl erzählter Varianten. Im Erzgebirge haben Sagen oft einen so engen lokalen Bezug, dass sie spätestens 20 Kilometer entfernt praktisch unbekannt sind. Entsprechend schwer fällt es, für dieses Buch eine repräsentative Sage in einer allgemein akzeptierten Version zu finden. Der Hüttenmatths (auch Hüttenmatz oder Hüttenmops) soll ein schwarzer Pudel mit feurigen Augen und höhnischen Lautäußerungen sein, der Leuten ins Genick springt und sich von ihnen in lebensbedrohlichem Lauftempo transportieren lässt. Es ist unmöglich, ihn vor seinem gewünschten Ziel abzuschütteln. Harmlosen Wanderern tut er nichts, wenn diese ihn in Ruhe lassen. Beispielsweise wurde er mehrmals in Obercarsdorf gesehen, aber auch zwischen Freiberg und Erbisdorf.

Am ausführlichsten ist die ›Vorgeschichte‹ des Pudels in Varianten der Sage beschrieben, die die Handlung bei der Saigerhütte Olbernhau-Grünthal ansiedelt. Auf Bestellung kann die Museumsverwaltung dort organisieren, dass der Stoff als Ein-Personen-Theaterstück veranschaulicht wird. 2017 schrieb und illustrierte zudem der Rothentaler Hannes Schaller eine Kinderbuchversion mit 52 Seiten und 22 großen Bildern.

Zu Beginn des 17. Jahrhunderts arbeitete in der Saigerhütte der gierige Verwalter Matthes, der seit vielen Jahren eine kinderlose Ehe führte. Um zu Reichtum zu kommen, ging er einen Pakt mit dem Teufel ein. Das geschah bei der ›Hand‹, wo sich oberhalb des Bachtales Hüttengrund fünf Waldwege wie fünf Finger treffen. Zum Lohn forderte der Teufel seinen siebenjährigen Sohn, den Matthes ja sowieso nicht hatte. Doch kaum war Matthes zu Hause, berichtete ihm seine Frau von ihrer Schwangerschaft. Matthes führte nun die von ihm beaufsichtigten Betriebe zu großer Blüte, sogar die Löhne stiegen. Doch er fühlte nur noch Leere und Angst, alle Nachbarn gingen ihm aus dem Weg. Kinder entwickeln sich schnell, und mit jedem Jahr wurde der Sohn ein Jahr älter. Als Matthes wieder einmal trübsinnig in der Hüttenschenke einkehrte und dort nach kurzer Zeit allein saß, erzählte ihm der Wirt von einem gutmütigem Kobold im Natzschungtal unterhalb des Stößerfelsens. Matthes begriff, dass dessen Hilfe eine letzte Chance sein könnte. Der Kobold sagte den Versuch zu, beim nächsten Vollmond den Teufel zu beschwören und den Pakt zu annullieren. Matthes sollte dabei zwar in der Nähe sein, sich aber keinesfalls vor dem Teufel blicken lassen. Es ging beim nächsten Vollmond heftig zu zwischen dem Kobold und dem Teufel, schließlich deutete sich ein Sieg des Kobolds an. Doch Matthes hielt nicht durch, er ergriff panisch die Flucht. Der Teufel sah es und rief ihm hinterher: »Du Vertragsbrüchiger, sei, was du immer warst, ein räudiger Hund!«

Die Verwandlung begann augenblicklich, bis heute geistert Matthes verwünscht herum. Frau und Sohn suchten einige Wochen lang erfolglos nach ihm, blieben ansonsten aber unbehelligt.

Buchempfehlung:
Hannes Schaller, Der Hüttenmatths. Eine erzgebirgische Sage aus Olbernhau, Erzdruck, Olbernhau 2017.

EXTRA

Stadtzentrum

Olbernhau erfüllt wichtige Infrastrukturaufgaben für die Gegend, ist Endpunkt einer Bahnlinie, besitzt mehrere Museen, ein **Jugendstil-Ballhaus** von 1906 sowie weitere Gebäude aus dieser Zeit wie Amtsgericht, Post (beide 1895) und Rathaus (1908 - 1913). Ein durch das Büro Strohmayr Architekten entworfenes **Gymnasium** von 1998 entstand unter Einbeziehung von Bauteilen einer ehemaligen Holzwarenfabrik.

Als Innenstadt Olbernhaus kann man den Bereich zwischen Rathaus und Markt ansehen. Die Südwestseite des kleinen Marktplatzes nimmt ein ehemaliges Rittergut aus dem 17. Jahrhundert ein. Es beherbergt unter anderem ein **Museum zur Stadtgeschichte** unter besonderer Berücksichtigung der Volkskunst.

Grünthal

Mit dem **Museumsensemble Saigerhütte** in Grünthal besitzt Olbernhau einen in dieser Form weltweit einzigartigen historischen Komplex der Buntmetallurgie. Außer dem im Saigerverfahren gewonnenem Silber wurde auch Grünthaler Dachkupfer international verkauft. Neben dem Frohnauer Hammer (→ S. 185) ist der Althammer der Saigerhütte das wichtigste historische Hammerwerk des Erzgebirges. Dort treibt sich angeblich obendrein das hundeartige Gespenst Hüttenmatths herum.

Zur wechselvollen Geschichte der Saigerhütte gibt es vorbildliche Internet-Darstellungen. Die Idee für einen Museumsbetrieb kam zwischen den Weltkriegen auf. Der heutige Museumskomplex ist eine Industriegemeinde aus 22 funktional miteinander verbundenen Gebäuden. Es entstand ein guter Mix aus konservierter Vergangenheit und touristischer Infrastruktur.

Am Rande des Saigerhütten-Geländes gibt es einen Indoor-Spielplatz mit ausgeprägtem Erzgebirgs-Flair: **Stockhausen** bietet seit 2001 drei Spieletagen ohne Plastik und Elektronik. Übernachtungen mit eigenem Schlafsack und eigener Luftmatratze sind möglich, inzwischen nähert sich die Zahl der Besuche einer Million.

Die Geschichte des Erzabbaus in der Gegend steht bis heute im Schatten der

Das Museumsensemble Saigerhütte

▲ Karte: hintere Umschlagklappe

Denkmale der Erzverarbeitung. Ein kleiner Verein rund um Uwe Kempe leistet seit 1996 jedoch erstaunliches, so gibt es seit über zehn Jahren den 15 Kilometer langen **Bergbaulehrpfad Olbernhau – Brandov** und ein Vereinsbergwerk mit 180 Meter freigelegtem Stollengang nahe des Gründelbachs.

Vom Schwefelbad Grünthal ist praktisch nichts mehr erhalten. Das Alte Zollhaus am Grenzbach wurde 1837 zum Kurhaus umgebaut, kaum 100 Gäste jährlich nutzten den schwankenden Ertrag der 1813 identifizierten Schwefelquellen. Das Gebäude wurde ab 1964 als Eisenbahner-Ferienheim genutzt und nach dem Hochwasser 2002 abgerissen.

Auf vielen Darstellungen der Stadt ist die **Exulantenkirche** im Ortsteil Oberneuschönberg zu sehen. Sie thront auf einem Hügel unweit der Saigerhütte, über dem anderen Ufer der Flöha.

Die Umgebung

Die besten Sichten nach Osten und Norden erhält man von der Zöblitzer Straße aus, die Wiesen über dem Poppschen Gut eignen sich für Blicke nach Süden, schöne Perspektiven auf den Vorort Oberneuschönberg bieten der Hexentanzplatz über der Exulantenkirche sowie Brandov (Brandau) auf der tschechischen Seite.

In den umgebenden Wäldern gibt es größere Buchenbestände und im oberen Bärenbachtal zudem die 2016 erneuerte **Ornamenthecke ADvS 1929**. Damit ehrten Forstarbeiter den dem niederen Adel entstammenden Heimatforscher Alfons Diener von Schönberg (1879 – 1936) zu dessen rundem Geburtstag. Das Ornament besteht aus etwa 1500 gestutzten Fichten und ist vom gegenüber liegenden Weg aus lesbar. Auf der benachbarten Waldwiese wachsen Arnika und Wildorchideen. Schönbergs ehemaliges Schloss Pfaffroda diente bis 2015 als Seniorenheim und beherbergt eine kleine Ausstellung. Nachfahren Schönbergs haben das Anwesen 2017 erworben, die Stiftung ›Alfons Diener von Schönberg‹ will hier eine Wald- und Forstschule sowie ein Hotel einrichten.

»Sehr angenehme Parthieen bilden die Ufer des Bielabaches, der (...) nach dreistündigem jähen Laufe bei Blumenau in die Flöhe einmündet. Auf dem linken Ufer der Biela liegt ein liebliches Thal, die Hölle genannt. Die Biela windet sich in rascher Fluth dahin, ist reich an Forellen und enthielt sonst Perlmuscheln und Goldkörner.« (Album der Schlösser und Rittergüter im Königreiche Sachsen, 1856)

Auch die andere Seite des Flöhatals ermöglicht hübsche Waldwanderungen, so durch das Rungstocktal, zum Bruchberg oder zum Stößerfelsen. Am Rungstockbach standen mehrere Kohlenmeiler und Mühlen, eine davon produzierte zwischen 1815 und 1886 Schwarzpulver und überstand in dieser Zeit vier Explosionen.

Außergewöhnlich gut eignet sich Olbernhau für Fahrradrunden in alle Himmelsrichtungen, zumal es hier noch Zugang zum Schienenpersonenverkehr sowie zwei kompetente Fahrradverleihstellen gibt. Im Erzgebirge konkurrieren kann da höchstens noch die Hochebene rund um Horní Blatná (Platten). Es folgen zwei Vorschläge der Stadtverwaltung – ausführlichere Beschreibung auf Olbernhaus Internetseiten – und ein Vorschlag der Autoren, ein weiterer Vorschlag der Autoren findet sich bei den Mehrtagesrouten (→ S. 301).

Regelmäßig offeriert Olbernhau geführte Wanderungen, die in einigen Fällen schon zur jährlichen Tradition wurden. Wer beispielsweise an Glühwürmchen interessiert ist, kann sich Anfang Juli der Wahlerzgebirgerin Yvonne Scholz anschließen.

Familienradrunde Grünes Reiterlein

Start und Ziel: Olbernhau, Gessingplatz
Länge: 26 km
Infos: Ausführlicher mit Karte: www.olbernhau.de/de/radtour-grünes-reiterlein-olbernhau-top

Die Radtour ›Grünes Reiterlein‹ ist die leichteste der Reiterleintouren, sie führt größtenteils über Wege abseits von Autostraßen und ist daher besonders für Familien geeignet.
Ausgangspunkt ist der Gessingplatz, der Einstieg kann aber beliebig variiert werden. Vorbei an der als Jugendzentrum dienenden ehemaligen Schule Kleinneuschönberg führt die Tour nach **Hallbach** und **Hutha**, von der Anhöhe dort hat man einen herrlichen Ausblick auf Olbernhau und das Flöhatal. Weiter führt die Route nach **Pfaffroda** vorbei am **Bierwiesenteich** sowie dem **Schloss mit Park und Hofteich** geradewegs nach Schönfeld, wo es dann auf der alten Poststraße zurück nach Olbernhau geht.
Erweiterungen sind mit tapferen Kindern vor allem gegen Ende in östliche Richtungen problemlos möglich, beispielsweise durch das Bärenbachtal oder gar bis zum Zechenweg.

Kammwaldradrunde Gelbes Reiterlein

Start und Ziel: Olbernhau, Gessingplatz
Länge: ab 41 km
Infos: Ausführlicher mit Karte: www.olbernhau.de/de/radtour-gelbes-reiterlein-olbernhau-top

Die Radtour ›Gelbes Reiterlein‹ ist die bergigste und die einzige Reiterleintour, die über tschechisches Gebiet führt. Vom Gessingplatz geht es durch das Saigerhüttengelände ins böhmische **Brandov** (Brandau), dann durch das Natzschungtal zur Wüstung **Gabrielahütten** (Gabrielina Huť) und weiter nach **Kalek** (Kallich). In **Rübenau** kommt man wieder nach Deutschland, wo sich wunderschöne Ausblicke vom **Erzgebirgskamm** ergeben. Weiter führt der Weg nach Ansprung und nach Grundau mit Fernblick auf das Flöhathal, schließlich auf den Flöhaltalradweg zurück zum Ausgangspunkt.
Erweiterungen für sportliche Radler bieten sich besonders auf böhmischer Seite an, beispielsweise zu einem der **Floßteiche** mit Bademöglichkeit oberhalb von Boleboř (Göttersdorf).

Radrunde zwischen Olbernhau und Cämmerswalde

Start und Ziel: Olbernhau-Grünthal
Länge: je nach Variante zwischen 39 und 57 km
Infos: https://ruessel.in-chemnitz.de/erzgeb/2009caemmerswalde.html

Die folgende Radrunde zwischen Olbernhau und Cämmerswalde führt im Bereich der Staatsgrenze zurück, sie ist eine der Lieblingstouren der Autoren. Höhepunkte im wörtlichen Sinne sind das Quellgebiet der Schweinitz (Svídnice, 830 m) beziehungsweise bei der längsten Variante das Berghotel in Lesná (Ladung, 911 m), danach geht es fast nur noch bergab. Einen kleinen tschechischen Grenzmarkt findet man unterwegs in Mníšek v Krušných horách (Böhmisch Einsiedel), aber auch auf deutscher Seite gibt es Einkehrmöglichkeiten.
Man fährt ziemlich geradlinig entlang einer roten Markierung von der Wanderwegkreuzung ›Hand‹ bei Olbernhau über das oberere Ortsende von Heidersdorf nach Sayda und danach entlang einer blauen über Kreuztanne und Cämmerswalde zum Zufluss der Talsperre Rauschenbach. Hier schwingt sich eine elegante Straßenbrücke über das Schwänzchen des Stausees, am Hang gegenüber sieht man das Dörf-

▸ Karte: hintere Umschlagklappe

chen Neuwernsdorf. Dort geht es bergauf in den Wald hinein, etwa fünf Kilometer hinter der Talsperre ist neben dem Kohlberg der Scheitelpunkt des Waldweges erreicht. Der Anstieg ist zunächst so steil, dass man mit Absteigen und Schieben wohl auch nicht langsamer vorankommt als mit Hilfe der Pedale.

Der einfachste Rückweg führt nun weitgehend parallel zur Schweinitz, es ergibt sich eine Gesamtlänge der Tour von 42 Kilometern. Spätestens am Schaubergwerk Deutschkatharinenberg wechselt man auf die andere Seite der Staatsgrenze, der Radweg 25 führt dann über Brandov (Brandau) direkt zum Saigerhüttengelände Olbernhau-Grünthal.

Konsequent im Sinne einer Runde wäre, abschließend auf Waldwegen wie dem Tiefen Graben wieder zur Hand zu radeln.

Folgende **Varianten** wären denkbar:

▸ durch Seiffen, ohne Grenzquerung, 39 km

Wenn man hinter dem **Kohlberg** in den Tannenweg hineinfährt, kommt man über **Bad Einsiedel** nach Seiffen-Heidelberg. Anschließend passiert man das Zentrum von **Seiffen** (→ S. 151), am Westende des Ortes biegt man von der Hauptstraße (im Bereich der Hausnummern 14/16) ab und folgt der roten Markierung des **Sachsenweges** durch einen hübschen Buchenmischwald. An dessen Ende überquert man wieder den Fluss Flöha, biegt links und nach 300 Metern in die Alte Straße rechts ab. Danach bietet sich an, die Ausblicke von der **Exulantenkirche Oberneuschönberg** wahrzunehmen.

▸ durch Český Jiřetín, 47 km

Man kann die Brücke über die Talsperre Rauschenbach rechts liegen lassen und fährt einen Kilometer ostwärts, hier wechselt man von **Deutschgeorgenthal** über die Grenze nach **Český Jiřetín** (Georgendorf, → S. 243). Der weitere Weg führt an der Flöha (Flájský potok) aufwärts, an der Gabelung vor der Staumauer der **Talsperre Fláje** (Fleyh) hält man sich links. Zehn Kilometer nach der Talsperre Rauschenbach beziehungsweise fünf nach der Talsperre Fláje gelangt man rechts hinter dem **Schwarzen Teich** (Černý rybník, → S. 243) zur **Gabelung U Desítky** und folgt dem Radweg 23 abwärts. Dieser führt nun acht Kilometer dicht an am Grenzbach entlang und passiert dann den Grenzmarkt in **Mníšek v Krušných horách** (Böhmisch Einsiedel) .

▸ zum Berghotel Lesná und durch das Tölzschbachtal, 57 km

Wer Kraft für zusätzliche Steigungen hat, könnte hinter Mníšek noch den **Badeteich Dřevařský rybník** und das Berghotel Lesná (Horský hotel, → S. 245) ansteuern. Null Promille gilt allerdings in Tschechien auch für Radler! Nach der Stärkung auf dem Gebirgskamm erwartet einen dann bergab entlang einer blauen Markierung das **Tal des Tölzschbachs** (Telčský potok) mit Resten des verlassenen Dorfes **Gabrielina Huť** (Gabrielahütten). Hinter Brandov passiert man wieder die Grenze.

Buchenwald am Sachsenweg

Olbernhau und Umgebung

Tourist-Information, Grünthaler Str. 20, Olbernhau, Tel. 37360/689866; Mo–Di u. Do–Fr 10–17 Uhr, Mi u. Sa 10–13 Uhr, Stadtführung ohne Anmeldung Mo 10.30 Uhr ab Infobüro. www.olbernhau.de und www.grenzenloses-erzgebirge.de

Bahnstrecke von Chemnitz nach Olbernhau-Grünthal (Kursbuch 519), ›Flöhatalbahn‹, tagsüber zweistündlich mit Halt u. a. in Flöha und Pockau-Lengefeld.
Die tschechische **Buslinie 521 Olbernhau–Brandov – Litvínov** verkehrt 6x täglich pro Richtung grenzüberschreitend auf gesamter Länge. www.dopravauk.cz

Saigerhütte, In der Hütte 9, Olbernhau, Tel. 037360/7870; DZ ab 90 Euro, Erker-Suite ab 130 Euro. Fachwerkbau im historischen Betriebsgelände. www.saigerhuette.de
Poppsches Gut, Zum Poppschen Gut 5, Olbernhau, Tel. 037360/20056; DZ 74 Euro. Am sonnigen Südhang. www.hotel-poppschesgut.de
Drei Linden, Kleinneuschönberger Str. 37, Olbernhau, Tel. 037360/73157; 20 Euro pro Person, Restaurant Di Ruhetag. Preiswerte Lösung am Stadtrand Richtung Freiberg. www.drei-linden.olbernhau.org
Pulvermühle, Rungstockstr. 85, Olbernhau, Tel. 037360/791137, DZ o. F. 55 Euro, www.pulvermühle.eu
Zur Ofenschenke, Hutha 14, Pfaffroda, Tel. 037360/36390; DZ ab 70 Euro. Sympathisches kleines Gasthaus mit nachhaltigem Energiekonzept und traditionellen Speisen. www.landhotel-ofenschenke.de

Torteneck, Bahnhofstr. 9, Mobiltel. 0172/8407328, www.torteneck.cafe

Heimatmuseum, Markt 7, Olbernhau, Tel. 037360/72180; Di–Sa 10.30–16.30, So 12–16.30 Uhr. www.museum-olbernhau.de
Museen des Saigerhüttengeländes Olbernhau-Grünthal, In der Hütte 10, Tel. 037360/73367, www.olbernhau.de
- Althammer; Führungen März–Dez. Di–So stündlich 9.30–11.30 u. 13–16 Uhr,
- ›Turnhalle‹; Di–So 9.30–16.30 Uhr,
- ›Seiferthäusl‹; Di–Fr 10–17, Sa/So 13–17 Uhr.

Ausstellung im Schloss Pfaffroda, Am Schloßberg 8, Tel. 037360/669106; März–Dez. Fr/Sa 14–17 Uhr.
Heimatmuseum Dörnthal, Tel. 037360/60239, Freiberger Str. 516; Do u. So 14–17 Uhr.

Grünthaler Sommer. Recht junge Veranstaltungsreihe, jährlich seit 2016 zwischen Ende Juli und Ende August, mit steigender Besucherzahl. www.olbernhau.de/de/grüso

Gnade Gottes Erbstollen, Forstgartenweg 1 B, Olbernhau, Tel. 37360/35036; Führungen nach Anmeldung. www.bergbau-live.de

Indoor-Spielplatz Stockhausen, In der Hütte 8, Olbernhau, Tel. 037360/79950; Do–Mo 12–18 Uhr, Okt.–Apr. Sa/So bereits ab 10 Uhr, in den Schulferien Sachsens täglich auch Di u. Mi. Bitte Hausschuhe mitbringen! www.stockhausen-spielzeugland.de

Fahrradverleihstellen:
Zweirad-Sport Hauptlorenz, Am Gessingplatz 4, Olbernhau (Zentrum), Tel. 37360/72573. Veranstalter der jährlichen Olbernhauer Radtour (www.olbernhauer-radtour.de). www.zweirad-sport.de
Pulsschlag, An der Natzschung 2, Olbernhau (Grünthal), Tel. 037360/20466. www.puls-schlag.com
Sponsert ein grenzüberschreitendes Radwegenetz (www.bikeman-trail.de)

▸ Karte: hintere Umschlagklappe

Frei zugängliche **Badestelle** am Bierwiesenteich, Freiberger Str. 6 A, Pfaffroda. Campingerlaubnis in der benachbarten Mehrzweckhalle oder bei der Stadtverwaltung Olbernhau erhältlich.

Erzgebirgs-Fisch, Freiberger Str. 315, Hallbach, Tel. 037360/72274. Teichwirtschaft mit Hofladen. www.erzgebirgs-fisch.de

Traditionsfleischerei Kempe, Hauptstr. 25, Blumenau, Tel. 037360/72579. Vielfach ausgezeichnet. www.kempe-fleischer.de

Ölmühle, Dörnthal 47, Tel. 037360/6192. Die älteste produzierende Ölmühle Deutschlands mit Hofladen. www.oelmuehle-doernthal.de

Klinikum Mittleres Erzgebirge, Haus Olbernhau, Krankenhausstr. 1, Tel. 037360/100. www.kkh-mek.de

Die Flöha ab Pockau-Lengefeld

2014 vereinigten sich die Gemeinde Pockau und die Stadt Lengefeld zu Pockau-Lengefeld. Westlich der Stadt liegt der Bornwald mir den beiden Neunzehnhainer Talsperren. Die Gemeinden Grünhainichen und Börnichen bilden seit 1994 den Verwaltungsverbund Wildenstein.

Pockau

Im 15. Jahrhundert gab es eine Glashütte in Pockau und im 16. Jahrhundert Holzkohlemeiler. Interessanteste Gebäude in Pockau an der Mündung der Pockau in die Flöha sind die **Amtsfischerei**, ein barocker Fachwerkbau von 1653, und die **Ölmühle**, eine Wassermühle von 1783. In Pockau hat die Lorenzianer genannte ›Gemeinschaft in Christo Jesu‹ ihren Sitz. Keimzellen waren die Andachtskreise von Gottlieb Reichelt (1832 – 1878) in Oberseiffenbach und Ferdinand Schneider (1835 – 1908) bei Colditz. Die chiliastische Religionsgemeinschaft ist seit 1922 als Verein eingetragen. Eine zentrale Rolle spielte der aus einer bescheiden lebenden Erzgebirgsfamilie stammende ›Vollendungsbote‹ Hermann Lorenz (1864 – 1929). Auf einem ihm gehörenden Grundstück wurde die ›Eliasburg‹ errichtet, Nichtmitglieder haben generell keinen Zutritt. Es gibt schätzungsweise 4000 Mitglieder in 60 Ortsgemeinden, außerhalb Sachsens blieb die Resonanz gering. Eine Expansion streben die Lorenzianer auch nicht mehr an und modernen Massenkommunikationsmitteln gegenüber sind sie kritisch eingestellt.

Lengefeld

Die **Burg Rauenstein** an der Flöha wurde in einem Dokument von 1323 erstmals erwähnt. 1522 gründeten die Burgherren die Bergstadt Lengefeld, von 1906 bis 1999 wurden im Ort Wohnraumleuchten hergestellt. In jeweils sehr schöner Lage umgeben drei **Trinkwassertalsperren** – Saidenbach, Neunzehnhain I, Neunzehnhain II – die Stadt. Deren klares Wasser wurde seit langem durch die Sächsische Akademie der Wissenschaften intensiv untersucht. Das Labor steht zwischen den beiden Neunzehnhainer Talsperren und gehört zur Technischen Universität Dresden. Unterm Mikroskop sieht man beispielsweise hübsche Joch- und Kieselalgen im Plankton. 2014 entdeckte man das Bakterium Rhodoferax saidenbachensis als neue Art. Alle drei Staumauern sind gekrümmte Gewichtsstaumauern aus Bruchsteinmauerwerk nach dem Intze-Prinzip und für Wanderer begehbar.

Zwischen der Fernstraßenkreuzung Heinzebank (→ S. 165), Lengefeld und

Im Miniaturenpark in Oederan

Börnichen erstreckt sich ein typischer Nadelwald. Sein Südwestzipfel heißt Heinzewald, der andere Teil Bornwald.

Das **Kalkwerk Lengefeld** war das letzte mit Schachtförderung arbeitende Bergwerk Sachsens (www.geomin.de). Lange vor Betriebsende 2015 existierte aber schon ein **Museumsbereich**. Es handelt sich sicher neben Bläse auf Gotland um das interessanteste Technische Denkmal der Bindemittelindustrie, nicht nur wegen der Bergbaugeschichte ist es besuchenswert. Während der letzten Kriegshandlungen 1945 waren hier Teile der Dresdner Kunstschätze ausgelagert. Die Tagebruchsohle wurde als eigenständiges Schutzgebiet entsprechend der Flora-Fauna-Habitat-Richtlinie der EU ausgewiesen. Im Frühsommer blühen **5000 wilde Orchideen** – Geflecktes Knabenkraut, Breitblättriges Knabenkraut, Braunrote Stendelwurz, Großes Zweiblatt, Bleiches Waldvöglein und andere –, dazu kommen weitere seltene Pflanzen- und Tierarten.

■ Grünhainichen und Umgebung

Das Waldhufendorf Grünhainichen liegt am linken Flöhaufer, das 2015 eingemeindete Borstendorf am rechten. Der Eintrag eines Löffelmachers 1579 im Kirchenbuch Grünhainichens wird als ältester Nachweis des Holzartikelhandels im Erzgebirge angesehen, und mitunter wird der Ort als zweitwichtigstes Zentrum der Holzspielwarenherstellung bezeichnet.

Im Gemeindewappen ist neben einem typischen Lichterengel ein Bergmann im Habit eines Blaufarbenwerkers zu sehen. Gemeinsam mit Füchtners Nussknacker aus Seiffen sind Wendts Engel aus Grünhainichen die wohl international bekanntesten Qualitätsprodukte aus dem Spielzeugland. Das 1649 gegründete Zschopenthaler Blaufarbenwerk exportierte Kobaltmehl bis nach Delft und Venedig.

Borstendorf und das benachbarte **Eppendorf** waren Zentren der Schachfigurenherstellung, entsprechend ist eine hübsche Tour von 15 Kilometern rund um Borstendorf als **Schachwanderweg** ausgeschildert. Sie eignet sich gleichermaßen gut als Fuß- wie als Fahrradtour.

■ Oederan und Hetzdorf

Das **Hetzdorfer Viadukt** (nicht verwechseln mit Hetzdorf bei Halsbrücke) ist die eindrucksvollste historische Brücke des Erzgebirgsvorlandes. Es war von 1868 bis 1992 für die Eisenbahn in Be-

Das Hetzdorfer Viadukt

▲ Karte: hintere Umschlagklappe

trieb, ab 1965 lag auf dem Viadukt eine Langsamfahrstelle. Die Gesamtlänge beträgt 328 und die Höhe 43 Meter. Das Bauwerk überspannt die Flöha mit einer leichten Krümmung flussaufwärts. Vom Aussichtspunkt Bastei im Wald der Hetzdorfer Schweiz hat man einen besonders schönen Blick von oben auf die Gesamtkonstruktion. Die Gleise sind nun entfernt und ein Wanderweg ist hergerichtet. Die heutige Bahnstrecke verläuft nördlich versetzt.

Zugegeben, die Bergstadt Oederan liegt nicht an der Flöha, aber der **Miniaturenpark Klein-Erzgebirge**, Deutschlands ältester Miniaturenpark, muss in diesem Buch erwähnt werden. Die familienfreundliche Freilichtausstellung startete 1933 im Oederaner Stadtwald. Sie zeigt inzwischen über 210 Modelle, überwiegend im Maßstab 1:25.

Außerdem bietet Oederan ein interaktives **Heimatmuseum** neben dem Rathaus mit Schwerpunkt Webereigeschichte sowie im Zentrum eine **Stadtkirche** mit Silbermannorgel.

Bornwaldrunde per Rad oder zu Fuß

Start und Ziel: Börnichen.
Länge: 27 km.

Von der Ortsmitte Börnichens mit Kirche und Festplatz führt die Route über den Försterweg und den Hammerweg zur **Talsperre Neunzehnhain II**. Nach dem Queren der Bundesstraße 101 biegt links ein gelb markierter weg nach **Lauterbach** vom bisher grün markierten Weg ab. Man kommt an Ullmanns Fabrik ›Lauterbacher Spirituosen‹ in den Ort mit seiner **Wehrkirche** hinein. In der Ortsmitte biegt man wieder links ab auf die S 225 zum **Kalkwerk Lengefeld**. Dort folgt man einem grün markierten Weg. Auf der Landstraße S 226 schlägt man quasi einen Haken nach links und biegt nach wenigen Metern recht auf den blau markierten Weg ab. Im Wald versteckt liegt der ehemalige **Steinbuch Weißer Ofen**. Man erkennt ihn an einer Gittertür in der Felswand. Gleich hinter der Staumauer der **Talsperre Neunzehnhain I** biegt links der Neunzehnhainer Weg nach Wünschendorf ab. Gegenüber dem Fußballplatz führt die Stolzenhainer Straße zur **Schwarzmühle.** Dort werden in einer kleinen Familienwerkstatt Buttermodeln und Nudelhölzer hergestellt. Nun ist es nicht mehr weit bis zum Ausgangspunkt.

Pockau-Lengefeld

Waldesruh, Obervorwerk 1, Lengefeld, Tel. 037367/3090; DZ 90 Euro. Gasthof am Waldrand, auch die Küche wird sehr gelobt. www.hotel-waldesruh-lengefeld.de

Forsthaus, Vorwerk 9, Lengefeld, Tel. 037367/2277; DZ 65 Euro. Sehr fahrradfreundliche Restaurantpension. www.gasthof-forsthaus.com

Kalkwerk, Kalkwerk 2, Lengefeld, Tel. 037367/2323; Mo u. Di Ruhetage. An der Bundesstraße 101. www.kalkwerk-lengefeld.de

Goldener Stern, Oederan-Memmendorf, Tel. 037292/21951; DZ ab 66 Euro. Mit Alpaka-Zucht und Hofladen. www.goldener-stern.com

Schwarzmühle, Schwarzmühle 4, Boernichen, Tel. 037294/87492; Ferienwohnung für 3 Pers. 50 Euro. Idyllisch im Wald gelegen, An- und Abreisetag sind jeweils voll zu bezahlen, dafür ist der Grundpreis moderat. www.schwarzmühle-erzgebirge.de

Ölmühle, Mühlenweg 5 B, Pockau, Tel. 037367/33357; Mai–Okt. Mi 15–16, Sa 9–11 u. 14–16 Uhr. www.pockau-lengefeld.de

Wendt & Kühn, Chemnitzer Str. 40, Grünhainichen, Tel. 037294/86286. Figurenhersteller, Führungen nach Anmeldung. www.wendt-kuehn.de

Museum Erzgebirgische Volkskunst, Chemnitzer Str. 20 A, Grünhainichen, Tel. 037294/96555; Besuch nach Anmeldung. www.gruenhainichen.com

Miniaturpark Klein-Erzgebirge, Richard-Wagner-Str. 2, Oederan, Tel. 037292/5990; Apr.–Okt. So–Do 11–19, Fr–Sa 11–22 Uhr. www.klein-erzgebirge.de

webMUSEUM, Markt 6, Oederan, Tel. 037292/27128; Di–So 12–17 Uhr. www.oederan.de

Dorfmuseum, Gahlenzer Str. 105, Oederan, Tel. 037292/20975; Di–Do 9–16, März–Okt. auch So 14–17 Uhr. www.heimatverein-gahlenz.de

!

Denkmalkomplex Kalkwerk, Kalkwerk 4A, Lengefeld, Tel. 037367/2274; Juni–Aug. Di–So 10–17 Uhr, Apr.–Mai u. Sept.–Okt. Mi–So 10–16 Uhr. www.kalkwerk-lengefeld.de

Die Täler der Pockau

Nachdem wir die hohen, fast senkrecht aufsteigenden Felsen und die tosende Pockau betrachtet haben, erklimmen wir den Katzenstein und geniessen von einer weit vorspringenden Felsenplatte die Aussicht auf das eben verlassene Thal und dessen Umgebung.

aus Berlets Wegweiser 1872

Dem Gebiet der Pockautäler soll ein eigenes Kapitel gewidmet werden, denn der Abschnitt der Schwarzen Pockau am Katzenstein wird von vielen als schönster Wildbach des Gebirges angesehen. In Kühnhaide zweigt ein historischer Kunstgraben vom Bach ab. Zwischen den entlang beider Gewässer führenden Wegen kann man an mehreren Stellen wechseln. Seit 2012 zählen die Gemeinde Pobershau und die Bergstadt Zöblitz als Ortsteile Marienbergs (→ S. 167).

Pobershau

Der Ortskern Pobershaus liegt an der Roten Pockau. Er entstand als merkwürdiges Konstrukt: die linke Dorfhälfte gehörte dem Amt Wolkenstein und die rechte dem Amt Lauterstein. Erst 1856/57 vereinigten sich beide Orte. 1869 stellte die letzte Zeche den Bergbau ein.

Zu den bekanntesten Pobershauern zählt Gottfried Reichel (1925–2015). Seine Schnitzfiguren folgen den Ideen von Käthe Kollwitz und Ernst Barlach. Von der DDR-Kulturpolitik wurde er wegen seiner christlichen Überzeugung und seines geradlinigen Auftretens dennoch ignoriert.

Größter Touristenmagnet Pobershau ist das zentral im Ort gelegene **Schaubergwerk Molchner Stolln**. Besonders das hübsche Gebäudeensemble im Fachwerkstil macht es zu einem der schönsten Schaubergwerke im Gebirge. Der Museumsladen verfügt über eine gute Auswahl an Mineralien.

Die Rote Pockau fließt durch Pobershau und mündet an der Kniebreche – was für ein passender Name für eine scharfe Straßenkurve! – in die Schwarze Pockau. Die nahezu unverbaute Schwarze Pockau (Černá) entspringt am Haßberg (Jelení hora) und bildet zwischen Satzung und Kühnheide die Staatsgrenze (→ S. 240).

Zunächst parallel zur Schwarzen Pockau verläuft der von ihr abgezweigte **Grüne Graben**. Dieser acht Kilometer lange, von 1678 bis 1680 erbaute Kunstgraben lieferte Aufschlagwasser nach Pobershau. Nach 300 Jahren wurde das unter Martin Hiller errichtete Bauwerk renoviert. Etwa 700 Meter westlich des Katzensteins überquert der Graben die Wasserscheide zwischen Roter und Schwarzer Pockau. Hinter den romantischsten Felsen fließt die Schwarze Pockau an einer

▸ Karte: hintere Umschlagklappe

Blick auf Pobershau

Naturschutzstation und der ersten Lama-Ranch im Erzgebirge vorbei.
Eher unspektakulär, aber und wenn man in der Gegend ist, eine Pause wert: die frei zugängliche **Burgruine Lauterstein** und ein wenige Meter frei zugänglicher Bergbaustollen unterhalb davon. Die Burg ist schon seit dem Dreißigjährigen Krieg verlassen. Ein Lichtschalter für den Tiefen Victoria Stolln befindet sich vor dem Mundloch rechts.

Zöblitz

Unweit des rechten Ufers der Pockau liegt die Serpentinsteinstadt Zöblitz, eine der ältesten Siedlungen des mittleren und oberen Erzgebirges. Um das Jahr 1000 muss es hier wohl Konflikte zwischen Slawen und Germanen gegeben haben. Dokumente aus dem 16. Jahrhundert berichten vom ›Marmor Zeblicus‹, 1613 wurde die einzige Serpentinsteindrechsler-Innung der Welt gegründet. Serpentinit lässt sich gut auf der Drehbank bearbeiten. Schöne Beispiele dafür liefert die auch insgesamt sehr harmonische Ausstattung der Zöblitzer **Stadtkirche** (www.stadtkirche-zöblitz.de). Diese besitzt weiterhin eine Silbermannorgel aus dem Jahr 1742.

Rundwanderungen am Katzenstein

Start und Ziel: Pobershau.
Länge: 16 km (beschriebene Grundvariante)
Infos: www.geschichte-zu-fuss.de/wanderung-naturschutzgebiet-schwarzwassertal

Pobershauer Wanderparkplätze, die sich gut für Start und Ziel eignen, befinden sich in Tallage neben der Schwarzen Pockau im sogenannten Hinteren Grund oder in Berglage am Ende des Katzensteinweges. Die seit 1995 im Hinteren Grund bestehende **Naturschutzstation** versteht sich als Anlaufpunkt für entsprechende Themen im mittleren Erzgebirge. Sie verfügt unter anderem über eine kleine Ausstellung, einen Kräutergarten und einen Naturerlebnispfad.

Die eigentliche Wanderung führt zunächst nach Süden immer an der Schwarzen Pockau aufwärts, am Mundloch des Tief Blühend Frisch Glück Stolln vorbei in das Naturschutzgebiet hinein. Nach etwa zwei Kilometern erstreckt sich rechts die senkrechte Wand der **Ringmauer**, wo in feinen Gesteinsfugen das seltene Leuchtmoos wächst. Überhaupt ist das romantische Tal ein tolles Lehrbuch der Biologie und Geologie, interessierte Urlauber könnten damit Wochen verbringen. Es folgen Katzenstein, Nonnenfelsen und Teufelsmauer. Nach insgesamt sieben Kilometern ist die Wanderwegkreuzung mit dem Neubrückenweg erreicht, hier kann mal gut vom schon flacher gewordenen Tal zum Grünen Graben wechseln. Nun geht es an diesem Kunstgraben aus der Bergbauzeit wieder nach Norden bis zum **Aussichtsfelsen Katzenstein**, von dort aus dann schließlich beispielsweise über den Arnoldweg zurück zum Hinteren Grund. ›Kurt-der-Kaffeemann‹ baut seit 2008 ab Ostern an Wochenenden bei geeignetem Wetter einen kleinen Ausschank am Grünen Graben auf. Eigentlich heißt er Steffen Konkol. Seine Kaffeestube besteht aus drei Stangen und einer Plane. Sie ist sogar bei Google Maps zu finden und wird sehr gelobt. Hier sollte unbedingt eine Wanderpause stattfinden. 2017 wurde übrigens in Kühnhaide das zweistündige Bühnenstück ›Kurt allein zu Haus‹ aufgeführt, bei dem ›Kurt‹ sich selbst spielte.

In ähnlicher Weise wie eben beschrieben kann der Weg an der Schwarzen Pockau entlang in Radtoren eingebunden werden. Er führt sehr angenehm von Kühnhaide bis Kniebreche (und weiter) immer leicht bergab.

Für diese Wanderung gibt es viele Variationsmöglichkeiten, man kann sie durch Querverbindungen zwischen dem Weg im Tal und dem Weg am Kunstgraben abkürzen oder beispielsweise über den Vogeltoffelfelsen erweitern. Kinder werden besonders am Klettern und Plantschen interessiert sein, wobei außer auf die Sicherheit (nasse Steine sind oft glitschig) auch auf die Naturschutzbestimmungen geachtet werden muss.

i Die Täler der Pockau

Gästebüro Pobershau, Ratsseite 68, Tel. 03735/23436; Mo u. Mi u. Fr 9–12, Di u. Do 13–16 Uhr. www.pobershau.de

Tourist-Info Zöblitz, Bahnhofstr. 1, Tel. 037363/7704; Di–Do 11–15.30, Fr 10–12.30, Sa/So 13–16 Uhr. www.zoeblitz.de

Zum Bergbau rund um Pobershau gibt es eine eigene Smartphone-App: ›Bergbaulehrpfad Pobershau‹.

Naturschutzstation Pobershau mit Ausstellung und Führungen, Hinterer Grund 4 A, Tel. 03735/6681251.
www.naturschutzstation-pobershau.de

Bahnstrecke von Chemnitz nach Olbernhau-Grünthal (Kursbuch 519), ›Flöhatalbahn‹, tagsüber zweistündlich mit Halt u. a. in Flöha und Pockau-Lengefeld.

Schwarzbeerschänke, Hinterer Grund 2, Pobershau, Tel. 03735/91910; DZ ab 80 Euro. Direkt am Wanderweg im Pockautal. www.schwarzbeerschaenke.de

Roter Mann, Hinterer Grund 7, Pobershau, Tel. 03735/944488; 3 Betten u. 4 Matratzenlager für 45 Euro zzgl. Strom, 30 Euro Endreinigung. Ferienhaus der Bergbrüderschaft.
www.bergbruederschaft-pobershau.de

Burgbergschänke, Bahnhofstraße 7, Zöblitz, Tel. 037363/4189; DZ 50 Euro. Funktionales Quartier an der Straße Marienberg-Olbernhau. www.burgbergschaenke.de

Friesenhof Herrmann, Sorgauer Dorfstr. 19, Sorgau, Tel. 037363/18670; DZ 71 Euro. Reitgelegenheit (Personen < 85 kg) auf Friesenpferden.
www.friesenhof-herrmann.de

Hüttstattmühle, Hüttstattweg 7, Ansprung, Tel. 037363/14606. Renoviertes christliches Ferienheim vor allem für Gruppen, auf Anfrage auch Camping möglich. www.huemue.de

Kurt-der-Kaffemann, www.kuehnhaide.de → Rundwanderungen am Katzenstein.

Ausstellungen Böttcherfabrik, Ratsseite 112, Pobershau, Tel. 03735/660162; Fr–So 13–17 Uhr. Historische Schlosserei, landwirtschaftliche Geräte, Lebenswerk des Volkskünstlers Max Christoph. www.marienberg.de

▶ Karte: hintere Umschlagklappe

Galerie Hütte, Ratsseite 10, Pobershau, Tel. 03735/62527; Di–So 13–17 Uhr. Lebenswerk des Schnitzers Gottfried Reichel. www.marienberg.de

Serpentinstein- und Heimatmuseum, Bahnhofstr. 1, Zöblitz, Tel. 037363/7704; Di–Do 11–15.30, Fr 10–12.30, Sa 13–16 Uhr. www.marienberg.de

Kurfürstliche Amtsfischerei, Fischereiweg 35, Pockau, Tel. 037367/33357; Di 15–17.30 Uhr. www.pockau-lengefeld.de

Rock auf dem Berg, Open-Air-Festival im Juli am Katzenstein mit kostenlosem Camping. www.rockaufdemberg.de

Molchner Stolln, Amtsseite 67, Pobershau, Tel. 03735/62522; Di–So 10–16 Uhr, Führungen im Abstand von 90 min. www.marienberg.de

Die **Bergbauagentur Zöblitz**, organisiert nach Anmeldung Exkursionen in der Umgebung. www.bergbau-agentur.de

Lama-Ranch, Hinterer Grund 17 B, Pobershau, Tel. 03735/23586. Eine Stunde Wanderung mit den südamerikanischen Tieren kostet unabhängig von der Gruppengröße faire 30 Euro und beruhigt die Seele. Familie Arnold kennt sich hervorragend in der Gegend aus und ist stolz auch auf Kochkünste mit dem Gusseisentopf Dutch oven der Cowboys. www.lama-ranch.de und www.feriendorf-schwarzwassertal.de

Hochseilgarten und Kletterwelt der Strobel-Mühle, Marienberger Str. 36, Pockau, Tel. 03735/660216. www.strobelmuehle.de

Organisierter **Klettersport** am Katzenstein vom Chemnitzer Wander- und Bergsportverein: www.seilwurf.org

Marienberg und Umgebung

Mit über 133 Quadratkilometern ist Marienberg die flächengrößte Gemeinde des Erzgebirgskreises. Sie umfasst auch den größten Teil der Pockautäler (→ S. 164). Marienberg ist geradezu ein Idealbeispiel für eine geplante Renaissancestadt, der reguläre Stadtgrundriss mit einem quadratischen Marktplatz stammt vom vormaligen Freiberger Bürgermeister und Gelehrten Ulrich Rülein von Calw. Die Urkunde zur Stadtgründung stellte Herzog Heinrich der Fromme (1473 - 1541) im Jahr 1521 aus. Von 1541 bis 1566 wurde die Stadtmauer errichtet. Eine Statistik von 1553 nennt Marienberg mit 4000 Einwohnern die achtgrößte Stadt Sachsens. Das 17. Jahrhundert brachte dann viel Elend, zu Plünderungen und Pestepidemie im Dreißigjährigen Krieg addierten sich 1610 und 1684 zwei große Stadtbrände. Ein lokaler Wolkenbruch richtete 1999 größere Schäden an als das Hochwasser 2002. Marienberg wurde 1753 Garnisionsstadt, seit 1991 ist ein Panzergrenadierbataillon der Bundeswehr in den Kasernen stationiert. Neben der Armee stellt die Metallfedernproduktion einen großen Arbeitgeber der Stadt dar. Vom 1970 bis 1974 errichteten Federnwerk im Stadtteil Dörfel blieb im Zeitalter der Marktwirtschaft immerhin eine Belegschaft von rund 900 Mitarbeitern in der Scherdel Marienberg GmbH (www.scherdel.de).

Sehenswürdigkeiten

Markanteste Gebäude der Innenstadt sind die Marienkirche, das **Rathaus** und das Bergmagazin. Das Renaissanceportal des Rathauses stammt aus dem Jahre 1539. Die 1564 eingeweihte **Stadtkirche** gilt als letzte große Hallenkirche im Erzgebirge. Zwei Reste der **Stadtmauer** (Zschopauer Tor und Roter Turm) verfügen über nutzbare Räume. Das **Bergma-**

gazin war 1809 fertiggestellt und diente zunächst als Getreidespeicher, 2006 eröffnete dort nach einer Sanierung die zweisprachig umgesetzte Ausstellung ›Sächsisch-böhmisches Erzgebirge‹.

Die **Villa der Fabrikantenfamilie Baldauf** entwickelte sich ab 1997 zu einem der wichtigsten Kulturtreffpunkte im Mittelerzgebirge. Es finden unter anderem Ausstellungen und Lesungen statt, das Team organisiert aber auch Veranstaltungen an anderen Orten. Das hübsche Jugendstilgebäude wurde zwischen 1907 und 1913 errichtet.

Rübenau, Kühnhaide, Satzung am Hirtstein

Seit den letztem Eingemeindungen reicht Marienberg bis zur Staatsgrenze. Die Gebirgssiedlungen hier zählen zu den kältesten Orten Deutschlands (aktuelles Wetter auf www.kuehnhaide.de).

Rübenau ist die größte Streusiedlung Sachsens. Auf einer Fläche, die der Dresdner Altstadt entspricht, leben lediglich 1000 Menschen. Einsame Picknickstellen bietet beispielsweise der kleine Lehmhaidner Teich im großen Wald von Rübenau in Richtung Ansprung. Einen schönen Blick auf den Ort hat man vom **Lauschhübel** (Čihadlo, 842 Meter, → S. 240) kurz hinter der Grenze.

Große Flächen am Kamm sind entsprechend der Flora-Fauna-Habitat-Richtlinie der EU unter Schutz gestellt. In Kühnheide kann man **Hochmoorgebiete** und in Satzung den **Basaltkrater Hirtstein** (890 Meter, → Extra S. 26) besichtigen.

Im Südwesten von Kühnhaide verläuft der **Moorlehrpfad Stengelhaide**. Die **Mothäuser Heide** ist sogar das älteste Schutzgebiet im Erzgebirge, der Schutzstatus von 1911 wurde 1960 nochmals mit der Ausweisung von Totalreservaten verschärft. Gerade deshalb ist die Mothäuser Heide auch ein geradezu unglaubliches Beispiel für den Investorenfilz, der sich zur Zeit unter Sachsens Ministerpräsident Kurt Biedenkopf ausbreitete. Der Freistaat verkaufte in großem Maße landeseigene Schutzgebiete, 1995 erwarb ein Immobilienmakler die Mothäuser Heide für eine Million D-Mark. Die Forstverwaltung hatte das Grundstück auf über fünf Millionen geschätzt. Der folgende Holzeinschlag in den Randzonen störte den Wasserhaushalt des Moores. Deshalb veräußerte der Besitzer die Heide eilig für über vier Millionen an einen anderen Privatier weiter.

Einer der interessantesten Gipfel des Erzgebirges ist der **Hirtstein** mit seinem Basaltfächer; das markante Bild des sogenannten Palmwedels hatte es schon in

Der Palmwedel am Hirtstein

▲ Karte: hintere Umschlagklappe

der Zwischenkriegszeit bis in amerikanische Schullehrbücher geschafft. Vermutlich erreichte die Lava vor 24 Millionen Jahren nicht ganz die Erdoberfläche, sondern blieb im umgebenden Gneis pfropfenartig stecken.

Marienberg und Umgebung

Tourist-Info Marienberg, Markt 1, Tel. 03735/602270; Mo/Di u. Do–Fr 9.30–16.30, Mi 13–16.30, Sa 9.30–12 Uhr, Mi 10 Uhr ab Infobüro Stadtführung ohne Anmeldung. www.marienberg.de

Die **internationale Buslinie 588** (www.vms.de) verbindet seit 2020 Marienberg und Chomutov.

Lindenhäuschen, Bergstr. 14, Marienberg, Tel. 03772/3729567; DZ 50 Euro. Das älteste erhaltene Wohngebäude der Stadt, einfach süß, ziemlich zentral. www.lindenhäuschen.de

Hirtsteinbaude, Am Hirtstein 3, Satzung, Tel. 037364/12844; DZ 60 Euro. Übernachtung auf einem der schönsten (und windigsten) Gipfel des Gebirges. www.hirtsteinbaude.de

Erbgericht, Hauptstr. 85, Satzung, Tel. 037364/8273; DZ ab 50 Euro. Am Kammweg neben der Dorfkirche.

Haus der Kammbegegnungen, In der Gasse 3, Rübenau, Tel. 03735/6681251. Schullandheim und Umweltbildungsstätte, Apr.–Sept. einfache Campingmöglichkeit. www.kammbegegnungen.de

Salzhaus, Ernst-Thälmann-Str. 72 B, Reitzenhain, Tel. 037364/120597; So u. Mo Ruhetage. Kombination aus Gaststube und benachbartem Salarium, einem entspannenden Inhalationsraum mit Salz-Mikroklima. www.salzhaus-erzgebirge.de

Oma's Kartoffelhaus, Zschopauer Str. 19, Tel. 03735/660677. Schnitzelvarianten zwischen Marktplatz und Zschopauer Tor. www.omas-kartoffelhaus.de

Museum sächsisch-böhmisches Erzgebirge im Bergmagazin, Am Kaiserteich 3, Marienberg, Tel. 03735/66812910; Di–So 10–16 Uhr. www.marienberg.de

Marienkirche, Mo–Fr 11–17, Sa–So 13–16.30 Uhr.

Pferdegöpel auf dem Rudolphschacht, Hauptstr, 12. Marienberg-Lauta, Tel. 03735/608968; Di–So 10.30–16.30 Uhr. www.marienberg.de

Baldauf-Villa, Kultur- und Freizeitzentrum des Erzgebirgskreises, Anton-Günther-Weg 4, Tel. 03735/22045, www.baldauf-villa.de.

Aqua Marien, Am Lautengrund 5, Tel. 03735/68080; 10–22 Uhr. Sachsens größtes Erlebnisbad. www.aquamarien.de

Dicht neben der Bundesstraße liegt vor Reitzenhain der **Steinbruchsee** links im Wald. Trotz einiger Reste von Panzerschrott am Grund ist er als frei zugängliche Badestelle beliebt.

Radsport Weinhold, Am Abrahamschacht 1, Tel. 03735/62436. E-Bike-Verleih, auch Lieferung zu Quartieren. www.radsport-weinhold.de

Auhagen-Shop, Hüttengrund 25, Marienberg, Tel. 03735/668428. Fabrikverkauf von Modellbahn-Zubehör. www.auhagen-shop.de

Erster Museumsladen Lauterbacher Spirituosen, Oberdorf 45, Marienberg-Lauterbach, Tel. 03735/66960. www.lauterbacher-tropfen.de

Katja Gradt in Rübenau fertigt phantasievolle Häkelmode (u.a. Hexenstolas), Mobiltel. 0162/2509707.

Oberes Erzgebirge (D)

Betrachtet man Statistik und Landkarte, so herrscht wohl schnell Einigkeit darüber, dass Annaberg-Buchholz mit rund 20 300 Einwohnern die größte der echten Erzgebirgsstädte ist. Sie liegt 600 Meter hoch und obendrein auf einer Anhöhe. Außerdem passiert man Annaberg auf direktem Weg zwischen Chemnitz, der größten Stadt des Gebirgsvorlandes, und den höchsten Bergen des Gebirges. Die Wortwahl Oberes Erzgebirge ist historisch entstanden und nicht eindeutig definiert. Die Höhenlage ist nicht für die Wortwahl entscheidend, denn schließlich gehören nach herkömmlichen Verständnis viele Orte von unter 550 Metern zu dieser Region. Zur Tourismusgemeinschaft Oberes Erzgebirge haben sich Bärenstein (nicht verwechseln mit Bärenstein bei Altenberg) und Sehmatal zusammengeschlossen.

Jöhstadt, Wolkenstein und Scharfenstein

Die drei Orte Jöhstadt, Wolkenstein und Scharfenstein und ihr Umfeld sollen, da sie fast auf einer Linie im Bereich der Flüsse Preßnitz (Přísečnice) und Zschopau liegen, hier zusammengefasst werden. Die Preßnitz entspringt südlich von Kovářská (Schmiedeberg, → S. 239), in Jöhstadt-Schmalzgrube nimmt sie das Jöhstädter Schwarzwasser auf und bei Großrückerswalde-Finsterau mündet sie in die Zschopau. Flussabwärts erheben sich dann die Burgen von Wolkenstein und Scharfenstein.

▲ Karte: vordere Umschlagklappe

■ Jöhstadt

Im abseits von Hauptstraßen gelegenen Jöhstadt geht es ruhig zu, manchem vielleicht zu ruhig. Vom vielseitigen Bergbau ist für Touristen nur ein nach Anmeldung geöffneter Stollen geblieben, **Wanderwege** führen über die Staatsgrenze nach Tschechien. Das Zentrum der Berg- und Landstadt liegt an einem Südosthang Zu Jöhstadt gehört **Schmalzgrube** mit einer ehemaligen **Eisenhütte.** Der acht Meter hohe Schmelzofen wurde 1659 aus Bruchsteinen errichtet und später mehrmals renoviert. Die Gebäude des Geländes wie das Hammerherrenhaus aus dem Jahre 1766 dienen einer gemeinnützigen Herberge vor allem für Jugendgruppen.

■ Preßnitztalbahn

Im Tal des Jöhstädter Schwarzwassers, unterhalb des Jöhstädter Zentrums, ist die Zentrale der Preßnitztalbahn leicht zu finden. Die Schmalspurstrecke genießt überregionale Bekanntheit, vor allem wegen der malerischen Dampflokomotiven. 1892 eröffnete die Schmalspurbahn im romantischen Preßnitztal, 1986 wurde der letzte Abschnitt der Strecke Wolkenstein–Jöhstadt stillgelegt. Seit 1992 wurde der acht Kilometer Abschnitt Steinbach–Jöhstadt durch die Interessengemeinschaft Preßnitztalbahn wieder aufgebaut, sie betreibt ihn

Die Preßnitztalbahn fährt im Schmalspurformat

heute als Museumsbahn. Der Verein besitzt 8 Schmalspurlokomotiven und 26 Schmalspurwaggons, ein Anspruch auf Dampfbetrieb (Tage mit Waldbrandgefahr!) besteht nicht. Mitfahren darf man an den Wochenenden zwischen Mai und Oktober, an einigen Feiertagen sowie auf Kundenbestellung. Für geduldige Fotografen ist es eine Herausforderung, die gar nicht mal so langsame Technik an idyllischer Stelle nostalgisch abzulichten. Die Jöhstädter Eisenbahner beteiligen sich auch an Projekten außerhalb des Erzgebirges, so betreibt eine 2000 gegründete GmbH seit 2008 zwei Bahnstrecken auf Rügen.

Großrückerswalde

In Großrückerswalde, zwischen der Preßnitzmündung und Marienberg, steht eine im Sommerhalbjahr tagsüber geöffnete **Wehrkirche**. Dendrochronologische Untersuchungen datieren das Wehrgeschoss auf 1447 bis 1450. Die Kirche besitzt drei Emporen mit farbenfrohen Gemälden aus der abgebrochenen Josefskapelle Jöhstadt und eine Orgel von Christian Gottlob Steinmüller (1792 – 1864) aus dem Jahr 1829. Die **Pfarrscheune** daneben kann für (Kinder- und Jugend-) Gruppen als Quartier gemietet werden.

Wolkenstein

Die Wolkensteiner Altstadt liegt auf einem Felssporn unweit der Mündung der Preßnitz in die Zschopau. Dominante ist die **Schloss Wolkenstein** genannte Burg. 1963 entstand der Vorgänger des heutigen vielseitigen Schlossmuseums.
Am Westende des Schlosses führt eine steile Steintreppe durch Felsspalten hinunter zum Zschopauufer. Dieses Erlebnis heißt **Wolfsschlucht**. Es handelt sich aber nicht um ein typisches Wolfsbiotop, eher ist der Name wohl durch dortige Windgeräusche entstanden. Schöne Blicke auf

Und noch eine Burg: Wolkenstein

das Schloss hat man von der anderen Seite der Zschopau wie beispielsweise vom Ziegenfelsen aus. Vom Bahnhof aus ist dieser etwa einen Kilometer entfernt. Felsformationen aus hartem Gneis bei Wolkenstein tragen die unbescheidene Bezeichnung **Wolkensteiner Schweiz**. Für Sportkletterer ist das ein lohnenswertes Areal. Aber auch auf simplen Wanderwegen kommt man beispielsweise durch den Wald von Wolkenstein in Richtung Scharfenstein zur Brückenklippe dicht neben dem Flusslauf der Zschopau. Von hier aus sieht man eine alte Steinbrücke und eine Eisenbahnbrücke.
Wolfram Liebing mit seinem Rauschebart ist seit 2013 einer der beliebtesten Bürgermeister Sachsens, der Wolkensteiner Lyriker begann seine politische Laufbahn beim Neuen Forum.

Heilbad Warmbad

Zur Bergstadt Wolkenstein gehört der Kurort Warmbad. Die Thermalquelle ist seit 1385 bekannt. Sie gilt als wärmste Thermalquelle Sachsens, das Wasser kommt aber nur mit einer Temperatur von 26,5 Grad Celsius aus der Erde – verglichen etwa mit den dampfenden Quellen Karlsbads ist das ein eher bescheidener Wert. Für die Thermalbecken wird das Wasser dann auf 32 bis 34 Grad Celsius erwärmt. 2016 wurde der Status laut sächsischem Kurortegesetz von ›Ort mit Heilquellen-Kurbetrieb‹ zu ›Heilbad‹ aufgewertet. Demnächst will der Kurstandort auch Kälte-therapien anbieten. Insbesondere in Kombination mit dem zehn Kilometer entfernten Kurort Wiesenbad (→ S. 187) im Südwesten ergeben sich viele Entspannungsmöglichkeiten für Thermalwasserfreunde, das angebotene Kombiticket fällt auch etwas günstiger aus als die Summe der Einzelpreise. Die Quelle in Wiesenbad ist übrigens nur unwesentlich kälter als die in Warmbad.

Drebach

Bekannt ist Drebach für seine **Krokusblüte** von zwei, drei Wochen im März und April (www.gemeinde-drebach.de). Violette Krokusse aus dem Garten von Pfarrer David Rebentrost (1648 – 1703) eroberten bislang etwa sieben Hektar der Bergwiesen am Ort. Unter den zeitigen Blüten im Frühling wirken Krokusse besonders zart, sie werden hier auch ›Nackte Jungfern‹ genannt.

Ein **Planetenwanderweg** mit maßstabsgerechten Abständen endet nach sechs Kilometern an der Volkssternwarte Drebach.

Scharfenstein

Im Jahr 2005 wurde Scharfenstein nach Drebach eingemeindet. Vom Ruhm als Industriestandort ist wenig geblieben, immerhin funktioniert der Bahnanschluss noch. Bekanntester Betrieb im Ort war die 1931 als DKW-Tochter gegründete Deutsche Kühl- und Kraftmaschinen GmbH, die 1933 einen Haushaltskühlschrank auf der Basis einer Kompressionskältemaschine entwickelte. Als ›VEB dkk Scharfenstein‹ versorgte die Firma die ganze DDR mit Kühl- und Gefrierschränken und exportierte in 30 Länder, das Produktionsvolumen lag zeitweise um die eine Million Stück pro Jahr. Die Endmontage fand im südlich gelegenen Niederschmiedeberg statt. 1993 stellte die Firma unter dem Markennamen Foron in Abstimmung mit Greenpeace erste FCKW- und FKW-freie Kühlschränke her. Nach mehreren Aufkäufen ab 1996 führte die Zahlungsunfähigkeit der damaligen Dachgesellschaft 2009 ins endgültige Aus. Letzte Foron-Kühlgeräte waren schon 2002 an türkische Händler verkauft worden.

Burg Scharfenstein

»In dem herrlichen Zschopauthale erheben sich auf einem Vorsprunge des nach Westen hin ausgedehnten Hauptgebirges die altersgrauen Gebäude der ehrwürdigen Burg Scharfenstein, überragt von einem gewaltigen, mit Zinnen gekrönten Wartthurme, der wie ein ungeheurer Wächter von seinem hohen Standpunkte herab über die Dächer des Schlosses schauend die ganze Gegend beherrscht.« (Album der Schlösser und Rittergüter im Königreiche Sachsen, 1856)

Bei dieser Beschreibung erscheint es nicht abwegig, das Erscheinungsbild Scharfensteins mit dem Neuschwansteins zu vergleichen. Von allen Bauten des Erzgebirges fühlt man sich hier am stärksten an romantische Rittergeschichten erinnert. Die Spornburg Scharfenstein ist einer der ältesten und schönsten Herrschaftssitze Sachsens, seit über 750 Jahren durchgehend genutzt. Von 1492 bis 1931 war sie im Besitz der Uradelsfamilie Einsiedel, danach richtete ein Fabrikbesitzer eine Vogelschutzwarte ein. 1993 übernahm der Freistaat die Burg, 1995 wurde ein sehr familienfreundliches **Museum** eröffnet. Es widmet sich der Burggeschichte einschließlich des Gebirgshelden Karl Stülpner sowie der Holzhandwerkskunst des Erzgebirges, eine Spielecke und ein Aussichtsturm ergänzen das Angebot.

▸ Karte: vordere Umschlagklappe

Karl Stülpner

Der Wilderer Karl Stülpner (1762 – 1841) gilt als sächsischer Robin Hood, doch einige bekannte Erzählungen aus seinem Leben wie die Belagerung der Burg Scharfenstein sind nicht wirklich belegt. Stülpners Grab in Großolbersdorf existiert noch, seine Erinnerung wird besonders vom Schloss Scharfenstein in mehreren Museumsräumen gepflegt. Der größte Stülpner-Fan ist wohl Ralph Görner, der neben der Burg Scharfenstein aufwuchs und sein Wissen bei Führungen gern an Besucher weitergibt.

Carl Heinrich Stilpner (!) wurde am 30. September 1762 in Scharfenstein geboren und starb am 24. September 1841 ebenda. Eine Schule besuchte er nie. Willkür und Strenge unter anderem in der Forstbewirtschaftung führten 1790 zu einem Bauernaufstand in Sachsen. Die nahe Grenze zu Böhmen war bei Stülpners Versteckspiel als mehrmals desertierter Soldat und steckbrieflich gesuchter Wilderer sicherlich hilfreich. Ab 1807 soll er in Christophhammer (Kryštofovy Hamry) gewohnt und dort 1812 eine Schenke gepachtet haben, kriminelle Handlungen nach heutigem Gerechtigkeitsempfinden lassen sich nicht nachweisen. Sein abwechslungsreiches Leben erhielt durch eine Generalamnestie 1813 eine entscheidende Zäsur. Danach bemühte sich Stülpner um ein bürgerliches Leben in Sachsen. Doch er kam zeitlebens nie zu einem nennenswerten Vermögen. Für seine letzten Jahre einschließlich der Behandlung seiner Krankheiten wie die Operation am Grauen Star 1831 fand er Unterstützer. Die Quellenlage über seine Frauen und Kinder ist widersprüchlich. Er scheint bis ins hohe Alter hinein gewisse Chancen bei der Partnerinnensuche gehabt zu haben. Die meisten seiner Kinder starben jedoch bereits nach wenigen Wochen. Mit 72 Jahren wurde er angeblich letztmals Vater.

Stülpners Kapriolen entsprangen einem Wunsch nach individueller Unabhängigkeit, nicht einer prinzipiellen Geringschätzung von Obrigkeiten. Schon zu seinen Lebzeiten 1835 erschien eine Art Biographie unter dem Titel ›Carl Stülpner´s merkwürdiges Leben und Abenteuer als Wildschütz im sächsischen Hochgebirge, sowie dessen erlittene Schicksale während seines unter verschiedenen Kriegsperioden und Nationen gethanen 25jährigen Militairdienstes‹, für die der Herausgeber bei offenbar längeren Gesprächen Stülpners Einverständnis fand. Den erfolgreichsten Roman über Stülpner schrieb Kurt Arnold Findeisen (1883 – 1963), Restexemplare einer Auflage von 1999 sind noch neu erhältlich. In der DDR wurden Stülpners Aktivitäten gern als Aufstand der Armen gegen die Reichen verklärt, aber dazu fehlten ihm Umsicht und Organisationstalent. Tendenziell folgte 1973 eine unterhaltsame Fernsehserie ›Stülpner-Legende‹ dieser These. Sie bot neben Manfred Krug in der Hauptrolle eine Besetzung mit der damals ersten Garde der DDR-Schauspieler.

Buch- und Filmempfehlungen:
Kurt Arnold Findeisen, Der Sohn der Wälder, Verlag der Nation, Berlin 1999.
Stülpner-Legende, TV-Serie von 1973, Musik von Günther Fischer, 3 DVDs, 7 x 45 min u. Bonusmaterial.

Burg Scharfenstein

Jöhstadt, Wolkenstein, Scharfenstein

Gästeinformation Jöhstadt, Markt 185, Tel. 037343/80510; Mo–Fr 9–12, Di u. Do auch 14–17 Uhr.www.joehstadt.de

Gästebüro Wolkenstein im Schlossmuseum (s. u.).

Bahnstrecke Chemnitz-Cranzahl (Kursbuch 517) mit Halt u. a. in Flöha, Erdmannsdorf-Augustusburg, Zschopau, Scharfenstein, Annaberg-Buchholz. Unregelmäßig (an Sommerwochenenden) kommt es zur Weiterführung der Fahrt bis Vejprty.

Museumsbahn im Preßnitztal, Zentrale: Am Bahnhof 78, Jöhstadt, Tel. 037343/808037. Weitere Bahnhöfe und Haltpunkte: Fahrzeughalle, Schlössel, Loreleifelsen, Schmalzgrube, Forellenhof, Stolln, Wildbach, Steinbach. Betrieb an Wochenenden und Feiertagen laut Fahrplan: www.pressnitztalbahn.de

Wolkensteiner Zughotel, Am Bahnsteig 10, Wolkenstein; DZ ab 70 Euro. Quartiere und Restaurant in Eisenbahnwaggons. www.wolkensteiner-zughotel.de

Schlösselmühle, Schlösselstr. 60, Jöhstadt; DZ 68 Euro. Pension im Preßnitztal. www.schloesselmuehle.de

Forellenhof, Hauptstr. 2, Jöhstadt-Schmalzgrube, Tel. 037343/2472; DZ 60 Euro. Pension im Preßnitztal mit fangfrischen Forellen. www.forellenhof.com

Am Wildbach, Schmalzgrubner Str. 18 D, Jöhstadt-Steinbach, Tel. 037343/88738. Die Raststätte von ›Ebs‹ Mario Eberlein, der Wirt kennt sich hervorragend im Grenzgebiet aus. www.raststaette-wildbach.de

Schullandheim, Annaberger Str. 228, Jöhstadt, Tel. 037343/2222; Schlafplatz ab 20 Euro ohne Bettwäsche. Laut Eigenwerbung ältestes Schullandheim Deutschlandes, schlichte Herberge nicht nur für Schüler, mit Campingmöglichkeit und Rodelausleihe.
www.schullandheim-joehstadt.de

Bürgerladen, Bahnhofstr. 45, Drebach-Scharfenstein, Tel. 03725/3444930. Genossenschaftlich organisierter Dorfladen mit Bistro im ehemaligen Bahnhofsgebäude. www.blsv.org

Naturherberge, Am Hammerwerk 6, Jöhstadt-Schmalzgrube, Tel. 037343/2277. Gemeinnützige Ferienstätte im Wald mit Campingmöglichkeit.
www.naturherberge-hammerwerk.de

Mauersberger-Museum, Hauptstr. 22, Großrückerswalde-Mauersberg, Tel. 03735/90888; Mi–So 12–17 Uhr. Musikermuseum, gewidmet den Chorleitern Rudolf und Erhard Mauersberger und ihrem Heimatort. www.grossrueckerswalde.de und www.musikermuseen.de

Wehrkirche, Kirchberg 4, Großrückerswalde, Tel. 03735/63981, Apr.–Okt. 8–16 Uhr. www.kirche-grossrueckerswalde.de

Schlossmuseum Wolkenstein mit Gästebüro, Schlossplatz 1, Tel. 037369/87123; Di–So 10–17 Uhr.
www.stadt-wolkenstein.de

Planetarium und Volkssternwarte, Milchstr. 1, Drebach, Tel. 037341/7435.
www.planetarium-erzgebirge.de

Burg Scharfenstein, Schlossberg 1, Drebach-Scharfenstein, Tel. 037291/3800; Apr.–Okt. 10–17 Uhr, Nov.–März 10–17.30 Uhr. www.gemeinde-drebach.de und www.die-sehenswerten-drei.de

Ausstellung Kleinkälte, Bahnhofstr. 45, Drebach-Scharfenstein, Mobiltel. 0174/7110128; Do 11–16 Uhr. Das kleine Museum erinnert an die erloschene Kühlgeräteproduktion. www.historische-kleinkaelte.de

Nummernschildmuseum, Grünauer Str. 3, Großolbersdorf, Tel. 037369/84560; Mo–Fr 9–16.30 Uhr.
www.nummernschildmuseum.de

Andreas-Gegentrum-Stolln im Preßnitztal, Tel. 037343/7941; Besuch nach Anmeldung. www.andreas-gegentrum-stolln.de

Silber-Therme, Am Kurpark 3, Wolkenstein-Warmbad, Tel. 037369/1510; So-Do 9–22, Fr–Sa 9–23 Uhr.
www.warmbad.de

Gründelwald Jöhstadt, 1000 m Piste, Fr Flutlicht, 2 Schlepplifte.
www.skiclub-joehstadt.de

Organisierter **Klettersport** bei Wolkenstein vom Chemnitzer Wander- und Bergsportverein: www.seilwurf.org

Möglichkeit zum **Fallschirmsprung** am Sportflugplatz Großrückerswalde:
www.ruewalders.de
Infos zum Flugplatz:
www.fliegen-im-erzgebirge.de

Käserei u. Hofladen, Hauptstr. 81, Drebach, Tel. 037341/7412.
www.hofkaeserei-horn.de
Zweiter Museumsladen Lauterbacher Spirituosen, Äußerer Hofring 1, Wolkenstein-Hilmersdorf, Tel. 037369/84050.
www.lauterbacher-tropfen.de

Kurort Oberwiesenthal und Fichtelberggebiet

Überhaupt ist die Jugend dort weit abgehärteter als im Niederlande, und oft wenn man hier schon zu Pelz und Mantel greift, springen dort Kinder unter freiem Himmel barfuß in bloßem Hemde herum.

aus Engelhardts Vaterlandskunde, 1833

Der Fichtelberg (1215 m) auf deutscher und der Keilberg (Klínovec, 1244 Meter, → S. 226) auf tschechischer Seite bilden das wichtiigste Wintersportgebiet des Erzgebirges, sein unbestrittenes Zentrum auf deutscher Seite ist der Kurort Oberwiesenthal.
Die Entfernung zwischen Annaberg-Buchholz und der Bergstadt Oberwiesenthal zu Füßen des Fichtelberges beträgt reichlich 20 Kilometer.

Kurort Oberwiesenthal

Der Kurort Oberwiesenthal unterhalb des Fichtelberges ist mit einem Wert von 914 Metern die höchstgelegene Stadt Deutschlands, da können auch Garmisch-Partenkirchen und Oberstdorf nicht mithalten. Das Kurort-Prädikat besteht seit 1935 und wurde 2012 bestätigt. Söhne der Stadt sind außer erfolgreichen Wintersportlern auch Paul Otto Apian-Bennewitz (1847 - 1892, Begründer des Musikinstrumenten-Museums Markneukirchen) und William Wauer (1866 - 1962, Künstler des Kubismus). Der legendäre Skifahrer Eberhard Riedel dagegen wurde 1938 in Lauter geboren. Von der DDR-Zeit bis heute führt Oberwiesenthal die Statistik bei der Anzahl der Betten im Fremdenverkehr des Erzgebirges an. Entsprechend kosten manche Dienstleistungen in diesem beliebten Ort etwas mehr als in der Umgebung. Seit 1990 verlor das Städtchen fast die Hälfte seiner Bevölkerung. Immerhin achtet man mehr auf Naturschutz als die benachbarten Tschechen.
Zentrum des Städtchens ist der Marktplatz mit Kursächsischer Postmeilensäule. Die Endstation der Fichtelbergbahn befindet sich nur 300 Meter entfernt.

Wintersportanlagen am Fichtelberg

Auf Ostdeutschlands höchsten Gipfel führt die älteste **Luftseilbahn** Deutschlands; sie ging 1924 in Betrieb. Ein Kabine fasst 44 Fahrgäste, 300 Meter Höhenunterschied werden in knapp 4 Minuten Fahrtzeit überwunden. Nicht immer herr-

▶ Karte: vordere Umschlagklappe

schen oben gute Sichtbedingungen, mit 315 Nebeltagen war 1958 das in dieser Hinsicht ungünstigste Jahr. 1964/65 hielt die Schneedecke 211 Tage lang.

Das heutige **Fichtelberghaus** ist ein Umbau von 1999. Die **Skiarena** (www.wsc-erzgebirge.de) an der Fichtelbergstraße dient hauptsächlich dem Leistungssport und Biathlonwettkämpfen.

Vor allem ist das Gebiet aber das größte Areal des Erzgebirges für die sogenannten alpinen Skisportarten. Also in möglichst stylischer Kleidung sich Hänge hochziehen lassen und mit mehr oder weniger Kurven wieder runterrutschen. Klar kann das Spaß machen. Aber wegen des Klima-wandels braucht man dazu immer öfter Schneekanonen. Und Schneekanonen befeuern wiederum den Klimawandel. Auch sind deutliche Erosionsschäden an den Sporthängen nicht zu bestreiten. Bis hin zum benachbarten Plessberg findet man hier die einzigen Pisten des Erzgebirges mit über 1000 Metern Höhenlage. Für die anschließende Verstärkung schwungvoller Bewegungen mittels Alkohol hat sich die Bezeichnung Après-Ski eingebürgert.

Fichtel- und Keilbergareal arbeiten inzwischen grenzüberschreitend zusammen. Damit summiert sich die Länge der Pisten auf über 33 Kilometer. Es gibt Kombitickets für beide Berge und zwischen ihnen verkehren Skibusse. Auch Planungen für eine direkte Verbindung der Gipfel per Seilbahn gab es bereits (www.laenderschaukel.eu).

Fichtelbergbahn

In Cranzahl zweigt die Fichtelbergbahn von der ehemals durchgängigen Schienenverbindung Chemnitz–Weipert–Komotau (Chomutov) ab. Die Strecke wurde 1897 eröffnet. Neben Weißeritztalbahn und Preßnitztalbahn ist die Fichtelbergbahn eine von drei regelmäßig mit Dampfbetrieb verkehrenden Schmalspurbahnen im Erzgebirge, zwischen Cranzahl und Oberwiesenthal fahren bis zu sechs Züge täglich pro Richtung. Betreiber ist die 1998 gegründete und 2007 umbenannte Sächsische Dampfeisenbahngesellschaft mit Sitz in Annaberg.

Parallel zur Trasse der Fichtelbergbahn verläuft der knapp 21 Kilometer lange Erlebnispfad Bimmelbahn, er wird bei Schnee allerdings nicht geräumt. Der Fahrplan ist ja bekannt, Dampflok-Fotografen können günstige Standpunkte entsprechend abstimmen.

Oberwiesenthal ist das bedeutendste Wintersportzentrum im Erzgebirge

Bärenstein und Vejprty

Auf halbem Weg zwischen Annaberg und Oberwiesenthal liegt Bärenstein am Pöhlbach. Schaut man von oben auf die Gemeinde, so scheint sie mit dem etwa gleich großen böhmischen Berg- und Landstädtchen Vejprty (Weipert) zu verschmelzen. Beide Marktplätze liegen tatsächlich weniger als zehn Minuten zu Fuß voneinander entfernt. Nach dem vollständigen Ende des Erzgebirgbergbaus nahm 2013 ein Bergwerk in Bärenstein-Niederschlag (www.efs-nha.de) wieder seine Arbeit auf.

Blick von Vejprty nach Deutschland

Sehmatal

Die Gemeinde Sehmatal entstand 1999 durch den Zusammenschluss von Sehma, Cranzahl und Neudorf. Höchste Erhebungen sind der **Kuhbrückenberg** im Süden und der **Bärenstein** im Osten der Gemeinde (beide 898 m). Neudorf ist für sein plüschiges **Suppenmuseum** bekannt.

Crottendorf

Das im 12. Jahrhundert entstandene Dorf wurde durch seine ›Original Crottendorfer Räucherkerzen‹ bekannt, 2017 eröffnete dazu die Schauanlage **Crottendorfer Räucherkerzenland**. Ein weiterer wichtiger Betrieb des Oberen Erzgebirges ist eine Filiale der Hoppe AG, die Tür- und Fenstergriffe herstellt.

Der direkte Weg von Crottendorf zum Fichtelberg misst etwa zehn Kilometer und verläuft fast nur durch Wald. Eine Variante führt auf der sogenannten Kalkstraße an einem inzwischen zum **Waldsee** mutierten Marmorbruch vorbei. Die Kalk- und Marmorgewinnung arbeitete mit Pausen von 1587 bis 1973.

i Kurort Oberwiesenthal, Fichtelberggebiet

Gästeinformation Wiesenthaler K3, Karlsbader Str. 3, Oberwiesenthal, Tel. 037348/155050; 9.30–17 Uhr, regelmäßige Stadtführungen. www.oberwiesenthal.de Infos über sächsisch-böhmische Begegnungen auch unter www.dh7ww6.wixsite.com/grenzgaenger und www.gemeinsamemitte.de.

Bahnstrecke Chemnitz – Cranzahl (Kursbuch 517) mit Halt u. a. in Flöha, Erdmannsdorf-Augustusburg, Zschopau, Scharfenstein, Annaberg-Buchholz. Unregelmäßig (an Sommerwochenenden) Weiterführung der Fahrt bis Vejprty. ›**Fichtelbergbahn**‹ (Kursbuch 518, Schmalspur), Haltestellen: Cranzahl, Unterneudorf, Neudorf, Vierenstraße, Kretscham-Rothemsehma, Niederschlag, Hammerunterwiesenthal, Unterwiesenthal, Oberwiesenthal. www.fichtelbergbahn.de

Fichtelberghaus, Fichtelbergstr. 8, Oberwiesenthal, Tel. 037348/1230; DZ im Sommer ab 80, im Winter ab 170 Euro. Direkt auf Ostdeutschlands höchstem Gipfel. www.hotel-fichtelberghaus.de

Am Zechengrund, Bergstr. 15, Oberwiesenthal, Tel. 037348/8628; DZ ab 65

▶ Karte: vordere Umschlagklappe

Euro. Frühstückspension im Landhausstil. www.pension-am-zechengrund.de
Simon's Ferienwohnungen, Brauhausstr. 14–16, Oberwiesenthal, Tel. 037348/20080; DZ o. F. ab 50 Euro, 5 Pers. zur Weihnachtszeit 180 Euro. Zentral im Städtchen. www.simon-oberwiesenthal.de

Stadtmuseum im Wiesenthaler K3 (s.o.); gratis für Besucher bis 16 Jahre. www.2o-erz.eu
Meeresaquarium mit Korallenriff im Sportcenter, Vierenstr. 11 A, Oberwiesenthal, Mobiltel. 0172/7809551; 10–18 Uhr. www.meeresaquarium-am-fichtelberg.de
Privates Räuchermannmuseum in der Alten Färberei, Dorfstr. 44, Sehmatal-Cranzahl, Tel. 037342/7603; März–Aug. Mo–Sa 10–16, So 13.30–16, Sept.–Feb. Mo–Sa 10–17, So 13.30–17 Uhr. www.raachermannlmuseum.de
Suppenmuseum, Karlsbader Str. 164, Sehmatal-Neudorf, Tel. 037342/16045; Mo–Sa 10.30–15.30, So 11–15 Uhr. www.suppenmuseum-neudorf.de
Zwei Schauwerkstätten mit Mitmach-Angeboten (Anmeldung erforderlich) und Verkauf zum Thema Räucherkerzen:
- **Zum Weihrichkarz**l, Karlsbader Str. 187, Sehmatal-Neudorf, Tel. 037342/149390; Mo–Fr 10–18, Sa 10–17 Uhr. www.huss-weihrichkarzl.de
- **Crottendorfer Räucherkerzenland,** Am Gewerbegebiet 11, Crottendorf, Tel. 037344/7234; 9–18 Uhr. www.crottendorfer-raeucherkerzen.de

Schnapsmuseum Grenzwald-Destillation, Rathenaustraße 59 C, Crottendorf, Tel. 037344/13616; Mo–Fr 10–17, Sa 9–12 Uhr. www.grenzwald.de

Seit 2014 veranstalten die Partnerstädte Bärenstein und Vejprty ein sächsisch-böhmisches **Bierfest** im Juni

Pferdehof Bretschneider, Am Bahnhof 15 A, Sehmatal-Neudorf, Tel. 037342/7739. Kutschfahrten, Schlittenfahrten, Ferienwochen.
Bergabfahrten mit Breitreifen-Rollern, stationiert am Oberwiesenthaler Sporthotel K1. www.monsterroller.info

Fahrradverleih Gahler, Vierenstraße 3 D, Oberwiesenthal, Tel. 037348/23874. www.sportgahler.de

Neben der Sommerrodelbahn arbeitet seit 1986 die älteste spezialisierte **Snowboardschule** im Erzgebirge: www.snowthal.de
Areal Fichtelberg (grenzüberschreitendes Kombiticket mit Klínovec möglich), 15 500 m Piste, Flutlicht, 1 Schwebebahn, 1 Sessellift, 4 Schlepplifte, Kunsteisbahn. www.fichtelberg-ski.de www.interskiregion.com www.vierersesselbahn.de.
Die **Schwebebahn** verkehrt 9–17 Uhr viertelstündlich.
Areal Bärenstein, 1000 m Piste, 1 Schlepplift, Rodelhang. www.skiverein-kristiania-baerenstein.de
Areal Crottendorf, 1000 m Piste, Flutlicht, 1 Schlepplift. www.wintersportverein-crottendorf.de

Likörherstellung Sonntag, Karlsbader Str. 85, Sehmatal-Neudorf, Tel. 037342/7364. Fabrikverkauf einer Brennerei. www.max-sonntag.de
Silberlandspezialitäten, Karlsbader Str. 229, Sehmatal-Neudorf, Tel. 037342/18781. Souvenirladen mit Schwerpunkt Erzgebirgsschnaps. www.silberlandspezialitaeten.de
Manfred Seidel, Viehtrift 5, Sehmatal-Cranzahl, Tel. 037342/8256. Filzpantoffel-Manufaktur, auch Versand. www.filzhausschuh.de
Im **Bahnhof Oberwiesenthal** befindet sich ein Souvenirshop der Sächsischen Dampfeisenbahngesellschaft.

Arthur Schramm

Wer hinter der eindeutigen Nummer Eins der Erzgebirgsdichter, Anton Günther, die Nummer Zwei ist, darüber gehen die Meinungen auseinander, ohnehin werden die meisten eine klare Nummerierung wohl gar nicht für nötig halten. Grenzt man die Frage auf die Kategorie skurriler Persönlichkeiten ein, dann wird es wieder eindeutig. Die Erwähnung des Namens Arthur Schramm (1895 – 1994) entlockt bis heute vielen Erzgebirgern automatisch ein Schmunzeln.

Dabei wurde Arthur Schramm aus Annaberg von seinen Zeitgenossen überwiegend als unsympathisch geschildert, als Wichtigtuer und Egoist. Aber sein Auftreten und seine Ideen waren manchmal so kurios, dass bis in die Epoche nach 1989 hinein sich mancher gern in seiner Gesellschaft sehen ließ. Schramms Biographie spiegelt fast das gesamte letzte Jahrhundert seiner Heimatstadt wider, und jedem System versuchte er sich anzudienen. Beispielsweise schrieb er hochdeutsche Lobgedichte zu Kaisers Geburtstag (1915), auf eine Turnhalleneinweihung (1931), auf einen Handelsverein und seine Frauen (1936), auf Adolf Hitlers Straßen (1938, ›dem genialen Ing. Dr. Todt und den Reichautobahnarbeitern gewidmet‹), auf die SS-Heimwehr in Danzig (1939), auf Polens Ende (1939), zu Hitlers Geburtstagen (1942 und 1944), auf die Genfer Konferenz (1955), auf Jahrestage der DDR-Staatsgründung (1961, 1965, 1970 und 1971), auf Frieden und Sozialismus, aber auch auf seine Eltern sowie teilweise in Dialekt natürlich auf sein Gebirge.

Georg Arthur Schramm wurde als mittlerer von drei Söhnen einer verarmten christlichen Kaufmannsfamilie am 30. Mai 1895 geboren. Nach Schulzeit und Lehre blieb ihm die Einberufung zum Kriegsdienst nicht erspart. Anschließend versuchte er sich als selbstständigere Posamentenhändler. Außerdem war er auf seine Erfindungen von mehr oder weniger wirksamem Haushalts-Kleinkram – darunter patentierter Fliegenfänger, patentierter Kaffeefilter, patentierter Salzstreuer - sehr stolz. Gemeinsam mit Arno Michaelis gründete er den MIRAMM-Vertrieb und bewarb diese Produkte unter anderem auf der Leipziger Messe. Von 1939 bis 1957 war er mit Katherine Buttler verheiratet. Mit einem Höhepunkt im Jahr 1957 verfasste er Auftragsgedichte und stellt dafür meistens eine Rechnung von 200 DDR-Mark. Er wurde 1982, nach einem Wohnungsbrand, in das Pflegeheim ›Adam Ries‹ seiner Heimatstadt eingewiesen und starb dort am 19. Mai 1994.

Am populärsten unter Schramms Reimen wurden Zweizeiler an der Grenze zum Stumpfsinn, die aber wohl gar nicht alle von ihm selbst stammten. Er wehrte sich jedoch nicht dagegen, dass sie ihm zugeschrieben wurden. Hauptsache berühmt, womit war egal. Fünf Kostproben:

Der Baum hat Äste, das ist das Beste, denn wär er kahl, dann wär's ein Pfahl.
Der Fichtelberg ist hoch und steil. Schi Heil! Der Keilberg ist höher und steiler. Schi Heiler!
Die Sonne scheint ins Kellerloch. Ach, laß sie doch, ach, laß sie doch!
Ein See lädt ein zum Bade. Zugefroren. Schade.
Was leuchtet aus dem Wald heraus? Das Bergarbeiterkrankenhaus!

Buchempfehlung: **Mario Kaden**, Arthur Schramm, S kleene Getuh. Sein Leben und sein Dichten, Altis-Verlag, Oranienburg 2006.

Annaberg-Buchholz und Umgebung

Die Ausbeute war bisweilen so gross, dass das Silber in Erzkuchen, also ungemünzt, vertheilt werden musste.

aus Berlets Wegweiser 1872

Die Bergstadt Annaberg-Buchholz ist seit der Gebietsreform 2008 Verwaltungssitz des Erzgebirgskreises. Ergänzt wird die zentrale Lage durch Veranstaltungen, die für eine Stadt dieser Größenordnung (rund 20 000 Einwohner) nicht selbstverständlich sind. So besitzt man mit der ›Annaberger Kät‹ das größte jährliche Volksfest im Erzgebirge, ein fleißiges Provinztheater sowie einen hübschen Weihnachtsmarkt.

Stadtgeschichte

Der Aufstieg Annabergs ist eng mit Silbererzfunden am Schreckenberg 1491 verbunden. Die Stadtgründung erfolgte 1496, der Stadtplan stammte vom späteren Freiberger Bürgermeister und Gelehrten Ulrich Rülein von Calw. 1498 wurde eine Münzstätte in Annaberg und 1505 eine in Buchholz gegründet. Zwischen 1485 und 1547 verlief die Landesgrenze des albertinischen und des ernestischen Sachsens zwischen Annaberg und Buchholz, entlang der Sehma. 1520 rief Herzog Georg der Bärtige das Volksfest Kät ins Leben. Mit mehreren Kirchen und einem Franziskanerkloster entwickelte sich Annaberg zu einem religiösen Zentrum, und im 16. Jahrhun-

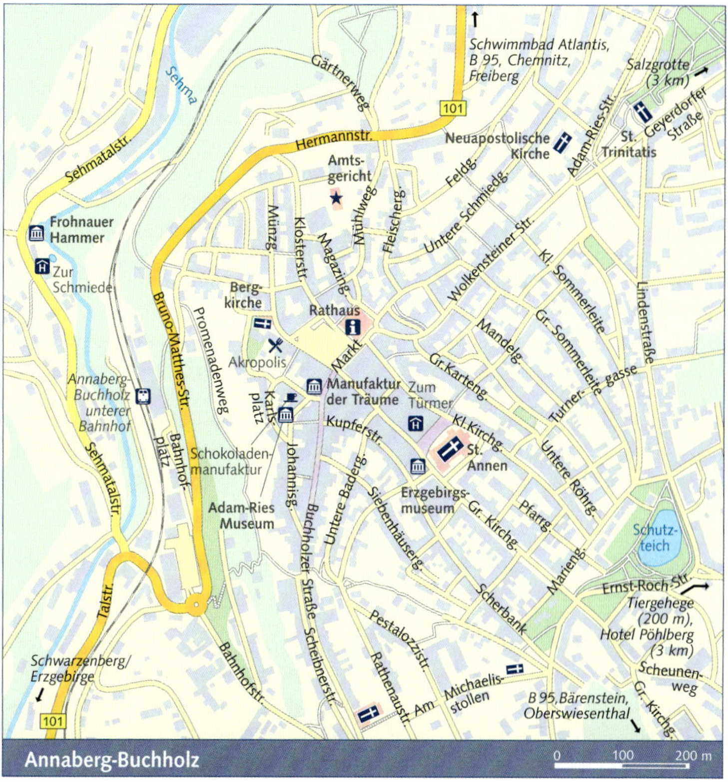

dert stieg die Stadt hinter Freiberg zur zweitgrößten Sachsens auf. Berühmteste Bürger dieser Blütezeit waren der Rechenmeister Adam Ries (1492 - 1559) und die Unternehmerin Barbara Uthmann (1514 - 1575).
Klöppelarbeiten und Borten aus Annaberg und Buchholz genossen schon im 16. Jahrhundert einen überregionalen Ruf, im 19. Jahrhundert blühten die Textil- und die Kartonageindustrie. Annaberg und Buchholz entwickelten sich zum Zentrum der Posamentenherstellung. 1866 erfolgte der Eisenbahnanschluss.
Einen ersten Bestseller für Wanderer über seine Wahlheimat lieferte Bruno Berlet (1825 - 1892). Der Erzgebirgsführer des Rektors am Königlichen Realgymnasium erschien von 1872 bis 1911 in zwölf Auflagen. Eine weitere schillernde Persönlichkeit Annabergs war Heinrich Köselitz (1854 - 1918). Bekannt wurde er vor allem nach 1875 als Freund und Mitarbeiter Friedrich Nietzsches (1844 - 1900). Das Theater eröffnete 1893 mit Eduard von Winterstein (1871 - 1961) in der Titelrolle des ›Egmont‹. Winterstein bezeichnete seine Zeit in Annaberg als die schönsten Lebensjahre. 1945 wurden die Bergstädte Annaberg und Buchholz auf Anweisung des sowjetischen Stadtkommandanten vereinigt. Von 1996 bis 1999 folgten die Eingemeindungen von Frohnau, Cunersorf und Geyersdorf.

Annaberg

Weithin sichtbares Wahrzeichen der Stadt ist die größte spätgotische Hallenkirche Sachsens, **Sankt Annen**, die von 1499 bis 1525 errichtet wurde. Jacob Haylmanns (1475 - 1526) prächtiges Schlingrippengewölbe überspannt den gesamten Innenraum ohne statische Funktion. An den Emporen sind 100 Relieftafeln Franz Maidburgs (um 1480 - 1533) angebracht.

▶ Karte S. 181

Auf dem 1521 geweihten **Bergaltar** von Hans Hesse findet sich die wohl bekannteste Malerei in Erzgebirgskirchen, vor allem wegen der Darstellungen aus dem Bergmannsleben auf der Rückseite des Retabels, die konkrete Arbeitsschritte zeigen. Dem Schöpfer lassen sich mehrere Werke in Annaberg und Buchholz, in Sachsen und Nordböhmen zuordnen, über sein Leben ist jedoch wenig bekannt. Zum Gemeindeleben von Sankt Annen gehört ein vielfältiges Angebot an Kirchenmusik, die die über 4000 Pfeifen und 65 Register der restaurierten Walcker-Orgel aus dem Jahr 1884 zum Klingen bringt. Der Kirchturm hat eine **Aussichtsplattform** in 32 Meter Höhe und über den Glocken eine Wohnung von 85 Quadratmetern für die Familie des ehrenamtlichen Türmers. Einkäufe werden mit der Seilwinde hochgezogen.
Die bekanntesten Profanbauten Annabergs konzentrieren sich am Markt und in den umliegenden Straßen. Eine Stadtmauer wurde von 1503 bis 1540 errichtet, aus dieser Zeit stammen auch die ältesten Häuser. Das heutige Rathaus entstand 1751 nach Plänen Johann Christoph von Naumanns (1664 - 1742). Angrenzende Geschäftsstraßen sind durch Gebäude der Zeit um 1900 geprägt. Ein System echter **Bergbaustollen** aus den Anfangstagen des Silberbergbaus wurde 1992 wiederentdeckt und 1995 für Besucher vom Hof des Erzgebirgsmuseums aus zugänglich gemacht.

Buchholz

Das kleinere Buchholz - ursprünglich Sankt Katharinenberg im Buchholz - lag stets im Schatten Annabergs, seine Hauptattraktion ist die **Katharinenkirche** aus dem 16. Jahrhundert mit zwei Altären von Hans Hesse. Der erste ständige evangelische Pfarrer wurde von Martin Luther höchstselbst benannt.

Blick auf Annaberg, die Sankt-Annen-Kirche und den Aussichtsturm Pöhlberg

Bruno Berlet und Adam Ries

Die beiden Wahlannaberger Pädagogen Bruno Berlet (1825–1892) und Adam Ries (1492–1559) eint die Tatsache, dass sie weit mehr als ihr halbes Leben in Annaberg verbrachten und auch dort starben. Während der Name Berlet nicht mehr in der Gegend präsent ist, gibt es eine lange Liste von Ries' Nachfahren.

In modernem Vokabular könnte man Berlet als Pionier eines nachhaltigen und grenzüberschreitenden Tourismus bezeichnen, sein 1872 erstmals erschienener ›Wegweiser durch das sächsisch-böhmische Erzgebirge‹ erlebte bis 1911 elf überarbeitete Folgeauflagen.

Freund Bruno Berlet (Freund steht wirklich als Vorname im Kirchenbuch) wurde im Süden des heutigen Sachsen-Anhalt als jüngster Sohn eines Dorfpfarrers geboren. Er kam nach seinem Studium 1851 als Lehrer nach Annaberg und heiratete 1853 Luise Hogrefe in deren Heimat Ostpreußen. Allein oder gemeinsam mit seinem Kollegen Moritz Spieß (1820–1897) verfasste er mehrere Lehrbücher in verschiedenen Unterrichtsfächern und machte seine Schule damit überregional bekannt. Besonders erfolgreich wurde eine dreibändige ›Weltgeschichte in Biographien‹. Berlet entwickelte sich nicht nur zum geschickten Pädagogen. Er wurde auch in mehreren anderen Funktionen ein angesehener Bürger Annabergs. 1883 wurde Bruno Berlet Rektor seiner Schule und 1884 erfolgte deren Aufwertung zum Königlichen Realgymnasium zu Annaberg. Kurz vor seiner Pensionierung starb er mit 67 Jahren. Die Berlets hatte zwei Kinder. Erich Berlet (1860–1936) trat als Schuldirektor und Heimatforscher in die Fußstapfen seines Vaters. Der jüngere Sohn wanderte nach Brasilien aus.

Bruno Berlet verfasste auch die erste nach heutigen Maßstäben wissenschaftlich zu nennende Biographie des Rechenmeisters Adam Ries. Dabei konnte er auch dessen Geburtsort in Oberfranken ermitteln. Bei seinen Recherchen stieß Berlet 1855 auf ein bislang noch nicht gedrucktes Hauptwerk von Ries. Sein entsprechender Such-Aufruf entriss das Manuskript für das dicke Algebrabuch ›Coß‹ dem Vergessen.

1522 zog Ries in die junge Bergstadt Annaberg. Er eröffnete in der Johannisgasse seine private Rechenschule und übernahm verantwortliche Tätigkeiten für die sächsische Bergverwaltung. Lehrbücher schrieb Ries bereits in deutscher statt in lateinischer Sprache. Sein Wirken beschleunigte die Ablösung des römischen Zahlensystems in Europa entscheidend. 1525 heiratete er Anna Leuber und wurde Vater von mindestens drei Töchtern und fünf Söhnen. 1539 erwarb er das nach ihm benannte Vorwerk Riesenburg am nördlichen Stadtrand. Das einzige bekannte zeitgenössische Bildnis von Ries stammt von einem 1550 veröffentlichtem Buch.

Ries' ehemaliges Wohnhaus unweit des Marktplatzes ist heute Museum. Auf Anfrage erhält man dort weiterhin eine Anleitung zu historischen Rechenverfahren (24 Euro für 12 Personen). Ries gewidmete Denkmäler gibt es außer in Annaberg auch in seiner Geburtsstadt Staffelstein und in seinem Wirkungsort Erfurt. Viele Schulen und ein Asteroid tragen seinen Namen.

Informationen über Berlet wiederum wurden von Hans Burkhardt (geb. 1928) sorgfältigst gesammelt und 1997 veröffentlicht.

In der Kirche Sankt Annen

Frohnau

Das nach Annaberg eingemeindete Frohnau liegt wie Buchholz auf der linken Seite der Sehma. Hauptattraktion ist der **Frohnauer Hammer**. Dieses an der Sehma gelegene Hammerwerk wurde 1907 zum ersten technische Denkmal Sachsens gekürt. Ursprünglich war es eine Getreidemühle, der Umbau zu einem Eisenhammer begann 1621. Seine Blüte erlebte er von 1660 bis 1692. Das **Museum** bildet diese Zeit originalgetreu ab. Nordwärts davon, außerhalb der Bebauung, gibt es die künstliche **Burgruine Schreckenberg** von 1854 und den **Treibschacht Markus Röhling**. Das Gelände des Treibschachtes und wird von einem kleinen Verein gepflegt. Es besteht aus einer Bergschmiede von 1773, die sporadisch als Gasthaus betrieben wird, der Rekonstruktion eines Pferdegöpels, dem Huthaus und dem Pulverhäuschen, beide von 1768. Zwischen dem einsam im Wald gelegenen Treibschacht und dem **Schaubergwerk Markus Röhling** an der Sehma liegen etwa 800 Meter.

Die erste Freiland-Weihnachtspyramide der Welt, nach Vorbereitungen des Steigers und Zimmermanns Traugott Pollmer mit vier Etagen erst mehrere Jahre nach seinem Tode eingeweiht, stand von 1933 bis 1935 vor dem Gemeindeamt Frohnau.

Bergbaulehrpfade

Schöne Wandermöglichkeiten in und um Annaberg-Buchholz bieten unter anderem gleich vier als markierte Runden angelegte Bergbaulehrpfade. Der Punkt ›Sächsisch-böhmisches Erzgebirge‹ im Internet-Auftritt der Stadt führt zu ausführlichen Beschreibungen mit Karten. Hier soll nur kurz auf diese Möglichkeiten hingewiesen werden.

▸ Am Pöhlberg:
Start und Ziel: Ernst-Roch-Straße;
Länge und Markierung: 5,5 km, weiß-blau-weiß;
Höhepunkte: Waldwege rund um den Pöhlberg mit Blick auf Königswalde, eines der besterhaltenen Waldhufendörfer des Erzgebirges, Basaltfelsformation Butterfässer.

▸ Am Floßgraben:
Start und Ziel: Ernst-Roch-Straße, der Bahnhof Annaberg-Buchholz Süd liegt auch dicht neben der Runde;
Länge und Markierung: 7,7 km, markiert mit Schlägel und Eisen auf rotem Grund;
Höhepunkte: Kunstgraben aus dem 16. Jahrhundert vom Pöhlbach nach Annaberg, weitere Zeugnisse der Bergbauzeit, schöne Blicke auf Buchholz.

▸ Buchholzer Wald:
Start und Ziel: Frohnauer Hammer, die Bahnstrecke mit Annaberg-Buchholz unterer Bahnhof, Bahnhof Mitte und Bahnhof Süd liegt dicht neben der Route;
Länge und Markierung: 9,6 km, markiert mit Schlägel und Eisen auf rotem Grund;

Höhepunkte: Bergbauzeugnisse aus mehreren Jahrhunderten bis zur Wismutzeit.

▸ Frohnauer Weg:
Start und Ziel: Frohnauer Hammer oder Annaberg-Buchholz/unterer Bahnhof;
Länge und Markierung: 6,3 km, weiß-rot-weiß;
Höhepunkte: Frohnauer Hammer, Schreckenberg mit Ruine – mit einem Umweg könnte man jetzt prima das Naturschutzzentrum Erzgebirge in Schlettau-Dörfel einbeziehen –, Schaubergwerk Markus Röhling und Treibschacht Markus Röhling.

■ Heckenerlebnispfad

Zwischen Mildenau, Geyersdorf und Königswalde verläuft der **Naturlehrpfad Hagebuttenweg** (www.mildenau.de). Die Bedeutung von Heckenbiotopen wird oft unterschätzt, hier finden viele Tiere und Pflanzen ein Refugium. Die Runde misst etwa zehn Kilometer, sie ist auch für Fahrradfahrer geeignet.

■ Schloss Schlettau

In der Bergstadt Schlettau westlich von Annaberg liegt ein kleines Schloss an der Mündung der Roten Pfütze in die Zschopau. Die Anlage setzt sich sichtbar aus verschiedenen Stilepochen zusammen und macht dennoch einen harmonischen Eindruck.

Weiter flussabwärts vermarktet der Freistaat drei größere Adelssitze unter der Bezeichnung ›Die sehenswerten Drei‹. Schloss Schlettau ist mindestens Nummer vier im Erzgebirge, bei Vorliebe für kleine Dimensionen vielleicht auch Nummer eins. Mit 560 Metern ist es ohnehin das am höchsten gelegene Schloss des Gebirges, nur einige Burgruinen auf böhmischer Seite können da noch mithalten.

Der **Rittersaal** ist dank seiner Innenausstattung ein wahres Kleinod, er besitzt verzierte Holzverkleidungen und eine wertvolle Balkendecke. Einige **Museumsräume** beziehen sich auf konkrete Personen der Schlossgeschichte. Die Sammlung erzgebirgischer Landschaftskunst zeigt aus ihren reichen Bestand etwa 100 Gemälde und Grafiken. Der Rundgang wird ergänzt durch eine Posamentenschauwerkstatt und eine von der ortsansässigen Brennerei HUS unterstützte Kräuterlikörwerkstatt.

Romantisch gelegen: Schloss Schlettau

▲ Karte: vordere Umschlagklappe

Bereits um 1100 entstand hier ein Kastell an einem Handelsweg, was Schlettau zur ältesten Siedlung im oberen Erzgebirge macht. Das Gebiet unterstand dem böhmischen König und kam 1413 in einem Tauschgeschäft zum Kloster Grünhain. 1931 erwarb die Kommune das Schloss. Schlettau hat seit 2015 den ersten grünen Bürgermeister Sachsens.

Scheibenberg

Zwischen Schlettau und Scheibenberg sind mehrere beschilderte **Lehrpfade** zu einer längeren Wanderung kombinierbar. Die beginnt mit dem interaktiven Lehrpfad am Naturschutzzentrum Sauwald, anschließend kann man den Kräutergarten am Schloss Schlettau betrachten, auf dem Waldlehrpfad zur Bergstadt Scheibenberg laufen und dort den Scheibenberg (807 Meter, → Extra S. 26) erobern.

Die Bergstadt Scheibenberg wurde 1522 gegründet. Einer der bedeutendsten Chronisten seiner Zeit war der Pfarrer Christian Lehmann (1611 - 1688), der ab 1638 in Scheibenberg wirkte. Es gibt ein kleines **Heimatmuseum** und einige lokale Sagen. Der Zwergenkönig Oronomassan ist das Maskottchen des etwa drei Kilometer langen **Basaltpfades** am Scheibenberg. Dieser Weg gehört zu den schönsten Lehrpfaden im Erzgebirge. Die Orgelpfeifen genannten sechskantigen **Gesteinssäulen** entstanden vor 24 Millionen Jahren bei der Abkühlung eines Lavafeldes. Der Berg spielte eine wichtige Rolle im sogenannten Neptunistensteit, in dem einige Gelehrte Abraham Gottlob Werners (1749 - 1817) Auffassungen zur Entstehung von Basalt widersprachen. Von 1931 bis 1934 legte Ottomar Zahm (1873 - 1957) freiwillig einen fast bis zur Fertigstellung geheim gehaltenen Treppenpfad im Wald an. 1936 wurde die Schließung der sich in

Die Gesteinssäulen am Basaltpfad

den Berg hineinfressenden Steinbrüche angeordnet.

Auf dem Gipfel des Scheibenberges erwartet ein 1994 eröffneter **Aussichtsturm** seine Besucher.

Thermalbad Wiesenbad

Nördlich an Annaberg grenzt der Kurort Wiesenbad. Bis 2005 hieß **Thermalbad Wiesenbad** schlicht Wiesa, das Wort Wiesa gibt es seitdem aber noch als offizielle Ortsteilbezeichnung. Die Kurgesellschaft befindet sich komplett in der Trägerschaft der Kommune. Über einem Mäander der Zschopau erhebt sich neben dem Kurviertel ein **Bismarckturm** von 15 Meter Höhe.

Wieger (Wiesa Germany) hieß ein um 1985 dort entwickeltes Sturmfeuergewehr. Die Arbeiter des VEB Geräte- und Werkzeugbau mussten sogar ihren Familien eine andere Produktionspalette vorlügen.

Neben der Hauptstraße von Annaberg nach Wiesenbad befindet sich in einer schlichten Halle Europas größte **Modellbahnanlage** der Spur 1 (Maßstab 1:32). Vorbild der Anlage ist das obere Erzgebirge aus der Zeit um 1980.

Fahrradrunde von Schlettau zum Scheibenberg und zum Bärenstein

Start und Ziel: Schlettau.
Länge: 35 km.
Infos: Tourist-Information im Schloss Schlettau

Als Start und Ziel der Runde mit zwei sportlichen Gipfelerfahrungen als Höhepunkten bietet sich das Schlettauer Schloss an. Auf dem Radfernweg Sächsische Mittelgebirge geht es von dort zum **Marktplatz in Scheibenberg** und dann auf den **Scheibenberg** (807 m) hinauf. Nach der Rückkehr vom Gipfel biegt man am Kalksteinbruch Oberscheibe links ab. In **Crottendorf** kreuzt man die Hauptstraße und folgt dahinter dem rot markierten Firstweg etwa drei Kilometer nach rechts. Oder man könnte auf dem Weg zum Neudorfer Suppenmuseum noch das **Schnapsmuseum Grenzwald** besuchen. Vom **Suppenmuseum** aus führen Fahrradwege ziemlich geradlinig auf den **Bärenstein** (898 m). Das **Tierheim Neu-Amerika** hinter Sehma kann man danach über verschiedene Wege erreichen. Bei der Route über die Staumauer der **Talsperre Cranzahl** muss man zunächst etwa einen Kilometer weit wieder in Richtung Suppenmuseum fahren. Das letzte Stück vom Tierheim bis zum Schlettauer Schloss ist grün markiert. Mit einer ausführlichen Inspektion des **Geotops Scheibenberg** und einem Schlossbesuch stellt diese Runde ein echtes Tagesprogramm dar.

Annaberg-Buchholz und Umgebung

Tourist-Information, Buchholzer Str. 2, Annaberg, Tel. 03733/19433; 10–18 Uhr, Stadtführung ohne Anmeldung ab Infobüro Di u. Do 14, Sa 11 Uhr. www.annaberg-buchholz.de

Tourist-Information, Schlossplatz 8, Schlettau, Tel. 03733/66019; Di–So 10–17 Uhr. www.schlettau.de

Anlaufpunkt weniger für einzelne Touristen, sondern beispielsweise für Regionalmanagement und Projekte ist die **Wirtschaftsförderung Erzgebirge**, Adam-Ries-Str. 16, Annaberg, Tel. 03733/1450. www.wfe-erzgebirge.de

Naturschutzzentrum Erzgebirge mit Führungen, Herbergshaus und Souvenirverkauf, Am Sauwald 1, Schlettau-Dörfel, Tel. 03733/56290. www.naturschutzzentrum-erzgebirge.de

Bahnstrecke Chemnitz–Cranzahl (Kursbuch 517) mit Halt u. a. in Flöha, Erdmannsdorf-Augustusburg, Zschopau, Scharfenstein, Annaberg-Buchholz. Unregelmäßig (an Sommerwochenenden) kommt es zur Weiterführung der Fahrt bis Vejprty.
Seit 2009 werden gelegentlich (oft ausverkaufte) Sonderfahrten der **Erzgebirgischen Aussichtsbahn** Annaberg–Schwarzenberg angeboten. www.erzgebirgische-aussichtsbahn.de

Stadtbuslinien in Annaberg-Buchholz: www.rve.de

Pöhlberg, Ernst-Roch-Str. 10, Annaberg, Tel. 03733/18320; DZ 89 Euro. Berghotel direkt auf dem Gipfel. www.poehlberg.com

Zur Schmiede, Sehmatalstr. 8, Annaberg, Tel. 03733/23019; DZ ab 65 Euro. Neben dem Frohnauer Hammer. www.erholung-im-erzgebirge.de

Zum Türmer, Große Kirchgasse 19, Annaberg, Tel. 03733/24417; DZ ab 60 Euro. Erzgebirgische Gastlichkeit neben der Annkirche. www.zum-tuermer.eu

Hermergut Meinel, Dorfstr. 243, Mildenau, Tel. 03733/542813; DZ 40 Euro, Endreinigung 30 Euro. Ferienwohnung in einem kunstaffinen Bauernhof mit großem Obstgarten. www.hermergut.de

▶ Karte: vordere Umschlagklappe

Wettin, Freiberger Str. 37, Wiesenbad, Tel. 03733/53021; DZ 60 Euro. Verkehrsgünstig an der Zschopau. www.restaurant-pension-wettin.de

Bürger- und Berggasthaus, Auf dem Berg 1, Scheibenberg, Tel. 037349/13344; DZ ab 45 Euro. Einsam neben dem Aussichtsturm. www.buerger-berggasthaus.de

Himmelmühle, Himmelmühle 5, Wiesenbad, Tel. 03733/58373; DZ 56 Euro. Pension mit kleinem Campingplatz Mai–Okt. unweit der Zschopau. www.himmelmuehle-erzgebirge.de

Wiesner's Teichwirtschaft, Elterleiner Str. 10, Scheibenberg, Tel 037349/8326. Landgasthof mit günstigem Campingplatz. www.wiesners-teichwirtschaft.de

Akropolis, Markt 9, Annaberg. Tel. 03733/22920; Di Ruhetag. Beliebter Grieche im Zentrum. www.akropolis-annaberg.de

Schokoladenmanufaktur mit Café, Museumsgasse 1, Annaberg, Tel. 03733/4269735; Mo–Fr 13–18, Sa 10–18, So 12–18 Uhr. www.annaberger-backwaren.de

Kurparkrestaurant, Am Kurpark 1, Wiesenbad, Tel. 03733/5041604. In der Kurparkhalle, mit eigenem Kräutergarten. www.wiesenbad.de

Annenkirche, Große Kirchgasse 21, Annaberg, Tel. 03733/23190; Jan.–März Mo–Sa 11–16, So 12–16 Uhr, Apr.–Sept. Mo–Sa 11–17, So 12–17 Uhr. Turmbesteigung Mai–Okt. Mo–Sa 10–17, So 13.30–17 Uhr. www.kirche-annaberg-buchholz.de

Erlebnismuseum Manufaktur der Träume, Buchholzer Str. 2, Annaberg, Tel. 03733/19433; 10–18 Uhr. www.annaberg-buchholz.de

Adam-Ries-Museum, Johannisgasse 23, Annaberg, Tel. 03733/22186; Di–Fr 10–16, Sa/So 12–16 Uhr. www.adam-ries-museum.de

Erzgebirgsmuseum mit Silberbergwerk, Große Kirchgasse 16, Annaberg, Tel. 03733/23497; 10–17 Uhr. www.annaberg-buchholz.de

Frohnauer Hammer, Sehmatalstr. 3, Annaberg, Tel. 03733/22000; 9–12 u. 13–16 Uhr. www.annaberg-buchholz.de

Modellbahnland Erzgebirge, Mittelweg 4, Wiesenbad-Schönfeld, Tel. 03733/596357; Di–So 10–17 Uhr. www.modellbahnland-erzgebirge.de

Schloss und Park Schlettau, Schlossplatz 8, Schlettau, Tel. 03733/66019; Di–So 10–17 Uhr. www.schloss-schlettau.de

Bismarckturm, Alte Freiberger Str., Wiesenbad; Apr.–Sept. 10–20 Uhr, Okt.–März 10–16 Uhr, Zutritt gratis.

Aussichtsturm auf dem Scheibenberg mit Imbisscafé, Am Berg 1, Tel. 037349/8911; 11–17 Uhr. www.aussichtsturm.scheibenberg.info

Kät, Anfang Juni (zwei Wochen nach Pfingsten) neun Tage Jahrmarkt auf dem Kätplatz südlich der Ernst-Roch-Str. mit Abschlussfeuerwerk.

Eduard-von-Winterstein-Theater, Buchholzer Str. 67, Annaberg, Tel 03733/14070, www.winterstein-theater.de.

Alte Brauerei, Geyersdorfer Str. 34, Annaberg, Tel. 03733/24801, www.soziokultur-annaberg.de. Jugendtreffpunkt mit Veranstaltungen und diversen Angeboten bis hin zu Unterricht (Gitarre, Schlagzeug, Tschechisch).

Erzhammer, Buchholzer Str. 2, Annaberg, Tel. 03733/425190, www.annaberg-buchholz.de. Kulturzentrum mit Klöppel- und Schnitzschule.

Tiergehege am Pöhlberg, Alte Poststr. 1 A, Annaberg, Tel. 03733/4282912; jederzeit gratis zugänglich. www.annaberg-buchholz.de

Silberbergwerk Im Gößner hinter dem Erzgebirgsmuseum (s.o.), Bergwerksfüh-

rungen (Mindestalter 14 Jahre) Mo–Fr 12 u. 15, Sa/So 11, 12.30, 14 u. 15.30 Uhr.
Dorotheastollen, Dorotheenstr. 8, Annaberg-Cunersdorf, Tel. 03733/66218; Führungen zu jeder vollen Stunde (mehrere Routen, eine mit kurzer Bootsfahrt): Mo–Fr 9–14, Sa 10–14 Uhr. www.dorotheastollen.de
Markus Röhling Stolln, Sehmatalstr. 15, Annaberg-Frohnau, Tel. 03733/52979; Führungen (Mindestalter 6 Jahre): 10–16 Uhr. www.roehling-stolln.de
Markus Röhling Treibschacht, Markus-Röhling-Weg 1, Annaberg-Frohnau, Mobiltel. 0174/6214247. www.markus-roehling.homepage.t-online.de
Grüner Zweig samt Gnade Gottes Stolln, Schlettau, Tel. 03733/6184080, Führungen nach Anmeldung. www.bergknappschaft-schlettau.de

Atlantis, Chemnitzer Str. 30, Annaberg, Tel. 03733/678939; Di–So 10–22 Uhr, in den Schulsommerferien geschlossen. Schwimmhalle mit großer Saunalandschaft. www.sf-ana.de
Miriquidi, Freiberger Str. 33, Wiesenbad, Tel. 03733/5041289; Mo 14–21, Di–Do 16–21, Fr 14–22, Sa 9–22, So 9–21 Uhr. Recht erschwinglicher Thermalbad-Komplex mit Sauna, unweit davon befinden sich das Kurparkrestaurant und ein Kräuterladen. www.wiesenbad.de
Salzgrotte, Geyersdorfer Hauptstr. 63, Annaberg, Tel. 03733/52385. 45 min Meeresklima-Inhalationen, Anmeldung erwünscht. www.annaberger-salzgrotte.de

Pöhlberg Annaberg, 500 m Piste, Flutlicht, 1 Schlepplift. www.skiclub-norweger.de
Pöhlberg Geyersdorf, 500 m Piste, Flutlicht, 1 Schlepplift. www.skilift-geyersdorf.de
Areal Königswalde, 1200 m Piste, Flutlicht, 2 Schlepplifte. www.sv-poehlatal-koenigswalde.de
Sportgeräteverleih, Neue Gasse 2, Königswalde, Tel. 03733/26829. www.aktivurlauberzgebirge.de

Regelmäßige **Wochenmärkte** in Annaberg Di u. Fr (Marktplatz), in Buchholz Do (Karlsbader Str.), März–Nov.
Musikhaus Süß, Große Kirchgasse 27, Annaberg, Tel. 03733/44186. Größter Instrumente- und Notenladen im Erzgebirge. www.musikhaus-suess.de

Erzgebirgsklinikum, Chemnitzer Str. 15, Annaberg, Tel. 03733/800. www.erzgebirgsklinikum.de

Das Greifensteingebiet

Auf einem Sockel von Gneis sind 7 freistehende, 30–50 Ellen hohe Granitmassen aus lauter über einander gelagerten Platten aufgethürmt, so dass man Cyklopenmauern oder die Reste einer grossen Burg vor sich zu sehen meint.

aus Berlets Wegweiser 1872

Das Greifensteingebiet ist ein Solitär im Erzgebirge. Sowohl die malerischen Granitfelsen als auch die Geyersche Binge sind einzigartig. Das traditionsreiche Greifensteiner Klettergebiet bietet über 130 abwechslungsreiche Kletterwege.

Thum und Ehrenfriedersdorf

Anfang 1648 fand auf der Thumer Flur das letzte Gefecht des Dreißigjährigen Krieges im Kurfürstentum Sachsen statt. Seit dem 17. Jahrhundert entwickelte sich in der Bergstadt Thum das Posamentenhandwerk, seit dem 18. Jahrhundert die Strumpfwirkerei. Die beiden Thumer Schmalspurbahnen wurden 1967 beziehungsweise 1975 stillgelegt. Im Stadtteil Herold war bis 1985 ein Kalkwerk in Betrieb. Am Rathaus aus dem Jahr 1677 kann man ein **Tiergehege** und in den wärmeren Monaten eine **Freiland-Kakteenanlage** besuchen.

▶ Karte: vordere Umschlagklappe

Neben Denkmalen aus der Bergbauzeit ist der Lindenholz-Schrankaltar der **Niklaskirche** das wichtigste Kulturgut in der Bergstadt Ehrenfriedersdorf. **Besucherbergwerk** und **Museum** sind Teile des Zweckverbandes Sächsisches Industriemuseum. Zum Territorium Ehrenfriedersdorfs gehören die Greifensteine, hinter dem Greifenbach beginnt schon die Stadt Geyer.

Greifensteine

Sieben malerische Granitfelsen bilden die Greifensteine, weitere sechs wurden leider durch Steinbrucharbeiten abgetragen. Es sind rund 50 Minerale bekannt, darunter Typlokalitäten. Sportkletterer erhalten Zugang, aber auf einen der Felsen kommt man auch über eine relativ bequeme Treppenkonstruktion zu einer **Aussichtsplattform**. Die Greifensteine bilden die Kulisse für die, wie die Einheimischen ›schönste Felsenbühne Europas‹, eine hauptsächlich vom Theater Annaberg aus bespielte **Freilichtbühne** mit 1200 unnumerierten Sitzplätzen.

Der 14 Kilometer lange **Bergbaulehrpfad Silberstraße** führt unter Einbeziehung eines Kunstgrabens aus dem 14. Jahrhundert rund um die Felsen, der Abschnitt zwischen den Greifensteinen und Ehrenfriedersdorf ist als Waldgeisterweg (4 km) mit großen Schnitzfiguren gestaltet und führt an einem vermuteten Versteck Karl Sülpners (→ S. 173) vorbei. Gestreift wird am Bergbaulehrpfad das beliebte **Naherholungsgebiet Greifenbachstauweiher**; dieser Stausee, der älteste im Erzgebirge, wurde schon im 14. Jahrhundert angelegt und danach mehrmals erweitert.

Geyer und Tannenberg

Das wohl historisch interessante Städtchen im Greifensteingebiet heißt Geyer. Auffällig ist der am Südrand der Bergstadt durch mehrere Bergwerkseinbrüche von 1704 bis 1803 entstandene große Krater. Der Durchmesser dieser **Binge** – hochdeutsch meistens Pinge – beträgt über 200 Meter. Der Rohstoffabbau wurde hier erst 1935 endgültig eingestellt. An dieser Stelle beginnt auch die **Kulturmeile Geyer-Tannenberg** (www.kulturmeile-geyer-tannenberg.de). Man darf die Binge jederzeit eigenverantwortlich betreten. Das ist ja bei vielen Pingen dieser Größe nicht der Fall. Auf den vorgegebenen Wegen besteht keine erhöhte Gefahr, irgendwo liegen aber angeblich noch mindestens zwei verschüttete Bergleute.

Hieronymus Lotter (1497–1580) und Evan Evans (1765 - 1844) verbrachten in Geyer jeweils viele Jahre ihres Lebens und wurden hier auch bestattet. Der Leipziger Bürgermeister Lotter investierte ab 1561 in den Bergbau und errichtete 1566 auf dem Gelände des ehemaligen Rittergu-

Einer der markanten Greifensteine

tes Geyersberg seinen zweiten Wohnsitz. Bekannt wurde er vor allem durch seine Tätigkeit als Renaissance-Baumeister. Ein Verein kümmert sich um die Sanierung des verfallenen **Lotterhofes**. Der Waliser Evans übersiedelte 1809 nach Geyer und gilt als der Begründer des maschinellen Baumwollspinnens in Sachsen.
Westlich von Geyer, auf der flachwelligen Geyerschen Platte, wächst der Geyersche Wald. Artenreiche Naturschutzgebiete sind die Hermannsdorfer Wiesen am Südrand und das Hormersdorfer Hochmoor am Nordrand dieses Waldes. Zu den **Hermannsdorfer Wiesen** kann man beispielsweise von Tannenberg aus durch das Lohenbachtal wandern.

Zwönitztal

Hinter dem Geyrischen Wald liegt die Bergstadt **Zwönitz** mit hübscher **Postmeilensäule** und mehreren kleinen **Museen**. In der **Papiermühle Niederzwönitz** wurde von 1568 bis 1873 Büttenpapier hauptsächlich für den Bedarf von Bergwerksverwaltungen produziert. Von 1990 bis 2008 war Uwe Schneider (geb. 1943) Bürgermeister. Bekannt wurde er unter anderem durch Bücher in erzgebirgischer Mundart.
Einige Gemeinden im Zwönitztal pflegen seit einigen Jahren den aus der Fränkischen Schweiz kommenden Brauch des Osterbrunnens. Dabei werden zentrale Dorfbrunnen bunt geschmückt, unter anderem mit ausgepusteten Eiern. Begonnen mit diesem Brauch hatte Thalheim 2009 im Rahmen der Städtepartnerschaft mit Markt Roßtal.
Thalheim ist bekannt durch sein **Rathaus** mit Rochlitzer Porphyr, aber hauptsächlich als ehemaliges Zentrum der Strumpfherstellung. Das Rathaus trägt die Jahreszahl 1906, der Chemnitzer Architekt Ernst Beier schuf eine eigentümliche Mischung aus Neorenaissance

Im Zentrum von Zwönitz

und Jugendstil. Zur DDR-Zeit wurden alle Strumpfwirkereien zum VEB Kombinat ESDA – gegründet 1946 als Erzgebirgische Spezialdamenstrümpfe Auerbach – mit insgesamt 14 000 Beschäftigten zusammengeschlossen, das man im ganzen sozialistischen Wirtschaftsgebiet kannte. Die Einwohnerzahl Thalheims ist seit 1989 um ein Drittel geschrumpft, die Marke ESDA wurde zur Daun-Gruppe transferiert (www.esda.com).
Mit dem **Wille Gottes Stolln** besitzt Thalheim auch eine historische Bergbauanlage; vor allem wurde Arsenkies gefördert. Ein eher unbekannter hübscher Aussichtsfelsen über der Zwönitz ist der **Burgstein** (438 m), zu finden hinter Kemtau kurz vor der Stadtgrenze von Chemnitz. In Chemnitz vereinigt sich die Zwönitz dann mit der Würschnitz zur Chemnitz, die wiederum in Wechselburg in die Zwickauer Mulde mündet.

▲ Karte: vordere Umschlagklappe

Das Greifensteingebiet

Touristinformation (Volkshaus), Neumarkt 4, Thum, Tel. 037297/769280; Di 9–12 u. 13–18, Mi/Do 9–12 u. 13–17, Fr 9–12 Uhr. www.stadt-thum.de
Touristinformation (Greifensteine), Greifensteinstr. 44, Ehrenfriedersdorf, Tel. 037346/6870; Mi–Do 10–15.30, Fr–So 10–16 Uhr. www.greifensteine.de
Touristinformation (Stadtbibliothek), Altmarkt 1, Geyer, Tel. 037346/10521; Di u. Fr 11–18, Mi–Do 9–12 Uhr. www.stadt-geyer.de
Stadtinformation, Markt 3 A, Zwönitz, Tel. 037754/35159; Mo, Mi, Fr u. Sa 9–12, Di u. Do 9–18 Uhr. www.zwoenitz.de

Bahnstrecke Aue–Chemnitz (Kursbuch 524) mit Halt u. a. in Zwönitz, Thalheim und Burkhardtsdorf.

Ratskeller, Markt 3, Thum, Tel. 037297/2375; DZ ab 65 Euro. Biederes Hotel, zentral. www.ratskeller-thum.de
Sauberg-Klause, Am Sauberg 1 A, Ehrenfriedersdorf, Tel. 037341/493964; Mo Ruhetag. Rustikale Menüs neben dem Schaubergwerk. www.sau-berg.de
Steinbüschel, Vorwerk 41, 09427 Ehrenfriedersdorf, Tel. 037341/48268; Di–Do Ruhetag. Rustikale Ausflugsgaststätte. www.waldschänke-steinbüschel.de
Huthaus, Bingeweg 21, Geyer, Tel. 037346/6524; DZ ab 30 Euro, Restaurant Mo u. Di Ruhetage. 1994 im Stile der Bergmannszeit aufgebautes Vereinsheim. www.kulturmeile-geyer-tannenberg.de
Roß, Markt 1, Zwönitz, Tel 037754/2252; DZ ab 80 Euro, Restaurant So u. Mo Ruhetage. Laut Eigenwerbung ältestes Gasthaus Sachsens, ganz neuer Pächter. www.hotel-ross-zwoenitz.com
Brauerei, Grünhainer Str. 15, Zwönitz, Tel. 037754/59905; DZ ab 40 Euro. Minibrauerei mit schlichter Pension. www.brauerei-zwoenitz.de
Wiesenmühle, Chemnitzer Str. 48 09380 Thalheim, Tel. 03721/23371; DZ 70 Euro. Mit funktionsfähiger Ölmühle unter Denkmalschutz. www.pension-wiesenmuehle.de
Schachtelhalm, Zwönitzer Str. 122, Elterlein-Burgstädtel, Tel. 037754/2292. Pension im Wald mit regionaler Küche. www.gasthof-schachtelhalm.de

Waldcamping, Berghausweg, Thalheim, Mobiltel. 0173/8702804. Naturnaher Platz mit Jugendangeboten, 20 km südlich vom Chemnitzer Zentrum. www.waldcamping-thalheim.de
Der Chemnitzer **Trekkingladen Boofe** veranstaltet jährlich im Januar ein Wintercamping-Wochenende bei Elterlein. www.boofeladen.de

Tiergarten, Rathausplatz 4 A, Thum, Tel. 037297/81978; Apr.–Okt. 8–18 Uhr, Nov.–März 8–17 Uhr. www.stadt-thum.de
Turmmuseum, Am Lotterhof 10, Geyer, Tel. 037346/1244; Di–Fr 10–15, Sa 10–16 Uhr. Auf sieben Etagen. www.stadt-geyer.de
Tonis Haus der Steine, Thumer Str. 71, Geyer, Mobiltel. 0175/6073793. Kostenlose Mineralienbestimmung, Steinschleifkurse zu fairen Preisen mitunter sogar ohne Anmeldung möglich. www.tonis-haus-der-steine.de
Heimatmuseum Knochenstampfe, Am Anger 1, Zwönitz-Dorfchemnitz, Tel. 037754/2866; Mi–Sa 10–12 u. 13–17, So 12–17 Uhr. www.zwoenitz.de
Papiermühle, Köhlerberg 1, Zwönitz-Niederzwönitz, Tel. 037754/2690; Mi–Sa 10–12 u. 13–17, So 12–17 Uhr.

Jedes Jahr in der Woche nach Pfingsten findet der **Thumer Orchestertreff** statt, organisiert vom Verein Jugendblasorchester der Stadt. www.jbo-thum.de

Zinngrube, Am Sauberg 1, Ehrenfriedersdorf, Tel. 037341/2557, Mineralogisches Museum Di–So 10–16 Uhr. Führungen in 100 m Tiefe: Erlebnisführung mit Schutzkleidung (Mindestalter 10 Jahre) Di–So 10 u. 14 Uhr; Touristikführung (Mindestalter 6 Jahre) Sa/So u. Schulferienzeit Sa/So 11, 13 u. 15 Uhr. Aufenthalt im Asthma-Heilstollen auf Anfrage.
www.saechsisches-industriemuseum.com

Freizeitbad, Badstr. 2, Geyer, Tel. 037346/106100; 10–20 Uhr, Fr/Sa sowie während der sächsischen Schulferien 10–22 Uhr. Hallenbad mit Rutsche und Sauna. www.freizeitbad-greifensteine.de
Frei zugängliche **Badestelle** am Mühlteich Jahnsbach, Zum Sportplatz 1, Thum, Parkplatz am Sportheim.

Nach dem Vorbild der Olbernhauer Radtour veranstaltet ein Zwönitzer Verein die **Zwönitztal-Radtour**, außerdem ist eine 37 km lange MTB-Runde ausgeschildert. www.zwoenitztal-radtour.de

Alpine-Coaster-Bahn, Kemtauer Str., Gelenau, Mobiltel. 0178/6206057; Apr.–Okt. www.gelenau.de
Erlebniskletterwald, Greifensteinstr. 44 A, Ehrenfriedersdorf, Tel. 037346/69467; Apr.–Nov, Familienkarte (2 Erwachsene u. 1 Kind) je nach Parcour 41–56 Euro. www.kletterwald-greifensteine.de
Organisierter **Klettersport** vom Chemnitzer Wander- und Bergsportverein: www.seilwurf.org.
Ein **Kletterführer Greifensteine** ist als PDF frei verfügbar: www.seilwurf.de/hirsch/greifis/greifis.html

Aroma, Untere Bahnhofstr. 12, Thalheim, Tel. 03721/2574440. Feinkostladen mit regionalen Spezialitäten.
www.aroma-genuss-erleben.de

Kreiskrankenhaus Stollberg, Jahnsdorfer Str. 7, Tel. 037296/530.
www.kkh-stollberg.de

Die Geyersche Binge ist ein bis zu 60 Meter tiefer Einsturzkessel

▲ Karte: vordere Umschlagklappe

Westliches Erzgebirge (D)

Am Schwarzwasser (Černa) beginnt das Westerzgebirge. Das Schwarzwasser entspringt in Böhmen, fließt östlich an den Zentren von Johanngeorgenstadt und Schwarzenberg vorbei, um dann in Aue in die Zwickauer Mulde zu münden.
Durch den Uranbergbau der Nachkriegszeit sind Bergmannstraditionen im Westerzgebirge noch besonders ausgeprägt. Der Uranbergbau führte das Westerzgebirge auch zu einem größeren monetären Wohlstand. Der Preis dafür waren ökologische und gesundheitliche Schäden. Inzwischen sind alle Altlasten saniert, das Westerzgebirge lockt neben seinen Traditionen vor allem mit großflächigen Wäldern.

Das Auersberggebiet

Das Auersberggebiet gilt als die größte geschlossene Waldfläche Sachsens. Es war ein beliebtes Jagdgebiet des sächsischen Adels. Neben der Fichte ist an lichteren Stellen die Eberesche häufig anzutreffen.

■ Johanngeorgenstadt

Bei einer Flucht von etwa 100 evangelischen Familien aus Böhmen entstand 1654 Johanngeorgenstadt quasi über Nacht. Zu den Organisatoren der Übersiedlung gehörten die späteren Bürgermeister Johann Löbel (1592 - 1666) und Gabriel Hammerdörffer (1612 - 1683). Benannt wurde die jüngste Bergstadt des Erzgebirges nach dem Kurfürsten Johann Georg I. Die rauhe Lage in 850 Meter Höhe am Osthang des Fastenberges (891 m) bietet viel Wind und Schnee, Wintersportler finden gute Bedingungen vor.
Ein fünf Kilometer langer Bergbaulehrpfad führt recht bequem von Steinbach an der Felsformation Teufelssteine vorbei nach Erlabrunn.
Johanngeorgenstadt ist ein geschundener Ort, der einen immer noch wachsenden Schuldenberg trägt. Dem Erdbeben 1770 folgte eine Hungersnot mit hunderten Toten, 1867 vernichtete ein Großfeuer 287 der 355 Häuser und schließlich liquidierte der Wismut-Bergbau in den 1950er Jahren die Altstadt fast vollständig. Damals entstand eine Neustadt mit bequemen Wohnungen, die aber wegen des Bevölkerungsschwundes der letzten Jahrzehnte teilweise wieder abgerissen werden. Lag die Einwohnerzahl nach einem krassen Höhepunkt 1953 seit 1960 stabil bei 10000, so fiel sie seit 1990 stetig auf derzeit gut 4100.
Ein Zentrum ist optisch kaum zu lokalisieren. Das fehlende Stadtbild wird etwas kompensiert durch die verkehrs- und einkaufsgünstige Lage: Es gibt Bahnanschluss nach Schwarzenberg und nach Böhmen sowie den großen Markt in Potůčky (Breitenbach). Der Scheitelpunkt der Eisenbahnquerung des Gebirges ist sogar einige Meter höher als der Scheitel der berühmten Semmeringbahn.
Die **Hallenkirche** zeigt ein Altarbild von Johann Carl Rößler (1775 - 1845). Im Stadtteil Wittigsthal am Breitenbach liegt das **Schaubergwerk Glöckl**. Seit 1956 werden daneben die früher im ganzen Ostblock bekannten Wittigsthaler Badeöfen produziert (www.wittigsthal.de).
Ein zum Jugendherbergswerk Sachsen gehörendes Haus mit regionalem ›Montan-Erlebnis-Profil‹ nahe der Grenze wurde 1986 als ›schönste Jugendherberge der DDR‹ und 2013 als ›beste Jugendherberge Deutschlands‹ - unter 240 von der Firma Moventi geprüften - ausgezeichnet.
Johanngeorgenstadt wirbt ganzjährig mit dem größten **Schwibbogen** der Welt (25 Meter breit, 2002 errichtet) und der höchsten **Freiland-Weihnachtspyramide**

Die höchste Freiland-Weihnachtspyramide der Welt steht in Johanngeorgenstadt

(26 Meter, 2014). Beide stehen unweit des Rathauses in der Mittelstadt. Dort findet man außerdem ein **Bergbaumuseum mit Pferdegöpel** und Sportanlagen.

Auersberg, Carlsfeld und Kranichseen

Etwa auf halbem Weg zwischen Johanngeorgenstadt und Eibenstock liegt der Auersberg (1018 m). Er ist der höchste Erzgebirgsgipfel abseits des Hauptkamms. Der **Aussichtsturm** von 1907 bietet einen schönen Blick auf große Bergwälder mit Wanderwegen. Ein Parkplatz befindet sich dicht neben dem Gipfel.

»Von seinem Turme genießt man eine herrliche Ausschau nach allen Seiten. Man kann fast das ganze Erzgebirge mit dem Vogtland überblicken vom Geisingberg im Osten bis zum Hainberg bei Asch mit all seinen hohen Gipfeln.« (Erzgebirgs-Kammwegführer, Auflage 1932)

Diese schwärmerische Aussage trifft noch immer zu.

Südwestlich vom Auersberg ruht das nach Eibenstock eingemeindete Dörfchen Carlsfeld mit seinem achteckigen Kirchlein. Die **Trinitatiskirche** wurde von 1666 bis 1688 errichtet und ist somit die älteste Kirche der Zentralbauform in Sachsen. Sie diente als Vorbild unter anderem für die Dresdner Frauenkirche. Messungen im Jahr 2017 haben ergeben, dass Carlsfeld der Ort in Sachsen mit der geringsten Feinstaubbelastung ist.

Carlsfeld spielte eine zentrale Rolle bei der Verbreitung des Bandoneons. Weltruf hatten vor allem die Instrumente aus den Fabriken von Carl Friedrich Zimmermann ab 1847 und Alfred Arnold ab 1911.

Südlich des Ortes findet man eine **Talsperre** und den **Großen Kranichsee** (Velké jeřábí jezero). Dessen Hochmoorkern liegt schon auf böhmischer Seite. Der **Kleine Kranichsee** (Malé jeřábí jezero) mit seinem Kern auf deutscher Seite befindet sich dann von dort aus wiederum acht Kilometer östlich. Seen im Sinne von freien Wasserflächen darf man nicht erwarten. Wahrscheinlich entstanden die Namen zudem eher aus dem genuschelten Wort Grenze als von Vogelbeobachtungen. Der Stausee Carlsfeld-Weiterswiese ist nach dem Schluchsee im Schwarzwald der zweithöchste Deutschlands und zeichnet sich durch extrem weiches Wasser (0,5 dH) aus.

Eibenstock

Die überregionale Bekanntheit Eibenstocks begann mit Clara Angermanns Kunststickereien ab 1775. Angermanns Lebensdaten sind nicht vollständig belegt. Nach erreichen der Volljährigkeit zog sie aus dem heutigen Polen zu ihrem als Förster arbeitenden Onkel nach Eibenstock. Später wurde die Hand- durch Maschinenarbeit ersetzt und die Produkte eroberten den Weltmarkt. Ab 1932 betrieb Otto Müller-Eibenstock

▶ Karte: vordere Umschlagklappe

(1898–1986) ein Büro für Textilgestaltung in der Stadt.

In Eibenstock gibt es 15 (!) erhaltene königlich-sächsische **Stations- und Meilensteine** sowie die Kopie einer **Postmeilensäule** von 1727.

Als Zentrum der Stadt kann man das kleine Dreieck aus Rathaus, Postplatz und Marktplatz ansehen. In diesem Areal findet man außer dem **Jugendstil-Rathaus** von 1907 die **Stadtkirche** und gegenüber das ehemalige königliche **Amtsgericht**, die **Sagenhafte Zinngraupe**, den **Märchenpark** und den **Märchenbrunnen**. Die Zinngraupe ist eine begehbare Skulptur, in deren Inneren man Sagen der Gegend hören kann; sie steht seit 2016 auf dem Markt.

Eine seit 1997 bestehende Attraktion Eibenstocks mit durchschnittlich 500 Besuchern täglich sind die **Badegärten**. Mag manche kleine einsame Sauna auch romantischer sein, so gehört diese Anlage mit ihren über zwei Dutzend Schwitzräumen zu den interessantesten ihrer Größe weltweit. Der Zutritt hat natürlich seinen Preis, aber bei einem längeren Erzgebirgsaufenthalt sollte man sich eine Tageskarte gönnen. Die beiden Schwerpunkte heißen russisch-karelisch und meditativ, es gibt einen Badeteich und man kann in Schäferwagen übernachten. Verbesserungsbedarf herrscht sicher noch im Detail, beispielsweise bei der Deponierung mitgeführter Sachen oder bei der Wegweisung im Komplex. 2008 entstand auf dem Bühlberg (652 m) neben den Badegärten ein **Aussichtsturm**.

Am Waldrand von Blauenthal befindet sich ein künstlich angelegter **Wasserfall**. Der Fahrradweg Karlsroute, am Wasserfall vorbei und über den Erzgebirgskamm, wird bei den Mehrtagestouren (→ S. 301) beschrieben.

In Eibenstock wohnt der Regisseur Wolfram Christ (geb. 1963), der Initiator mehrerer Kulturvereine macht gelegentlich auch seine Erzgebirgsheimat zur Kulisse seiner Stücke.

Schönheide

Die westlichste Gemeinde des Erzgebirgskreises, Schönheide, bietet hübsche **Berg- und Feuchtwiesen**, eine **Museumsbahn** (www.museumsbahn-schoenheide.de) sowie das **Bürsten- und Heimatmuseum**. Von Wilkau-Haßlau über Schönheide nach Carlsfeld führte bis 1977 die erste, steilste und längste sächsische Schmalspurbahn Sachsens. 4,5 Kilometer werden von einer Museumsbahn an ausgewählten Wochenenden wieder befahren, weitere Rekonstruktionspläne liegen vor.

Und noch eine Schmalspurbahn: hier bei Schönheide

Stützengrün

Nordwestlich von Schönheide lockt der **Kuhberg** (795 m) mit dem 1894 eingeweihten **Prinz-Georg-Aussichtsturm**, er gehört zur Nachbargemeinde Stützengrün. Eine Manufaktur mit 70 Mitarbeitern (www.muehle-shaving.com) produziert im Ort Luxuspinsel und -hobel für die Nassrasur. Die beiden firmeneigenen Läden in Stützengrün und Berlin wurden 2018 durch einen im Londoner East End ergänzt.

Talsperre Eibenstock

In den Jahren von 1974 bis 1979 wurde mit der Talsperre Eibenstock das zweitgrößte Talsperrenprojekt der DDR mit 370 Hektar Wasserfläche umgesetzt. Wie in allen Trinkwassertalsperren herrscht Badeverbot. Die ›Wanderkarte Talsperre Eibenstock‹ der Landestalsperrenverwaltung ist als PDF-Download erhältlich (www.publikationen.sachsen.de/bdb/artikel/23056). Wichtigste Änderung gegenüber der Darstellung dort ist die inzwischen erfolgte Freigabe der Staumauer für Wanderer.

Das bewaldete Ufer weist viele hübsche Buchten auf, rund um die Vorsperre Schönheiderhammer führt zudem ein **Wasserlehrpfad** (www.wasser-aqualino.de) auf knapp 5 Kilometern Länge mit 14 Erklärungstafeln. Von den Autostraßen aus sind die Wasserflächen kaum zu sehen und die Waldwege sind für den motorisierten Individualverkehr gesperrt. Den besten Blick von einer Hauptstraße auf die Talsperre bietet der Bikertreff Talsperrenblick an einem Hang neben der Staumauer.

Drei-Talsperren-Marathon

An jedem dritten Samstag im September findet der Drei-Talsperren-Marathon in Eibenstock statt, aber diese sowohl landschaftlich schönen als auch sportlich ambitionierten Strecken stehen praktisch jederzeit zur Verfügung. Der Wettkampftag bietet drei Fahrrad- (100 km, 50 km, 30 km) sowie drei Fußlaufstecken (42 km, 21 km, 8 km), den TourGuide – eine Faltkarte mit Streckenverläufen sowie Gastronomie-, Unterkunfts- und Ausflugstipps – gibt es unter anderem in der Tourist-Info Eibenstock.

Besonders empfohlen sei hier die Bergwaldschleife von 50 Kilometern, die zunächst über den Blauenthaler Wasserfall auf den Auersberg führt. Weitere Attraktionen sind die Überquerungen der Staumauern der Talsperren Eibenstock, Carlsfeld und Sosa. Etwa ein Drittel der Strecke führt auf Asphalt entlang, zwei Drittel sind Waldwege. Es handelt sich wohl um die schönste schattige MTB-Runde, die das Westerzgebirge zu bieten hat.

Vorbecken Rähmerbach im Eibenstocker Talsperren-Komplex

▸ Karte: vordere Umschlagklappe

Das Auersberggebiet

Tourist-Information (im Rathaus), Eibenstocker Str. 67, Johanngeorgenstadt, Tel. 03773/888222; Mo, Mi u. Fr 10–15, Di u. Do 12–17 Uhr.
www.johanngeorgenstadt.de

Tourist-Service-Center, Leidholdt-Str. 2 (am Kulturzentrum), Eibenstock, Tel. 037752/2244; Mo 9–12 u. 13–17, Di–Fr 9–12 u. 13–16, Sa 9–12 Uhr.
www.eibenstock.de

Bahnstrecke Zwickau - Johanngeorgenstadt (Kursbuch 535), tagsüber stündlich mit Anschluss nach Karlovy Vary und Halt u. a. in Aue, Schwarzenberg und Breitenbrunn.

Am Schwefelbach, Schwefelwerkstr. 36, Johanngeorgenstadt, Tel. 03773/883222; DZ 60 Euro. Pension mit Fahrradverleih zwischen der Stadt und den Kranichseen.
www.pension-schwefelbach.de

Sauschwemme, Sauschwemme 11, Johanngeorgenstadt, Tel. 03773/882591; DZ ab 60 Euro, Gaststube Fr Ruhetag. Gasthof am Auersberg.
www.sauschwemme.de

Waldesruh, Steinbach 28, Johanngeorgenstadt, Tel. 03773/882714; DZ 50 Euro. Gasthof zwischen der Stadt und dem Auersberg. www,gasthof-erzgebirge.com

Staahaadler Aff, Steinheidel 7, Breitenbrunn, Tel. 037756/1240; DZ 50 Euro, Restaurant Di u. Mi Ruhetage. Wirtshaus mit DDR-Charme und einem originalen Mandolinenorchestrion von 1907.
www.staahaadler-aff.de

Talsperre, Talsperrenstraße 45, Eibenstock-Carlsfeld, Tel. 037752/3460; DZ 66 Euro, Restaurant Mo u. Di Ruhetage. Das letzte Haus am Waldrand vor der Talsperrenmauer Carlsfeld. www.gasthaus-talsperre.de

Zum Schützenhaus, Hauptstr. 44, Eibenstock-Sosa, Tel. 037752/813; DZ 80 Euro. Alter Landgasthof.
www.schuetzenhaus-sosa.de

Kuhberg, Schönheider Str. 90 A, Stützengrün, Tel. 037755/2490; DZ ab 65 Euro. Auf einer Bergkuppe mit Aussichtsturm.
www.berghotel-kuhberg.de

Stollmühle, Talstr. 38, Stützengrün, Tel. 037462/3209; DZ o. F. 55 Euro. Ruhige Dorfrandlage, mit Kegelbahn.
www.stollmuehle.de

Montan-Erlebnis-Jugendherberge, Hospitalstr. 5, Johanngeorgenstadt, Tel. 03773/882194.

Zwei **Schullandheime** der **Sächsischen Pfadfinder** in Johanngeorgenstadt, Schulstr. 16 und Jugelstr. 42, Tel. 03773/882859, www.schullandheim-sachsen.de

Kunsthof mit Café, Ludwig-Jahn-Str. 12, Eibenstock, Tel. 037752/558240. Alte Stickereifabrik, Umbau inspiriert von Hundertwasser und Gaudí.
www.kunsthof-eibenstock.de

Schmugglerstub, Am Parkweg 1 A, Eibenstock-Wildenthal, Tel. 037752/2355. Von Ortsansässigen sehr empfohlen.

Camping am Sportpark, Rabenberg 6, Breitenbrunn, Tel. 037756/1710. Große Anlage mit Quartieren und Gastronomie, die Liste möglicher Sportarten führt derzeit 33 Positionen auf. Zusätzlich gibt es ein großes Singetrail-Areal.
www.sportpark-rabenberg.de und www.trailcenter-rabenberg

Stickereimuseum, Bürgermeister-Hesse-Str. 7–9, Eibenstock, Tel. 037752/2141; Di–So 10–12 u. 13–17 Uhr.
www.stickereimuseum.de

Bürsten- und Heimatmuseum, Hauptstr. 49, Schönheide, Tel. 037755/66638; Sa/So 13–18 Uhr.
www.buerstenmuseum-schoenheide.eu

Frisch Glück, Lehr- und Schaubergwerk, Wittigsthalstr. 13–15, Johanngeorgenstadt, Tel. 03773/882140; Führungen (Mindestalter 5 Jahre, 13.30 Uhr garantiert, sonst ab 5 Pers.): Di–Fr 9, 10.30, 11, 13.30 u. 15, Sa/So 10.30, 11, 13.30 u. 15 Uhr. www.frisch-glueck.de

Naturfreibad Schwefelbach, Auenstr., Johanngeorgenstadt, Tel. 03773/888215; mindestens Mai–Aug. 10–20 Uhr. Klarer Weiher mit FKK-Bereich.
Badegärten, Am Bühl 3, Eibenstock, Tel. 037752/50715; 10–22 Uhr. www.badegaerten.de
Stauweiher Carolagrün, Naturbadestelle im Wald bei Schönheide.

Vicente Patíz, Schulstr. 9 B, Johanngeorgenstadt, Tel. 0157/71491582, der bekennende Erzgebirger präsentiert lebensfohe Multikulti-Gitarrenkonzerte. www.vicentepatiz.com

Wurzelrudi's Erlebniswelt, Bergstr. 7, Eibenstock, Tel. 0172/7536970. Spielplatzareal am Hang der SkiArena mit ganzjähriger »Sommerrodelbahn«, die längste derartige Anlage im Erzgebirge. www.wurzelrudis-erlebniswelt.de

Organisierter **Klettersport** am Auersberg vom Chemnitzer Wander- und Bergsportverein: www.seilwurf.org.
Drei-Talsperren-Marathon: www.drei-talsperren-marathon.de

Külligut Johanngeorgenstadt, 1200 m Piste, 1 Schlepplift, 1 Kinderlift, Skischule, Rodelhang. www.skilift-erzgebirge.de
Skiberg Breitenbrunn, 550 m Piste, Flutlicht, 1 Schlepplift. www.sportpark-rabenberg.de
Wurzelrudi's Erlebniswelt, 650 m Piste, Flutlicht, 1 Sessellift, 1 Schlepplift, 1 Kinderlift, Snowboard-und Funpark, Rodelhang. www.wurzelrudis-erlebniswelt.de
Hirsckopf Carlsfeld, 400 m Piste, Mi u. Fr u. Sa Flutlicht, 1 Schlepplift, 1 Kinderlift, Rodelhang. www.ski-club-carlsfeld.com

Kliniken Erlabrunn, Am Märzenberg 1 A, Breitenbrunn, Tel. 03773/60. www.erlabrunn.de

Schwarzenberg und Umgebung

Das Westerzgebirge wurde erst spät besiedelt. Wahrscheinlich war der unter Heinrich II. Jasomirgott (1107 - 1177) gegründete Ort Schwarzenberg am Flüsschen Schwarzwasser lange Zeit der größte zwischen den hiesigen dichten Wäldern. Für das Jahr 1534 ist ein Weihnachtsmarkt belegt, bis zum Prager Vertrag 1546 gehörten die Bergreviere von Platten und Gottesgab zur Herrschaft. Kurfürst August (1526 - 1586) ließ von 1555 bis 1558 die Burg zu einem Jagdschloss umbauen. Eine hübsche Federzeichnung vom 1627 zeigt anschaulich das Stadtbild, Kriege und Brände bremsten aber immer wieder die Entwicklung. *»Als ein Hauptttheil des ungeheueren Miriquidviwaldes, nachher die böhmischen Wälder genannt, war der Bezirk in früheren Zeiten nur schwach bevölkert; nur hier und da mag ein Gasthof oder eine Köhlerhütte an den wenigen Strassen gestanden haben, welche durch den Wald nach Böhmen führten.«* (Album der Schlösser und Rittergüter im Königreiche Sachsen, 1856).

Im 19. Jahrhundert entwickelte sich in Schwarzenberg eine vielseitige Industrie, 1858 erhielt der Ort Anschluss an die Eisenbahn. Bei Kriegsende 1945 blieb das Gebiet rund um Schwarzenberg 42 Tage lang unbesetzt (→ S. 51). Das vom Klempner Karl Louis Krauß (1862 - 1927) gegründete Badewannenwerk wurde verstaatlicht und 1947 in VEB Erzgebirgische Waschgerätefabrik umbenannt. Mit Krauß' Namen war vor allem die verzinkte ›Volksbadewanne‹ verbunden. 1955 begann die Herstellung von Wellenradwaschmaschi-

▶ Karte: vordere Umschlagklappe

nen, bis 1990 wurden hier insgesamt über 14 Millionen Waschmaschinen einschließlich Kleinschleudern produziert. 1989 erreichte die Zahl der Beschäftigten 3400. Ab 1990 wurde das Werk reprivatisiert und zerschlagen, der Teil für die Waschgeräteproduktion ging im Jahr 2000 in Konkurs.

Krauß' Sohn Friedrich Emil Krauß (1895 – 1977) finanzierte ab 1930 die älteste erhaltene und noch betriebene **Freiland-Weihnachtspyramide** der Welt. 1934 wurde sie erstmals in Aue der Öffentlichkeit gezeigt. Nach diversen Standorten und diversen Reparaturen wird das Prachtexemplar seit 1996 zur Weihnachtszeit als sieben Meter hoher Blickfang vor dem Unteren Tor aufgestellt.

Ein Symbol der Bergstadt ist das um 1860 eingeschleppte ›Schwarzenberger Edelweiß‹. Offenbar mit Korkeichenprodukten angekommene Samen der Spanischen Wucherblume (Tanacetum parthenifolium) fanden hier gute Wachstumsbedingungen als sogenanntes Straßenbegleitgrün, also Unkraut am Wegesrand. Es ist der einzige wilde Standort in Deutschland. Man würde das filigrane Kräutlein wohl eher mit der Kamille verwechseln als mit dem Edelweiß. Aber letztendlich sind es alle hübsche harmlose Asterngewächse.

Heute bezeichnet sich Schwarzenberg als ›Perle des Erzgebirges‹ – da ist was dran!

Stadtzentrum

Denjenigen, die die 30 Meter Höhenunterschied zwischen dem Parkplatz am Schwarzwasser und der Altstadt nicht laufen möchten, steht seit 2010 ein von den Stadtwerken betriebener **Schrägaufzug** zur Verfügung. Nach 42 Sekunden Fahrt landet man gleich bei der weithin sichtbaren Hauptattraktion Schwarzenbergs, dem Zusammenspiel aus **Schloss** und **Georgenkirche**. Es ist das wohl schönste derartige Gebäudeensemble des Westerzgebirges. Zwar ist der Autoverkehr aus der sich anschließenden kleinen Innenstadt mit dreieckigem Grundriss nicht verbannt, doch funktioniert die Verkehrsberuhigung. Man braucht nicht viel Zeit, um dieses Dreieck abzulaufen (www.altstadt-schwarzenberg.de).

Hinter der westlichen Ecke befindet sich das Touristenbüro, wo man sich über Neuigkeiten erkundigen kann. Das Schwarzenberger **Glockenspiel** mit 37 Glocken aus Meißner Porzellan spielt von April bis Dezember viermal täglich, es steht an der Gabelung von Unterer und Oberer Schloßstraße.

Das Schlossgebäude beherbergt gleich mehrere Einrichtungen. Seit 1954 ist hier das Stadtmuseum heimisch, das 2014 zur Ausstellung Perla Castrum umgestal-

Diese Freiland-Weihnachtspyramide stammt von 1930

tet wurde. Schwerpunkte sind Stadtgeschichte, wertvolle Bücher, Klöppelspitze, Eisen- und Zinnverarbeitung, Schnitzkunst von Harry Schmidt (1927 - 2003) unter Einbeziehung des Schlossturms. Ebenfalls sind hier das Kulturzentrum des Erzgebirgskreises untergebracht, das Konzerte, Partys sowie Kinder- und Jugendveranstaltungen ausrichtet, sowie Kreismusikschule, Volkskunstschule und Volkshochschule.

Die **Georgenkirche** (1690–1699) ist eine barocke Saalkirche mit einem bestens aufeinander abgestimmten Interieur. Sie wurde von 1690 bis 1699 errichtet. 1722 wurde der Turmbau abgeschlossen und 1728 die freitragende Holzdecke eingesetzt.

Das ehemalige **Rathaus** in der Altstadt dient heute als Hotel. Das jetzige Rathaus wurde 1930 in einer ehemaligen Baumwollspinnerei eingerichtet. Außerdem gibt es zwei Kilometer nordwestlich der Altstadt ein zünftiges **Eisenbahnmuseum** mit Lokomotivschuppen und Drehscheibe.

Stadtspaziergänge

Etwas versteckt unter verschiedenen Menüpunkten bietet die Stadt PDF-Downloads mit konkreten Routen zum Bummeln und Wandern an:

- Ein als Runde zwischen Schloss und Rathaus angelegter Lehrpfad widmet sich der unbesetzten Zeit nach Kriegsende 1945.
- Die Lehrpfade Baumannsgraben und Fröbelsteig thematisieren die Bergbaugeschichte.
- Einige Anhöhen am Stadtrand bieten die wahrscheinlich schönsten Panoramen eines Erzgebirgsstädtchens überhaupt. Diese sind, gelb markiert, zu einer elf Kilometer langen Panoramatour verknüpft. Das sollte man sich bei einem Aufenthalt im Westerzgebirge an einem Tag mit guter Sicht unbedingt gönnen.
- Schließlich liegt in ähnlicher Form noch eine zum Deutschen Wandertag 2003 erarbeitete Runde von 20 Kilometern vor.

Pöhla

Das 2008 nach Schwarzenberg eingemeindete Pöhla ist vor allem durch seine Zinnlagerstätten bekannt. Sein 1992 eröffnete **Besucherbergwerk** im Luchsbachtal besitzt die größten Zinnkammern Europas. Die Saxony Minerals and Exploration AG (www.smeag.de) überlegt eine Wiederaufnahm des Bergbaus, die bereits eingeholte Erkundungsbewilligung ist bis 2037 gültig.

Das bei Pöhla und Markersbach beginnende **Waldgebiet** zieht sich bis zum Fichtel- und zum Plattenberg hin. Auch mehrere unbekanntere Berge dort erreichen über 1000 Meter.

Markersbach

Das Waldhufendorf ›Marckquartisdorff‹ entstand im 13. Jahrhundert. Diese Siedlung am Weg zwischen Annaberg und Schwarzenberg hat gleich mehrere Sehenswürdigkeiten zu bieten. Die älteste davon ist die 1250 erstmals geweihte **Barbarakirche**. 1500 erhielt sie in Rom eine Ablass- und Wallfahrtsbulle und 1806 die jetzige Orgel. Vor allem die harmonische Innenausstattung macht sie zu einer der hübschesten Dorfkirchen überhaupt. Zwischen 1887 und 1889 wurde eine Eisenbahnbrücke in Gerüstpfeilerbauweise mit Fischbauchträgern errichtet, **Markersbacher Viadukt** genannt oder wegen der insgesamt filigran aussehenden Konstruktion auch Streichholzbrücke. Das technische Denkmal wurde unlängst renoviert, obwohl nur noch Sonderfahrten passieren. Für wirklich gute Fotos braucht man etwas Geduld bei der Standortsuche, von der neuerdings auf Stelzen den Ort durchschneidenden Umgehungsstraße gelingen sie

▸ Karte: vordere Umschlagklappe

Schloss (rechts) und Georgenkirche

sowieso kaum. Diese sogenannte Umgehungsstraße braucht sich hinter anderen aktuellen Verkehrsgroßprojekten Deutschlands nicht zu verstecken, denn die Bauzeit war dreimal so lang wie geplant, die Baukosten waren doppelt so hoch wie ursprünglich veranschlagt. Da besaßen die Eisenbahnbrückenkonstrukteure im vorletzten Jahrhundert eine größere Realitätsnähe. Aber die Markersbacher können ja großzügig rechen, weil es durch das **Pumpspeicherwerk** (PSW) üppige Steuereinnahmen gibt. Das PSW Markersbach wurde 1979 in Betrieb genommen und ist bis heute eines der größten dieser Art in Europa. Eine frei zugängliche Roller- und Skaterbahn am Oberbecken misst über drei Kilometer.

Grünhain-Beierfeld

Eine große Bedeutung in der Gegend hatte das **Kloster Grünhain**, das von 1230 bis 1536 bestand, mit den Hussitenkriegen an Macht verlor und heute nur noch in Ruinen erhalten ist.

Die hübsch proportionierte **Nikolaikirche** (1808–1812) am Markt in Grünhain wurde nach Plänen von Johann Traugott Lohse (1760 - 1836) errichtet. Lohse übertrug von ihm entwickelte Stilelemente für den Kirchenbau anschließend auf seine Fabrikgebäude. 2014 wurde die restaurierte Orgel Christian Gottlob Steinmüllers (1792 - 1864) neu eingeweiht.

Herkules-Frisch-Glück im Beierfelder Ortsteil **Waschleithe** ist das älteste **Schaubergwerk** Sachsens. Besucherführungen fanden kontinuierlich von 1926 bis 1939 und finden wieder seit 1966 statt, unter anderen werden fluoreszierende Mineralien gezeigt. Zusätzlich wird einmal monatlich zum Fürstenberger Hüttentag eingeladen. Weiterhin bietet Waschleithe eine **Heimatecke** mit Miniaturdarstellungen bedeutender erzgebirgischer Gebäude und einen fünf Hektar großen **Tierpark** mit überwiegend heimischen Arten.

Der vom sächsischen König Albert (1828 - 1902) 1881 eingeweihte und nach ihm benannte Turm auf dem höchsten Punkt des **Spiegelwaldes** (728 m), im Dreieck zwischen Bernsbach, Grünhain und Beierfeld, wurde 1967 abgetragen. Seit 1999 steht hier ein neuer **Turm** mit Aussichtsplattform in 32 Meter Höhe.

Schwarzenberg und Umgebung

Schwarzenberg-Information, Oberes Tor 5, Tel. 03774/22540; Mo–Fr 10–12 u. 13–18, Sa 10–13 Uhr, Stadtführung Sa 10.30 Uhr ab Infobüro ohne Anmeldung, zusätzlich Apr.–Okt. Mo 15.45 Uhr im historischen Kostüm. www.schwarzenberg.de
Touristinformation, Annaberger Str. 80, Raschau-Markersbach, Tel. 03774/157222; Mo u. Mi–Fr 10–16, Di 11–17 Uhr. www.raschau-markersbach.de
Infozentrum König-Albert-Turm, Alte Bernsbacher Str. 1, Grünhain-Beierfeld, Tel. 03774/640744; Apr.–Sept. Di–So 10–18 Uhr, Okt.–März Di–So 10–17 Uhr. www.spiegelwald.de

Bahnstrecke Zwickau - Johanngeorgenstadt (Kursbuch 535), tagsüber stündlich mit Anschluss nach Karlovy Vary und Halt u. a. in Aue, Schwarzenberg, Breitenbrunn. Seit 2009 werden gelegentlich (oft ausverkaufte) Sonderfahrten der ›Erzgebirgischen Aussichtsbahn‹ Annaberg - Schwarzenberg angeboten.
www.erzgebirgische-aussichtsbahn.de
Schrägaufzug Altstadt Schwarzenberg; 7–23 Uhr. www.schwarzenberg.de

Drei Hotels mit Tagungsraum und Sauna:
Köhlerhütte, Am Fürstenberg 7, Waschleithe, Tel. 03774/15980; DZ ab 100 Euro. Alleinlage im Wald. www.koehlerhuette.com
Danelchristelgut, Antonsthaler Str. 44, Lauter, Tel. 03771/704750; DZ 88 Euro. Alleinlage zwischen Bergwiesen.
www.erzgebirge-hotel.de
Landhotel, Karlsbader Str. 23, Breitenbrunn-Rittersgrün, Tel. 037757/1880; DZ 130 Euro. Mit Bowlingbahn und Fahrradwerkzeug. www.landhotel-rittersgruen.de

Am Kraussturm, Klempnerweg 13, Schwarzenberg, Tel. 03774/25708; ab 17 Uhr, So Ruhetag. Restaurant des Parkhotels mit Aussichtsterrasse.
www.parkhotel-schwarzenberg.de
Beiers Kneipe, Obere Schloßstr. 5, 08340 Schwarzenberg, Tel. 03774/22498. Stammlokal des Künstlerkollektivs freie-republik-schwarzenberg.de (im Obergeschoss Mi–Sa ab 18 Uhr).
Kaffeeträume, Untere Schloßstr. 1, Schwarzenberg, Tel. 03774/175577; So Ruhetag. Entspannt und entspannend.
www.altstadt-schwarzenberg.de
Zur Bahnhofsstraße, Hauptstr. 43, Lauter, Tel. 03771/551805. Deutsche Küche.
www.lauter-sachsen.de

Schlossmuseum Perla Castrum, Oberes Tor 36, Schwarzenberg, Tel. 03774/23389; Di–So 10–17 Uhr.
www.schlossschwarzenberg.de
Eisenbahnmuseum, Schneeberger Str. 60, Schwarzenberg, Tel. 0173/7862248; Mo–Sa 10–14 Uhr. www.vse-eisenbahnmuseum-schwarzenberg.de
Heimatecke, Talstr. 280, Waschleithe, Tel. 03774/22901; Apr.–Okt. 9–18 Uhr.
www.heimatecke.de
Sächsisches Schmalspurbahn-Museum, Kirchstr. 4, Breitenbrunn-Rittersgrün, Tel 037757/7440; Di–So 10–16 Uhr.
www.schmalspurmuseum.de
Silberwäsche, Jägerhäuser Str. 17, Breitenbrunn-Antonsthal, Tel. 03774/25222; Mi–So 10–14 Uhr.
www.breitenbrunn-erzgebirge.de
Der **ehemalige Eisenbahntunnel** unter dem Schloss Schwarzenberg wird gelegentlich für Ausstellungen genutzt, siehe www.mec-schwarzenberg.de

Tierpark, Mühlberg 56, Waschleithe, Te. 03774/177735; März–Okt. 9–18 Uhr, Nov.–Feb. 9–17 Uhr.
www.tierpark-waschleithe.de

Waldbühne, Am Rockelmann, Schwarzenberg. Großes Amphitheater mit weitem Blick in die Landschaft, leider

▶ Karte: vordere Umschlagklappe

nur noch wenige Veranstaltungen.
www.waldbuehne-schwarzenberg.de
Vogelbeerfest der Stadt Lauter (Sept.)

!

Zinnkammern, Luchsbachtal 1, Schwarzenberg-Pöhla, Tel. 03774/81078; Führungen (Mindestalter 6 Jahre) 10 u. 14 Uhr.
www.zinnkammern.de

Morgenstern Erbstolln, Luchsbachtal 24, Schwarzenberg-Pöhla, Tel. 03774/29994; Führungen nach Anmeldung.
www.luchsbachtal.de

Herkules-Frisch-Glück, Am Fürstenberg 6, Waschleithe, Tel. 03774/2425; Führungen (Mindestalter 4 Jahre) Di–So 13 u. 14 u. 15 Uhr.
www.schaubergwerk-waschleithe.de

Aue und Schneeberg

Im Westen des Erzgebirgskreises schlossen sich 1996 Aue, Bad Schlema, Lauter, Lößnitz, Schneeberg und Schwarzenberg zum Städtebund Silberberg zusammen (www.staedtebund-silberberg.de). Die recht nah beieinander liegenden Mitgliedsorte mit insgesamt gut 65 000 Einwohnern strebten mittel- bis langfristig eine Fusion an zu einer Stadt Silberberg an. Schneeberg trat 2016 wieder aus dem Bund aus, seit dem Jahresanfang 2019 sind erst einmal Aue und Bad Schlema vereint.

Aue

Als Bezugspunkt für Jubiläumsfeiern in Aue gilt eine kaiserliche Urkunde von 1173, somit wäre Aue die älteste Stadt der Gegend. Genau genommen bestätigt das Dokument aber nur eine Propsteigründung im heutigen Ortsteil Zelle. Bekannt geworden ist ein sgraffito-ähnliches Putzritzgemälde in dieser Klosterkapelle aus dem Jahre 1230, das zu den wertvollsten Kunstwerken Sachsens zählt. Der Name Aue bezieht sich auf die besonders durch sumpfige Fließgewässer geprägte Landschaft: Schwarzwasser und Lößnitzbach münden hier in die Zwickauer Mulde.

Europäische Industriegeschichte schrieb Aue dann als Rohstofflieferant. 1635 gründete Veit Hans Schnorr (1614 – 1664) das Blaufarbenwerk Niederpfannenstiel. Grundlage war Kobaltpulver hoher Qualität. Ab dem 19. Jahrhundert entwickelte sich der Betrieb zur heute noch produzierenden Nickelhütte. Ebenfalls einen hervorragenden Ruf hatte das Kaolin aus der Weißerdenzeche seines Sohnes. Es war, streng bewacht, ab 1711 einige Jahrzehnte lang alleiniges Material für das Meißener Porzellan. Dennoch blieb Aue im Vergleich mit Schwarzenberg und Schneeberg lange keine ebenbürtige Stadt. Das änderte sich erst ab 1858 mit der Funktion als Eisenbahnknotenpunkt. 1947 nahm die eben gegründete Aktiengesellschaft Wismut ihren Sitz in Aue. Um 1950 hatte Aue mit mehr als 40 000 Einwohnern Schwarzen- und Schneeberg weit überholt. Inzwischen liegen alle drei mit jeweils etwa 15 000 Einwohnern gleichauf.

Im Gegensatz zu Schneeberg und Schwarzenberg ergibt sich nirgendwo in

An der Zwickauer Mulde in Aue

Montanregion Erzgebirge

Aue ein Altstadtgefühl, einzelne Häuser und Straßenfronten erzählen aber durchaus interessante Geschichten. Man kann mehrere erhaltene **Bergwerksgebäude** und andere Denkmale aus der Industrieentwicklung sehen, hübsche Kirchen, einige **Gründerzeitbauten**, das **Wismut-Kulturhaus** und die **Wasserburg Alberoda**. Mit dem Hegertschen Huthaus und dem Herrenhaus Auerhammer werden gleich zwei Fachwerkbauten auf das Jahr 1663 datiert. Viele Gebäude der Innenstadt entstanden um 1900, dominiert wird sie von der 75 Meter hohen **Nikolaikirche**. Dieser neugotische Backsteinbau wurde 1893 geweiht.

Nur etwa einen halben Kilometer Luftlinie vom Markt entfernt liegt der **Heidelsberg** (512 m). Vom Stadtmuseum am Fuße dieses Berges führt ein **Bergbaulehrpfad** 2,5 Kilometer durch die Landschaft. Der 1893 angelegte Park an den Berghängen erlebte seitdem sowohl gepflegte als auch vernachlässigte Zustände. Seit 1996 ist die Ausflugsgaststätte Parkwarte wieder in Betrieb.

Bockau

Sieben Kilometer südlich von Aue, im Kerbtal des Bockauer Dorfbachs, liegt die Gemeinde Bockau. Auf Grundlage solcher Kräuter wie Angelica archangelica – deutsche Bezeichnungen: Echte Engelwurz, Angelika, Brustwurzel, Theriakwurz – und Meum athamanticum – Bärwurz, Alpenfenchel, Köppernickel – blühte hier zwischen dem 16. und dem 19. Jahrhundert die Arznei- und Likörherstellung. Der Bergbau lieferte als Zutat Vitriol. Ein Dokument von 1767 bezeichnet die Hälfte der 120 Erwerbstätigen im Ort als Arzneiwarenhersteller oder -händler. Zunehmend bekämpfte die damalige Ärztelobby die Kräuterkundler als Konkurrenten. Touristen können diesen Geschichten auf einem **Dorferlebnispfad** mit der Beschreibung ökologischer Lebensräume und einem **Laborantenlehrpfad** mit 21 Stationen früherer Likörfabrikanten nachspüren. Es gibt jährlich ein Wurzelfest mit Wurzelkönigin und Angelikawettbewerben. Auch greift die ›Erzgebirgische Destillerie und Liqueurmanufaktur‹ am südlichen Ortsende auf alte Rezepte zurück und pflegt einen Laborantengarten.

Bad Schlema und Umgebung

Die historische Bedeutung Schlemas beruhte zunächst auf dem Gemeindeteil Oberschlema, beispielsweise nutzte unter anderem Johann Sebastian Bach das Büttenpapier der 1572 gegründeten Papiermühle. Das 1644 gegründete Blaufarbenwerk entwickelte sich mit 42 Gebäuden zum größten derartigen Betrieb der Welt. Das **Besucherbergwerk** in Niederschlema zeigt die Grube Deutschlands, die am längsten ununterbrochen in Betrieb war. Sie wurde 1503 nach dem Nürnberger Unternehmer Markus (oder Marx) Semler benannt. Je nach Marktlage änderte sich der Schwerpunkt der abgebauten Minerale. Ab 1909 untersuchte Richard Franz Friedrich (1848–1946) die radioaktiven Wässer der Grube, zuletzt förderte die SDAG Wismut Uran. Die Gesamtlänge des Stollensystems wird mit über 220 Kilometern angegeben.

Der Kurbetrieb mit radonhaltigen Wassern begann in Oberschlema 1918. Zeitweise warb man mit der Formulierung ›stärkstes Radiumbad der Welt‹. Eine **Gedenkstätte** am Kohlweg in Niederschlema erinnert an Massaker kurz vor Kriegsende 1945: Die Wachmannschaften erschossen 85 Häftlinge und 18 Zwangsarbeiter. Zwischen 1949 und 1955 ruinierte der Uranbergbau der Wismut das gesamte Ortsbild. Ein Unglück 1955 forderte 33 Tote, schnell sprach die DDR-Propaganda von Sabotage durch den Klassenfeind.

▲ Karte: vordere Umschlagklappe

Ein Beweis dafür fehlte freilich. Erst später wurde der verbreitete große Leichtsinn im damaligen DDR-Bergbau allgemein bekannt. Nach dem völligen Ende des Bergbaus 1991 reaktivierte Schlema wieder schrittweise den Kurbetrieb, mit Erfolg: 2005 verlieh der Freistaat dem Kurort Schlema das Prädikat Bad.

Neben dem **Gesundheitsbad** in Bad Schlema liegt ein kleiner **Kurpark** mit **Wildgehege** und **Planetenwanderweg**. Ein Sonnenmodell steht am Parkeingang, die Planetenabstände sind maßstabsgerecht markiert. Das Ganze endet nach sieben Kilometern mit Neptun und Pluto in Schneeberg.

Die beliebte Wanderung am **Floßgraben** führt vom Kurpark südwärts bis zum Rechenhaus Albernau. Der von 1556 bis 1659 erbaute Kunstgraben ist über 15 Kilometer lang. Von den Wanderungen an Floßgräben im Erzgebirge ist das wohl die einfachste. Am heute als Restaurant dienenden Rechenhaus wird Wasser aus der Zwickauer Mulde abgezweigt.

Unweit der nördlichen Gemeindegrenze Bad Schlemas liegt **Burg Stein**. Die hübsche Anlage an einem Knie der Zwickauer Mulde befindet sich in Privatbesitz. Auf halben Weg dorthin kann man an Wanderwegen den Felsspalt Prinzenhöhle und die Ruine Isenburg besuchen.

Schneeberg

Auch Schneeberg wurde vor allem durch den Bergbau und den Uranabbau geprägt. Unter dem Investor und Berghauptmann Martin Römer (um 1432–1483) war Schneeberg Ausgangspunkt des ›zweiten Berggeschreys‹ (→ S. 41). 1481 wurde die Bergbausiedlung auf dem Schneeberg zur freien Bergstadt erhoben, sie war für die hohe Qualität ihrer Erze bekannt. Nach dem Rückgang der Silberförderung um 1500 gewannen andere Metalle an Bedeutung, das Schneeberger Revier entwickelte sich insbesondere zum weltweit bedeutendsten Fund- und Abbauort von Kobalterzen.

Gesundheitliche Schäden durch das radioaktive Gas Radon verursachten die Schneeberger Krankheit, eine Form von Lungenkrebs. Sie wurde von vielen berühmten Ärzten beschrieben: Paracelsus (im Jahr 1567), Martin Pansa (1614), Johann Friedrich Henckel (1745), Walther Hesse und Friedrich Hugo Härting (1879).

Der Fürstenplatz in Schneeberg

Auf dem Weihnachtsmarkt in Schneeberg

In Schneeberg lebte auch Veit Hans Schnorr von Carolsfeld (1644-1715). Er übernahm die Betriebe seines Vaters Veit Hans Schnorr und gründete 1677 Carlsfeld. Einer seiner Söhne wurde in Leipzig ein geachteter Maler. Ein Brand zerstörte 1719 fast die gesamte Stadt Schneeberg. Es folgte ein Wiederaufbau mit viel barockem Schmuck. 1823 erfand Ernst August Geitner (1783-1852) in Schneeberg die Legierung Neusilber mit hoher Korrosionsbeständigkeit und Härte.

Der Erzgebirgsverein hat seit 1991 seinen Hauptsitz wieder in Schneeberg. In der schönen Innenstadt sind viele barocke Details erhalten, als Zentrum im engeren Sinne kann man den Bereich zwischen Hospital- und Wolfgangskirche mit seinem ansteigenden Marktplatz und den Nebenstraßen ansehen.

Im Jahr 1852 wurde der dritte **Rathausbau** der Stadt fertiggestellt, er erhielt 2006 ein Glockenspiel von 25 Glocken aus Meißner Porzellan. In der auch Bergmannsdom genannten **Wolfgangskirche** auf dem Schneeberg (470 m) steht der Schneeberger Reformationsaltar. Er ist eines der umfangreichsten Werke aus der Cranach-Werkstatt (www.wege-zu-cranach.de). Die Kirche wurde bei einem Bombenangriff 1945 stark zerstört und ist streng gesehen ein Nachkriegsbau. Östlich davon erhebt sich der **Gleesberg** (593 m) mit bewaldeter Kuppe, Aussichtsturm und Ausflugsrestaurant.

Der **Schneeberg-Neustädtler Bergbaulehrpfad** (www.neustaedtel.de) verbindet zwischen Schneeberg-Neustädtel und dem Filzteich 24 Stationen zur Bergbaugeschichte. Das große Fachwerkhaus der Gesellschaft Fundgrube wird vom CVJM als Freizeitheim genutzt.

▲ Karte: vordere Umschlagklappe

Filzteich

Ein beliebtes Naherholungsgebiet der Schneeberger ist der Filzteich. Der zweitälteste Stausee im Erzgebirge wurde im 15. Jahrhundert angelegt. 1783 kam es zu einem katastrophalen Dammbruch, aber 1786 beschrieb Johann Wolfgang von Goethe den Teich bereits wieder als ›herrliches Naturwunder‹. Seit 1933 ist der Filzteich das ›Strandbad‹ der Region, er wird von den Stadtwerken Schneeberg bewirtschaftet (www.silberstrom.de).

Von den Moorlandschaften bachaufwärts wurde viel zerstört, der Naturschutz bemüht sich derzeit um eine Wiedervernässung. Am Filzteich beginnt der **Hartmannsdorfer Forst**, der mit dem Hirschenstein (610 m) seine höchste Kuppe aufweist.

2018 eröffneten die Stadtwerke Schneeberg neben der Nordostecke des Filzteiches Sachsens größten Indoor-Spielpark, die **Erlebniswelt Fundora**. Man hofft, dass jährlich 120 000 Besucher kommen. Bei einer Maximalkapazität von 600 Personen gleichzeitig müsste die Anlage dann allerdings ziemlich gleichmäßig ausgelastet sein.

Aue und Schneeberg

Stadtinformation (im Rathaus), Goethestr. 5, Aue, Tel. 03771/281125; Mo–Do 9–18, Fr 9–15 Uhr. www.aue.de
Touristinformation (im Rathaus), Markt 6, Schneeberg, Tel. 03772/20314; Mo–Fr 10–16, Sa 10–14 Uhr. www.schneeberg.de

Bahnstrecke Aue–Chemnitz (Kursbuch 524) mit Halt u. a. in Zwönitz, Thalheim und Burkhardtsdorf.
Bahnstrecke Zwickau–Johanngeorgenstadt (Kursbuch 535), tagsüber stündlich mit Anschluss nach Karlovy Vary und Halt u. a. in Aue, Schwarzenberg und Breitenbrunn.

Gästehaus Wolfsbrunn, Stein 8, Hartenstein, Tel. 037605/760; DZ ab 160 Euro. Hübsches Jugendstilhotel mit Park. www.gaestehaus-wolfsbrunn.de
Blauer Engel, Altmarkt 1, Aue, Tel. 03771/5920; DZ ab 110 Euro. Traditionshaus im Zentrum mit Sauna und experimentierfreudiger Minibrauerei, beispielsweise gibt es Weihnachtsbier mit Esskastanien und Kokosmilch. www.hotel-blauerengel.de
Büttner, Markt 3, Schneeberg, Tel. 03772/3530; DZ ab 85 Euro. Stilvolles Barockhaus am Markt. www.hotel-buettner.de
Chausseehaus, Hundshübler Str. 2, Schneeberg, Tel. 03772/28063; DZ 45 Euro. Günstige Pension an der Hauptstraße. www.chausseehaus-schneeberg.de
Naturherberge Affalter, Lößnitz, Tel. 03771/319806, Übernachtung ab 14 Euro, auch Fahrradverleih, Zeltplatz und Waldküche. www.naturherberge.de

Silberbach, Silberbachstraße 11, Bad Schlema, Tel. 03772/372032; Feb. geschlossen. www.camping-silberbach.de
Lindenau, Am Forstteich 2, Schneeberg-Lindenau, Tel. 03772/728102. www.campingplatz-lindenau.de

Restaurant Lotters Wirtschaft im Blauen Engel (s.o.).
Skaska, Ritterstr. 1, Schneeberg, Tel. 03772/3252680. Russische Küche. www.skaska.eu
Rechenhaus, Schindlerswerk 1, Zschorlau-Albernau, Tel. 03771/478715; Mi u. Do Ruhetage. Am oberen Ende des Floßgraben-Wanderweges. www.rechenhaus.de

Stadtmuseum Aue, Bergfreiheit 1, Tel. 03771/23654; Di–Fr 10–18, Sa 10–16.30, So 12–16.30 Uhr. www.stadtmuseum-aue.de
Galerie der anderen Art, Goethestr. 5, Aue, Mobiltel. 0152/24901164; Di–Fr 11–18, Sa 11–17 Uhr, Zutritt gratis. www.galerie-der-anderen-art.eu
Museum Uranbergbau, Bergstr. 22, Schlema, Tel. 03771/290223; Mo–Do 9–17, Sa/So 10–17 Uhr. www.uranerzbergbau.de
Die Städtischen Museen Schneeberg, www.museum-schneeberg.de, bestehen aus den beiden Teilen:
– **Museum für bergmännische Volkskunst** im Haus Bortenreuther, Obere Zobelgasse 1, Tel. 03772/22446; Di–So 10–17 Uhr,
– **Siebenschlehener Pochwerk Neustädtel**, Lindenauer Str. 22, Tel. 03772/22636; Mai–Okt. Do–Sa 10–16 Uhr.
Wolfgangskirche Schneeberg, Kirchgasse 7, Tel. 03772/39120; Mo–Sa 10–12 u. 14–17, So 14–17 Uhr, Zutritt gratis. www.st-wolfgang-schneeberg.de
Planetarium und Sternwarte, Heinrich-Heine-Str. 13 A, Schneeberg, Tel. 03772/22439. www.erzgebirgskreis-lsb.de
Spirituosenmuseum der Erzgebirgischen Destillerie und Liqueurmanufaktur GmbH, Tel. 03771/45412; Besuch nach Anmeldung. www.bockauer-likoer.de
Privatmuseum Burg Stein, Stein 1, Hartenstein, Tel. 037605/6296; Führungen März–Nov. 10, 11, 13, 14, 15 Uhr, Apr.–Okt. auch 16 Uhr. www.burg-stein.de

Sankt Anna am Freudenstein, Talstraße 1, Zschorlau, Tel. 03771/478874; Führung Mi 16 u. Sa 10 Uhr. www.besucherbergwerk-zschorlau.de

Reichenbach Erbstollen im Kuttengrund, Aue; Führung Do u. Sa, Anmeldung erwünscht. www.kuttengrund.de.tl

Abzugsrösche Fundgrube Gesellschaft am Siebenschlehener Pochwerk (s.o.).

Markus-Semler-Stolln, Richard-Friedrich-Str. 2, Bad Schlema, Tel. 03771/212223; Führungen (ab 6 Pers.) in 50 m Tiefe nach Anmeldung Sa/So 10 u. 13 Uhr. www.kurort-schlema.de

Europäisches Blasmusikfestival; seit 1992 jährlich im September in Bad Schlema. www.bergmannsblasorchester.de

Besonders aufwendig wird unter der Bezeichnung **Lichtelfest** das zweite Adventswochenende rund um den Schneeberger Weihnachtsmarkt begangen.

Erzgebirgsstadion, Lößnitzer Str. 95, 08280 Aue, Tel. 03771/59820. Stadion des FC Erzgebirge Aue. www.fc-erzgebirge.de

Steinberg Zschorlau, 750 m Piste, 1 Schlepplift, Rodelhang. www.esv-zschorlau-ski.de

Actinon, Richard-Friedrich-Str. 7, Bad Schlema, Tel. 3771/215500; 9-23 Uhr. Radonheilbad mit Schwimmbecken und großer Saunalandschaft, keine Ermäßigung für Kinder. www.kur-schlema.de

Erlebniswelt Fundora, Am Filzteich 1, Schneeberg, Tel. 03772/3502620; Di-Do 14-20, Fr 14-21:30, Sa 10-21.30, So 10-20 Uhr, während der Schulferien in Sachsen täglich 10-21.30 Uhr. Trampolinpark, Riesenlabyrinth, Kletterwände, modernste Lichteffekte. Turnschuhpflicht (auch für inaktive Begleitpersonen)! Anmeldung wird empfohlen. www.fundora-schneeberg.de

Alpaca-Ranch, Bösewetterweg, Bockau, Tel. 03771/454271; eine Stunde Wanderung mit den südamerikanischen Tieren kostet unabhängig von der Gruppengröße 30 Euro und beruhigt die Seele. www.alpacaranch-zeeh.de

Zoo der Minis, Damaschkestraße 1, Aue, Tel. 03771/23773; zur Sommerzeit 9-18 Uhr, zur Winterzeit 9-16 Uhr. Mehr als 400 kleine Haustiere und teils seltene Zwergformen von Wildtieren. www.zooderminis.de

Eine Welt Laden (im Bürgerhaus), Postplatz 3, Aue, Tel. 03771/735501, Mo-Mi u. Fr 11-17, Do 10-18 Uhr. Aktionsladen für fairen Handel mit gelegentlichen Veranstaltungen. www.aktioneineweltaue.de

Von Kirchberg nach Oelsnitz/Erzgebirge

Südlich und östlich von Zwickau (→ S. 215) liegen einige kleinere Städte mit interessanter Bergbaugeschichte.

Ent-deckungsfreudige Naturfreunde können beispielsweise im Hohen Forst Kirchberg auf ihre Kosten kommen.

Oelsnitz im Erzgebirge erinnert mit einem großen Museum an den Steinkohleabbau untertage.

Kirchberg

Kirchberg liegt auf einem Granitmassiv im Tal des Rödelbachs. Das Gymnasium der Stadt ist nach dem hier geborenen Barockmusiker Christoph Graupner (1683 - 1760) benannt. Er galt seinerzeit als ebenbürtig mit Georg Philipp Telemann und Johann Sebastian Bach. In Kirchberg arbeitet der Naturschutzbund NABU besonders eng mit Heimatvereinen zusammen, so dass beispiels-

▶ Karte: vordere Umschlagklappe

weise Führungen zur Bergbaugeschichte auch allerhand wissenswertes über Fledermäuse sowie die Vogel- und Insektenwelt vermitteln. Entsprechend widmet sich der **Natur- und Bergbaulehrpfad Zum Hohen Forst** beiden Themengebieten, die sechs Kilometer lange Runde kann man beispielsweise neben dem Klinikum Kirchberg beginnen und enden lassen. Der neun Kilometer lange **Salzweg** stellt die Verbindung zwischen diesem Natur- und Bergbaulehrpfad und dem Schneeberg-Neustädtler Bergbaulehrpfad dar, letzterer führt bis zum Filzteich (→ S. 208).

Wildenfels

Etwa auf halbem Wege von Kirchberg nach Oelsnitz liegt Wildenfels mit einem weithin sichtbaren **Schloss** nebst **Schlosspark**. Der Bergrücken zwischen Wildenfels und Zwickauer Mulde heißt Wildenfelser Zwischengebirge. Es handelt sich um eine Karstlandschaft mit einem stillgelegten Steinbruchgebiet.

Von 1602 bis 1945 herrschte im Schloss das hessische Adelsgeschlecht Solms. Seit einem 1998 beschlossenen tragfähigen Nutzungsplan wurden immer mehr Räume der Öffentlichkeit zugänglich gemacht. Einen Höhepunkt bildet der 2012 eröffnete Blaue Salon aus dem 18. Jahrhundert mit seinen zehn seidenen Tapetenbahnen. 2016 übernahm die Kommune das gesamte Bauensemble.

Burg Stein östlich des Schlosses wird in einer Wanderung von Bad Schlema aus erwähnt (→ S. 207).

Oelsnitz und Umgebung

Obwohl Oelsnitz den Zusatz ›im Erzgebirge‹ trägt, liegt es doch recht weit vom eigentlichen Gebirge entfernt. Der Namenszusatz ist aber zweifellos sinnvoll, da eine nahezu gleich große Stadt im Vogtland, nur 60 Straßenkilometer entfernt, ebenfalls Oelsnitz heißt. In Oelsnitz im Erzgebirge wurde 1933 der Lyriker Reiner Kunze geboren, die Stadt und die Erzgebirgssparkasse verleihen alle zwei Jahre einen nach ihm benannten Literaturpreis.

Geologen unterscheiden zwischen dem Zwickauer und dem Lugau-Oelsnitzer Steinkohlrerevier, in Lugau-Oelsnitz wurden zwischen 1844 und 1971 etwa 140 Millionen Tonnen Steinkohle gefördert. Ein Teil des Karl-Liebknecht-Schachtes ist zum **Bergbaumuseum** umgebaut, einem der größten technischen Museen Ostdeutschlands.

Der Steinkohlebergbau in Oelsnitz war Bestandteil der ersten Versionen im Aufnahmeantrag der Montanregion Erzgebirge in die UNESCO-Welterbeliste, die gestraffte endgültige Version verzichtete dann jedoch darauf.

Auf der bewaldeten Deutschlandschachthalde wurde im Jahr 2000 ein **Aussichtsturm** in Form eines Förderturmes errichtet. 2015 fand in Oelsnitz die Landesgartenschau des Freistaates Sachsen statt. Es entstand auf einem ehemaligen Bahnhofsgelände ein 15 Hektar großer Freizeitpark mit Gradierwerk und Spielplätzen.

Schautafel am Natur- und Bergbaulehrpfad Zum Hohen Forst

Das Bergbaumuseum Oelsnitz

Ostwärts führt die Straße von Oelsnitz im Erzgebirge nach Stollberg im Erzgebirge und Thalheim im Erzgebirge (→ S. 192).

Zwei Museen mit außergewöhnlichem Charakter befinden sich in Oelsnitz´ nördlicher Umgebung: das Daetz-Zentrum Lichtstein, eine **Ausstellung über Holzkunst aus fünf Kontinenten** im Schlossensemble Lichtenstein, sowie das **Geburtshaus des Abenteuerromanciers Karl May** (1842 - 1911) in der Bergstadt Ernstthal.

Die vorübergehende (?) Schließung der mehrfach ausgezeichneten Dauerausstellung des Daetz-Centrums Lichtenstein seit 2018 ist ein blamables Versagen der Kulturpolitik Sachsens. In vorbildlicher Weise ergänzte die von Peter Daetz gestiftete Sammlung von über 650 Holzkunstwerken den Erzgebirgsraum um eine globale Multikulti-Komponente. Touristen hielten sich oft stundenlang hier auf, Bildungsformate für Schüler und Studierende waren Teil des Konzepts.

Von Kirchberg nach Oelsnitz/Erzgeb.

Flechsig, Dorfstr. 37, Hartmannsdorf, Tel. 037602/6342; DZ ab 79 Euro. Wellnessangebote mit eleganter öffentlicher Schwimmhalle. www.hotel-pension-flechsig.de

Zur alten Schule, Schulberg 2, Kirchberg, Tel. 037462/3692; DZ 57 Euro. Im wiesenreichen Rödelbachtal. www.pension-saupersdorf.de

Gutshof, Wilhelm-Zierold-Weg 2, Hartenstein, Tel. 037605/7143; DZ ab 79 Euro. Landhotel zwischen Kirchberg und Oelsnitz. www.landhotel-gutshof.de

Walderholung, Fleischerberg 21, Hohndorf, Tel. 037298/94010; DZ 80 Euro. Nordwestlich von Oelsnitz. www.walderholung.de

Naturschutzstation Zum Hohen Forst mit Ausstellung und Führungen, Engländerstolln Weißbach, Tel. 037602/6032. www.kirchberger-bergbrueder.de

Schloss Wildenfels, Tel. 037603/58569; Di u. Do 10–18, Fr 9–13 Uhr, Apr.-Okt. zusätzlich So 14–18 Uhr, an Feiertagen geschlossen. www.schloss-wildenfels.de

Bergbaumuseum, Pflockenstr. 28, Oelsnitz, Tel. 037298/9394; Di–So 10–17 Uhr. Bis Mai 2020 wegen Baumaßnahmen geschlossen. www.bergbaumuseum-oelsnitz.de

Stadtgalerie im Heinrich-Hartmann-Haus, Untere Hauptstr. 16, Oelsnitz, Tel. 037298/17756; Do 9–17, Fr–So 14–18 Uhr. www.heinrich-hartmann-haus.de

Meisterwerke der Welt in Holz, Schlossallee 2, Lichtenstein, Tel. 037204/585858; Dauerausstellung vorübergehend geschlossen, Sonderausstellungen Sa–So 10–17 Uhr, www.daetz-stiftung.org mit ausführlichem virtuellen Rundgang.

Karl-May-Haus, Karl-May-Str. 54, Hohenstein-Ernstthal, Tel. 03723/42159; Di–So 10–17 Uhr. www.karl-may-haus.de

Bergbaustollen rund um Kirchberg: s. Naturschutzstation; Führungen nach Anmeldung.

Lampertusschacht, Dresdner Str. 109, Hohenstein-Ernstthal, Tel. 03723/42228; Führungen nach Anmeldung. www.lampertus.de

Badesee Haderwald, Oelsnitzer Str., Neuwürschnitz.

Heinrich-Braun-Klinikum, Standort Kirchberg-Burkersdorf, Schneeberger Str. 36, Tel. 037602/80. www.heinrich-braun-klinikum.de

Krankenhaus DRK Lichtenstein, Hartensteiner Str. 42, Lichtenstein, Tel. 037204/320. www.drk-khs.de

Der Trabant

Die Autoproduktion in Zwickau begann 1904, als der Technik-Pionier August Horch (1868 – 1951) seinen Betrieb hierher verlagerte. Horchs Namen trägt ein Fahrzeugmuseum etwa zwei Kilometer nördlich der Altstadt unter Einbeziehung der damaligen Fabrikantenvilla. Im Gegensatz zu manchen vollgestopften Oldtimermuseen wird die Ausstellung auf einer recht großzügigen Fläche präsentiert.

Das Image der Stadt verbindet sich bis heute mit dem Trabant. Bei seiner Markteinführung war das Konzept dieses Kleinwagens durchaus auf aktuellem technischen Stand. Besonders das von 1964 bis 1990 im VEB Sachsenring Automobilwerke Zwickau produzierte Modell 601 entwickelte sich zum Symbol des motorisierten Individualverkehrs in der DDR und zum Symbol für Hassliebe. Der 601 war – sofern der Ersatzteil-Nachschub funktionierte – ein leicht reparierbares und in Relation zu seiner Motorisierung sehr geräumiges Auto. Für den typischen Abgas-Geruch sorgte das direkt ins Benzin gemischte Schmieröl. Die selbsttragende Karosserie bestand aus einem Stahlblechgerippe mit 32 Kilogramm leichten Duroplasteteilen. Für die Farbtöne der Karosse wurden sehr kreative Wortschöpfungen – unter anderem togaweiss, monsungelb, persischorange, cliffgrün, biberbraun und nilbraun – verwendet. Suchmaschinen finden bei diesen Begriffen dabei bis heute zuerst und manchmal ausschließlich den Trabi. Etwa ein Drittel der Produktion wurde exportiert. Von der Bestellung eines Trabant durch DDR-Bürger bis zu seiner Auslieferung vergingen rund zehn Jahre. Deshalb besaß fast jedes volljährige Familienmitglied eine solche Kaufanmeldung. Viele Ideen zur technischen Weiterentwicklung des 601 wurden von der sozialistischen Staatsmacht ausgebremst.

Das Kraftfahrt-Bundesamt gab für 2017 noch knapp 25 000 im öffentlichen Verkehr Deutschlands gemeldete 601 an. Bis jetzt gibt es regelmäßige Trabi-Treffen wie zu Pfingsten auf dem alten Sportplatz Beierfeld (www.trabiteam-westerzgebirge.de) und im August in Nossen (www.nossner-trabantfreunde.de) sowie Trabi-Fanclubs. Die Mediengruppe Erzgebirge veröffentlicht viermal jährlich das Magazin ›Supertrabi‹ mit jeweils 56 Seiten.

Trabants in den 1980er Jahren

Nach dem Ende des Trabis ging die Autoproduktion in Zwickau unter Marktbedingungen weiter. Derzeit stellt ein Tochterunternehmen der Volkswagen AG im 1999 eingemeindeten Mosel täglich etwa 1300 Autos her. Das zugehörige Motorenwerk in Chemnitz fertigt täglich etwa 3200 Motoren. Seit 2020 fertigt das Fahrzeugwerk Zwickau ausschließlich Elektro-Modelle. Insgesamt beschäftigt die Volkswagen Sachsen GmbH (www.volkswagen-sachsen.de) etwa 10 000 Mitarbeiter.

Zwickau und Umgebung

Nach Chemnitz teilen sich Zwickau mit rund 90 500 Einwohnern und Ústí nad Labem (Aussig) mit knapp 92 000 Einwohnern die Plätze 3 und 2 unter den Städten im Umfeld des Erzgebirges. Ob man Zwickau zum Erzgebirge dazu rechnet, ist noch umstrittener als bei Freiberg. Als Höhe über dem Meeresspiegel werden meistens 267 Meter angegeben, das liegt sogar unter den Werten von Chemnitz und Kadaň (Kaaden). Auch ist die hier vorhandene Steinkohle ein fossiles Sediment, also kein für das Erzgebirge typisches Erz. Auf der Landkarte der Sprachdialekte gehört Zwickau jedoch zum Westerzgebirge, außerdem ist die Stadt Bestandteil der Silberstraße. Zwickau soll die Leitausstellung der an mehreren Orten stattfindenden Sächsischen Landesausstellung 2020 beherbergen (www.dhmd.de, → S. 58).

Marienkirche und Priesterhäuser am Domhof

Stadtgeschichte

Vom 7. bis zum 10. Jahrhundert bewohnten Sorben das Gebiet. Eine Kaufmannssiedlung entstand im 12. Jahrhundert an der Kreuzung wichtiger Varianten der Handelswege ›Böhmischer Steig‹ und ›Polnisches Gleis‹, 1118 wurde in einer Urkunde das ›territorium Zcwickaw‹ erwähnt. 1328 und 1403 tobten vernichtende Stadtbrände. In jedem Jahrhundert kam es auch zu Hochwasserkatastophen. Seit dem Mittelalter spielte der Steinkohleabbau eine große Rolle, Geologen unterscheiden dabei zwischen dem Zwickauer und dem erst viel später erschlossenen Lugau-Oesnitzer Steinkohlrerevier. Zweimal entwickelten sich jahrzehntelang unbeherrschbare Brände des Planitzer Flözes, Ernst August Geitner (1783 - 1852) nutzte die Abgase für Gewächshäuser mit Tropenpflanzen. 1960 ereignete sich im Steinkohlewerk Karl Marx das schwerste Bergwerksunglück der DDR, eine Explosion im Brückenberg mit anschließenden Bränden kostete 123 Menschenleben. Man schätzt, dass bis zur Einstellung des Kohleabbaus 1978 etwa 230 Millionen Tonnen gefördert wurden. Die durch den Bergbau unterhöhlte Stadt sackt ab. Das Domareal beispielsweise hat sich von 1865 bis 1940 etwa um 3,70 Meter gesenkt und um 1,30 Meter südostwärts verschoben. Einen im Laufe der Jahrhunderte wechselhaften Ruf zwischen streng und humanistisch genoss die 1290 gegründete Lateinschule. Die ab 1498 unter anderem aus wertvollen Schenkungen entstandene Schulbibliothek zählt zu den ältesten öffentlichen Bibliotheken Deutschlands. Im 16. Jahrhundert prägten Georgius Agricola (1494 - 1555) und Stephan Roth (1492 - 1546) die Schulatmosphäre. Die Lateinschule ist die älteste Wurzel der heutigen Westsächsischen Hochschule. Ab 1501 predigte Hieronymus Dungersheim (genannt Ochsenfart) und im Jahr 1517 Johannes Wildenauer (genannt Egranus) an der Marienkirche. Zur Reformationszeit hielten sich Martin Luther und Thomas Müntzer hier auf, Müntzer predigte 1520 in der Marien- und wechselte dann zur Katharinenkirche. 1521

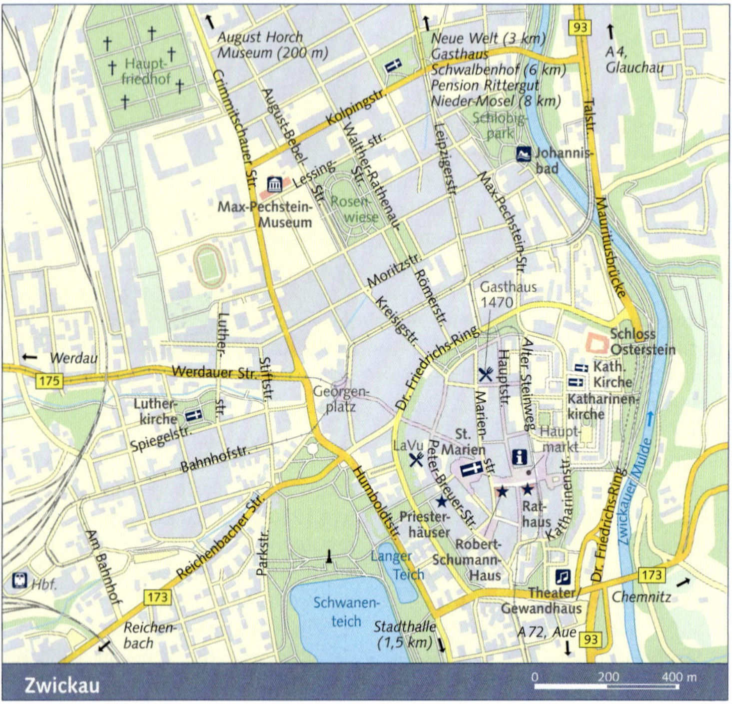

mussten er und eine ›Zwickauer Propheten‹ genannte Gruppe von ›72 Jüngern‹ Zwickau verlassen.

Auf Empfehlung Johann Sebastian Bachs war sein Meisterschüler Johann Ludwig Krebs von 1737 bis 1743 Organist an der Marienkirche. Berühmtester Sohn der Stadt ist wohl Robert Schumann (1810 - 1856). Ebenfalls hier geboren wurden der Expressionist Max Pechstein (1881 -1955) und der Schauspieler Gert Fröbe (1913 - 1988). Am Robert-Schumann-Konservatorium (www.rsk-zwickau.de) lernten unter anderem der Jazzmusiker Günther Fischer und der Dirigent Claus Peter Flor. Die Stadt verfügt über mehrere attraktive Konzertsäle. Eine typische Plattenbausiedlung der Nachkriegszeit stellt Zwickau-Eckersbach dar. Von 28 000 Einwohnern im Jahr 1989 blieben 2015 nur noch 8000. Eckersbach wurde deshalb als ein Modellgebiet im Bund-Länder-Programm ›Stadtteile mit besonderem Entwicklungsbedarf‹ ausgewählt.

Seit der Eröffnung des Citytunnels Leipzig 2013 ist Zwickau an das Netz der S-Bahn Mitteldeutschland angeschlossen und dessen südlichster Ausläufer.

Sehenswürdigkeiten

Die bekanntesten historischen Gebäude der Stadt - allen voran der Zwickauer Dom, das Robert-Schumann-Haus, das Rathaus und das Gewandhaus - konzentrieren sich auf engem Raum im Zentrum. Die **Marienkirche** entstand im als romanische Saalkirche und wurde spätgotisch umgebaut, der Turm folgte unter Leitung des Plauener Zimmermanns Joachim Marquard im frühbarocken Stil. 1935 wurde offiziell der Titel Dom verliehen, das Landeskirchenamt in Dresden begründete diese Entscheidung mit der großen Ausstrahlungskraft. Die Beseitigung der Kriegsschäden von 1945 zog sich länger hin, derzeit bereitet die Baustatik wieder Probleme und eine Turmbesteigung ist nicht möglich. Man muss einräumen, dass die Hilfen zur Fixierung der Baustatik optisch nicht besonders attraktiv wirken. Bedeutende Kunstwerke des Doms sind unter anderem ein Flügelaltar von 1479 aus der Nürnberger Werkstatt des Michael Wolgemut und eine Pietà Peter Breuers von 1502, außerdem Verzierungen und Figuren am Bauwerk. Die drei erhaltenen Priesterhäuser am Domhof zählen zu den ältesten Stadthäusern Deutschlands, ihre Bausubstanz lässt sich bis in das 13. Jahrhundert zurückverfolgen.

Zu den interessantesten weiteren Kirchenbauten Zwickaus zählen die **Katharinenkirche**, die **Johanniskirche Weißenborn** mit ihrer bunter Kassettendecke von 1685, die **Schlosskirche** und die **Lukaskirche** in Planitz – beide sind nur 200 Meter voneinander entfernt –, schließlich die **Versöhnungskirche Neuplanitz** als erster evangelisch-lutherischer Kirchenneubau Ostdeutschlands nach der sogenannten Wende.

In dem Haus an der Ecke vom Hauptmarkt zur Münzstraße wurde der Komponist, Musikkritiker, Pianist und Dirigent Robert Schumann geboren. Zum runden Geburtstag 1910 gründete die Stadt ein Museum. Heute ist in dem **Robert-Schumann-Haus** die weltweit größte Dokumentation zu Leben und Werk Schumanns und seiner Frau Clara Wieck (1819 – 1896) untergebracht, die acht biographisch gegliederten Gedenkräume dürfen gratis besucht werden. Verschiedene historische Tasteninstrumenten sind hier auch ausgestellt, der ›Zwickauer Flügel‹ des Wiener Instrumentenbauers André Stein (1776 – 1842) war auf der Rückseite der letzten 100-DM-Scheine abgebildet. Eine aktive Robert-Schumann-Gesellschaft hat ihren Sitz ebenfalls im Haus. Das **Robert-Schumann-Denkmal** steht am anderen Ende des Hauptmarktes.

Zwickaus **Rathaus** von 1404 mit seiner 54 Meter breiten Fassade ist ein zentrales Wahrzeichen der Stadt. Eine Sanierung und Erweiterung erfolgte von 2009 und 2011, dabei kamen einige vergessene Details aus den 600 Jahren Baugeschichte zum Vorschein.

Das **Gewandhaus** wurde zwischen 1522 und 1525 als repräsentatives Zunfthaus der Tuchmacher errichtet. Ab 1812 erfolgten Nutzungen als Konzertsaal und Theater. Im Jahr 2000 fusionierten Plauen und Zwickau ihre beiden Theater aus wirtschaftlichen Gründen.

Östlich der Altstadt fließt die **Zwickauer Mulde** vorbei, südwestlich liegt der **Schwanenteich** mit Freilichtbühne und einem Gondelstation genannten Bootsverleih.

Schloss Osterstein in der nordöstlichen Altstadt wurde in den letzten Jahren renoviert und dient nun als Seniorenwohnanlage. Im 20 Kilometer entfernten

Farbenfroher Jugendstil: das Johannisbad

Crimmitschau, an der Landesgrenze zu Thüringen, steht das aus einer Wasserburg hervorgegangene **Schloss Blankenhain**. Das **Deutsche Landwirtschaftsmuseum** im und am Schloss Blankenhain ist eine einmalige Anlage mit vielfältigem Charakter, die 80 Gebäude auf 11 Hektar umfasst.

Zwickau und Umgbung

Kultour Z, Hauptstr. 6, Zwickau, Tel. 0375/2713240; Mo–Fr 9–18, Sa 9–16 Uhr. www.zwickautourist.de
Die Smartphone-App ›Zwickau Tourismus‹ ist recht brauchbar. Touristische Angebote im Landkreis Zwickau fasst zusammen: www.zeitsprungland.de

Zwickau ist an das Netz der S-Bahn Mitteldeutschland angeschlossen, ohne Umsteigen kommt man über Crimmitschau und Altenburg nach Leipzig und Halle.
Bahnstrecke Reichenbach–Dresden (Kursbuch 510), ›Sachsen-Franken-Magistrale‹, mit Halt u. a. in Zwickau, Chemnitz, Flöha und Freiberg.
Bahnstrecke Zwickau - Sokolov (Kursbuch D 539, CZ 145) mit Halt u. a. in Schöneck, Klingenthal, Kraslice und Rotava.
Bahnstrecke Zwickau - Johanngeorgenstadt (Kursbuch 535), tagsüber stündlich mit Anschluss nach Karlovy Vary und Halt u. a. in Aue, Schwarzenberg und Breitenbrunn.
Straßenbahnen, Stadt- und Regionalbuslinien in Zwickau: www.nahverkehr-zwickau.de

Schwalbenhof, Altenburger Str. 59, Tel. 037604/2917; DZ 65 und EZ 35 Euro. Denkmalgeschützter Vierseitenhof am nördlichen Stadtrand. www.pension-schwalbenhof-zwickau.de
Rittergut Nieder-Mosel, Alter Teichweg 3, Tel. 037604/7498200; DZ o. F. 85 Euro. Verkehrsgünstige Lage am nördlichen Stadtrand. www.pension-rittergut.de
Schloss Schweinsburg, Hauptstr. 148, Neukirchen, Tel. 0800/1010880; DZ 70 Euro. Landschlösschen mit Sauna, 15 km entfernt an der Pleiße.
www.schloss-schweinsburg.com

Gasthaus 1470, Marienstr. 50, Tel. 0375/282728; ab 17 Uhr, So u. Mo Ruhetage. Im ältesten Zwickauer Bürgerhaus auf drei Etagen. www.gasthaus1470.de
LaVu, Peter-Breuer-Str. 25, Tel. 0375/88383010. Asiatische Küche im Zentrum. www.lavu-restaurant.de

Zwickauer Dom, Domhof 10, Tel. 0375/2743510; Di–Sa 12–17 Uhr.
www.nicolai-kirchgemeinde.de
Priesterhäuser, Museum für Stadt- und Kulturgeschichte, Domhof 5, Tel. 0375/834551; Di–So 13–18 Uhr.
www.priesterhaeuser.de
Robert-Schumann-Haus, Hauptmarkt 5, Tel. 0375/834401; Di–Fr 10–17, Sa/So 13–17 Uhr. Der Internetauftritt des Museums enthält auch einen Kalender der Schumann-Wettbewerbe und verwandter Veranstaltungen.
www.schumannhauszwickau.de
Max-Pechstein-Museum, Lessingstr. 1, Tel. 0375/834510; Di–So 13–18 Uhr.
www.kunstsammlungen-zwickau.de
August-Horch-Museum, Audistr. 7, Tel. 0375/2717380; Di–So 9.30–17 Uhr.
www.horch-museum.de
Deutsches Landwirtschaftsmuseum, Schloss Blankenhain, Am Schloss 9, Crimmitschau, Tel. 036608/2321; März–Okt. Di–So 9–17 Uhr. www.deutsches-landwirtschaftsmuseum.de

Theater Plauen-Zwickau, Gewandhausstr. 7, Zwickau, Tel. 0375/274114647.
www.theater-plauen-zwickau.de
Konzert- und Ballhaus Neue Welt (Jugendstilsaal), Leipziger Str. 182.
www.zwickautourist.de
Stadthalle (funktionale Arena aus dem

▶ Karte S. 216

Jahr 2000), Bergmannsstr. 1.
www.zwickautourist.de
Freilichtbühne (denkmalgeschütze Anlage am Schwanenteich), Parkstr.
www.zwickautourist.de

Johannisbad, Johannisstr. 16, Tel. 0375/272560; 9–22 Uhr. Historisches Gesundheits- und Therapiezentrum von 1869 mit Schwimmhalle und Sauna, 1995 wiedereröffnet, im Zentrum neben der Zwickauer Mulde.
www.johannisbad-zwickau.de

Heinrich-Braun-Klinikum, Standort Zwickau, Karl-Keil-Str. 35, Tel. 0375/510.
www.heinrich-braun-klinikum.de

Böhmisches Erzgebirge (CZ)

Stärker als in Deutschland ist in Tschechien die Kammregion des Erzgebirges auf Wintersport fokussiert, zu anderen Jahreszeiten drängeln sich trotz günstiger Quartierpreise nirgends die Touristen. Aber auch im Winter gibt es einsame Abschnitte in Orten ohne Skilifte.
In diesem Reiseführer werden die sächsische und die böhmische Seite des Erzgebirges gleichberechtigt betrachtet. Dass die Beschreibung des böhmischen Erzgebirges deutlich knapper ausfällt, liegt an der Geographie der Pultscholle (→ S. 25). Auf sächsischer Seite steigt das Erzgebirge allmählich an, auf böhmischer bricht es steil ab.
Während man von ›Freiberg im Erzgebirge‹ (Entfernung zum Gebirgskamm: 35 Kilometer Luftlinie) ganz selbstverständlich sprechen kann und sogar Neukirchen im Erzgebirge (45 Kilometer) als offizielle Ortsbezeichnung existiert, wird die Formulierung Karlsbad im Erzgebirge (weniger als 25 Kilometer) praktisch nicht verwendet. Zudem sind in Tschechien die Gebirgslagen dünner besiedelt, von den höher gelegenen Städtchen hat gerade mal Nejdek (Neudek) mehr als 3000 Einwohner. Im Osterzgebirge gehören einige Kammlagen sogar zum Kommunalgebiet der im Tal liegenden Städte, beispielsweise wurde Cínovec (Böhmisch Zinnwald) nach Dubí (Eichwald) eingemeindet.
Bereits die mangelnde Zusammenarbeit der Dienstleister in Deutschland und Tschechien ist kritikwürdig. In unserem Nachbarland gibt es zusätzlich eine künstlich gezogene Grenze: Die Verwaltungsbezirke Karlsbad (Karlovarský kraj) und Aussig (Ústecký kraj) arbeiten kaum zusammen und beschränken sich bei Informationen oft streng auf ihr Gebiet. Das ist für Touristen sehr ungünstig, weil die Verwaltungsgrenze über den Keilberg und somit durch das Herz des Gebirges führt: Jáchymov (Joachimsthal) liegt auf Karlsbader Seite, Medenec (Kupferberg) auf Aussiger.

Typische Bergwiese im böhmischen Teil des Erzgebirges

Geologisch teilt man in Tschechien das Erzgebirgs-Bergland (Krušnohorská hornatina) ebenfalls hier, es gibt das Keilberg-Bergland (Klínovecká hornatina) und das Wieselstein-Bergland (Loučenská hornatina). Damit noch nicht genug, die administrative Grenze trennt auch das Marketing der touristischen Regionen Westböhmen um Karlovy Vary und Plzeň (Pilsen) und Nordböhmen um Ústí nad Labem und Liberec (Reichenberg). Im Gegensatz dazu werden beim Statistischen Amt der Europäischen Union (www.ec.europa.eu/eurostat) allerdings Karlovy Vary und Ústí nad Labem zu Nordwest (Severoz.pad, CZ 04) zusammengefasst. Leider hat sich diese für das Erzgebirge günstige Gruppierung in der Praxis Tschechiens nicht durchgesetzt.

Naturparks im Böhmischen Erzgebirge

Der Status »Naturpark« (Přírodní park) wurde durch das tschechische Gesetz 114/1992 festgelegt. Von den 17 Naturparks der Verwaltungsbezirke Karlsbad und Aussig (Ústí nad Labem) betreffen zehn das in diesem Reiseführer behandelte Gebiet. Von den strenger geschützten und meist kleineren Schutzgebieten ist das Gottesgaber Torfmoor (Božídarské rašeliniště) mit 930 Hektar das größte. Zusätzlich zählen der Kaiserwald (Slavkovský les) und das Böhmische Mittelgebirge (České středohoří) als Landschaftsschutzgebiete (Chráněná krajinná oblast). Gegenüber in Sachsen liegt mit einer stattlichen Länge von 120 Kilometern der Naturpark Erzgebirge-Vogtland.

Naturpark	Lage	Fläche in Hektar	Gründungsjahr
Leopoldovy Hamry	zwischen Kraslice (Graslitz) und Luby (Schönbach)	4000	1995
Jelení vrch	im Frühbußer Hochland (Přebuzská hornatina)	4300	1985
Přebuz	im Frühbußer Hochland (Přebuzská hornatina)	9860	1980
Stráž nad Ohří	bei Stráž (Warta) links der Eger	3700	1985
Zlatý kopec	bei Zlatý kopec (Goldenhöhe)	1700	1995
Doupovská pahorkatina	östliches Duppauer Gebirge (Doupovské hory)	4770	1996
Údolí Prunéřovského potoka	Talabschnitt des Brunnersdorfer Baches (Prunéřovský potok)	3000	2000
Bezručovo údolí	Talabschnitt der Komotau (Chomutovka)	6500	2002
Loučenská hornatina	zwischen Staatsgrenze, Litvínov (Leutensdorf) und Hrob (Klostergrab)	14 425	2006
Východní Krušné hory	zwischen Cínovec (Böhmisch Zinnwald) und Petrovice (Peterswald)	4000	1995

▸ Karte: vordere Umschlagklappe

Das Tal der Rohlau

Die Rolava (Rohlau) entspringt in der Hochmoorlandschaft an den beiden Kranichseen und mündet nach 37 Kilometern im Zentrum von Karlovy Vary (Karlsbad) in die Eger.

Erster Ort am Flüsschen ist **Přebuz** (Frühbuß), die tschechische Stadt mit der kleinsten Einwohnerzahl (69). 2007 nutzte Bürgermeister Antonín Čouka alte Gesetze so aus, dass der Status als königliche Bergstadt aus dem 16. Jahrhundert wieder gilt. Der Bergbau hier erlebte drei Phasen seit dem 14. Jahrhundert, eine lange Pause gab es im 19. Jahrhundert. Im Frühbußer Hochland liegen die **Naturparks** Oehsenberg (Přírodní park Jelení vrch) und Frühbuß (Přírodní park Přebuz). Zu streng geschützten Reservaten innerhalb gehören Großer Kranichsee (Velké jeřábí jezero) und Kleiner Kranichsee (Malé jeřábí jezero). Die Kombination aus aufgelassener Bergbaulandschaft und sumpfigen Hochebenen führt zu einer einzigartigen Artenvielfalt. Die bis 965 Meter hohen Berge des Naturparks sind eher Wellen als Gipfel. Es wachsen Zwergbirke, Sonnentau, Blumenbinse, natürlich auch die für Hochmoore üblichen Beeren. Zu den Raritäten der Tierwelt gehören Molche, Waldwasserläufer, Bekassinen, Auer- und Birkhühner.

Im westlichen Nachbartal begann 1836 der Bau des größten Eisenhüttenwerks in der Region. Die Reste des Hochofens und der Eisenhütte am Westrand von Šindelová (Schindelwald) sind heute Kulturdenkmal. Derzeit wird mit EU-Geldern dort einiges rekonstruiert.

An der Straße von Frühbuß nach Jelení (Hirschenstand) sieht man die Ruinen des Betriebes Zinnbergbau Sudetenland aus der NS-Zeit. Rund um Jelení sind in der Landschaft viele Objekte aus älteren Epochen des Zinnbergbaus versteckt, viele davon für Laien gar nicht mehr erkennbar.

Nejdek im Winter

Erstes Gewerbe in **Nové Hamry** (Neuhammer) war eine Glashütte, die um 1540 die Glasfärbung mit Kobaltsaflor im Erzgebirge einführte. Es folgten ein Hammerwerk, die Löffelproduktion und das Spitzenklöppeln. **Nejdek** (Neudek) ist die älteste Stadt des Westerzgebirges und mit knapp 7800 Einwohnern die größte böhmische Stadt direkt im Erzgebirge (568 m), Jáchymov (Joachimsthal) hat nur noch ein Drittel dieses Wertes, und Krupka (Graupen) liegt ja eher am Fuß des Gebirges. Vor dem Dreißigjährigen Krieg gehörte die Bergstadt den Grafen Schlick, aus dieser Zeit stammen die barocke Martinskirche und Reste einer Burg im Zentrum. Mit etwa 1500 Arbeitsplätzen ist die deutsche Autoteilefirma Witte Automotive hier präsent, der größte Standort von Witte und der größte Betrieb im böhmischen Erzgebirge überhaupt.

Nördlich von Nejdek liegt der **Peindlberg** (Tisovský vrch, 977 m) mit einem 24 Meter hohen Turm von 1897. Er steht etwa 300 Meter östlich der bewaldeten Bergkuppe und ist am schnellsten vom Vorort Tisová (Eibenberg) aus zu errei-

chen. Nach den damaligen Berechnungen befindet man sich auf der Aussichtsplattform genau 1000 Meter über dem Niveau der Adria. Man hat einen schönen Rundblick bis zum Ochsenkopf im Fichtelgbirge. Ebenso wie der Auersberg besteht der Peindl aus Eibenstocker Turmalingranit. Die Orte **Nová Role** (Neurohlau) und **Stará Role** (Altrohlau) weiter flussabwärts waren früher durch ihre Keramikproduktion bekannt.
Als hübsch renoviertes Erzgebirgskirchlein sei hier abschließend noch die **Eberhardkirche** in **Tatrovice** (Dotterwies) neben dem Flößbach (Tatrovický potok) erwähnt.

Das Tal der Rohlau

Infocentrum, nám. Karla IV 241, Nejdek, Tel. 0353/240135; Mo u. Mi 8–17, Di 10–15.30, Do u. Fr 10–14.30, Sa 9–12.30 Uhr. www.nejdek.cz
Turistické informační centrum, Masaryka 1, Pernink, Tel. 0353/892491; Mo–Fr 8–12 u. 13–16, Sa 9–12 Uhr. www.pernink.eu

Bahnstrecke Johanngeorgenstadt - Karlsbad (Kursbuch 142) mit Halt u. a. in Horní Blatná und Nejdek.

Farmička Modřínka, Šindelová 133, Mobiltel. 0777/015628. Ferienhaus für Cliquen (bis 20 Pers.) mit Küche, Sauna und Naturteich zum Pauschalpreis ab 5000 Kč pro Nacht. www.modrinka.cz
Kemp na Tajchu, Šindelová, Mobiltel. 0607/590751, www.sindelova.cz. Simple und billige Campingmöglichkeit im Besitz der Kommune.
Mezi Jeleny, Jelení 1, Nové Hamry, Mobiltel. 0605/840491; DZ 36 Euro. Eine indisch-tschechische Familie renoviert schrittweise ein auf 860 Meter Höhe gelegenes, einsames Berghotel aus dem Jahr 1896; auch Camping nach Absprache möglich. Kein steriles Hotel, sondern eher ein Rastplatz für weltoffene Leute. www.mezijeleny.cz
Hamerská Jizba, Nové Hamry 228, Mobiltel. 0739/211665; DZ 1300 Kč. Mit Fahrradverleih.
www.penzion-hamerskajizba.cz
Seifert, Nové Hamry 13, Mobiltel. 0606/049750; DZ ab 700 Kč. Pension mit Campingmöglichkeit am Fluss.
www.horskyhotelseifert.cz
Riviera, Děpoltovice 127, Nová Role, Tel. 0353/851761; DZ 60 Euro. Inzwischen recht große Anlage (Ferienbungalows u. 51 Hotelzimmer) an einem Waldsee. www.rivierahotel.cz
Zámek Lužec, Lužec 1, Nová Role, Tel. 0353/10311; DZ ab 149 Euro. Neues Wellnesshotel im Schlösschenstil.
www.zamek-luzec.cz
Kukačka, Tisová 82, Nejdek, Tel. 0353/925701; Dz ab 720 Kč. Beliebte Pension am Peindlberg.
www.penzion-kukacka.webnode.cz

Stadtmuseum (Muzeum), nám. Karla IV. 238, Nejdek, Mobiltel. 0736/650047; März–Sept. Mi–So 8–12 u. 13–17 Uhr. www.kvmuz.cz
Thun 1794, Tovární 242, Nová Role, Tel. 0353/410111; Mo–Fr 9–15, Führungen 10.45 u. 13.45 Uhr. Porzellanausstellung und Fabrikverkauf. www.thun.cz

Skiareál Pernink-Velflink, Mi u. Fr u. Sa Flutlicht, 3 Schlepplifte, Skischule, Eisbahn. skiarealpernink.cz
Skiareál Pernink-Nádraží, Mi u. Fr u. Sa Flutlicht, 2 Schlepplifte, 1 Kinderlift. www.pernink.info
Areal Nové Hamry, ca. 1700 m Piste, 4 Schlepplifte, 1 Kinderlift. www.skihamry.cz

Bademöglichkeiten an kleinen Stauseen in Přebuz am südlichen Dorfende und in Nejdek-Lesík 4 km westlich der Stadtmitte.

▶ Karte: vordere Umschlagklappe

Wanderung von Horní Blatná nach Kraslice

Start: Horní Blatná; **Ziel**: Kraslice
Länge: 26 km

Diese Strecke führt südlich knapp unterhalb des Erzgebirgskamms entlang. Am Start und am Ziel befinden sich Bahnhöfe. Von Horní Blatná (Platten) führt ein rot markierter Wanderweg an einem kleinen Wasserfall (Miluščin vodopád) vorbei durch den Wald immer westwärts. Man ist jetzt im **Naturpark Oehsenberg** (Přírodní park Jelení vrch), der überwiegend aus Nadelwald mit Erhebungen um die 900 Meter besteht. Nach sechs Kilometern trifft man auf die Hauptvariante der Karlsroute. Dieser Fahrradweg führt von Aue nach Karlsbad. Man begleitet die Karlsroute einen Kilometer bergab und wendet sich an der Mündung des Schwarzwasser (Slatinny potok, nicht verwechseln mit dem Schwarzwasser Černá) in die Rohlau (Rolava) wieder westwärts. Nun folgt man der Rolava sieben Kilometer aufwärts bis zum oberen Ende des Städtchens **Přebuz** (Frühbuß). Anschließend orientiert man sich sechs Kilometer weit an der grünen Markierung bis zur **Fischerquelle** (Fišerův pramen). Hundert Meter rechts vom direkten Weg entfernt bietet sich unterwegs der Graslitzer Spitzberg (Špičák, 991 Meter, nicht verwechseln mit dem Božídarský Špičák) als Höhepunkt der Wanderung an. Nun führt eine gelbe Markierung über mehrere Aussichtspunkte nach sechs Kilometern ins Zentrum von Kraslice (Graslitz) hinab.

Potůčky, Horní Blatná und Boží Dar

Der teilweise bewaldeten Hochebene zwischen Potůčky (Breitenbach), Horní Blatná (Platten) und Boží Dar (Gottesgab) ist ein Charakter eigen, der gut der wörtlichen Übersetzung des tschechischen Namens für das Erzgebirge entspricht. Es handelt sich tatsächlich um ›Harsche Berge‹, die in vieler Hinsicht an skandinavische Landschaften erinnern. Auch die Pflanzenwelt ist nordisch geprägt, seit der Eiszeit halten sich hier Inseln mit einer eher für den Polarkreis typischen Vegetation. Wer sich in dieser rauhen Welt nicht von der eigenen Landwirtschaft ernähren muss, kann ihr viele malerische Seiten abgewinnen. In den böhmischen Dörfern dieser Region bekennt sich etwa ein Zehntel der ständigen Einwohner zur deutschen Nationalität.

Es treffen sich viele beschilderte Wege für Wanderer und Radler. Mehrere längere Streckenführungen werden im Kapitel über interessante Mehrtagestouren (→ S. 301) beschrieben. Jüngste Bauarbeiten zur touristischen Erschließung dieser Hochebene beispielsweise rund um den kleinen Stausee Myslivny (Försterhäuser) oder am Plešivec (Plessberg) mit seinem 2013 aus dem Boden gestampften Skiareal vermitteln wiederum den Eindruck eines unsensiblen Umgangs mit der Natur.

Potůčky

Potůčky (Breitenbach) liegt direkt an der Staatsgrenze, gegenüber von Johanngeorgenstadt. Die Gemeinde lebt vor allem vom Handel mit deutschen Kunden und gilt als größter derartiger Grenzmarkt im Erzgebirge. Auch das kulinarische Angebot ist üppig.

Unfreiwillig als Symbol für die schwache Wirtschaftskraft im Erzgebirge kann die von Anton Günther besungene ›Dreckschänke‹ unterhalb des Bahnhaltepunktes Potůčky zastávka dienen, die trotz ihrer landläufigen Bezeichnung einstmals beliebte Traditionskneipe verfällt zusehends. An seinem Oberlauf in Böhmen hat das knapp 50 Kilometer lange **Schwarzwasser** (Černá) den Charakter eines romantischen Wildbaches. Die Quelle liegt am Hinteren Fichtelberg in 1117 Meter Höhe. Das junge Gewässer fließt durch Moorgebiete und speist den Plattner Kunstgraben.

Horní Blatná

Die einst bedeutende Bergstadt Horní Blatná (Platten) macht heute gegenüber dem Marktgetümmel in Potůčky und dem Wintertrubel in Boží Dar einen beschaulicheren Eindruck. Die rechtwinklige Anlage der Straßen wurde angeblich von Marienberg abgeguckt. Es gibt ein kleines **Museum** und außer der weithin sichtbaren **Laurentiuskirche** mehrere Kapellchen. Das Interieur der Barockkirche mag etwas zusammengewürfelt erscheinen, es finden sich aber einige künstlerisch wertvolle Objekte darunter. »*Die regelmäßig gebaute, alte Bergstadt mit großen Marktplatz und stattlicher Kirche liegt auf der ebenen Kammfläche (darum der Name) zu Füßen des [...] ebenfalls flachen Plattenberges und entwickelt sich in neuerer Zeit zusehends zu einer Sommerfrische und zu einem lebhaften Wintersportplatz. [...] Die Umgebung ringsum erinnert an die Größe des einstigen Bergsegens. Besuchenswert sind insbesondere die Wolfsbinge, eine 100 m lange und 10–15 m breite Felsenschlucht, und die kleinere, nur 3/4 m breite, aber 20 m tiefe Eisbinge, in welcher sich meist noch im Hochsommer Eis vorfindet.*« (Erzgebirgs-Kammwegführer, Auflage 1932)

Zu den schrulligsten Einwohnern Plattens zählte Pater Johann Adalbert Hahn (1750 - 1825), der ›Faust des Erzgebirges‹, der ab 1802 wieder in seiner Heimatstadt lebte. Um ihn ranken sich zahlreiche Sagen. Der Kaplan war ein strenger Katholik, seine Zauberkünste soll er angeblich auch gegen die abtrünnigen Protestanten im benachbarten Johanngeorgenstadt eingesetzt haben.

▶ Karte: vordere Umschlagklappe

Der Heinrichstein

Bekannte Wanderziele sind der **Plattner Kunstgraben** (Blatenský příkop, auch Plattner Erbwassergraben), der Plattenberg (Blatenský vrch, 1043 m) mit seinem Erzherzogin-Zita-Turm (Rozhledna) und die benachbarten Pingen. Am Plattner Kunstgraben führt ein zwölf Kilometer langer Lehrpfad mit 23 Rastpunkten bis fast nach Boží Dar. Sein stetiges Gefälle von insgesamt 123 Metern (also ein Prozent) erleichtert eine längere Wanderung in der Höhenlage von 1000 Metern auch für sportlich wenig trainierte Menschen. Der Kunstgraben wurde zwischen 1540 und 1544 unter Stephan Lenk für den Bergbau angelegt und vor 20 Jahren umfassend rekonstruiert.

Der Aussichtsturm auf dem **Plattenberg** sieht schon etwas klapprig aus. Die Verglasung der Plattform und die hohen Bäume ringsum schränken auch die Qualität des Fernblicks etwas ein, dafür liegen zwei der schönsten **Pingen** des Erzgebirges nur 200 Meter südwestwärts davon und sind auf jeden Fall einen Besuch wert: Wolfspinge (Vlčí jáma) und Eispinge (Ledová jáma). Ihre Namen sind schnell erklärt. Die breitere Wolfspinge entstand durch einen Einsturz der Grube Wolfgang und in der schmaleren Eispinge können sich frostige Temperaturen punktuell das ganze Jahr hindurch halten. Ein schöner Aussichtspunkt über weite Wälder ist die sagenumwobene Granitfelsengruppe **Heinrichstein** (Na Strašidlech, 913 Meter) auf halbem Weg zwischen Horní Blatná und Potůčky. Auf halbem Weg zwischen Horní Blatná und Boží Dar wiederum liegt das nahezu verlassene Ryžovna (Seifen, → S. 225). Südöstlich davon findet man den Toten Teich (Mrtvý rybník) mit ungewöhnlich dunklem Wasser.

Abertamy

Die Bergstadt Abertamy (Abertham) hat doppelt so viele Einwohner wie Horní Blatná, besitzt aber nicht dessen historische Bedeutung. Seit 1850 entwickelte sich Abertham zum Zentrum der böhmischen Handschuhfertigung, außerdem gab es einen speziellen Abertharner Ziegenkäse. Seit 2015 kann die **Mauritiusgrube** besucht werden. Zwischen 1545 und 1620 war die damals Behrische Zeche genannte Abbaustätte das größte Zinnbergwerk im böhmischen Erzgebirge, ihr Zinn hatte einen hohen Reinheitsgrad und wurde weltweit exportiert.

Der Aufbau eines Skisportgebietes am **Plessberg** (Plešivec, 1028 m) 2013 zeigte wenig Sensibilität gegenüber der Natur.

Zwei Lehrpfade bei Abertamy

Start und Ziel:
Länge: 12 km
Infos: www.bozidar.cz/cs/priroda/naucne-stezky/naucna-trasa-bludna.html (ausführlich, mit guter Kartenskizze, aber nur tschechisch)

Die Kombination zweier wenig frequentierter Lehrpfade ergibt nördlich von Abertamy eine schöne Rundwanderung durch die Natur sowie auf den Spuren der Bergbaugeschichte. Man könnte die zwölf Kilometer der beschriebenen Wanderung insbesondere auch zwischen dem Kunstgraben und der Roten Grube westwärts erweitern.

Der vier Kilometer lange **Bergbaulehrpfad Hengstererben-Seifen** (Horská naučná stezka Hřebečná – Ryžovna) beginnt am östlichen Ortsende von Abertamy. Dort quert die Landstraße nach Jáchymov (Joachimsthal) den Bach Wistritz (Bystřice). Ein grün markierter Weg führt im Bachtal bergauf durch Hřebečná (Hengstererben), einen Ortsteil von Abertamy. Zunächst sieht man rechts ein verfallenes Schwimmbad und eine verfallene Sprungschanze. Mit guter Laune kann man das als Sehenswürdigkeiten aus der Sportgeschichte Abertamys durchgehen lassen. Dann kommt man an einem kleinen Privatmuseum (Hornické minimuzeum) und der ehemaligen Schule des Stadtteilchens vorbei. Nun weicht die Lehrpfadmarkierung nach links vom Stadtteilchenhauptsträßchen ab und führt zur **Mauritiusgrube** (Důl Mauritius). Der **Christophstollen** (Štola Kryštof) der Grube ist als Schaubergwerk seit 2015 wieder geöffnet. Hauptpartner des EU-Projektes war die Universität Freiberg. Nach weiteren 200 Metern erreicht man an der Schnepp-Pinge (Schneppova pinka) eine Höhenlage von 1000 Metern. Hier trafen sich zwei Stollen in großen Hohlräumen. Nach und nach stürzte die Decke ein. Anschließend gewann man aus dem Bruch noch Zinnerz im Tagebau. Am Ende des ersten Lehrpfades wartet mit einem **Basaltsteinbruch** (Lom Hřebečná) in dem 20 Hektar umfassenden **Naturschutzgebiet Přírodní rezervace Ryžovna** noch ein besonderer Höhepunkt. Außer freiliegenden Basaltsäulen findet man ein interessantes Biotop vor. 140 Pflanzenarten wurden registriert. Der Steinbruch bildet die Grenze zur nahezu verlassenen

Ortschaft Ryžovna (Seifen). Seit kurzen haben wieder zwei einfache Kneipen an der Landstraße geöffnet.
Der acht Kilometer lange **Lehrpfad Irrgang** (Naučná trasa Bludná) schließt sich hinter dem Steinbruch westnordwestwärts an. Zunächst ist er in der Landschaft nicht markiert. Man durchschreitet eine Moor- und Heidelandschaft (Rašeliniště Spáleniště) in Richtung der Wüstung Irrgang (Bludná). Der Weg quert die Landstraße und erreicht einen Kilometer dahinter den **Plattner Kunstgraben** (Blatenský příkop). Unterwegs kommt man an der Zinnader Edler Pelz (Drahá kožešina) vorbei. Nach einem halben Kilometer am Kunstgraben entlang folgt der Lehrpfad dem Fahrradweg Nummer 2004 südwärts. Man quert wieder in Irrgang die Landstraße und kommt zur **Pinge Rote Grube** (Důlní dílo Červená jáma u Hřebečné). An der Roten Grube biegt der Fahrradweg 2004 links ab und führt am Waldrand entlang nach Abertamy zurück. Kurz vor dem Ort ist eine Abraumhalde (Uranový důl Jeroným) nicht zu übersehen; hier wurde bis 1965 Pechblende gewonnen.

Boží Dar

Die kleine Bergstadt Boží Dar (Gottesgab) auf 1028 Metern wird oft als höchstgelegene Stadt Mitteleuropas bezeichnet. Eigentlich ist das falsch, denn nach allgemeinem Verständnis gehört die Ostschweiz mit Städten wie Davos auch zu Mitteleuropa.
Heute stehen in Boží Dar alle Zeichen auf Wintersport, hier liegt unbestreitbar das Skizentrum des böhmischen Erzgebirges. Entsprechend sind die Preise für einige Dienstleistungen höher als in den tschechischen Nachbargemeinden. Kooperationsvereinbarungen mit dem sächsischen Oberwiesenthal (→ S. 176) gewährleisten inzwischen grenzüberschreitende Kombitickets.
Das Städtchen am **Keilberg** (Klínovec, 1244 m) macht einen harmonischen und gepflegten Eindruck. Die echte historische Bausubstanz beschränkt sich aber auf die barocke **Annakirche** von 1772 und das spätklassizistische **Rathaus** von 1845. Im ältesten Gasthof des Ortes, dem ›Grünen Haus‹, soll schon Martin Luther übernachtet haben. Die ungewöhnliche Inneneinrichtung der Gaststätte spielt mit historisierenden Klischees. Im Ort wurde Johann Thaddäus Anton Peithner (1727 - 1792) geboren, der sich aus einfachen Verhältnissen zu einem der führenden Montanwissenschaftler und Bergwerksbeamten in Österreich hocharbeitete. Vor allem ist Boží Dar eng mit dem Liedermacher Anton Günther (→ S. 74) verbunden, sein Grab befindet sich auf dem hiesigen Friedhof. Zweimal verbrachte der griechische Schriftsteller Nikos Kazantsakis (1883 - 1957) hier jeweils knapp ein Jahr, er fand in dem bescheidenen Leben optimale Bedingungen für sein Schaffen.
An der Straße von der Kirche zum Friedhof liegt die Touristeninfo, die vorbildlich mit einem Geldwechselschalter und einem **Heimatmuseum** (Eintritt frei) gekoppelt ist. In der **Touristeninfo** kann man sich auch genauer über das jüngste Schaubergwerk im Gebirge informieren. Dieser etwas abgelegene **Museumskomplex** eröffnete 2018 und verlangt für tschechische Verhältnisse recht hohe Eintrittsgelder. Dafür werden Rundgänge von bis zu vier Stunden geboten. Autofahrer müssen zu diesem Johannesstollen in Richtung Zlatý Kopec (Goldenhöhe) abbiegen. Dahinter, etwas versteckt, liegt der recht unbekannte **Aussichtsfelsen Taubstein** (Holubí skály, 880 m). Er ist auch vom deutschen Rittersgrün aus gut erreichbar.

▲ Karte: vordere Umschlagklappe

Wu de Wälder haamlich rauschen

Of de Barg, do is halt lustig,
of de Barg, do is halt schie.
Do scheint de Sonn an allererschten,
scheint se aah an längsten hie.

's Wasser is su klar on kiesig,
on de Luft weht frisch on raa;
drüm sei mer aah su schie gewachsen,
net ze gruß on net ze klaa.

Tief in Wald do wachsen Schwamme,
schreit der Kuckuck, springt es Reh.
Über tausend Beer on Blümle
streicht der Wind drubn of der Höh.

Zessig, Hanftlich, Grünerts, Stielitz,
allerhand Vögele wonnerschie,
singe tausend schiene Liedle,
baue dort drubn ihr Nastel hi.

's is su haamlich, still on friedlich,
als wär mer ball an Himmel dra,
denn der Mond mit seine Sterle,
daar scheint net weit ve ons derva.

Bi gar weit in Land neigange,
wu de Menschen andersch sei,
doch ich bi ball wiederkomme,
när do drubn, do is mer fei.

Refrain:
Wu de Wälder haamlich rauschen,wu de Haad su rötlich blüht,
mit kann König mächt ich tauschen, weil do drum mei Haisel stieht!
(Wo die Wälder heimlich = heimatlich rauschen, wo die Heide so rötlich blüht,
mit keinem König möcht' ich tauschen, weil dort oben mein Häuslein steht.)

Anton Günther 1905

Anton Günther lebt in der Erinnerung weiter

EXTRA

Gottesgaber Torfmoor

Das Gottesgaber Torfmoor (Božidarské rašeliniště) ist mit 930 Hektar das größte Naturschutzgebiet des Erzgebirges. Nadelbäume und Heidekraut bilden sozusagen die Grundlage der Vegetation, dazwischen findet man Glazialrelikte wie die Zwergbirke und Karnivoren wie das Fettkraut sowie jede Menge anderer Heilkräuter. Das zierliche ›Himmelfahrtsblümchen‹ (Gewöhnliches Katzenpfötchen) bildet rund um den Himmelfahrtstag stellenweise Polster. Das Moor darf nur auf einem einzigen **Lehrpfad** (Naučná stezka Božídarské rašeliniště) von drei Kilometern betreten werden. Sein westliches Ende kann man mit dem zwölf Kilometer langen **Lehrpfad am Plattner Kunstgraben** (Naučná stezka Blatenský příkop) kombinieren. Dadurch erhalten Fußwanderer eine angenehme Verbindung von Boží Dar nach Horní Blatná. Zwischen Boží Dar und seinem Moor befinden sich **Raithalden**. Diese Minihügel sind Zeugnisse einer Erzkrümelgewinnung aus Sedimentanschwemmungen. Der **Gottesgaber Spitzberg** (Božídarský

Eine Erkundung im Gottesgaber Torfmoor

Špičák, 1115 Meter, nicht verwechseln mit dem Špičák bei Přebuz) im Moor ist der dritthöchste Berg des Gebirges und einer der höchsten Vulkane Mitteleuropas, sein Gipfel liegt aber außerhalb der erlaubten Wege. Dort wächst alle tausend Jahre eine gelbe Wunderblume, die Sonntagskindern Zugang zu reichen Bergschätzen gewährt.

Potůčky, Horní Blatná und Boží Dar

Infocentrum, Geldwechselschalter und kostenloses Heimatmuseum, Boží Dar 1, Tel. 0353/815108; 8–18 Uhr. www.bozidar.cz

Infocentrum, Klínovec, Vejprty-Háj 219, Mobiltel. 0739/066379; im Winter 9–17 Uhr, sonst Mo–Fr 9–16 Uhr. www.infoklinovec.cz

Informační centrum, Potůčky 58, Tel. 0353/892882; Mo–Fr 8–16 Uhr. www.potucky-obec.cz

Informační centrum, Farní 2, Abertamy, Mobiltel. 0774/485111; Sa–Mo u. Mi–Do 10–16, Di u. Fr 9–14.30 Uhr. www.abertamy.eu

Infos über sächsisch-böhmische Begegnungen auch unter www.dh7ww6.wixsite.com/grenzgaenger und www.gemeinsamemitte.de.

Bahnstrecke Johanngeorgenstadt – Karlsbad (Kursbuch 142) mit Halt u. a. in Horní Blatná und Nejdek.

Die über 2 km lange **Sesselbahn Prima Express** am Keilberg verkehrt auch im Sommer.

- In Horní Blatná:

Pstruží, Merklin-Pstruží 27, Mobiltel. 0607/942820; DZ ab 1300 Kč. Am südwestlichen Fußes des Plessberges. www.pension-pstruzi.cz

Modrá Hvězda, Vavřince 39, Horní Blatná, Tel. 0353/892186; DZ ab 600 Kč. Kneipe am Marktplatz mit Gästezimmern. www.hotelmodrahvezda.cz

- In Abertamy:

Heller, Rooseweltova 68, Mobiltel. 0735/

▲ Karte: vordere Umschlagklappe

967381; DZ 900 Kč. Zwischen Bergwiesen an der Dorfstraße. www.penzionheller.cz

Villa Rosse, Pražská 95, Mobiltel. 0606/540300; DZ ab 700 Kč. Pragmatische Lösung im Ortszentrum. www.hotelvillarosse.eu

▸ In Boží Dar:

An Unterkünften besteht kein Mangel, zur Skisaison sind die Preise höher als im Sommer.

Houda Bouda, Boží Dar 53, Mobiltel. 0721/820800; DZ 1400 Kč. Zentral gelegene Appartements. www.houdabouda.cz

Zelený Dům, Boží Dar 46, Mobiltel. 0775/055833; DZ 1800 Kč. Das grün gestrichene Haus ist seit langem Traditionshotel am Ort schlechthin; schwankende Qualität, derzeit wird es wieder wegen der Küche sehr gelobt. www.hotel-zelenydum.cz

Rudolf, Klínovec, Tel. 0353/812000; DZ 2000 Kč. Wenige Meter neben dem Keilberg-Gipfel, diese Lage muss bezahlt werden. www.sporthotelrudolf.cz

Faustův dvůr, Vavřince 4, Horní Blatná, Mobiltel. 0725/858926; Mo u. Di Ruhetage. Tolle Menüs, oft von angemeldeten Gruppen ausgebucht. www.faustuv-dvur.cz

Hofladen mit Bio-Käserei und Bistro, Farní 28, Abertamy, Mobiltel. 0774/410520. www.farmazvirat.cz

Stadtmuseum (Muzeum), Bezručova 127, Horní Blatná, Tel. 0353/892000; Mai-Sept. Mi–Fr 13–16, Sa/So 10–16 Uhr. www.kvmuz.cz

Aussichtsturm auf dem Keilberg (Rozhledna na Klínovci), Mobiltel. 0603/539020; 9–19 Uhr. www.bozidar.cz

Christophstollen der Mauritiusgrube (Prohlídková štola Důl Mauritius), Pohraničníků 32, Abertamy, Mobiltel. 0725/143014; Führung (Mindestalter 10 Jahre) Mai–Sept. 10, 11.30, 13, 14.30 u. 16 Uhr. www.dulmauritius.cz

Johannesstollen (Prohlídková štola Johannes), beim kleinen Stausee Myslivny in Richtung Zlatý Kopec abbiegen oder 6 km Fußweg von Boží Dar, Mobiltel. 0603/539020; verschiedene Führungen (Mindestalter 10 Jahre): kleiner Rundgang Mo, Do u. Sa 9.30 u. 12 Uhr, großer Rundgang Mo, Do u. Sa 14 Uhr. www.stolajohannes.cz

Festival ›Land and Art‹ im Spätsommer, Háj u Loučné (→ Extra S. 238). www.konigsmuhle.cz.

Yettibike, Boží Dar 58, Mobiltel. 0777/863236. Fahrradverleih. www.yettibike.cz

Skipot Breitenbach (Potůčky), ca. 700 m Piste, Flutlicht, Skischule, 1 Schlepplift, 1 Kinderlift. www.skipot.cz

Areal Plessberg (Plešivec), mehr als 12 000 m Piste, 3 Sessellifte, 2 Schlepplifte, 4 Kinderlifte, großer Kinderpark, Skischule. www.skiarealplesivec.com

Gottesgab-Novako (für Anfänger empfohlen), 300 m Piste, 2 Schlepplifte, Flutlicht, Skischule, Snowtubing, Kinderpark. www.novako-ski.cz

Gottesgab-Neklid (grenzüberschreitendes Kombiticket mit Fichtelberg möglich), 4700 m Piste, 1 Sessellift, 4 Schlepplifte, 3 Kinderlifte. www.klinovec.cz und www.interskiregion.com

Areal Keilberg (Klínovec, grenzüberschreitendes Kombiticket mit Fichtelberg möglich), ca. 17 000 m Piste, 4 Sessellifte, 3 Schlepplifte, 2 Kinderlifte, Snowboard Superpipe, Skischule. www.klinovec.cz und www.interskiregion.com

Elza Wiesenthal (Loučná, Achtung, hier ist der beschaulichere Hang am Pöhlbach gemeint, anderes gehört zum Keilberg), 800 m Piste, 2 Schlepplifte, Skischule. www.skiloucna.cz

Vom Jáchymov zum Egerfluss

Zwischen Fichtel- und Keilberg hindurch führt die westlichste der drei das Erzgebirge querenden Bundesstraßen, ihr Scheitelpunkt liegt bei 1183 Metern. Am Südhang kommt man schnell über Jáchymov (Joachimsthal) und Ostrov nad Ohří (Schlackenwerth) in zwei kleinere Mittelgebirge, den Kaiserwald und das Duppauer Gebirge.

■ Jáchymov

Auch wenn die Bergstadt Jáchymov (Sankt Joachimsthal) heute einen verschlafenen und stellenweise sogar verfallenen Eindruck macht, so spielten sich hier doch spannende Geschichten ab. Von hier kommen, etwas überspitzt gesagt, der Dollar und die Radioaktivität. Die Stadt entwickelte sich nach beträchtlichen Silberfunden 1516 sprunghaft und war am Ende des Jahrhunderts die bedeutendste im gesamten Gebirge. Nach dem Vorbild Annabergs suchte man einen Schutzheiligen für einen neuen Stadtnamen und fand ihn im heiligen Joachim. 1523 führten die Grafen Schlick in Joachimsthal die Reformation ein, es soll zu dieser Zeit die zweitgrößte Stadt Böhmens gewesen sein. Georgius Agricola (1494 - 1555) wohnte 4 und Johannes Mathesius (1504 - 1565) über 30 Jahre in der Stadt. Nach der Rekatholisierung 1621 wanderten viele Bürger und Bergleute nach Sachsen aus. Ein Großbrand 1873 erfasste nahezu die ganze Stadt. Aus allen Architekturepochen seit der Stadtgründung sind noch Bauten erhalten. Einen hübschen Blick auf die Stadt hat man von der **Allerheiligenkirche** (Kostel Všech svatých) aus. Die **Burganlage** (Šlikův hrádek) aus dem 16. Jahrhundert am Hang besteht nur noch aus wenigen Resten. Repräsentative alte Gebäude versammeln sich in Rathausnähe. Die unübersehbare **Stadtkirche** (Kostel svatého Jáchyma a svaté Anny) war der erste evangelische Kirchenbau in Böhmen. Die Grafen Schlick spendierten ihr 1545 einen von Lucas Cranach dem Älteren angefertigten Altar. Nach einem Brand 1873 erhielt die Stadtkirche ihre heutige Gestalt.

Ehemalige Apotheke

Das **Heimatmuseum** befindet sich im Haus der ehemaligen Königlichen Münzstätte. Sie arbeitete von 1519 bis 1671. Gleich in den Anfangsjahren bis 1528 wurden hier unter anderem durch die Grafen Schlick etwa zwei Millionen der populären Jochimsthaler Silbergulden geprägt, danach fiel das Münzprivileg wieder an den böhmischen König zurück. Aus den Jochimsthaler Silbergulden entstand im deutschen Sprachraum das Wort Taler und im englischen das Wort Dollar. So gesehen ist Joachimsthal also heute noch weltweit in aller Munde. Das Münzgebäude wurde erst 1536 endgültig fertiggestellt und trägt die entsprechende Jahreszahl. Es ist nun dem Karlsbader Heimatmuseum unterstellt. Das Haus wird bis hinunter in die Kellergewölbe genutzt und zeigt die Stadtgeschichte im weitesten Sinne. Unter anderem wird an die Bibliothek der Lateinschule erinnert.

▲ Karte: vordere Umschlagklappe

Im Jahr 1853 begann in der 1530 gegründeten Grube Einigkeit (Důl Svornost) der planmäßige Abbau von Uranerz. Es handelte sich somit um das älteste Uranbergwerk der Welt. 1898 entdeckte Marie Curie (1864 - 1934) in der Joachimsthaler Pechblende die Elemente Radium (isolierend) und Polonium (beschreibend). Dafür erhielt sie 1911 den Nobelpreis für Chemie. 1906 schließlich begann der Kurbetrieb mit radonhaltigen Wässern. Zwischen 1945 und 1954 gewährleisteten überwiegend Zwangsarbeiter, auf deren Gesundheit keinerlei Rücksicht genommen wurde, den Bergbau des Staatsunternehmens Jáchymovské doly. 1964 endete der Uranbergbau. Der **Lehrpfad Jáchymovské peklo** (Joachimsthaler Hölle) widmet sich diesem Thema.
Geradewegs bergab gelangt man am Kreisverkehr zunächst zum **Kurviertel** der Stadt. Unter den Kurgästen stellen neben den Deutschen auch Russen und Araber nennenswerte Anteile.

Ostrov nad Ohří

Von Jáchymov weiter die Hauptstraße im tiefen Tal der Weseritz (auch Joachimsthaler Bach, Jáchymovský potok) hinunter kommt man zur Bergstadt Ostrov nad Ohří (Schlackenwerth). Von 1963 bis 2004 verband ein Oberleitungsbus beide Städte. Ostrov organisiert seit 1969 jährlich im Oktober ein nach dem Drehbuchautor Ota Hofman (1928 - 1989) benanntes Kinderfilmfestival (www.festivalostrov.cz). Hofmans wohl bekannteste Figur ist Pan Tau.
Inselgefühle wollen sich in Ostrov (wörtlich übersetzt Insel) nicht so recht einstellen. Es gibt lediglich einige Teiche und das Flüsschen Bystřice (Wistritz). Die Stadt besteht aus zwei deutlich unterschiedlichen Teilen, die Altstadt wurde in der Nachkriegszeit durch eine Planstadt im Stil des Sozialistischen Klassizismus

Das Sommerschlösschen in Ostrov

ergänzt, die **Neustadt**. Ihr Zentrum ist der Friedensplatz. Das 1955 eingeweihte **Kulturhaus** (Dům kultury) mit erhaltener Innenausstattung dominiert die großzügig angelegte Neustadt. Bis 1960 versechsfachte sich die Einwohnerzahl gegenüber dem nur leicht schwankenden Wert zwischen 1890 und 1950.
Die sehenswerte **Altstadt** mit Schlosspark liegt im Südwesten. Zu erstem Reichtum kam sie schon im 13. Jahrhundert. **Stadtschloss** (Šlikovský zámek oder Lauenburský zámek, erweiterter Umbau einer älteren Anlage) mit **Prinzenflügel** (Palác princů) und **Sommerschlösschen** (Letohrádek) besaßen um 1700 annähernd die heutige Gestalt. Zu den Mitwirkenden gehörten der Barockbaumeister Christoph Dientzenhofer (1655 - 1722) sowie italienische Architekten. Die Planung für das Sommerschlösschen lag bei Dientzenhofers Lehrmeister Abraham Leuthner (1639 - 1701). Auftraggeber von allem war die Adelsfamilie Sachsen-Lauenburg. Die ganze Anlage einschließlich Schlosspark hatte damals einen hervorragenden Ruf, viele Gestaltungselemente wurden jedoch schon in den folgenden Jahrzehnten aufgegeben. 1809 ging das ganze Stadtgebiet in den

Besitz der Habsburger Großherzöge der Toskana über, von 1939 bis 1944 nutzte das NS-Regime Gebäudeteile als Gefängnis und Konzentrationslager.

Wenig Beachtung im Ausland fand die gelungene Renovierung der Anlage unter Einsatz von EU-Geldern. Als neugieriger Tourist folgt man der allgegenwärtigen Wegweisung zum Schloss und kommt verwundert zu einem überraschend beeindruckenden Barockkomplex. 2014 zog die Stadtverwaltung hierher. Ein überdachtes Atrium kann für Veranstaltungen genutzt werden. Das Dachgeschoss zeigt in seinen Ausstellungsräumen hauptsächlich Exponate der Kulturgeschichte vor 1918. Der Prinzenflügel am großen Springbrunnen beherbergt die Stadtbibliothek, das Sommerschlösschen dient als Filiale der Kunstgalerie Karlsbad.

Die 1226 eingeweihte **Jakobskirche** ist das älteste erhaltene Gebäude der Gegend. Man findet sie hinter der Südspitze des Schlossparks. Neben der Nordspitze des Schlossparks liegt das **Klosterareal** mit mehreren Sakralbauten aus der Barockzeit, daran wiederum grenzt ein modernes Kinder- und Jugendzentrum (www.mddmostrov.cz) mit Ökozentrum und Minizoo. An der Nordecke des Hauptschlosses beginnt der knapp 200 Meter lange **Altmarkt**.

Zuletzt muss noch ein nicht im üblichen Sinne attraktives Denkmal erwähnt werden. Der **Rote Turm des Todes** (Rudá věž smrti) steht im Norden der Stadt in einem Industriegebiet unweit eines aktiven Gefängnisses. Er ist ein Symbol für den brutalen Umgang des Regimes mit politischen Gefangenen im Uranbergbau von 1951 bis 1956. Ein entsprechendes Museum soll eingerichtet werden.

■ Kyselka und Radošov

Östlich von Ostrov nad Ohří folgt ein Flussabschnitt der Eger mit mehreren interessanten Burgruinen an beiden Ufern. Südlich liegen ein paar verträumte Flussmäander mit dem ehemaligen Kurort Lázně Kyselka (Gießhübl-Sauerbrunn). Dort ist das Mineralwasser Mattoni beheimatet. 1867 pachtete Heinrich Kaspar Mattoni (1830 - 1910) mit seinem Schwager die Ottoquelle, schnell entwickelte sich das Unternehmen zum Wiener Hoflieferanten und zu einer internationalen Marke. Mehrere Eigen-tümerwechsel und politische Zänkereien ließen den Ort zeitweise veröden, einzelne Gebäude wurden aber inzwischen saniert. Das Mattoni-Wasser kommt nach wie vor von hier. Die zuständige Karlsbader Mineralwasserfirma unterhält ein kleines **Museum** dazu im sogenannten Löschner-Pavillon am Felshang. Die Holzbrücke über den Egerfluss in Radošov (Rodisfort) hinter Kyselka wurde erstmals 1344 errichtet und gehört somit zu den ältesten Brücken Mitteleuropas. Über sie führte die Straße von Prag nach Erfurt.

i Von Jáchymov zum Egerfluss

Informační a kulturní centrum, nám. Republiky 1 (im Rathaus), Jáchymov, Tel. 0353/811379; Mo-Fr 8-17, Sa/So 9-17 Uhr. www.mestojachymov.cz

Die Stadt Ostrov unterhält inzwischen drei **Infopunkte** für Touristen, www.dk-ostrov.cz:

- Dům kultury (Kulturhaus), Mírové nám. 733, Tel. 0353/800511; Mo-Fr 10-20, Sa/So 10- 16 Uhr;
- Schloss (Zámek) Jáchymovská 1, Tel. 0354/800542; Juni-Aug. 10-18 Uhr, Sept.-Mai 10-17 Uhr;
- Kloster (Klášter), Klášterni 141 D, Tel. 0353/800523; Di-So 13-17 Uhr.

Bahnstrecke Cheb - Chomutov-Ústí (Kursbuch 130/140) mit Halt u. a. in Kynšperk, Sokolov, Ostrov und Klášterec im Zweistundentakt.

▶ Karte: vordere Umschlagklappe

Radium Palace, Masaryka 413, Jáchymov, Tel. 0353/831111; DZ ab 114 Euro, Premiumsuite 310 Euro. Das historische Komforthotel des Städtchens mit Wiener Charme, 1912 eröffnet. www.hotel-radium-palace.com

Radonheilbad Joachimsthal, Masaryka 415, Jáchymov, Tel. 0353/831313. Pakete aus Unterkunft und Kurbehandlungen, www.laznejachymov.cz

Orix, Dvořákova 647, Jáchymov, Mobiltel. 0720/945353; DZ ab 1300 Kč. Am Hang über dem Kurviertel. www.orix.cz

Dukla, Kapitána Nálepky 61, Jáchymov-Mariánská, Mobiltel. 0775/552210; Schlafplatz ab 240 Kč. Schlichte Bergbaude in sehr grüner Lage, Mehrbettzimmer mit Gemeinschaftsbad. www.penziondukla.cz

Hospoda, Dubina 30, Šemnice, Mobiltel. 0606/474496; DZ 1020 Kč. Gasthof mit Campingplatz südlich von Ostrov am Fluss. www.hospodadubina.cz

Rieger, Radošov 122, Kyselka, Mobiltel. 0777/554060; DZ ab 860 Kč. Familiengeführte Pension vor der Holzbrücke. www.pensionrieger.cz

Heimatmuseum Münzstätte (Muzeum Královská mincovna), nám. Republiky 37, Jáchymov, Tel. 0736/754831; Mai–Sept. Di–So 9–17 Uhr, Okt.–Dez. u. Feb–Apr. Mi–So 9–17 Uhr. www.kvmuz.cz

Arbeitslager Einigkeit (Pracovní tábor Svornost), Štola 1, Jáchymov, Mobiltel. 0420/601289121; Mai–Okt. 10–16 Uhr stündlich Führungen. Das bekannteste Straflager im tschechoslowakischen Uranbergbau. www.omks.cz

Schlossmuseum (Expozice na zámku), Jáchymovská 1, Ostrov, Tel. 0354/224950; Juni–Aug. 10–18 Uhr, Sept.–Mai 10–17 Uhr. www.dk-ostrov.cz

Kunstgalerie (Galerie umění Letohrádek), Zámecký park 226, Ostrov, Tel. 0353/842883; Mai–Okt Di–So 10–17 Uhr. www.letohradekostrov.cz

Mattoni-Museum, Kyselka 64, Mobiltel. 0602/522615; Apr.–Okt. Di–So 9–17 Uhr, Nov. Sa/So 9–16 Uhr. mattonimuzeum.cz

Skiareál Náprava, Mi u. Fr u. Sa Flutlicht, 4350 m Piste, 2 Schlepplifte, 1 Kinderlift, Ski- und Snowboardschule. www.skiarealnaprava.cz

Lyžařský areál Jáchymov Střed, 2800 m Piste, 1 Schlepplift. www.jachymovstred.cz

Sportovní areál Eduard, 300 m Piste, 1 Schlepplift, Survivaltraining, Hundeschlittenfahrt nach Anmeldung. www.arealeduard.cz

Bylinkarna, nám. Republiky 131, Jáchymov, Mobiltel. 0608/504606. Ein sich selbstbewusst Erzgebirgsapotheke nennender, liebevoll geführter Kräuterladen gegenüber dem Rathaus, angeblich 1520 die erste Stadtapotheke Mitteleuropas. www.krusnohorskaapatyka.cz

Von Stráž nad Ohří nach Klášterec nad Ohří

Zwischen Stráž nad Ohří (Warta) und Klášterec nad Ohří (Klösterle) kommt der Südhang des Erzgebirges besonders nah an den Egerfluss heran. Die Straßenverbindung Cheb–Teplice hat bei Stráž nad Ohří ihre meisten Kurven und ihre schmalsten Stellen, mehrere Burgruinen stehen hier dicht beieinander. Schließlich lernt man mit Klášterec nad Ohří eine liebenswerte Kleinstadt kennen. 1353 taucht erstmals die lateinische Bezeichnung auf, Claustrellum, und 1356 die deutsche, Klosterlin.

Duppauer Gebirge

Zwischen Stráž und Klášterec im Norden sowie der Hauptstraße von Karlsbad nach Prag im Süden erstreckt sich das Duppauer Gebirge (Doupovské hory) mit dem 332 Quadratkilometer großen

Truppenübungsplatz (Vojenský újezd) Hradiště. Höchste Erhebung ist der **Burgstadtl** (Hradiště, 933 m). Dieses kleine Vulkangebirge war seit jeher nur dünn besiedelt, 1955 wurde die Stadt Doupov (Duppau) dann komplett geräumt. Einige Wege sind inzwischen wieder freigegeben, aber wer das ganze Duppauer Gebirge beispielsweise aus biologischem Interesse besuchen möchte, braucht eine Genehmigung von der Verwaltung des Übungsplatzes.

Kulturkommune Hauenštejn

Eine Burg an dieser Stelle wurde vermutlich schon im 13. Jahrhunderts unter Přemysl Ottokar II. (Otakar II.) bewohnt. Letzte adlige Besitzer von 1839 bis 1945 waren die Grafen von Longueval-Buquoy. Die schrittweise Erweiterung der Anlage entsprechend den Bedürfnissen ihrer wechselnden Besitzer schuf eine bebaute Fläche von 2120 Quadratmetern, zu seiner Blütezeit hatte die Anlage 126 Räume.

Soll man Hauenstein (Hauenštejn, auch Horní hrad) noch als Burgruine bezeichnen? Der Prager Pavel Palacký (geb. 1973) kaufte das verfallene Gemäuer im Jahr 2000 für 1,5 Millionen Kronen. Mit Enthusiasten gründete er eine gemeinnützige Gesellschaft, nach und nach entstand ein Kulturzentrum mit überregionaler Ausstrahlung. Auch die raffiniert in die Berghänge eingepassten Parkanlagen wurden reaktiviert. Burgherr Palacký bezeichnet seine Immobilie durchaus berechtigt als ›einen der schönsten und geheimnisvollsten Plätze an der mittleren Eger‹.

Burg Hauenstein ist heute Heimstatt einer Kulturkommune

Inzwischen sind die Burgkapelle restauriert und **Museumsräume** eingerichtet. Vom Turm aus blickt man auf schöne Gebirgswälder. Die Burg besitzt ein sehenswertes **Arboreteum** mit exotischen Bäumen, bergauf schlängelt sich ein **Naturlehrpfad** mit acht Erklärungstafeln. Nach Absprache werden Burgteile für Veranstaltungen anderer Organisatoren vermietet. Besucher können im Dachgeschoss übernachten. Dazu muss man die Atmosphäre eines solchen Gemeinschaftslebens mögen. Kaffee beispielsweise wird nicht elegant an den Tisch geliefert, man bezahlt und dosiert ihn sich an der Theke selbst. Sprachbarrieren werden durch Herzlichkeit und Improvisationsgeist kompensiert.

An den Ausläufern des Erzgebirges nördlich der Talstraße warten zwei weitere **Burgruinen** auf ihre Besucher: Himmelstein (Himlštejn) ist von Stráž aus bergauf auf einer Kuppe leicht zu erreichen, von Borschenstein (Perštejn) bei Perštejn (Pürstein) sind leider nur noch ein paar Mauern im Wald zu erkennen.

Klášterec

Die Kleinstadt Klášterec nad Ohří (Klösterle an der Eger) wird wohl nicht eine ganze Urlaubsreise ausfüllen, hinterlässt insgesamt aber einen sehr harmonischen Eindruck und hat manches zu bieten: ein Schloss mit Museum und Park am Egerfluss, ein paar weitere historische Gebäude, darunter hübsche barocke Kirchen (www.klasterec.farnost.cz), Kur-

▲ Karte: vordere Umschlagklappe

Zugang der Dreifaltigkeitskirche neben dem Schlosspark

viertel und Freibad, Gymnasium und Bahnanschluss, in der näheren Umgebung Burgruinen und andere felsige Aussichtspunkte.

Besonders mit Klösterle verbunden ist der Barockbildhauer Johann Brokoff (1652 – 1718), der aus einem damals von Deutschen dominierten Siedlungsgebiet in der heutigen Slowakei stammt. Er ist der Vater der Bildhauer Michael und Ferdinand Brokoff. Zwischen 1685 und 1687 prägte er Klösterle mit allegorischen Figuren, griechischen Göttern und katholischen Heiligen. Anschließend ließ er sich vom Schloss Rothenhaus (Červený Hrádek) abwerben, ab 1692 blieb er in Prag.

Im Jahr 1898 wurden zwei Mineralquellen als Heilquellen anerkannt, Klösterle bekam den Status eines Luftkurortes.

Ein Spaziergang durch das historische Zentrum könnte vom Marktplatz über die Wallfahrtskirche zum Kurviertel führen, dann flussabwärts zu Schloss und Schlosspark. Im Souterrain des Rathauses befindet sich das Tourismusbüro der Stadt, das auch gut zu Wandermöglichkeiten in der Umgebung beraten kann.

Die **Wallfahrtskirche** ist durch eine wundertätige Schnitzfigur bekannt, die vor allem gegen Augenleiden helfen soll.

Die Anlagen des **Kurparkes** beginnen mit einer Filiale des Tourismusbüros, dort kann man sich bequem selbst Heilwasser der Stadt- (Městský pramen) und der Klosterquelle (Klášterecký pramen) für drei Kronen pro Liter (Souvenirflaschen kosten 50) abfüllen. Einige Einheimische nehmen größere Mengen mit, für sie ist das ihr alltägliches Tafelwasser. Im Park steht das **Kurhaus Eugenie** (Evženie, www.arc-med.cz) mit der gleichnamigen Quelle, die zur Senkung des Harnsäurespiegels empfohlen wird.

Das Adelsgeschlecht Thun und Hohenstein erhielt das Schloss an der Eger im Jahr 1621 nach der Schlacht am Weißen Berg und behielt es bis zur Enteignung 1945. Carlo Lurago und Rossi da Lucca bauten die Residenz 1666 aus, nach einen Brand 1856 wurde sie im Stil der Neugotik rekonstruiert. Neuerdings ist das Schloss ziegelrot gestrichen. 1794 gründeten die Schlossherren in der Stadt eine Porzellanmanufaktur. Das **Schlossmuseum** illustriert folgerichtig hauptsächlich die Geschichte des Porzellans. Der zehn Hektar große **Schlosspark** an der Eger beherbergt über 220 Gehölzarten. In den Internetauftritt des Schlosses sind zwei Webcams einbezogen, die recht gute Bilder liefern. Zum einen erhält man den Blick vom Portal zum Schlossbrunnen, zum anderen auf die Eger flussaufwärts.

Auf halber Luftlinie zwischen den Siedlungen Útočišť (Zuflucht) und Louchov (Laucha), mitten im Wald, liegt eine Minalienfundstätte mit hübschen Quarzkristallen: Amethyst und Jaspis.

Durch den Naturpark Warta

Start und Ziel: Stráž nad Ohří (oder Hauenštejn)
Länge: 19 km
Infos: www.mavlast.cz/top-vylety.prirodnim-parkem-straz (tschechisch)

Von Stráž nad Ohří aus empfiehlt sich eine schöne Rundwanderung durch den **Naturpark Warta** (Přírodní park Stráž nad Ohří). Auf Superlative trifft man dabei nicht. Es ist einfach eine Tour durch verschiedene Waldcharaktere am Südhang des Erzgebirges. Besondere Raritäten sind wilde Vorkommen von Diptam und Felsen-Steinkresse. Zur Tierwelt gehören Äskulapnatter und Feuersalamander.

Von der Egerbrücke in Stráž folgt man am linken Ufer der grünen Markierung hinauf zu den Resten der gotischen Burg Himmelstein fast auf dem Basaltgipfel des Himmelsteins (Nebesa, 634 m). Die Burg ist schon seit dem 16. Jahrhundert unbewohnt. Eine Bergwiese am Hang liefert ein Echo. Man läuft 300 Meter zurück und folgt dann weiter der grünen Markierung nordwärts. Bei Srní (Boksgrün) erreicht man 800 Meter Höhenlage. Nun folgt man einem schmalen asphaltierten Waldsträßchen westwärts zur Gabelung Kupa und dann bergab nach Hauenštejn. Zwischen Hauenštejn und Stráž schließt ein blau markierter Wanderweg die Runde.

Burgruinen Schönberg und Egerberg

Die Burgruine Schönberg (Šumburk, 540 m) liegt, weithin sichtbar, reichlich zwei Kilometer Luftlinie südwestlich von Klášterec. Von ihr aus hat man einen schönen Blick auf den zentralen Teil des Erzgebirgskamms. Gegenüber sieht man das Duppauer Gebirge. Man fährt beim Schild, das nach Klášterecká Jeseň weist, von der Hauptstraße ab und parkt dort gleich am Feldweg. Der Weg führt durch ein verfallenes Gehöft und schließlich den bewaldeten Burgberg aufwärts. Etwa drei Kilometer Luftlinie östlich der Burgruine Schönberg, auf der anderen Seite der Eger, liegt die Burgruine Egerberg (Lestkov, 548 m). Sie bietet sogar noch einen besseren Blick auf das Stadtgebiet von Klášterec.

Beide Burgen wurden bereits im 16. Jahrhundert kaum noch genutzt und verfielen allmählich. Geologisch gehört ihre Lage noch zu den Ausläufern des Duppauer Gebirges, sie sind von der Stadt aus auch gut zu Fuß erreichbar.

▲ Karte: vordere Umschlagklappe

Blick von der Burgruine Schönberg zum Duppauer Gebirge

Von Stráž nad Ohří nach Klášterec nad Ohří

Turistické informační centrum, zwei Infopunkte in Klášterec, Tel. 0474/359687, www.klasterec.cz:
- Im Souterrain des Rathauses, nám. Beneše 85; Mo–Fr 8.30–17 Uhr, Mai–Sept. auch Sa/So 9–17 Uhr;
- An der Stadtseite des Kurparks, Kyselka 104; 12.30–17 Uhr, Okt.–März nur Sa/So.

Bahnstrecke Cheb - Chomutov-Ústí (Kursbuch 130/140) mit Halt u. a. in Kynšperk, Sokolov, Ostrov und Klášterec, im Zweistundentakt.

Kulturkommune Hauenstein, Krásný Les, Ostrov, Tel. 0353/541287; DZ 720 Kč, Obdach im eigenen Schlafsack 180 Kč, plus Burgbillet. www.hornihrad.cz
Betty, Okounov 62, Perštejn, Tel. 0474/394288; DZ 800 Kč. Schlichte Pension neben dem Bahnhof am Flussufer. www.penzionbetty.wz.cz
Tábořiště u Včelky, Perštejn, Mobiltel. 0737/950205. Imkerei neben dem Bahnhof am Flussufer mit sehr schlichtem Campingplatz, Hüttchen für 1–4 Pers. dafür nur 620 Kč. www.taboristeuvcelky.cz

Peřeje, Kyselka 20, Klášterec. Mobiltel. 0606/055893. Böhmische Küche an der Kurquelle. www.restaurace-pereje.cz
Chalupník, Husova 47, Perštejn, Mobiltel. 0734/675168. Minibrauerei am Dorfteich unterhalb des Burgberges. www.pivochalupnik.cz
Korek, Pražská 69, Klášterec, Mobiltel. 0775/010251. Beliebte Kaffeestube in Bahnhofsnähe, nicht verwechseln mit der eher durchschnittlichen Zuckerstube an der Ecke gegenüber. www.cafekorek.cz

Kulturkommune Hauenstein, Übernachtung: s. o. Museumsbetrieb Juni–Aug. 9–19 Uhr, März–Mai u. Sept.–Dez. 10–17 Uhr, Jan./Feb. Sa/So 10–17 Uhr.
Schlossmuseum (Muzeum porcelánu), Chomutovská 1, Klášterec, Tel. 0474/375436; Apr.–Sept. 9–17 Uhr, Okt.–März Mi–So 9–15 Uhr Uhr. Drei Rundgänge: Porzellanmuseum in 21 Zimmern (60 min, auch deutsch und englisch); Märchenfiguren bekannter Volkskünstler, Aussichtsturm (50 min); Bergbau mit Edelsteinsammlung, Aussichtsturm, Bibliothek und Gruft (50 min). www.zamek.klasterec.cz
Uhrenausstellung (Muzeum starožitných hodin), Chomutovská 2, Klášterec; Apr.–Okt. 10–17 Uhr. www.muzeumhodin.webmium.com

Aquapark, U Koupaliště 1, Klášterec, Tel. 0474/375963; Mai–Sept. 9–19 Uhr. Phantasievolles Freibad einen Kilometer nördlich des Schlossparks. www.aquaparkklasterec.cz

Die Osthälfte des Gebirgskamms

Zwischen dem Gebirgspass bei Oberwiesenthal und dem Gebirgspass bei Cínovec (Zinnwald) gibt es am Erzgebirgskamm außer Natur wenig zu erleben.

Ehemals von Deuschböhmen bewohnte Städtchen dümpeln mit niedrigen dreistelligen Einwohnerzahlen vor sich hin. Die Bevölkerung von Hora Svatého Šebestiána (Sebastiansberg) etwa schrumpfte von 1800 im Jahr 1910 auf 298 Ende 2017, die von Hora Svaté Kateřiny (Katharinaberg) von 1700 auf 449.

Eine gegenteilige Entwicklung weist lediglich Meziboří (Schönbach) mit knapp 5000 Einwohnern und einem jungen Durchschnittsalter auf, aber die Stadt auf halber Hanglage ist strukturell eher den Industriebetrieben bei Most-Litvínov zuzurechnen als den Bergen.

Das Festival in Königsmühle

Seit 2012 gibt es einen neuen Höhepunkt im Sortiment zeitgemäßer Veranstaltungen. Der aufgelassene Ortsteil Königsmühle (Králův mlýn) von Stolzenhain (Háj u Loučné) bietet an einem Spätsommer-Wochenende dafür den Treffpunkt. 2013 entstand sogar eine fünftägige Ausgabe. Veranstalter des jährlichen Festivals ›Land and Art setkání v Königsmühle Erzgebirgensis‹ ist ein tschechisch-deutscher Verein unter Leitung des Prager Kulturwissenschaftlers Petr Mikšíček (geb. 1977). Schon das Sprachgemisch im Titel deutet auf die Mischung aus Lokalpatriotismus und Weltoffenheit hin. Petr Mikšíček ist von der speziellen Atmosphäre dieses Ortes sehr angetan. Das bringt aber Kapazitätsprobleme mit sich.

Königsmühle hatte bei Kriegsende etwa 50 Einwohner. Überdauert haben noch drei Ruinen am Waldrand. Ringsum befindet sich das Quellgebiet eines Nebenflüsschens (Černá Voda) der Preßnitz mit einer unter Naturschutz stehenden Wiese (Horská louka u Háje). Aus Naturschutzgründen ist das Festival nur für 300 Teilnehmer täglich erlaubt. Dieser Wert wird bei schönem Wetter durchaus erreicht. Auch scheint die liebevolle Vorbereitung durch drei bis vier Dutzend unbezahlter Helfer - zusätzlich zu den Musikern - in Relation zu dieser Teilnehmerzahl unangemessen hoch zu sein. Aber Petr Mikšíček und seinen Freunden geht es um mehr als das Festival-Wochenende im engeren Sinne. Genauso wichtig sind ihnen die Zusammenkunft mit Gleichgesinnten schon vorher sowie der Erhalt der Ruinen, sozusagen als Kulisse für Begegnungen. Bezüglich Übernachtung und Autoverkehr gibt es ebenfalls Einschränkungen. Private Zelte sind nur im angrenzenden Nadelwald erlaubt, für Autos von Besuchern wird der große Parkplatz des Wintersportgebietes Loučná empfohlen. Von dort ist ein Shuttle (blau-weißer Kleinbus) zum drei Kilometer entfernten Festivalgelände eingerichtet. Der Fußweg von Oberwiesenthal aus beträgt aber auch nur etwa drei Kilometer. Das Gesamtticket (Fr–So) für Erwachsene kostet 20 Euro. Ein ausreichendes Angebot an Speisen und Getränken ist vorhanden; in dieser Höhenlage sind übrigens noch zu dieser Jahreszeit Preiselbeeren reif. Für kritisch denkende und naturnah lebende Menschen, also Alternative im ursprünglichen Sinne des Wortes, kann das Festival unbedingt empfohlen werden, vielleicht als Tagesausflug am Samstag. Das Programm ist vielseitig, die Musik reicht von Bänkelgesang bis zu Grunge, es gibt Kunstinstallationen in der Landschaft, Theater zwischen den Ruinen, Vorträge und Meditationen und Videos. Man darf auf die weitere Entwicklung gespannt sein.

Auf dem Festivalgelände

Infos: www.konigsmuhle.cz
Bücher von Petr Mikšíček → Literaturhinweise, S. 329.

Kovářská und Měděnec

Westlich vom Keilberg entwickelt sich sichtbar der Tourismus, die böhmischen Städtchen östlich davon profitieren weniger. Es geht ruhiger zu, auch wenn wie überall im Erzgebirge eine interessante Bergbaugeschichte vorhanden ist.

Zunächst verläuft der Erzgebirgskamm besonders nahe am Egerfluss, vom **Aussichtspunkt Sphinx** (Sfingy) beispielsweise sind es bergab ans Ufer über Údolíčko (Pürstein-Kleinthal) nach Lužný (Pürstein-Aubach) nur sieben Kilometer.

An einer schmalen Waldstraße zwischen Kovářská (Schmiedeberg) und Háj u Loučné (Stolzenhain) befinden sich Ruinen eines historisch bedeutenden Kalkwerkes (Vápenka). Am Waldrand südwestlich davon steht die hübsche **Bergwiese Horská louka u Háje** unter Naturschutz. **Králův mlýn** (Stolzenhain-Königsmühle) ist seit 2012 jährlich im Spätsommer Treffpunkt für das Festival ›Land and Art‹.

Die Bergbaugeschichte – Kupfer- und Eisenkies, Magnetit – der Landschaft rund um Měděnec (Kupferberg) am Měďník (Kupferhübl, 910 m) liefert eher etwas für Fachleute als für Touristen. Die Blütezeit der Bergstadt endete mit einem Brand 1640. Seit wenigen Jahren werden Gruppen wieder zu den Malachithöhlen (www.medenec.cz) geführt. Motor dieser Reaktivierung ist der ehemalige Bergmann und jetzige Wirtshausbetreiber Ivan Cáder. Ein Teil seiner Gaststube ›Měďník‹ dient als Privatmuseum.

Přísečnice

Einsam geht es an der 1976 fertiggestellten **Talsperre Preßnitz** (vodní nádrž Přísečnice) zu, wie an allen Trinkwassertalsperren herrscht hier obendrein Badeverbot. Das Gelände ist relativ großzügig umzäunt, nur selten verirren sich Ausflügler hierher. Dabei gibt es einige hübsche Blicke auf die 362 Hektar große Wasserfläche und auf Blumenwiesen zu erhaschen. Der beste Aussichtspunkt ist wohl der Haßberg (Jelení hora, 994 m) knapp zwei Kilometer Luftlinie östlich der Staumauer.

Die Bergstadt Přísečnice (Preßnitz) versank komplett in den Fluten. Vor dem Verschwinden dienten leere Straßenzüge als Kulisse für den 1973 erschienen Film ›Traumstadt‹ nach einem surrealistischen Roman von Alfred Kubin aus dem Jahr 1909.

Der Höhepunkt des Silberbergbaus lag in den Jahren von 1535 bis 1537, bis 1922 wurden Eisenzechen betrieben. Mit der Teuerung 1805 und dem Stadtbrand 1811 begann ein regelrechter Boom fahrender Musikanten aus Preßnitz. Die Preßnitzer Musikkapellen und Preßnitzer Harfenmädchen lassen sich auf den ganzen Nordhalbkugel nachweisen. Karl Mays Romanheld Kara Ben Nemsi begegnete einer solchen Gruppe in Damaskus.

Výsluní und Umgebung

Ebenso wie Horní Blatná (Platten) ist auch Výsluní (Sonnenberg) als typische Renaissancestadt mit rechtwinkligen Straßen angelegt. Nach dem Niedergang des Bergbaus verbreiteten sich der Heilkräuterhandel und der Flachsanbau.

Die überdimensionierte **Wenzelskirche** mit ihrem 44 Meter hohen Turm wird oft augenzwinkernd als Erzgebirgsdom bespöttelt. Die letzte Taufzeremonie fand 1959 statt. Ein Dachbrand 1981 machte den ohnehin verfallenden Bau vollends zur Ruine, im Mauerwerk wuchsen Bäumchen und im Winter lag Schnee auf dem Altar. 1997/98 wurden die formellen Grundlagen für eine allmähliche Rekonstruktion geschaffen. Die Kirche soll irgendwann eine ständige Ausstellung über die Flößerei aufnehmen.

Einen Kilometer östlich von Výsluní plätschert der höchste natürliche Wasserfall des Erzgebirges, der **Kýšovický vodopád**. Eine Quelle aus Kýšovice (Gaischwitz) fällt kurz vor dem Brunnersdorfer Bach (Prunéřovský potok) 25 Meter tief. Hier leben Wildorchideen und seltene Vögel wie Birkhuhn, Grauspecht, Rauhfuß- und Sperlingskauz. Der Bach entspringt in geschützten Mooren und fließt beim Verlassen des Gebirges dann an der Burgruine Hassenstein vorbei. Der direkte Feldweg zwischen Sonnenberg und Hassenstein überquert den Bach mittels einer alten Steinbrücke.

Burgruine Hassenstein

Gibt es eine feste Definition für den Übergang von Burgruine und Burg? Wie viel Gemäuer muss wie sehr verfallen sein? Vielleicht kann man Hassenstein (Hasištejn) trotz einiger neuzeitlicher Stabilisierungen als die bekannteste Ruine des Gebirges bezeichnen. Ruiniert ist der Ausblick in Richtung Talausgang obendrein durch das Brunnersdorfer Wärmekraftwerk. Doch das sehenswerte Objekt lohnt sich auch wegen seiner interessanten Geschichte. Hassenstein war der Sitz eines der beiden bekanntesten Zweige des Adelsgeschlechtes Lobkowitz (→ Extra S. 257). Hier lebte und wirkte beispielsweise Bohuslav Lobkowicz von Hassenstein (1461 - 1510), der die größte Privatbibliothek Böhmens besaß. Diese wurde sogar von Gelehrten der Universität Wittenberg (Matthäus Aurogallus, Luther und Melanchthon) benutzt. Seit dem 17. Jahrhundert blieb die Burg unbewohnt. Johann Wolfgang von Goethe besuchte 1810 vom Barockschloss Eisenberg aus die Ruine und zeichnete sie. Heute wird Hassenstein vom Imbiss am Zugang aus beaufsichtigt, ein kleiner Obolus ist fällig. Es gibt zwei begehbare Burgtürme.

▲ Karte: hintere Umschlagklappe

Glasbergsümpfe, Kalek und Květnov

Inzwischen praktisch unsichtbar ist die erste Glashütte im Erzgebirge. Sie muss gleich am Grenzbach gegenüber von Satzung in der Wüstung Ulmbach (Jilmová) gestanden haben. Aus vergangenen Jahr hunderten wird von Schneehöhen dort bis zu vier Metern berichtet.

Durch Jilmová verläuft der blau markierte Wanderweg von Bärenstein über den Glasberg (Skelný vrch, 877 m) ins Grundtal (Bezručovo údolí). Dieses wird im Kapitel über Chomutov (Komotau, → S. 268) beschrieben. Südlich des Glasberges erstreckt sich das sumpfige Quellgebiet der Komotau (Chomutovka, am Oberlauf Assigbach genannt).

Eine kurze **Kammwanderung** mit allerdings unmarkierten Wegen bietet sich bei Načetín (Natzschung) an. Von den kleinen **Waldteichen** Thomasteich (Načetínský rybník) und Roter See (Červený rybník) sind es knapp drei Kilometer nordwärts zur Granitkuppe Lauschhübel (Čihadlo, 842 m). Man hat einen schönen Blick vor allem über die Grenze in die Streusiedlung Rübenau hinein.

Badeteich in Kammnähe

Die Wenzelskirche in Kalek

Beliebte Beispiele für die schrittweise Renovierung von Sakralbauten seit dem Ende des Realsozialismus sind die Kirchlein in Kalek (Kallich) und Květnov (Quinau). Die **Wenzelskirche** (Kostel svatého Václava) in **Kalek** steht attraktiv auf einem Hügel nahe des Gebirgskamms und ist von Grabsteinen aus der Zeit vor 1945 umgeben. Die **Marienkirche** (Poutní kostel Navštívení Panny Marie) in **Květnov** liegt hübsch in der Landschaft an einer Nebenstraße zwischen Boleboř (Göttersdorf) und Blatno (Platten). Sie war einst eine bedeutende Wallfahrtskirche. Die Legende sieht den Ursprung in den Andachten eines Hirtenjungen ab 1342. Seine Prägung als ›Perle des Erzgebirges‹ erhielt der Bau zur Barockzeit. Es soll Jahre mit über 20 000 Pilgern gegeben haben. Später fand hier der Erzgebirgsmaler Gustav Zindel viele Motive. Nach der Vertreibung der Sudetendeutschen lebte die Quinauer Wallfahrt im nordhessischen Trutzenhain weiter. Das Dekanat Görkau und viele Unterstützer möchten nun den ursprünglichen Ort wieder aufwerten (www.kvetnov-quinau.cz). Die Madonna von Quinau wurde 1999 nach ihrer Restaurierung neu geweiht. Seit einigen Jahren finden an den ersten drei Juli-Sonntagen wieder gut besuchte Wallfahrts-Gottesdienste in deutscher Sprache statt.

Von Lesná bis Mníšek

Ein kleines **Folkloregelände** hat sich im letzten Jahrzehnt mit EU-Fördermitteln rund um das Berghotel in Lesná (Kleinhan-Ladung) in Höhenlage (911 m) entwickelt. Ein Nebengebäude wurde als **Heimatmuseum** eingerichtet, lebensgroße Holzskulpturen bereichern das Areal. Es gibt viele Sportmöglichkeiten und einen Kinderspielplatz.

Angeblich kommt der Name Ladung daher, weil für den steilen Hang der ›Comotauer Straß‹ die Pferdewagen – teilweise – entladen werden mussten und erst in Ladung wieder – voll – beladen werden konnten. Wieso sich dieser Weg trotz der niedrigeren Pässe bei Reitzenhain und Einsiedel einer gewissen Beliebtheit erfreute, ist aus praktischer Sicht wohl nur mit Streckenführungen über Görkau (Jirkov) erklärbar.

Mit Glück und Phantasie kann man oberhalb des Nachbarortes Pyšná (Stolzenhan) noch Mauern der unvollendeten **Burg Neuseeberg** (Nový Žeberk) identifi-

Auch Květnov besitzt eine sehenswerte Kirche

zieren. In **Hora Svaté Kateřiny** (Katharinaberg) steht ein steinerner **Aussichtsturm** von 1902. In **Nová Ves v Horách** (Gebirgsneudorf) wurde wie auch in Lesná ein kleines **Heimatmuseum** eingerichtet. In Kammnähe entspringt bei Lesná der hübsche der hübsche Tölzschbach (Telčský potok). An seiner Mündung neun Kilometer nordwärts findet man das eingezäunte **Naturschutzgebiet Gabrielina Huť (Gabrielahütten)**. Das verlassene Industriedorf Gabrielahütten war 1779 durch Heinrich Franz von Rottenhan (1738–1809) gegründet und fortschrittlich ausgestattet worden. Die Stahlproduktion endete nach einem Preisverfall 1867.

Zwischen Lesná und Nová Ves v Horách versteckt sich an unscheinbaren Forstwegen ein aus Lesenská pláň (Hübladung, 921 m) und Medvědí skála (Bernstein, 924 m) gebildeter Felsrücken. Im 18. Jahrhundert wurde hier der letzte Bär des Erzgebirges erlegt. Ein nicht mit dem Dialekt vertrauter Zeichner soll aus diesem Bärenstein dann Bernstein gemacht haben. Mitunter wird dieser Gebirgsteil seitdem als **Bernsteingebirge** bezeichnet. Wanderwege sind nicht markiert, Ortskundige kalkulieren von Lesná zum Bernstein etwa 45 Minuten.

Zwischen Mníšek v Krušných horách (Böhmisch Einsiedel) und Křížatky (Kreuzweg) liegt dann neben der Straße, besser erreichbar, der **Felsen Jeřabina** (Haselstein, 788 m) mit seinem hölzernen Aussichtsturm aus dem Jahr 2009. Die an dieser Stelle gewährten Blicke erhaschen jedoch nur ein spannungsarmes Relief mit wenigen Industrieanlagen – als Panoramasicht kein Höhepunkt. Die Gebirgsquerung über den Einsiedler Sattel wird als die wichtigste Streckenführung der historischen Salzstraße von Halle an der Saale nach Prag angesehen (www.alte-salzstrasse.de).

Von Klíny bis Mikulov

Die Orte Klíny (Göhren), Český Jiřetín (Georgendorf) und Mikulov v Krušných horách (Niklasberg) empfehlen sich für einen Wintersporturlaub ohne große Menschtrauben. Es gibt zudem relativ hohe Chancen auf Naturschnee, der Sessellift wird ganzjährig betrieben.

Angesichts der kleinen Größe der Siedlung sind die Sportangebote in Klíny sehr vielfältig. Außer Wintersportanlagen gibt es unter anderem eine Sommerrodelbahn, Kletterwände und einen Seilgarten. Ein geheimnisvolles Naturschutzgebiet ist der **Schwarze Teich** (Černý rybník) zwei Kilometer nordwärts. In diesem kleinen Moor wurden Besiedlungsrelikte sowohl aus der Jungsteinzeit als auch aus der Pfahlbautenzeit gefunden. Der heutige Teich wurde 1848 zur Forellenzucht angelegt.

Das Dorf Fláje (Fleyh) versank in der 1964 fertiggestellten **Trinkwassertalsperre**. Es handelt sich um die einzige Pfeilerstaumauer Tschechiens. Ein Betreten der Uferbereiche ist verboten. Die **Holzkirche** wurde nach Český Jiřetín (Georgendorf) umgesetzt. Sie ist heute der einzige komplett aus Holz errichtete Sakralbau im Erzgebirge und wird vom Dekanat Litvínov (Leutensdorf) aus verwaltet. Neben der Talsperre führt die **Neugrabenflöße** (Flájský plavební kanál) bis nach Clausnitz an der Freiberger Mulde. Dieser über 18 Kilometer lange Kunstgraben diente von 1629 bis 1872 dem Stammholztransport in einer Wasserrinne. Dabei wurden auch natürliche Bachläufe gekreuzt.

Südlich von Fláje liegt mit dem **Wieselstein** (Loučná, 956 m) der höchste Berg des Osterzgebirges, am Felsen auf der Kuppe hat man einen weiten Rundblick. Wanderer berichteten von einem Zaun, der in den letzten Jahren oft den Zugang verwehrte. Sechs Höhenmeter

Der Schwarze Teich bei Klíny

tiefer bleibt aber eine Felsformation erreichbar, die man als Nebengipfel bezeichnen kann. Außerdem wäre da noch der **Aussichtsturm** unweit der Dorfstraße von **Dlouhá Louka** (Langewiese), der ein ähnliches Panorama bieten kann. Durch Dlouhá Louka führt der Pilgerpfad von Rechenberg nach Mariánské Radčice (Maria Ratschitz, → S. 280), oberhalb des Ortes ist der Besuch verlassener Dörfer am Kamm zu empfehlen: In den Wüstungen Bettleck (Žebrácký roh) und Willersdorf (Vilejšov) erobert die Natur verlassene Häuser Sudetendeutscher zurück.

Idyllisch liegt **Mikulov** (Niklasberg) an dichten Waldhängen zwischen Stürmer (Bouřňák, 869 m) im Westen und Braunhausberg (Pramenáč, 909 m) im Nordosten. Gegründet wurde die spätere Bergstadt 1540 als Neuschellenberg durch die Anwerbung sächsischer Bergleute unter den Grafen Lobkowitz. Eine rührige Initiative begann 1988 mit der Rekonstruktion des alten **Bergwerks Lehnschafter** am Fuße des Braunhausbergs. Ein Erzabbau fand von 1550 bis 1858 statt, zuletzt bestand die Grube aus 12 Ebenen mit einer Tiefe von über 250 Metern.

▸ Karte: hintere Umschlagklappe

Moldauer Bergbahn

Ab 1885 verkehrten Züge zwischen Brüx (Most) und Freiberg, sie erreichten den Gebirgskamm in Moldau (Moldava v Krušných horách). Die Bahnfahrt durch die schöne Landschaft war bei Ausflüglern sehr beliebt, Enthusiasten sprachen von der ›Teplitzer Semmeringbahn‹.

Nach dem Krieg wurde ein Teilstück von Moldau über die Grenze nach Deutschland nicht mehr aufgebaut. Zum Lückenschluss fehlen heute etwa zehn Kilometer. Mehrere Vereine setzten sich für den Erhalt des Bahnbetriebes ein, und 1998 wurde der Abschnitt von Louka u Litvínova (Wiese) bis Moldava (Moldau) einschließlich aller Anlagen und Gebäude als Kulturdenkmal der Tschechischen Republik unter Schutz gestellt.

Zu den Besonderheiten der Strecke gehören eine Spitzkehre in Dubí (Eichwald-Seegrund) und Steigungen von über 3,5 Prozent. Ein Normalticket von Moldava bis Most kostet 65 Kronen, die Fahrt dauert etwa eine Stunde.

Wegen Bauarbeiten nach einem Erdrutsch findet zum Erscheinungszeitpunkt des vorliegenden Buches kein öffentlicher Verkehr auf der Bahnstrecke statt. In Deutschland wird der Abschnitt Nossen - Freiberg - Holzhau weiterhin befahren.

Cínovec

Durch Cínovec (Böhmisch Zinnwald) verlief der meistfrequentierte Straßengrenzübergang zwischen der DDR und der Tschechoslowakei. Seit der Fertigstellung der Autobahn Dresden - Prag ist es hier wesentlich ruhiger geworden. Das würde sich bei einer Reaktivierung des Bergbaus aber ändern. Man liebäugelt mit der Gewinnung von Lithiumkarbonat, Firmen aus Übersee (www.europeanmet.com) sind bereits mit Probebohrungen beauftragt.

Die Osthälfte des Gebirgskamms

Informační centrum Lesenská pláň, Lesná 25, Nová Ves v Horách, 0476/000334; Mo–Fr 7–15, Sa/So 10–17 Uhr. www.vrclesna.cz und www.grenzenloses-erzgebirge.de

Der Georgendorfer Verein bemüht sich um eine Wiederbelebung der Erzgebirgs-Zeitung. www.erzgebirgs-zeitung.de

Unter ›Pruvodce Moldavska draha DE‹ steht ein PDF-Download mit 28 Seiten über Sehenswürdigkeiten an der Moldauer Eisenbahn (Moldavská horská dráha) bereit, weitere Informationen einschließlich des Fahrplans (Jízdní řády) bietet: www.moldavskadraha.cz

Die tschechische Buslinie 521 Olbernhau–Brandov – Litvínov verkehrt 6x täglich pro Richtung grenzüberschreitend auf gesamter Länge. www.dopravauk.cz

Die aufgelisteten Quartiere befinden sich alle nahe des Gebirgskamms.

Lenka, Loučná pod Klínovcem 92, Mobiltel. 0777/755082; DZ ab 800 Kč. Gegenüber von Oberwiesenthal am Waldrand. www.penzion-lenka.cz

U Zlatého Jelena, Výsluní 145, Mobiltel. 0602/974005. Mit dem slowakischen Nationalgericht Halušky. www.uzlatehojelena.c

Horský hotel, Lesná 22, Boleboř, Tel. 0476/113040; DZ ab 16 Euro. Preiswerte böhmische Küche auf dem Kamm zwischen Wäldern. www.horskyareal-lesna.cz

Emeran, Rašov 210, Klíny, Tel. 0476/116025; DZ 1200 Kč. Der Platzhirsch am Ort. www.hotelemeran.cz

Stará škola, Rašov 20, Klíny, Mobiltel. 0736/135695; DZ 780 Kč, Obdach im eigenen Schlafsack 190 Kč. Das ehemalige Schulgebäude des Ortes an der Hauptstraße. www.penzion-staraskola.cz

Apartmány, Český Jiřetín 126, Mobiltel. 0775/706363; hübsche Ferienwohnungen für 500 Kč pro Person ab 2. www.apartmanyjiretin.cz

Ján, Nové Město 26, Moldava, Tel. 0417/539554; DZ ab 65 Euro. Beliebtes Berghotel. www.hoteljan.cz

Bystřická bouda, Nové Město 72, Moldava, Mobiltel. 0602/311151; nur Dez.–März. Preiswerte Bergbaude, 350 Kč pro Pers. www.neklub.cz/bb

Mikuláška, Mikulov v Krušných horách 118, Hrob, Mobiltel. 0602/287195; ab 400 Kč pro Person. Preiswerte Bergbaude. www.mikulaska.cz

Krušnohorský Dvůr, Cínovec 275, Mobiltel. 0606/724995; DZ ab 70 Euro. Neubau am Golfplatz. www.krusnohorskydvur.cz

Burgruine Hassenstein (Hasištejn), Místo, Tel. 0474/651275; Apr.–Okt. Fr–So 10–18 Uhr, Juni–Sept. tgl. www.hasistejn.cz

In Měděnec können zwei **Berggänge** (štola Panny Marie Pomocné a štola Země zaslíbená) Mai–Okt. besichtigt werden (Mindestalter 5 Jahre), Treffpunkt im Restaurant Mědník, Nádražní 266, Mobiltel. 0739/040671, Anmeldung erbeten. www.stola-zeme-zaslibena-mednik-med.webnode.cz

Lehnschafter (Prohlídková štola), U Hřiště 83, Mikulov, Mobiltel. 0774/376038; Führungen (Mindestalter 10 Jahre): Mi–So 10, 12, 14 u. 16 Uhr, Anmeldung erbeten, Sonderwünsche von Fachpublikum werden berücksichtigt. www.stolamikulov.cz

Sportovní areál Klíny Rašov 64, Klíny, Mobiltel. 0607/818797; Mi–So. Mit Sessellift, Sommerrodelbahn, Kletterwänden und Seilgarten. www.kliny.de

Einige frei zugängliche **Badestellen** an kleinen romantischen Floßteichen in Kammlage, beispielsweise am Volárenský rybník (östlich von Kalek im Wald), am Rudolický rybník (nordwestlich von

Rudolice v Horách), am Dřevařský rybník (südwestlich von Nová Ves v Horách im Wald), am Dlouhý rybník (östliches Dorfende in Cínovec), natürlich von kaltem Gebirgswasser gespeist.

Areal Halže, 600 m Piste, 1 Schlepplift. www.horni-halze.cz

Areal Medenec, 1200 m Piste, 2 Schlepplifte, Skischule, Snowpark. alsovka.cz

Skiareál Pyšná, ca. 1100 m Piste, 2 Schlepplifte, 1 Kinderlift, Skischule. www.skipysna.cz

Sportovní areál Klíny, 3100 m Piste, Flutlicht, 1 Sessellift, 2 Schlepplifte, Ski- und Snowboardschule. www.kliny.de

Skiareál Český Jiřetín, 2900 m Piste, 4 Schlepplifte, Skischule. ski.ceskyjiretin.cz

SportCentrum Bouřňák, 6500 m Piste, 5 Schlepplifte, 1 Kinderlift, Skischule. www.scbournak.cz

Krupka, Dubí und Petrovice

Die Bergstadt Graupen ist eine der lohnendsten Partien im ganzen Erzgebirge und bietet prächtige Aussichtspunkte dar.

aus Berlets Wegweiser, 1872

Wie Altenberg auf der anderen Seite der Grenze verdankt Krupka (Graupen) die mittelalterliche Blütezeit der Zinngewinnung. Ihre größte Rolle spielte die Stadt ungefähr zwischen den Hussitenkriegen und dem Dreißigjährigen Krieg. Im Laufe der Geschichte kam es zu vielen Rückschlägen, vor etwa 50 Jahren wurde die Erzgewinnung eingestellt. Die derzeitige Einwohnerzahl liegt bei rund 12 700.

■ Krupka

Einen guten Rundblick auf die alte Bergstadt und ihre Umgebung erhält man von der Ruine der **Rosenburg** (Hrad Krupka). Der Zugang ist gratis und das Hotel bietet ordentliche Werktagmenüs. Die steile Straße neben der Burg bildet quasi die **Altstadt**. Ihr weiterer Verlauf aufwärts führt zu einem Schaubergwerk.

Als gegenwärtige Mitte Krupkas kann man eher den Ortsteil Bohosudov (Mariaschein) mit seiner **Basilika** bezeichnen. Die erste Marienwallfahrt fand 1610 statt. Unter Giulio Broggio und seinem Sohn Antonio Octavio erfolgte ein barocker Ausbau der Kirche, 1924 erhob sie der Papst zur Basilika minor. Südlich schließt sich das bischöfliche Gymnasium an. Das ehemalige Minoritenkloster 100 Meter östlich davon verfällt. Zwischen dem historischen und dem aktuellen Zentrum der Stadt lohnt sich an der Straße Libušín der Vergleich der Annenkirche (Hřbitovní kostel) mit dem entsprechendem romantischen Gemälde von Adrian Ludwig Richter.

Ein ebenfalls lohnenswerter Aussichtspunkt ist der **Mückenberg** (Komáří hůrka, 806 m) mit der bekannten Ausflugsgaststätte **Mückentürmchen** (Komáří vížka) von 1857. Außer auf Wanderwegen kann man den Gipfel des Mückenberges auch bequem per Auto (Straße nach Fojtovice) oder per Seilbahn (Lanová Dráha) erreichen. Unterhalb des Gipfels befindet sich eine Pinge. Die 1952 eröffnete **Seilbahn** am Mückenberg ist 2350 Meter lang und stellte damals einige technische Rekorde auf. In den ersten Jahren diente sie nachts auch dem Transport von Bergbaugütern, ihre Talstation liegt 500 Meter nördlich des Klosters. Der bewaldete Hügel links davon ist ein **Kalvarienberg** (Bohosudovská Kalvárie) mit einem Kreuzweg (Křížová cesta).

Der **Martinsstollen** an der Straße zwischen Krupka und Komáří hůrka wurde erst im 19. Jahrhundert aufgefahren und erschließt einen langen Zinnerzgang. Die Führung dauert etwa 45 Minuten. Zwischen Krupka und Altenberg verläuft ein

▸ Karte: hintere Umschlagklappe

grenzüberschreitender **Bergbaulehrpfad** (Příhraniční naučná hornická stezka, → S. 308).

Am östlichen Stadtrand von Krupka führt ein blau markierter Wanderweg durch den Wald bachaufwärts zur **Burgruine Geiersberg** (Kyšperk). Schon um 800 soll hier eine Grenzwarte Biliner Stammesführer gewesen sein, eine gotische Burg entstand im 14. Jahrhundert. Nach einem Brand 1526 siedelten die Eigentümer nach Sobochleben (Krupka-Soběchleby) um.

■ Dubí

Westlich von Krupka, zwischen Teplice (Teplitz) und der Landesgrenze, erstreckt sich das Stadtgebiet von Dubí (Eichwald). Mit dem Dianabad 1872 und dem heute noch betriebenen Theresienbad 1879 erlebte Eichwald seine Blütezeit als Kurort. Vor etwa 20 Jahren war die Fernstraße dort in Richtung Dresden wegen ihrer unübersehbaren Prostitution bekannt.

Auffälligste Sehenswürdigkeit in Dubí ist der neugotische Nachbau der Kirche

Am Eingang zum Martinsstollen

Im Porzellanmuseum

Santa Maria dell'Orto aus Venedig, sogar Steine aus Venedig sind verbaut. Finanziert wurde das Projekt von Carlos Clary-Aldringen in den Jahren von 1897 bis 1906. Leider ist die Kirche meistens geschlossen.

Ein ehemaliges Kino (Modrodům) dient als **Informationszentrum** und **Porzellanmuseum** der Stadt - seit 1885 wird auf der anderen Straßenseite Zwiebelmusterporzellan hergestellt.

Von der zentralen Fernstraßenkreuzung in Dubí aus gesehen liegen italienische Kirche und Kurviertel etwa einen Kilometer nördlich, Porzellanmuseum und -fabrik 200 Meter südöstlich.

■ Petrovice

Nordöstlich von Krupka schließt sich das Gemeindegebiet von Petrovice (Peterswald) an. Das langgezogene Dorf am Flüsschen Bahra (Petrovický potok) lebt vor allem vom Grenzhandel mit deutschen Kunden und gilt als einer der größeren derartigen Grenzmärkte

Blick auf Krupka

im Erzgebirge. Auch das kulinarische Angebot ist üppig.
Danach endet das Gebirge, die östliche Nachbargemeinde Tisá (Tyssa) wird schon zum Elbsandsteingebirge (Labské pískovce) gezählt. Dort beginnen einige der malerischen Sandsteingebilde dieses nächsten Gebirges wie die Tyssaer Wände (Tiské stěny), die Raitzaer Felsen und die Eilander Felsen.
Von Petrovice sind es etwa 25 Kilometer bis Děčín (Tetschen).

Krupka, Dubí und Petrovice

Turistické infocentrum města, Mariánské nám. 32, Krupka. Tel. 0417/803131; Mo u. Mi 7–17, Di u. Do 7–15, Fr 7–13.30 Uhr. www.mukrupka.cz
Městské informační centrum, Tovární 620, Dubí, Mobiltel. 0774/028998; Mo–Fr 8–17, Sa 8–14 Uhr. Touristeninfo mit kostenloser Porzellanausstellung. www.mesto-dubi.cz
Schöner Überblick zur Stadtgeschichte Graupen auch unter: www.heimatgruppe-graupen.de

Die **internationale Buslinie 398** (www.rvd.de) führt von Dresden über Dippoldiswalde und Altenberg nach Dubi und Teplice.

Růžový hrádek, Panský dům 12, Krupka, Tel. 0417/852052; DZ ab 1180 Kč. Hotel im ehemaligen Bergamtsgebäude auf dem Burgareal. www.hrad-krupka.cz
Restaurantpension, Ústecká 55, Chlumec, Tel. 0475/205339; DZ 900 Kč. Nahe der Autobahn Dresden-Prag. www.restauracechlumec.cz
Ostrov, Ostrov u Tisé 12, Tel. 0475/222428; DZ ab 2000 Kč. Wellnesshotel in einsamer Lage. www.hotelostrov.com
Theresienbad Eichwald, Lázeňská 21, Dubí, Tel. 0474/530400. Pakete aus Unterkunft und Kurbehandlungen www.laznedubi.cz

Das Museum Krupka in der Altstadt am Hang untersteht dem Regionalmuseum Teplitz, es zeigt Feuerwehr- und Zinnberg-baugeschichte.
www.muzeum-teplice.cz:
- **Feuerwehrmuseum** (Hasičské muzeum), Husitská 23, Mobiltel. 0602/493177; 9.30–17 Uhr;
- **Die Stadt und das Zinn** (Krupka a cín), Husitská 21, Tel. 0417/862042; Mi–So 9.30–16.30 Uhr.

Wallfahrtskirche Mariaschein (Bazilika Panny Marie Bolestné), Koněvova 100, Tel. 0417/861363; Di–Mi u. Fr–Sa 9–16, So 10–16 Uhr. www.krupka-mesto.cz

U Marty, Tovární 162, Dubí-Bystřice, Tel. 0417/571111. Böhmische und chinesische Küche. www.u-marty.cz

Alter Martin (Prohlídková štola Starý Martin), Nová Vrchoslav, Tel. 0417/822154; Führungen (Mindestalter 5 Jahre): Mai–Okt. 9.30, 10.30, 11.30, 13.15, 14.15, 15.15 u. 16.15 Uhr, Nov.–Apr. Do 9.30, 10.30, 11.30, 13.15, 14.15, Fr–So 9.30, 10.30, 11.30, 13.15, 14.15, 15.15 u. 16.15 Uhr. www.krupka-mesto.cz

Areal Mückentürmchen (Komáří Vížka), 1200 m Piste, 2 Schlepplifte, 1 Kinderlift, Skischule. www.skikomarivizka.cz
Areal Tellnitz (Telnice), mehr als 5000 m Piste, 1 Sessellift, 3 Schlepplifte, 1 Kinderlift, Skischule. www.ski-telnice.cz

Reiterhof Fojtovice, www.fojtovice.cz

Český porcelán, Tovární 605, Dubí, Tel. 0417/518308. Fabrikverkauf von Porzellan aus Dubí. www.cesky.porcelan.cz

Für diejenigen, die noch gewisse Hemmschwellen gegenüber der Osthälfte Europas verspüren, ist eine Begegnung mit Böhmen im wahrsten Sinne des Wortes der erste Schritt in die Welt der slawischen Völker. Man lernt unkomplizierte und freundliche Menschen kennen, die sich genauso für Kulturgeschichte und Natur begeistern können wie die Deutschen.

Das reizvolle Kadaň

SÜDLICHES UND ÖSTLICHES UMLAND

Im Egertal (CZ)

Das folgende Kapitel widmet sich dem Lauf des Flusses Eger (Ohře) zwischen den Städten Cheb (Eger) und Loket (Elbogen). Der Egergraben (Oherský příkop) ist nicht identisch mit der historischen Bezeichnung Egerland (Chebsko, lateinisch Regio Egrensis). Egerland nannte man einen fast 500 Jahre lang ein Gebiet rund um die Stadt Eger, zu dem auch Flächen im heutigen Bayern gehörten. Der quasi autonome Status entstand 1322 mit einer Gebietsverpfändung von Bayern an Böhmen. 1806 wurden knapp 1000 Quadratkilometer davon integraler Bestandteil des Habsburger Kronlandes Böhmen. Flächenmäßig weit größer als dieses historische Egerland war dann mit fast 7500 Quadratkilometern der Regierungsbezirk Eger im Reichsgau Sudetenland zwischen 1939 und 1945.

Die Eger entspringt im Fichtelgebirge und mündet nach 316 Kilometern in die Elbe. Grob gesagt, fließt sie südlich des Erzgebirges von West nach Ost. Die kleinen Beckenlandschaften rund um Cheb (Eger) und Sokolov (Falkenau) werden Egerer Becken (Chebská pánev) beziehungsweise Falkenauer Becken (Sokolovská pánev) genannt. Zum Wasserwandern sei besonders der Mittellauf bis Kadaň (Kaaden) empfohlen.

Westböhmisches Bäderdreieck

In diesem Buch wird das sogenannte Westböhmische Bäderdreieck (Západočeský lázeňský trojúhelník) nur kurz erwähnt, obwohl sich sein Gebiet mit dem Egertal überlappt. Natürlich lassen sich Besuche des Erzgebirges und dieses Dreiecks prima kombinieren, da besteht kein Zweifel. Aber erstens gibt es über Karlovy Vary (Karlsbad, 447 m), Mariánské Lázně (Marienbad, 578 m) und Františkovy Lázně (Franzensbad, 442 m) schon viele ausführliche Darstellungen, zweitens ist die Atmosphäre unter den Gästen doch eine deutlich andere als in den Wander- und Bergbaugebieten des

Die Mühlbrunnkolonade von 1881 in Karlovy Vary

Erzgebirges. Mineral- und Heilwässer (→ Klima und Wasserhaushalt, S. 30) wurden ab dem 16. Jahrhundert wissenschaftlich beschrieben, einige weisen einen intensiven Eigengeschmack auf.

Karlovy Vary liegt an der Mündung der Tepl (Teplá) in die Eger (Ohře). Es handelt sich um einen der berühmtesten und traditionsreichsten Kurorte überhaupt. 1370 erhob Karl IV. (1316 - 1378) den bestehenden Ort Warmbad (Vary) zur Königsstadt. Die meisten Kuranlagen liegen im Tal der Tepl. Karlsbads Liste der berühmten Besucher umfasst Literaten und Komponisten ebenso wie Politiker (unter anderem Peter der Große, Mustafa Kemal Atatürk). Die Einwohnerzahl pendelt seit Jahrzehnten um die 50 000. Dazu kommen etwa 9000 Gästebetten. In der heutigen Verwaltungsgliederung Tschechiens ist Karlsbad die Hauptstadt des mit Abstand kleinsten der 14 Bezirke (kraje). Der Bezirk Karlsbad (Karlovarský kraj) hat knapp 300 000 Einwohner auf 3315 Quadratkilometern. Im Tourismus-Marketing wird Karlsbad oft mit dem doppelt so großen Bezirk Pilsen (Plzeňský kraj) zu Westböhmen zusammengefasst.

Mariánské Lázně liegt im südwestlichen Kaiserwald (Slavkovský Les) und wurde vom Klosterstift Tepl (Premonstrátský Klášter Teplá) aus erschlossen. Das Quellgebiet der Tepl zählt als Naturreservat. Im klaren Flusslauf der Tepl wohnen neben Flusskrebsen so seltene Süßwasserfische wie die Groppe. Die Anerkennung Marienbads als Kurort erfolgte 1818.

Františkovy Lázně wurde 1793 als Vorort von Eger (Cheb) angelegt. Ebenso wie in Marienbad wurde damals bereits mit heilkräftigem Moorschlamm experimentiert. Marienbad hat heute rund 13 000 Einwohner und Franzensbad 5000. Seit dem Ende des Realsozialismus entwickelte sich auch das **Kloster Tepl** selbst wieder zu einem Touristenziel.

Das kleine **Lázně Kynžvart** (Bad Königswart) bei Marienbad dient hauptsächlich für Kinderkuren. Dort kann man das über drei Quadratkilometer große Naturreservat Glatzener Moor (Kladské rašeliny) besuchen. Vom Glatzener Teich (Kladský rybník) führt ein 24 Kilometer langer Floßgraben bis Schönfeld (Krásno).

Ein sehenswertes Städtchen in der Mitte des Kaiserwaldes ist **Bečov nad Teplou** (Petschau). Der direkte Weg zwischen Glatzer Moor und Petschau führt an einer beeindruckenden Trollblumenwiese (Upolínová louka) vorbei. Zwischen den Trollblumen wachsen unter anderem verschiedene Wildorchideen und die Heidelbeer-Weide. Südlich davon liegen einige geologisch interessante Felskuppen.

i Westböhmisches Bäderdreieck

Es gibt keine zentrale Anlaufstelle für das Bäderdreieck. Infos bieten v.a. die Tourismusbüros der drei bekanntesten Orte:
Touristinfo, Máchova 8, Františkovy Lázně, Tel. 0354/694449. www.frantiskovy-lazne.info
Infocentrum, Lázeňská 14, Karlovy Vary, Tel. 0355/321176; Masaryka 53, Tel. 0355/321171. www.karlovyvary.cz/de
Infocentrum Kolonáda, Masarykova 22, Mariánské Lázně, Tel. 0354/655511. www.marienbad.cz

Cheb und Umgebung

Mit gut 32 000 Einwohnern ist Cheb (Eger) nach Karlovy Vary (Karlsbad) die zweitgrößte Stadt des westböhmischen Verwaltungsbezirkes Karlsbad (Karlovarský kraj). Zu den attraktivsten Veranstaltungen zählen ein relativ großer Ostermarkt (Velikonoční trhy) und in ungeraden Jahren die Wallenstein-Festspiele (Valdštejnské slavnosti, www.valdstejnske-slavnosti.eu).

Cheb war eines der wichtigsten Zentren der Sudetendeutschen, jahrhundertelang die wichtigste Stadt im Mittleren Egertal. Es ist das Tor zum Erzgebirge für alle, die aus dem südlichen und mittleren Westdeutschland schnell ins Gebirge kommen wollen.

Stadtgeschichte

In der Stadt vermischten sich jahrhundertelang deutsche und tschechische Einflüsse. Urkundlich wurde der Ort erstmals 1061 genannt, der erste Besuch eines Kaisers erfolgte wohl zum Reichstag 1179. Ludwig der Bayer, in finanziellen Nöten befindlich, verpfändete 1322 Stadt und Umgebung an Johann von Luxemberg. Bereits ein Dokument von 1374 nennt mit ›Egra in boemica lingua Cheb‹ den deutschen und den tschechischen Namen im selben Text. 1634 wurde in einem Haus im Zentrum Albrecht von Wallenstein ermordet. Eine Besonderheit in den Traditionen der Stadt sind Reliefintarsien (www.reliefintarsien.de). Einige wenige Künstler sorgten für eine kurze intensive Blüte

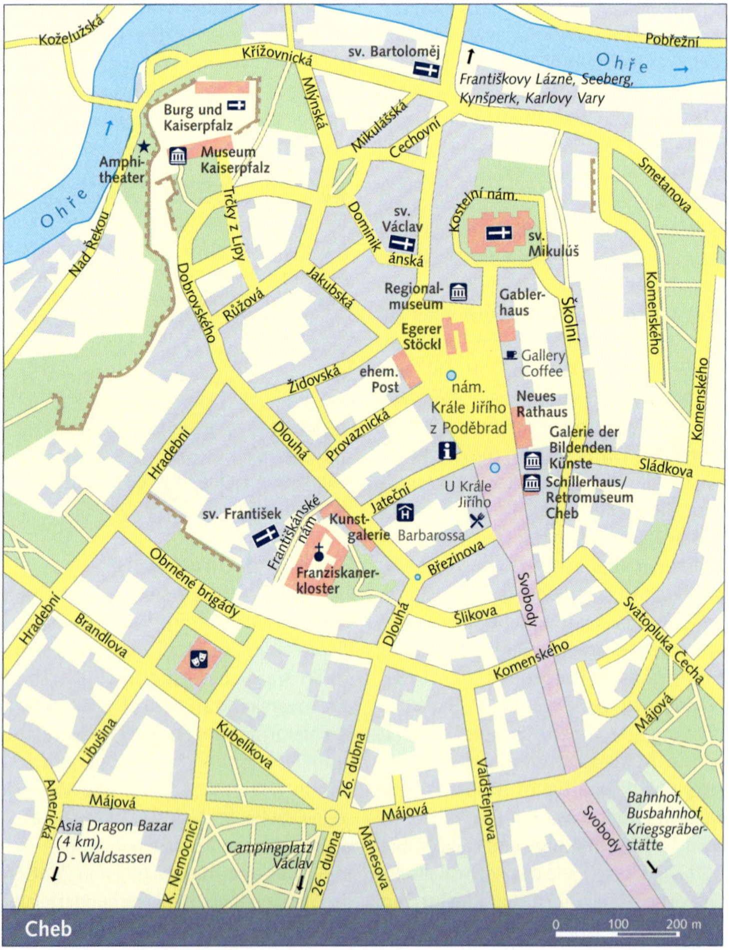

Rokokoportal neben dem Stöckl

dieses Handwerks gegen Ende des Dreißigjährigen Krieges. Das Sortiment reichte von Einzelbildern über Brettspiele bis zu Kabinettschränken.

Die Bedeutung der Stadt sank nach dem Dreißigjährigen Krieg, ein großer Brand 1809 war ein weiterer Tiefpunkt. Eisenbahnanschlüsse erfolgten 1865 nach Hof sowie 1871 nach Pilsen und Komotau. 1945/46 erfuhr die Stadt einen fast vollständigen Bevölkerungsaustausch.

Eger ist Geburtsstadt unter anderem des Baumeisters Balthasar Neumann (1687 - 1753) und des Pianisten Rudolf Serkin (1903 - 1991). Der Arzt Bernhard Vinzenz Adler (1753 - 1810) gründete von Eger aus den zunächst zur Stadt gehörenden Kurort Franzensbad (Františkovy Lázně).

Seit 2004 besteht eine Städtepartnerschaft mit Hof in Oberfranken. Bisheriger Höhepunkt war ein gemeinsames Kulturfestival 2009, eine ›Grenzenlose Landesgartenschau‹ fand 2006 in Cheb und Marktredewitz statt.

Außerhalb der sehr sehenswerten Altstadt gibt es deutliche Probleme mit Designerdrogen und Kinderprostitution, die Freier sind fast ausnahmslos Deutsche. 2003 erschien dazu Cathrin Schauers polarisierendes Buch ›Kinder auf dem Strich‹. Tschechische Verantwortliche wiegelten ab, laut Schauer gelten ihre Aussagen jedoch bis heute. Im Internet-Zeitalter ist die Kontaktanbahnung aber oft weniger auffällig. Das deutsch-tschechische Verhältnis in der hübschen Stadt Cheb bleibt also ambivalent. Es existieren seriöse Kooperationen und zukunftsweisende Freundschaftsinitiativen, der größte Teil der Kundschaft fragwürdiger Entwicklungen kommt aber ebenfalls aus dem prosperierenden Nachbarland.

Marktplatz

Der Marktplatz und die von ihm abgehenden Nebenstraßen stellen zweifellos das größte touristische Potential der Stadt dar. Der Platz ist nach dem böhmischen König Georg von Kunstadt und Podiebrad (Jiří z Poděbrad, 1420 - 1471) benannt. 1459 legte dieser in Eger mit deutschen Partnern die heute noch im Erzgebirge fast so bestehende Grenze zwischen dem Kurfürstentum Sachsen und dem Königreich Böhmen fest. Einzige Änderung seitdem war 1547 der Wechsel Gottesgabs (Boží Dar) und Plattens (Horní Blatná) von Sachsen nach Böhmen. Dieser Vertrag (Chebská smlouva, www.hranice1459.cz) wurde durch die Hochzeit von Georgs zehnjähriger Tochter mit Albrecht dem Beherzten (1443 - 1500) bekräftigt. Georg war abgesehen vom kurzzeitigen ›Winterkönig‹ Friedrich Böhmens einziger König ohne katholisches Bekenntnis und setzte sich ganz im modernen Sinne für einige gemeinsame europäische Institutionen ein.

Am Markt gibt es in historischen Gebäuden mehrere Museen. Im Pachelbelhaus (Hausnummer 492/3) wurde ›Wallenstein‹ Albrecht von Waldstein (→ S. 257) 1634 ermordet. Es dient heute als **Regionalmuseum**. Dieses 1873 gegründete Museum ist eins der traditionsreichsten Tschechiens und organisiert auch Veranstaltungen. Für Studien zu seiner Dramentrilogie ›Wallenstein‹ quartierte sich Friedrich Schiller (1759 - 1805) im Metternichhaus (2/17) ein. Das barocke **Rathaus** (1/14) des Architekten Giovanni Battista Alliprandi (1665 - 1720) beherbergt eine **Galerie der bildenden Künste**. Allein schon wegen des festlichen Treppenhauses ist sie einen Besuch wert. Direkt auf dem Platz befindet sich das historische Gebäudeensemble **Stöckl** (Špalíček). Weitere Einkehrmöglichkeiten bietet die Straße Třída Svobody in Richtung Bahnhof. Sie ist bis zur Evropská als Fußgängerzone gestaltet.

Sakralbauten

Die **Nikolauskirche** (Kostel svatého Mikuláše) dominiert die Silhouette der Innenstadt. Erst 2008 waren alle Kriegsschäden beseitigt. Einer der Türme ist als Aussichtspunkt zugänglich. Etwas versteckter liegt der Franziskanerplatz. An ihn kann man gratis das **Franziskanerkloster** mit seinem Kreuzgang und seinem 2002 saniertem Garten sowie die Verkündigungskirche besichtigen. Das Kloster ist ein unverfälschtes Beispiel gotischer Architektur. 1285 fand hier die Hochzeit von Wenzel II. (Václav) und Guta von Habsburg statt. Die barocke **Klarissenkirche** gegenüber dient als Kunstgalerie und Konzertsaal.

Kaiserpfalz

Wenige Meter nordwestlich des Marktplatzes findet man die Ruine der Egerer Burg (Chebský hrad). 1167 fiel das Egerland durch Erbschaft an die Staufer, die die Burganlage ab 1179 zur Kaiserpfalz ausbauten. Relativ gut erhalten sind eine Doppelkapelle (zwei übereinander angeordnete Kulträume), der Bergfried (Schwarzer Turm, 108 Stufen), einige Außenmauern sowie die Kasematten aus dem 17. Jahrhundert.

Marktplatz in Cheb, Stöckl und Ostseite, dahinter die Nikolauskirche

▲ Karte S.. 254

Die Adelsgeschlechter Waldstein und Lobkowitz

Aufmerksame Besucher werden besonders in Zentral- und Nordböhmen oft auf die Namen Waldstein (Valdštejn) und Lobkowitz (Lobkovic oder Lobkowicz) treffen. Die beiden Adelsgeschlechter sind übrigens miteinander auch verwandt und verschwägert. Als Beispiel können die drei Ehen der Maria Polyxenia von Talmberg (1599–1651) dienen. Sie war mit Vertretern beider Familien verheiratet.

Erstmals taucht das Herkunftsprädikat Waldstein bei dem Burggrafen Zdeněk (1242–1278) auf, der an der Seite des Königs Přemysl Ottokar II. (Otakar II.) in den Krieg gegen die Pruzzen gezogen sein soll. Stammsitz des Adelsgeschlechtes war die Burg Waldstein (Valdštejn) im Böhmischen Paradies (Český ráj), die man heute als Museum besuchen kann. Berühmtester Vertreter der Waldsteins ist zweifellos Albrecht Wenzel Eusebius von Waldstein (1583–1634), der ›Wallenstein‹ aus dem Dreißigjährigen Krieg. Seine Muttersprache war Tschechisch, er lernte aber auch Italienisch und bevorzugte schließlich Deutsch. Durch die Heirat einer reichen Witwe 1609 - sie starb 1614 - wurde Waldstein zu einem der mächtigsten Magnaten in Mähren. Er kämpfte 1617 im Friauler Krieg für die Habsburger und stieg im Dreißigjährigen Krieg zu deren Oberbefehlshaber auf. Anfang 1634 wurde er auf Betreiben seiner Konkurrenten nicht nur für abgesetzt erklärt, sondern sogar des Hochverrats bezichtigt. Bei seiner Ermordung in Eger (Cheb) war Waldstein ein schwerkranker Mann, der wahrscheinlich sowieso nicht mehr lange gelebt hätte. Üblich wurde die Namensform ›Wallenstein‹ nach Erscheinen einer Dramen-Trilogie (›Wallensteins Lager‹, ›Die Piccolomini‹, ›Wallensteins Tod‹) Friedrich Schillers. Außer in Eger widmen sich auch Museen in Prag (dort steht das Waldsteinpalais) und Lützen (Schauplatz einer wichtigen Schlacht bei Leipzig) ausführlich dem Feldherren.

Spätere Waldsteiner waren einige katholische Geistliche, der Botaniker Franz Adam von Waldstein-Wartenberg (1759–1823), gestorben übrigens in Oberleutensdorf (Litvínov), und sein Bruder Ferdinand Ernst von Waldstein-Wartenberg (1762–1823), als Förderer Beethovens Widmungsträger von dessen Waldsteinsonate.

Das Herkunftsprädikat Lobkowitz stammt von einem Ort bei Neratowitz (Neratovice) an der Elbe, dort steht auch das Schloss Lobkowitz (Lobkovice). Im 15. Jahrhundert bildeten sich zwei Linien des Adelsgeschlechtes, die vereinfacht gesagt von Hassenstein im Erzgebirge (Hasištejn, Familienzweig Hasištejnský z Lobkovic) und Melnik an der Moldaumündung (Mělník, Familienzweig Popel z Lobkovic mit mehreren Ästen) aus ihren Macht entfalteten. Ein großer Kunstmäzen war Fürst Franz Joseph Maximilian von Lobkowitz (1772–1816), Widmungsträger mehrerer bedeutender Werke Beethovens und Haydns. Der Liederzyklus ›An die ferne Geliebte‹ 1816 soll sich auf den Tod der Gemahlin (1775–1816) von Fürst Franz beziehen, mit der dieser zwölf Kinder hatte.

Angehörige der Familie Lobkowicz mischen bis heute an vorderster Front in der tschechischen Politik mit, Jiří Jan Lobkowicz (geb. 1956) für die Partei Cesta změny und Michal Lobkowicz (geb. 1964) für die ODS. Die Familien besitzen mittlerweile wieder mehrere tschechische Schlösser, sogar eine aktuelle Biermarke trägt ihren Namen.

Aussichtstürme

Ein heruntergekommenes Parkgelände, beiderseits der Eger und neben der Burgruine gelegen, wurde anlässlich der länderübergreifenden Gartenschau 2006 neu gestaltet. Einen hübschen Rundblick hat man von einem Holzturm (Vávrova lávka) auf diesem Gelände direkt am Fluss. Mit Nikolauskirche und Bergfried liegen also drei Turmbesteigungsmöglichkeiten dicht beieinander.

Etwa vier Kilometer ziemlich genau westlich vom Zentrum trifft man auf den vierten Aussichtspunkt. Der **Bismarckturm** (Bismarckova věž) auf dem Grünen Berg (Zelená hora, 637 m) wurde 1909 eröffnet und 2005 renoviert.

Naturreservat Soos

Ein gut erreichbares, sehenswertes und außergewöhnliches Moorgebiet von reichlich zwei Quadratkilometern findet man elf Kilometer nördlich von Eger entfernt in Soos (deutsch ebenso), wo sich noch im Quartär aktive Vulkane befanden. Das Wort Soos für Moor stammt aus dem Dialekt der deutschen Egerländer, das Territorium liegt im Gemeindebund Kamenné Vrchy (Steinberge), der sich bis nach Luby (Schönbach, → S. 121) erstreckt. Bereits in einer Publikation 1887 wurde Soos als wunderschönes Naturlabor beschrieben, und 1947 markierte der Lehrer Emil Hadač (1914 - 2003) ein Territorium, das 1964 zum Schutzgebiet erklärt wurde. Zu den Besonderheiten des Moores zählen viele Quellen mit unterschiedlichen Mineralienzusammensetzungen, teilweise schmackhaft, teilweise vitriolhaltig; Kieselgurmatten, also durch Kieselalgen gebildeter Siliziumdioxid-Schlamm; Mofetten genannte kalte Vulkänchen (das Blubbern resultiert aus Kohlendioxid mit einer ungewöhnlich hohen Beimischung von Helium-3); salzliebende Pflanzen wie Strand-Milchkraut, Strand-Dreizack und Hakenkiefer; viele Vogelarten und andere Tiere.

Mofette mit verkieselnder Baumwurzel

Karte: vordere Umschlagklappe

Seit 2012 werden die **Wanderwege** an ausgewählten Wochenenden durch die Schmalspurbahn Kateřina (www.csimc.cz) ergänzt, eine wiederbelebte Betriebsbahn aus der Bergbauzeit.

Ein merkwürdiges Phänomen rund um Soos sind sehr kurvenreiche Straßen außerorts, ohne dass eine heute erkennbare Ursache gegen gerade Streckenführungen sprechen würde.

Nördlich von Cheb besitzen noch zwei weitere **Sumpfgebiete** den Status eines Naturreservates, nämlich Amerika (Amerika) und An den sieben Teichen (U Sedmi rybníků).

Der heute eher unscheinbare **Schlackenkegel Kammerbühl** (Komorní hůrka, 503 m) in der gleichnamigen Siedlung am Stadtrand von Cheb war vor etwa 720 000 Jahren wahrscheinlich der letzte aktive Vulkan der Gegend, die Mitnahme von Gestein steht unter Strafe.

Asia Dragon Bazar

Im Einzelhandel an der Grenze existieren alle möglichen Abstufungen zwischen ›Tschechenläden‹ und ›Asialäden‹; immer findet man dort fleißige kundenorientierte Dienstleister einschließlich günstiger interessanter Imbissangebote. In Cheb stellen die Vietnamesen inzwischen fast zehn Prozent der Bevölkerung, zahlen ordentlich Steuern und spenden sogar für Baumaßnahmen der Stadt wie das Dach der Eissporthalle.

Südlich von Cheb belegt einer der größten ›Vietnamesenmärkte‹ Tschechiens über 13 Hektar auf einem ehemaligen Kasernengelände, der Asia Dragon Bazar. Das Preis-Leistungs-Verhältnis der Artikel ist kaum besser als in deutschen Ramschläden, Qualität sucht man vergebens. Produktfälschungen sind noch das kleinste Übel, bei Razzien wurden auch schon Drogen und Waffen sichergestellt. Insgesamt geht der Trend weg vom Ramschverkauf, hin zu Dienstleistungen wie Haarschnitt oder Autowäsche. Ende 2017 brannte ein Viertel des Marktes ab, befeuert durch fragwürdige Silvesterböller und gelöscht auch mit Hilfe der Feuerwehr aus dem deutschen Waldsassen.

Weitere ›Vietnamesenmärkte‹ an der bayrischen Grenze findet man am westlichen Rand von Aš (Asch) und in Svatá Kateřina (Katharinen), im Böhmerwald dann in Česká Kubice (Kubitzen) und in Strážný (Kuschwarda). An der österreichischen Grenze – bei Hatě, am Grenzübergang zu Kleinhaugsdorf – gibt es unter anderem die Excalibur City (www.excaliburcity.com), eine merkwürdige Mischung aus Schnäppchenverkauf und Erlebnispark.

Maria Loreto

Der Wallfahrtsort Maria Loreto in **Starý Hrozňatov** (Altkinsberg) ist Station des Pilgerweges Via Porta; vom Dörfchen führt eine Allee zur Kirche. Eine Beteiligung des Barockbaumeisters Christoph Dientzenhofer (1655 – 1722) wird vermutet. Unter sozialistischen Bedingungen

Eine Station am Kreuzweg

verfiel die Anlage, 1992 gründete der ehemalige Kinsberger Anton Hart einen Verein zur Wiederbelebung. 1996 wurde die Kirche neu geweiht. Sie untersteht dem Dekanat Cheb und bietet Gottesdienste auch in deutscher Sprache an.

Doubrava

Das folkloristisch interessante Örtchen Doubrava u Lipové (Taubrath) besitzt mit dem Taubrather Berg (Doubravský vrch, 534 m) die höchste Erhebung im Egerbecken. Die Egerländer Fachwerkbauweise, die man hier besonders schön studieren kann, zeichnet sich durch eine üppige Rautenmusterung aus. Das Erdgeschoss besteht häufig in Blockbauweise. Eines der Gehöfte betreibt ein **Privatmuseum**.

Kriegsgräberstätte

In Chebs östlichem Vorort Hradiště u Chebu (Reichersdorf) wurde von 2008 bis 2010 eine große Kriegsgräberstätte angelegt. Sie erinnert außer an deutsche Soldaten auch an weitere Kriegsopfer. Bisher wurden 6000 Tote aus ganz Tschechien hierher umgebettet. Die Initiative dazu geht auf den Volksbund Deutsche Kriegsgräberfürsorge zurück.

Cheb und Umgebung

Turistické infocentrum (am Markt), Jateční 476/2, Cheb, Tel. 420/354/440302; 9–17 Uhr. www.tic.cheb.cz

Nationales Naturreservat (Národní přírodní rezervace) Soos mit Museum, Nový Drahov, Tel. 0354/542033; Apr u. Okt. 9–16.30 Uhr, Mai–Jun u. Sept. 9–17.30 Uhr, Juli–Aug. 9–18.30 Uhr. www.kamennevrchy.cz

Cheb ist Eisenbahnknotenpunkt. Die weitesten Direktverbindungen führen bis Ostrava (370 min) und Nürnberg (110 min). Die Bahnstrecken Cheb – Chomutov – Ústí (Kursbuch 130/140) und Cheb – Plzeň – Praha (Kursbuch 170) werden im Zweistundentakt bedient. Außerdem gibt es die Provinzbahnlinie über Soos nach Luby (Kursbuch 146).

Einige Quartiere im Stadtzentrum von Cheb und viele weitere in Františkovy Lázně. Etwas außerhalb, in ruhigen Lagen, besonders zu empfehlen:

Komorní hůrka, Komorní Dvůr 45; DZ ab 80 Euro, komplette Heilkur-Woche pro Person 400 Euro. Vielseitiges Wellnesshotel 4 km nordwestlich. www.komornihurka.eu

Selský dvůr, Nový Drahov 5, Tel. 0354/542449; DZ 1100 Kč. Hübsches Bauernhof-Gelände 9 km nördlich. www.bauernhof.cz

Skanzen, Doubrava 3, Lipová u Chebu, Tel. 0354/593302; DZ 900 Kč. Bauernhof-Pension mit Privatmuseum 13 km südlich. www.skanzendoubrava.webnode.cz

Rybářská bašta, Na Hrázi 5, Tel. 0354/431951. Kleiner Campingplatz mit Badestelle und Fischrestaurant. www.rb-camping.cz

U Krále Jiřího, nám. Krále Jiřího z Poděbrad 26, Mobiltel. 0775/054183. Beliebte Gaststube am südlichen Ende des Marktes. www. ukralejiriho.cz

GalleryCoffee, nám. Krále Jiřího z Poděbrad 7, Mobiltel. 0608/677771. Moderne Kaffestube in historischem Gemäuer mit eigener Rösterei. www.gallerycoffee.cz

Stadttheater (Městské divadlo), Divadelní nám. 10, Tel. 0354/547711. www.divadlocheb.cz

Regionalmuseum (Muzeum Cheb), nám. Krále Jiřího z Poděbrad 493/4, Mobiltel. 0739/322499; Mai–Sept. Di–So 9–17 Uhr, März–Apr u. Okt.–Nov. Mi–So 9–17 Uhr, Dez.–Feb. Sa/So 9–17 Uhr, jeweils 30 min Pause ab 12.30 Uhr. Ein Bauernhof (Chebský hrázděný statek Milíkov) wird von Regionalmuseum als Filiale saniert und eröffnet 2021. www.muzeumcheb.cz

Egerer Burg (Hrad Cheb), Dobrovského 21, Mobiltel. 0602/169298; Apr.–Mai u. Sept.–Okt. Di–So 10–17 Uhr, Jun Di–So 10–18 Uhr, Juli–Aug. Mo–So 10–18 Uhr, Nov.–Feb. Sa/So 10–15 Uhr, März Sa/So 10–17 Uhr. www.hrad-cheb.cz

Franziskanerkloster (Františkánský Klášter) und Verkündigungskirche (Kostel Zvěstování Panny Marie), Františkánské nám.; Mai–Okt. Di–So 10–17 Uhr. www.hrad-cheb.cz

Klarissenkirche (Kostel svaté Kláry), Františkánské nám.; Apr.–Sept. Di–So 13–17 Uhr. www.hrad-cheb.cz

Fotogalerie G4, Františkánské nám. 30/1, Tel. 0354/422838; Di–So 10–18 Uhr. Organisiert auch das Festival Egerer Hinterhöfe (Chebské dvorky) jährlich im Juni. www.galerie4.cz

Galerie der bildenden Künste (Galerie výtvarného umění), nám. Krále Jiřího z Poděbrad 16, Tel. 0354/422450; Di–So 10–17 Uhr, Ticket gilt auch für das Retromuseum. www.gavu.cz

▶ Karte S. 254

Retromuseum, nám. Jiřího z Poděbrad 17, Tel. 0354/422450; Di–So 10–17 Uhr. Sozusagen DDR-Nostalgie, Ticket gilt auch für die Galerie der bildenden Kunst. www.retromuseum.cz

Hochseilzentrum (Lanové centrum), Koželužská 23, Mobiltel. 0777/271169, www.lccheb.cz

FKK wird an einigen Stellen der **Talsperre Gaßnitz** (vodní nádrž Jesenice) toleriert.

Asia Dragon Bazar, Svatý Kříž 281; 8-21 Uhr. www.asiadragonbazar-cheb.cz

Töpferhof Werner, Nový Drahov 1, Mobiltel. 0603/113380. www.hrncirsky-swing.cz

Von Kynšperk nad Ohří nach Loket

Hans Heiling spazierte am Egerstrand,
Da zischt's, es brausen die Wellen.
Empor steigt die Nixe und reicht dieHand
Dem Hans, dem schmucken Gesellen.

Eduard Dietrich (1860 - 1947)

Kynšperk nad Ohří

In Kynšperk nad Ohří (Königsberg) hat der Fluss Ohře (Eger) von seiner Quelle etwa 100 Kilometer zurückgelegt. Die Stadt besitzt die älteste erhaltene Gründungsurkunde einer Siedlung in Böhmen. Diese wurde 1232 von König Wenzel I. Přemysl (Václav I. Jednooký) unterzeichnet. Kynšperk bietet seinen Besuchern unter anderen eine dominierende **Barockkirche** im Zentrum (Kostel Nanebevzetí Panny Marie), eine mittelgroße **Brauerei** mit manchmal von Busgruppen überlaufenem Restaurant (www.pivovar-kynsperk.cz), eine überdachte **Holzbrücke** über die Eger (Krytá lávka) und Reste eines **jüdischen Friedhofes** (Židovský hřbitov).

Die **Burg Hartenberg** (Hřebeny) gehört zu den ältesten Festungen im Grenzraum, seit 1995 entwickelt sich die Burgruine schrittweise wieder zu einem lokalen Kulturzentrum. Johann Wolfgang von Goethe feierte hier auf Einladung des Burggrafen Josef Karl Auersperg (1767 - 1829) ausgiebig seinen 72. Geburtstag, später kehrte er noch mehrmals wieder. Zu dieser Zeit besaß die Burg eine berühmte Bibliothek und große Sammlungen, einen Park mit Glashäusern und ein Theater.

Sokolov und Umgebung

Sokolov (Falkenau) ist die größte Stadt zwischen Cheb (Eger) und Karlovy Vary (Karlsbad). Durch den Tagebau hat sie recht ordentliche Steuereinnahmen. An ihrem Westrand gibt es ein **Schloss** mit Schlosspark und ein **Kapuzinerkloster**. Die Burg aus dem 13. Jahrhundert wird nach vielen Umbauten als klassizistisches Schloss bezeichnet. Es beherbergt das **Bezirksmuseum** und die Stadtbibliothek. Zuletzt wurde das Museum durch Exponate zur Adelsfamilie Nostitz (Schlossherren 1622 - 1945) und zum jüdischen Ghetto-Maler David Friedmann (1893–

Die Eger in nördlichen Kaiserwald

Der frühere Gutshof Bernard

1980) ergänzt: 2006 schenkten Friedmanns Erben dem Museum 55 Arbeiten. Die Klosterkirche aus dem 17. Jahrhundert dient als Konzertsaal und Galerie (www.klaster-sokolov.blogspot.com).

Zu einem Ausflugsziel südöstlich von Sokolov entwickelte sich in den letzten Jahren der Berg **Chrudim** (Krudum, 838 m) bei Hrušková (Birndorf). 2002 waren die Reste der sagenumwobenen Nikolauskirche (Kostel svatého Mikuláše) wiederentdeckt worden, schriftliche Hinweise auf ihre Existenz stammten aus den Jahren von 1246 bis 1525. Ein spitzer Aussichtsturm wurde 2008 auf dem Chrudim eingeweiht. Pingen und Seifen an den Hängen zeugen von früherer Goldwäsche.

Nördlich von Sokolov befinden sich die aktiven **Braunkohletagebaue Jiří** und **Družba** mit einer jährlichen Ausbeute von acht beziehungsweise zwei Millionen Tonnen Kohle. Ab dem beschlossenen Betriebsende 2038 ist die Flutung zu einem gemeinsamen See geplant.

Zu Sokolovs Vorort Královské Poříčí (Königswerth) gehört dicht neben einem Tagebau der **Gutshof** (Statek) **Bernard**. Die Gemeinde kaufte das verfallene Anwesen zu einem symbolischen Preis und ließ es mit EU-Geldern aufwendig sanieren. Daraus entwickelte sich eine richtige Multifunktionsanlage aus Restaurant und Herberge, Handwerks- und Landwirtschaftsausstellung, Haustierhaltung, Werkstätten, die auch kurze Mitmachkurse anbieten, und dem schon für kleinere Kinder geeigneten interaktiven Bildungszentrum zum Fluss Eger. In der Praxis funktionieren aber nicht alle Komponenten dieses Gutshofs täglich. Insgesamt stellt er mehr ein Naherholungsgebiet für die Bevölkerung Sokolovs als eine Attraktion für ausländische Touristen dar.

Loket

Die kleine barocke **Altstadt** von Loket (Elbogen) über einer Felswand ist wahrscheinlich die malerischste am Egerlauf. Sie erhebt sich auf einer vom Fluss gebildeten Halbinsel. Für Karlsbader Kurgäste stellt Loket ein schnell erreichbares Ausflugsziel (Bahnhof Loket předměstí, 35 min, 1x Umsteigen) dar.

Hauptattraktion ist die **Burg**. Die ältesten Mauerreste werden auf das 12. Jahrhundert datiert. Der spätere Kaiser Karl IV. (1316 - 1378) wurde als Kind hier gefangen gehalten, dennoch besuchte er die Stadt als Erwachsener gern. Nach den

▲ Karte: vordere Umschlagklappe

Dreißigjährigen Krieg diente das exponierte Gemäuer lange nur als Lagerhaus und Staatsgefängnis, 1992 kam die Burg in den Stadtbesitz. 2006 wurden auf dem Marktplatz Szenen für den James-Bond-Film ›Casino Royale‹ gedreht. Im **Amphitheater** am Fluss finden jährlich etwa 20 hochkarätige Veranstaltungen statt.

Waldwanderrunde an der Eger zwischen Loket und Hans-Heiling-Felsen

Start und Ziel: Loket
Länge: 13 km (ohne Aussichtsfelsen).

Zwischen Loket und Karlovy Vary schuf sich die Eger im nördlichen Kaiserwald (Slavkovský les) einen hübschen Canyon mit phantasieanregenden Felsgebilden. Die einzige Barriere auf dem ebenen Uferweg bildet eine schmale Hängebrücke etwa auf halber Strecke. Schöner jedoch ist die Kombination der halben Strecke von Loket aus mit einem Weg durch die Felsen am anderen Ufer. Als Parkplätze für eine solche Runde bieten sich ein Kanutencampingplatz (www.vodacketaboristeloket.cz) oder ein Reiterhof (www.farma-hory.cz) an.

Beginnen kann man beispielsweise in Loket am Abzweig der Straße Tovární von der Rooseveltova. An dieser Stelle winden sich übrigens zwei **Efeustämme** zwölf Meter an Felsen aufwärts. Den Gipfelpunkt darüber markiert der **Spitzige Stein** (Špičatý kámen, 420 m). Dessen Gipfelkreuz ist allerdings nicht per Wanderweg zu erreichen. Wenige Meter flussabwärts führt am rechten Ufer ein Weg dann rechtwinklig zur Eger in den Wald. Der Höhenunterschied beträgt dabei etwa 300 Meter (Scheitelpunkt auf 602 Metern). An der Kreuzung (Na Kozích hřbetech) folgt man den Schildern zu den **Hans-Heiling-Felsen** (Svatošské skály). Nach sechs Kilometern ist in einem Bogen wieder das Ufer erreicht. Die Sage interpretiert die Felsen als einen zu Stein erstarrten Brautzug. Man kann einzelne Figuren – etwa Ministranten, Brautpaar, Musikanten, Schwiegermutter – gut erkennen. Sie bestehen aus bis zu 50 Meter hohen Gebilden aus Elbogener Granit (porphyrischer biotischer Granit mit großen Orthoklas-Kristallen). Außerdem bietet die Lokalität alte Bäume und seltene Pflanzen. Der Erdgeist Hans Heiling (Jan Svatoš) liebte eine Sterbliche. Diese wollte aber einen anderen heiraten. Es gibt verschiedene Versionen dieser Legende. Die bekannteste literarische Bearbeitung entstand 1811 durch Theodor Körner, Heinrich Marschner machte daraus 1833 die vielleicht wichtigste deutsche Oper zwischen Carl Maria von Weber und Richard Wagner. Das Libretto von Eduard Devrient spielt im 14. Jahrhundert. Es gibt zahlreiche weitere Bearbeitungen bis hin zu Parodien.

Nach einer entsprechenden Rast geht es über die besagte Holzbrücke am Uferweg zurück, an sonnigen Tagen herrscht hier reger Radverkehr. Zusätzlich könnte man einen lohnenswerten Abstecher von etwa 80 Metern Höhenunterschied auf den **Aussichtsfelsen Wildenau** (Jeskynní vyhlídka, 487 m) machen. Einige wenige Meter vor dem Holzkreuz auf dem Felsen sind mit einer Haltekette gesichert. Der herrliche Rundblick ist nahezu frei von Anzeichen der Zivilisation.

Von Kynšperk nad Ohří nach Loket

Infocentrum, Masaryka 12/72, Loket, 0352/684123; 10–17 Uhr, Jan.–März nur Di–Sa. www.loket.cz und www.infocentrumloket.cz

Einen Überblick über Freizeitmöglichkeiten in Sokolov gibt www.kamposokolovsku.cz

Bahnstrecke Zwickau–Sokolov (Kursbuch D 539, CZ 145) mit Halt u. a. in Schöneck, Klingenthal, Kraslice und Rotava.

Bahnstrecke Cheb – Chomutov – Ústí (Kursbuch 130/140) mit Halt u. a. in Kynšperk, Sokolov, Ostrov und Klášterec, im Zweistundentakt, in Nové Sedlo u Lokte Anschluss nach Loket.

Autofahrer parken für einen Besuch in Loket am besten vor der Brücke Silniční most, von hier sind es 400 m zum Altmarkt.

Bernard, Šachetní 135, Královské Poříčí, Tel. 0352/629722; DZ ab 970 Kč (Gutshof s. o.). www.statek-bernard.cz

Zámek Mostov, Cheb-Mostov, 0354/400450; DZ 1900 Kč. Plüschiges Schlosshotel an der Eger westlich von Kynšperk. www.mostov.cz

Svatý Florián, Masaryka 70, Loket, Tel. 0352/327100; DZ 1850 Kč. Hotel mit Minibrauerei in malerischer Lage. www.hotel-loket.cz

Lazy River Hostel, Kostelní 61/18, Loket, Mobiltel. 0602/946047; Schlafplatz ab 300 Kč. Einfaches Quartier mit Fahrrad- und Kanuverleih. www.lazyriverhostel.cz

Farma Hory, Hory 105, Mobiltel. 0725/807611; DZ ab 800 Kč. Reiterhof mit Quartieren. www.farma-hory.cz

Permon, Komenského 77, Sokolov, Tel. 0359/888888. Minibrauerei am Kloster. www.pivopermon.cz

Lovecká chata, Hrušková 68, Vítkov, Tel. 0352/693210, ohne eigene Homepage. Jagdhausrestaurant im Alpenstil.

Bezirksmuseum (Krajské muzeum), Zámecká 1, Sokolov, Tel. 0352/324021; Mi–So 9–12 u. 13–16 Uhr. www.omks.cz

Zentrum und Museum des Traditionellen Handwerks (Centrum tradičních řemesel) im Gutshof Bernard, Tel. 0352/629722; Mai–Aug. Di–So 10–18 Uhr.

Interaktives Bildungszentrum zum Fluss Eger (Centrum řeky Ohře) im Gutshof Bernard, Tel. 0352/929722; Apr.–Dez. Di–So 10–18, Jan.–März Mi–So 9–17 Uhr.

Burgmuseum (Hrad), Zámecká 67, Loket, Tel. 0352/684648; 9–16 Uhr. Die Abteilung Folterkeller (Útrpné právo) ist nicht uneingeschränkt kinderkompatibel. www.hradloket.cz, www.hradloket.info

Buchbindemuseum (Expozice knižní vazby), Masaryka 1, Loket, Tel. 0352/684229; Di–Do 12–17, Fr–Mo 10–17 Uhr. www.mkloket.cz

Schloss Stecknitz (Stekník), Zálužice, Mobiltel. 0723/086011; Schloss mit italienischen Gartenterassen 10–16.30 Uhr, Apr. u. Okt. Sa/So, Mai u. Sept. Do–So, Juni–Aug. Di–So; Kapelle und Obergeschoss nur mit Führung. www.zamek-steknik.cz

Hieronymusschacht (Prohlídková štola Důl Jeroným), Podstrání 13, Rovná, Mobiltel. 0736/202710; Führungen (Mindestalter 5 Jahre) Mai–Okt. 10–16 Uhr stündlich. www.omks.cz

Burgruine Hartenberg mit verschiedenen Veranstaltungen, Josefov-Hřebeny, Mobiltel. 0607/649997. www.hartenberg.cz

Amfiteátr, Zámecká 10/67, Loket. Überregional bekannte Freiluftbühne mit 1600 Plätzen. www.vlny-musicag.cz

Anlegestelle (Lodní doprava) unter der Masaryk-Brücke, Mai, Juni u. Sept. Sa/So 11–17 Uhr, Juli/Aug. Di, Mi, Fr–So 13–17 Uhr. 25 min Schiffchenfahrt vor dem Stadtpanorama von Loket. www.autobusy-kv.cz/doprava-lodni-doprava.html

Hochseilgarten (Lanový park), Masaryka 99, Loket, Mobiltel. 0775/210751. www.lanopark.cz

Přírodní koupaliště Michal, Jednoty 1628, Sokolov, Mobiltel. 0724/606860; Juni–Sept. 9.30–19.30 Uhr. Bewirtschafteter Badeteich neben der Autobahn mit einer 190 Meter langen Wasserrutsche und Minigolf. www.michal-sokolov.cz

▶ Karte: vordere Umschlagklappe

Nordböhmisches Becken (CZ)

Mag es zwischen Chomutov (Komotau) und Teplice (Teplitz) auch Kulturdenkmale und Badeseen geben, so macht die Region insgesamt doch keinen einladenden Eindruck; hier wird wohl niemand seinen Jahresurlaub verbringen wollen. Aber manches lohnt einen Besuch durchaus, und es soll ja Fotografen geben, die von Verfall und Melancholie besonders fasziniert sind. Unter diesem Aspekt ist beispielsweise der Blick vom Barockschloss Eisenberg auf die Kraterlandschaft oder von den Kratern auf das Schloss am Gebirgshang - ein außergewöhnlich reizvoller Kontrast - zu empfehlen.

Das Nordböhmische Becken (Mostecká pánev) schließt nordöstlich an den Egergraben (Oherský příkop) an. Früher war es eine fruchtbare und wasserreiche Gegend. Um das Jahr 1900 begann der Abbau von Braunkohle in Tagebauen, Kraftwerke und Industriekomplexe siedelten sich in der Folge ringsum an. Dem Tagebau mussten über 100 Ortschaften weichen, und die Emissionen von Industrieanlagen und Kraftwerken führten unter anderem zum Waldsterben am Erzgebirgskamm. Václav Havel (1936 - 2011) bezeichnete das Resultat 1982 als »irgendetwas zwischen Mond und Müllhalde«. Zu den wichtigsten aktiven Tagebauen zählt die Grube Nástup-Tušimice bei Chomutov, wo jährlich etwa 13 Millionen Tonnen Kohle gefördert werden. Sie befindet sich im Eigentum von Severočeské doly, dessen größter Kunde wiederum der größte Stromproduzent Mittel und Osteuropas ist, ČEZ (České energetické závody). Severočeské doly betreibt ebenfalls die Grube Bílina mit etwa 8 Millionen Tonnen geförderter Kohle jährlich, bei Most fördert Vršanská uhelná in den Gruben Vršany und Jan Šverma etwa 7 Millionen Tonnen Kohle jährlich. Die Grube ČSA (Lom Československé armády) mit derzeit deutlich sinkender Ausbeute gehört der Gesellschaft Czech Coal. Eine Abbaggerung von Černice und Horní Jiřetín würde weitere Lagerstätten erschließen.

Eine Geruchsbelästigung durch die Industrieanlagen Nordböhmens kann je nach Wetter und Windrichtung bis nach Deutschland wahrgenommen werden, glücklicherweise ist das nur noch selten der Fall. Wissenschaftlich untersucht wir°d die Situation mit dem EU-Projekt OdCom, die Bürgerinitiative ›Für saubere Luft in unserem Erzgebirge‹ mischt kritisch mit. Mittel- bis langfristig könnte sich die Tagebaulandschaft des Nordböhmischen Beckens zu einer ähnlich reizvollen Seenplatte entwickeln wie die in der Umgebung Leipzigs.

Die Eger ab Kadaň

Vor Kadaň (Kaaden) verabschiedet sich die Ohře (Eger) vom Erzgebirge. Die Gegend war schon vor unserer Zeitrechnung ein Siedlungsplatz verschiedener Völker.

Blick auf Kadaň

Der hübsche Marktplatz

Kadaň

Etwas westlich den historischen Zentrums von Kadaň befindet sich das **Franziskanerkloster der Vierzehn Nothelfer**. Zu den Sponsoren gehörte das Adelsgeschlecht Lobkowitz. Die 1771 geschaffene Klosterapotheke genoss überregionalen Ruf. 1950 wurde das Kloster geschlossen, ab 1999 aber, nun als Zentrale des Stadtmuseums, der Öffentlichkeit wieder zugänglich gemacht. Eine Rückübertragung an die Franziskaner erfolgte 1991. Doch sie hatten keine Ressourcen für den Unterhalt und schlossen einen langfristigen Mietvertrag mit der Stadt ab. Ein vor Kurzem restaurierter **Kalvarienweg** aus sieben Stationen mit Sandsteinreliefs führt vom Kloster zum Nikolaustor in der Stadtmauer.

Der **Marktplatz** mit seinen erhaltenen Sakralbauten und Bürgerhäusern steht komplett unter Denkmalschutz. Einen Blickfang bildet der weiße **Rathausturm** aus dem 14. Jahrhundert mit einer Höhe von fast 54 Metern. Die Henkersgasse (Katova ulička) am Marktplatz ist nur 66 Zentimeter breit und somit die engste Straße Tschechiens. Die **Burg** aus dem 13. Jahrhundert steht auf einem Gneisfelsen neben dem Fluss, von 1750 bis 1990 diente sie als Kaserne.

Ein bekannter Sohn der Stadt war im Spätmittelalter Nikolaus von Kaaden (Mikuláš z Kadaně), der nach dem jetzigen Stand der Geschichtsforschung der Konstrukteur der Prager Rathausuhr ist. An ihn erinnern eine Gedenktafel am Kaadener Rathausturm und eine stilisierte Nachbildung der Uhr zwischen Burg und Fluss.

Die Umgebung von Kadaň

Der Hügel Burgberg (Úhošť) und der Seelauer Mäander (Želinský meandr) südlich von Kadaň stehen unter Naturschutz. Der Burgberg besitzt Steppencharakter mit dornigen Sträuchern, der Mäander ist der letzte Abschnitt am Egerfluss mit größeren Felshängen.

Zu Kadaň gehört **Prunéřov (Brunnersdorf)** mit den Braunkohlekraftwerken EPRU I (1967 errichtet) und EPRU II (1982), die zusammen mit über neun Gigawattstunden jährlich das größte Kraftwerk Tschechiens darstellen. Das Braunkohlekraftwerk ETU II (1974) südlich davon liegt im schon zur Stadt Cho-

▶ Karte: hintere Umschlagklappe

mutov (Komotau) zählenden Tušimice (Tuschmitz). Die Gegend stellt das energetische Herz Tschechiens dar – unübersehbar an den Hochspannungsleitungen, in die es eingesponnen scheint.

An der Eger flussabwärts

Unterhalb des **Stausees Nechranická přehrada** (Negranitz) verliert sich die landschaftliche Schönheit des Flusstals etwas. Der mit 3280 Metern längste Staudamm Mitteleuropas entstand von 1962 bis 1968. Über die neun Meter breite Dammkrone führt eine Nebenstraße.

Hinter dem Stausee geht es in durchaus noch einigen hübschen Mäandern anschließend zwischen ebenen Agrarflächen entlang. Im Regenschatten des Erzgebirges liegt die Niederschlagsmenge nur bei 300 bis 500 Millimetern jährlich.

Einige Orte am Unterlauf besitzen allerdings eine interessante Geschichte. Dazu gehören: **Žatec** (Saaz) mit großen Hopfenfeldern und Sakralbauten verschiedener Religionen; **Postoloprty** (Postelberg), das vom 3. bis zum 7. Juni 1945 Schauplatz eines Massakers an über 750 deutschstämmigen Männern war (→ S. 49; der **Kreuzberg** (Březenský vrch) mit paläontologischen und stratigraphischen Besonderheiten aus der Kreidezeit; das archäologische **Freilichtmuseum** in **Březno u Loun** (Priesen); **Louny** (Laun) mit einer weitgehend erhaltenen Stadtmauer, markanten Kirchen und jüdischen Denkmalen; **Schloss Libochovice** (Libochowitz) mit Park; **Budyně nad Ohří** (Budin) mit seiner Wasserburg; das **Prämonstratenserkloster Doksany** (Doxan).

Schließlich erreicht man die ehemalige Garnisionsstadt **Terezín** (Theresienstadt), die vor allem durch das einzige Konzentrationslager auf dem Gebiet der Tschechoslowakei bekannt wurde, und zuletzt dann **Litoměřice** (Leitmeritz) mit seinem Stephansdom.

Die Eger ab Kadaň

Turistické informační centrum, Švermy 7, Kadaň, 0474/319550; Mo–Fr 8–16 Uhr, Apr.–Okt. auch Sa/So 8.30–17 Uhr. www.mesto-kadan.eu

Městské informační centrum, Pražská 95, Louny, Tel. 0415/621102; 9–17 Uhr. www.louny.eu

An Wochenenden von April bis Oktober verkehrt täglich der historische SchienentriebwagenT6 ›Doupovská dráha‹ Podbořany – Vilémov – Kadaň, Fahrplan unter www.kr-ustecky.cz

Split, U Splitu 933, Kadaň, Tel. 0474/332041; DZ 1850–2650 Kč. Wellnesshotel am Flussufer. www.hotel-split.cz

Bílý Beránek, ČSA 27, Kadaň, Tel. 0474/343402; DZ 1290 Kč. Zentral gelegene Pension, Restaurant mit Tagesmenüs. www.bilyberanek.kadan.cz

Nový hrad, Jimlín 220, Jimlín, Tel. 0415/696216,DZ mit Whirlpool 1620 Kč. Gästezimmer in einem renovierten Renaissanceschloss unweit der Eger. www.zameknovyhrad.cz

Drei Hotels in Louny an der nördlichen Altstadtmauer:

Caramell, Mírové nám. 56, Mobiltel. 0602/741034; DZ 1590 Kč. www.caramell.cz

U Radnice, Pivovarská 575, Tel. 0415/653411; DZ ab 1450 Kč. www.hoteluradnice.cz

U Daliborky, Hilbertova 58, Mobiltel. 0776/535606; DZ 990–1890 Kč. www.udaliborky.cz

Autokemp Vikletice, Chbany, Mobiltel. 0607/574302; Mai–Sept. www.nechranice.cz

Autokemp Prunéřov, Prunéřov 838, Mobiltel. 0776/23421; Mai-Sept. www.autokemp-prunerov.cz

U Žida. Česká 182, Louny, Tel. 0415/658191. Günstige jüdische Küche. www.restauraceuzida.cz

Mlsná Koza, Dvořákova 22, Žatec, Mobiltel. 0602/111552. Kreativ gestaltete Kaffeestube. www.mlsna-koza.cz

Weingut Němeček, Čechova 330, Březno. www.vinarstvinemecek.cz

Weingut Mikulášek, Vičice 15, Březno. www.vinarstvi-mikulasek.cz

Stadtmuseum (Městské muzeum) im Franziskanerkloster (Františkánský klášter Čtrnácti svatých pomocníků), Kadaň, Mobiltel. 0602/636188; im Rahmen von Führungen zu jeder vollen Stunde Juli/Aug. Di–So 10–17 Uhr, Apr.–Juni u. Sept./Okt. Di–Fr 15–16 u. Sa/So 10–17 Uhr. Außerdem gelegentliche Sonderausstellungen in der Burg, im Rathausturm und im Nikolaustor. www.klaster-kadan.cz

Privates Hexenmuseum (Muzeum čarodějnic) Mírové nám. 185, Kadaň, Mobiltel. 0774/101127; Führungen stündlich Juni–Aug. Di–So 10–16 Uhr, Mai u. Sept. Di–Fr 13–16 und Sa/So 10–16 Uhr, Apr. u. Okt. Sa/So 13–16 Uhr. www.muzeum-carodejnic.cz

Regionalmuseum (Regionální muzeum), Husova 678, Žatec, Mobiltel. 0608/200697; Di–Fr 9–17, Sa/So 13–17 Uhr. www.muzeumzatec.cz

Museum Versteinerter Wald (Muzeum Zkamenělý les), Sladovnická 309, Louny, Tel. 0415/627940; Juni–Sept. Sa/So 12–15 Uhr. www.barokni-spital.cz

Am letzten Augustsonntag findet in Kadaň der **Kaisertag** (Císařský den) statt, ein beliebtes Volksfest mit Kostümumzug und Mittelaltermarkt. www.cisarskyden.cz

Nemocnice, Golovinova 1559, Kadaň, Tel. 0474/944111, www.nemkadan.cz

Chomutov und Umgebung

Die mit herrlichen Parkanlagen umgebenen Schlösser Eisenberg und Rothenhaus sind beide in neuester Zeit restaurirt worden; jenes gehört dem Fürsten Lobkowitz, dieses der Gräfin Trautmannsdorf.

aus Berlets Wegweiser, 1872

Mit knapp 49 000 Einwohnern belegt Chomutov (Komotau) ungefähr gleichauf mit Děčín (Tetschen) und Teplice (Teplitz) einen der Plätze drei bis fünf bei den Städten des Bezirkes Aussig (Ústecký kraj) in Nordböhmen.

Bereits um 800 soll sich hier ein Kirchlein befunden haben. 1252 schenkte der Ritter Friedrich von Komotau seinen Marktflecken dem Deutschen Ritterorden. Grausame Schicksalsschläge wie ein Massaker durch Jan Žižkas Hussiten am Palmsonntag 1421 und mehrere Pestausbrüche reduzierten die Bevölkerungszahl jeweils erheblich. Zu den berühmtesten Söhnen der Stadt zählt der Mathematikprofessor und Konstrukteur Franz Joseph Ritter von Gerstner (1756 - 1832). Im Jahr 1887 übernahmen die Brüder Max und Reinhard Mannesmann eine Metallfabrik und produzierten ab 1890 nahtlose Metallrohre, 1920 waren 3000 Arbeiter dort beschäftigt. Heute ist Chomutov eine der multikulturellsten Städte Tschechiens mit Vertretern von Minderheiten auch im Stadtrat.

Von Ostern bis Oktober betreibt die tschechische Bahn an Wochenenden mit zwei Zügen pro Richtung einen Saisonverkehr Chomutov - Vejprty - Cranzahl mit Anschluss nach Chemnitz. Der Initiative von Eisenbahnfans ist die gelegentliche Öffnung der Fahrzeugdepots in Chomutov (Železniční depozitář Chomutov,

▶ Karte: hintere Umschlagklappe

www.ntm.cz) und Křimov (Železniční muzeum Křimov, www.loko-motiv.cz) zu verdanken. Die Strecke ist ein Teil des Netzes, das die Buschtiehrader Eisenbahn zwischen 1852 und 1923 betrieb; es entstand, um die gewonnene Kohle abtransportieren zu können. Die überraschende Dimension der Bahnanlagen in Křimov zeugt von den verkehrsreichen Zeiten zwischen 1872 und 1945.

Stadtspaziergänge

Die wichtigsten Bauten befinden sich am **Ringplatz**, den einige Bürgerhäuser, teils aus der Spätgotik, säumen. Unter den Kirchen ist die frühgotische **Katharinenkirche** die älteste, die 1281 als Teil einer Burganlage des Deutschen Ordens fertiggestellt wurde. Seit 2000 ist sie nach langer Vernachlässigung wieder öffentlich als Konzert- und Ausstellungssaal zugänglich. Die Komturei der **Burg** dient seit 1607 als Rathaus. Der benachbarte **Stadtturm** wurde mehrmals umgebaut und ist von Mai bis September als Aussichtspunkt zugänglich.

Hübsche Kolonnaden prägen Chomutovs Ringplatz

Chomutov ist schon lange für großzügige Sportanlagen bekannt, das damals moderne Stadtbad (www.laznechomutov.cz) von 1980 neben der Altstadt an Stelle einer abgerissenen Kirche lockte auch viele Gäste aus der DDR an. 2012 wurde es durch eine **Badelandschaft** ersetzt, die einen Kilometer nordöstlich der Altstadt vor einem Erholungsgebiet aus mehreren Seen und einem Zoo steht. Bekanntester Bestandteil ist der 16 Hektar große **Alaunsee** (Kamencové jezero), eine verlassene Bergbaugrube füllte sich hier mit Wasser. Die Zusammensetzung (pH 3,6) mit ihrem hohem Alaungehalt ist weltweit einzigartig. Im See leben außer gelegentlichen Badegästen nur Mikroorganismen. Ein übliches Badeverhalten ist jedoch für Menschen ungefährlich. Es wird sogar von Heilwirkungen bei Atemwegserkrankungen, Akne, Gicht und Rheuma berichtet. Das ehemalige Kurhaus zum See dient der Zooverwaltung.

Der 1975 gegründete **Zoo** ist mit 112 Hektar der flächengrößte in Tschechien. Eine alte Esskastanienallee auf dem Gelände zählt 133 Bäume. Der Zoo beteiligt sich an einem Auswilderungsprogramm für dem Waldrapp und kümmert sich auch um alte Haustierrassen. Ein kleines Skulpturengelände heißt ›Friedhof der ausgerotteten Tierarten‹. 2005 bewilligte die EU Fördermittel zur Ergänzung der Badelandschaft und des Zoos mit einem kleinen **Skanzen Stará Ves** (Altes Dorf). Mehrere erhaltenswerte Beispiele der Volksarchitektur wurden aus der Umgebung hierher versetzt und rekonstruiert.

Bergwanderungen

Ein weiteres beliebtes Naherholungsgebiet ist das **Grundtal** (Bezručovo údolí, früher Hluboké údolí) entlang der Komotau (Chomutovka, am Oberlauf

Schloss Rothenhaus

Assigbach genannt). Von den ehemals drei klappenden Mühlen sind die unteren beiden heute Ausflugsrestaurants, die obere wurde 2004 abgerissen.
Am Hang des Runden Hügels (Kulatý vrch, 690 m) gibt es die hübschen **Bärenwasserfälle** (Medvědí vodopády). 6500 Hektar wurden 2002 zum **Naturpark Grundtal** (Prírodný park Bezručovo údolí) erklärt. Dieser beinhaltet fünf strengere Schutzgebiete sowie die nur mit sehr viel Phantasie erkennbaren Grundmauern der Burg Hausberg (Hausberk). In die Torfmoorgebiete Keilheide und Seeheide (Načetínské und Jezerní rašeliniště) beispielsweise ist der Zutritt verboten. 2002 wurden Laufkäfer und Ameisen wissenschaftlich untersucht, außerdem stellte man 25 Arten von Schwebfliegen fest. Die Wanderung von Chomutov am gleichnamigen Fluss bergauf nach Hora Svatého Šebestiána (Sebastiansberg, → S. 237) beziehungsweise von dort bergab überwindet auf 16 Kilometern 500 Meter Höhenunterschied.
Ein Tal weiter östlich entspringt die **Bílina** (Biela), die sich durch Städte und Tagebaugebiete windet, um in Ústí nad Labem (Aussig) direkt in die Elbe zu münden.

▲ Karte: hintere Umschlagklappe

Die kleine Siedlung **Radenov** (Rodenau) wurde in Kammnähe vom Deutschen Ritterorden angelegt. Sie war der Heimatort des deutschen Erzgebirgsmalers Gustav Zindel (1883 - 1959), der von 1929 bis 1945 im Anwesen neben seinem Elternhaus eine Gastwirtschaft und ein Atelier betrieb. Während der deutschenfeindlichen Wirren in der Tschechoslowakei bei Kriegsende sind viele von Zindels Werken verschollen.

■ Jirkov

Praktisch verwachsen mit Chomutov ist die rund 19 500 Einwohner große Stadt Jirkov (Görkau) östlich von Chomutov. Der dicke **Stadtturm** beherbergt eine Aussichtsebene und eine kleine Ausstellung, die **Kletterarena** stellt seit 2013 die größte derartige Anlage im Umfeld des Erzgebirges dar. Görkaus Hauptattraktion aber ist das renovierte **Schloss Rothenhaus** (Červený Hrádek) unmittelbar vor dem Anstieg der Erzgebirgsberge. Sein heutiges Aussehen entspricht dem Wiederaufbau der Jahre 1655 bis 1675. Seit 1996 befindet sich die Anlage im Besitz der Kommune. Der Schlosspark verfügt über einen Teich und exotische Bäume.

■ Jezeří

Abgelegen präsentiert sich **Schloss Eisenberg** (Jezeří). Die Anlage steht ebenfalls am Fuße der Berge. Der zugehörige Ort fiel allerdings einem Erdrutsch zum Opfer, und der Kohletagebau durfte sich sogar einige Meter in den Schlosspark hineinfressen. Bürgerinitiativen zur Rettung entstanden schon unter sozialistischen Verhältnissen. Seit 1988 wird Jezeří schrittweise renoviert, und man kann seit 1996 an regelmäßigen Führungen teilnehmen. 2005 verstärkte ein Sturm nochmals die Zerstörungen im Park.
Besondere Verdienste um die Rettung der Denkmäler vor dem Bergbau erwarb

Schloss Eisenberg am Rand des Kohletagebaus

sich der Statiker und Umweltaktivist Vladimir Burt, seit 2014 Bürgermeister von Horní Jiřetín (Obergeorgenthal). 2009 porträtierte der Dokumentarfilm ›Ženy SHR‹ (Coal in the Soul) zwei ehemalige Freundinnen, die gegensätzliche Meinungen zur Abbaggerung ihrer Heimat nachdrücklich vertreten. Überhaupt berichten die Medien viel, das Schoss ist ein Symbol in politischen Diskussionen Tschechiens. Erster Bau war eine gotische Burg im 14. Jahrhundert. Der barocke Ausbau begann unter Ferdinand Wilhelm von Lobkowitz (1647 - 1708) nach Plänen von Giovanni Battista Alliprandi (1665 - 1720). Eisenberg beeinflusste zu seiner Blütezeit vor allem unter Franz Joseph Maximilian von Lobkowitz (1772 - 1816, → Extra S. 257) die Architektur und die Musik Mitteleuropas. Hier lebten zeitweise die Komponisten Christoph Willibald Gluck (1714 - 1787) und Antonio Casimir Cartellieri (1772 - 1807) sowie Antonín Dvořáks erster Musiklehrer Joseph Spitz. Johann Wolfgang von Goethe lobte das Anwesen. Der **Park** wurde ab 1820 bereits unter forstwissenschaftlichen Gesichtspunkten gestaltet.

Im umgebenden **Wald** gibt es noch einige Kleinigkeiten zu entdecken, beispielsweise ein nie fertiggestelltes Mausoleum derer von Lobkowitz. Für eine 300 Jahre alte Ruine sehen die Mauern noch recht gut aus, man sollte sich nur vor dem dort spukendem schwarzen Hirsch mit riesigem Geweih in Acht nehmen.

Chomutov und Umgebung

Městské informační centrum (zwischen Markt und südwestlicher Stadtmauer), U Městských mlýnů 5885, Chomutov, kostenlose Hotline 0800/100473; Mo–Fr 8–17 Uhr, www.echomutov.cz und www.chomutov-mesto.cz

Informační centrum (neben dem Stadtturm), Kostelní 47, Jirkov, Tel. 0474/654265; Mai–Sept. Di–So 10–16.30, Okt.–Apr. Mo–Fr 8–16.30 Uhr. www.jirkov.cz

Chomutov ist Eisenbahnknotenpunkt. Es gibt einige **Direktverbindungen mit Prag** (135 min, Kursbuch 120/124), die Verbindung nach Vejprty (Kursbuch 137) funktionierte aber in den letzten Jahren nur noch an Sommerwochenenden.

Bahnstrecke Cheb – Chomutov – Ústí (Kursbuch 130/140) mit Halt u. a. in Kynšperk, Sokolov, Ostrov, Klášterec, Most, Bílina, Duchcov, Teplice, Bohosudov.

Die **internationale Buslinie 588** (www.vms.de) verbindet seit 2020 Marienberg und Chomutov.

Červený Hrádek, Jirkov, Tel. 0474/684560; DZ 1575–2900 Kč. Plüschiges Schlosshotel. www.zamek-cerveny-hradek.cz
Partyzán, Na Vyhlidce, Chomutov, 0474/341229; DZ ab 1450 Kč. Einsam auf einem bewaldeten Hügel, grüner geht's am Stadtrand nicht. www.hotelpartyzan.cz
U Dvou Medvídků, Revoluční 32/8, Chomutov, Tel. 0474/652817; DZ ab 1380 Kč. Historisches Gemäuer im Zentrum. www.udvoumedvidku.cz
U Štěpána, Blatno 5, Chomutov-Blatno, Mobiltel. 0603/426204; DZ ab 850 Kč. Neue familiengeführte Pension im ersten Bergdorf. www.penzion-blatno.cz

Autocamping am Alaunsee (s.u.) mit Stellplätzen und Ferienhütten; Mai–Sept.

Stadtturm Komotau (Městská věž), nám. 1. Máje 3, Tel. 0474/619331; Mai–Sept. Di–Sa 9–17 Uhr. www.skkz.cz
Bezirksmuseum (Oblastní muzeum), Palackého 86, Chomutov, Tel. 474/651251, www.muzeum-cv.net, in zwei benachbarten Gebäuden:
- **Rathaus**; Di–Fr 10–17, Sa 9–14 Uhr, Juli–Aug. auch So 14–17 Uhr, Dez. auch So 13–17 Uhr.
- **Jesuitengymnasium**; Di–Fr 9–17 Uhr, Apr.–Okt. auch Sa 9–14 Uhr.

Daneben betreibt die **Stadtgalerie** (Městská galerie) die zwei Ausstellungsgebäude Špejchar und Lurago, Palackého 85, Tel. 0474/619332; Mo–Fr 9–17, Sa 9–12 Uhr. www.skks.cz
Stadtturm Görkau (Městská věž), Kostelní 47, Jirkov, Tel. 0474/654265; Mai–Sept. Di–So 10–16 Uhr. www.jirkov.cz
Schoss Rothenhaus (Červený Hrádek), Jirkov, Tel. 0474/684560; Führungen Apr.–Okt. Di–So 10–17 Uhr. www.zamek-cerveny-hradek.cz
Schloss Eisenberg (Jezeří), Horní Jiřetín, Mobiltel. 0602/626430; Führungen Apr. u. Okt. Sa/So 10–15 Uhr, Mai–Sept. Di–So 10–17 Uhr. www.zamek-jezeri.cz

Zoo mit Skansen (Podkrušnohorský zoopark), Přemyslova 259, Chomutov, Tel. 474/629917; Juni–Aug. 9–18 Uhr, Nov.–Feb. 9–16 Uhr, März–Apr u. Sept.–Okt. 9–17 Uhr, Skansenführungen 10, 12, 14 u. 16 Uhr. www.zoopark.cz

Stadttheater (Městské divadlo), Němcové 552/32, Chomutov, Tel. 0474/620801. www.kultura-sport.cz
Beliebt ist das **Krippenspiel** (živý betlém) von Červený Hrádek, das Rahmenprogramm am Schloss beginnt am Heiligabend bereits 11 Uhr.

Skatepark, Kamenný vrch 5347, Chomutov, Mobiltel. 0737/581858; Mo–Fr 15–20, Sa/So 13–20 Uhr. www.skateparkz.com
Aquasvět, Mostecká 5887, Chomutov, Tel. 0474/651154; Mo 13–21, Di–So 9–21 Uhr. Modernes Hallenbad vor dem Zoo. www.kultura-sport.cz
Kletterhalle (Lezecká aréna) mit Kaffeestube, Kletterausstattungsverleih (auch außer Haus) und -verkauf, Ervěnická 1147, Jirkov, Mobiltel. 0727/815591; Mo–Fr 16–22, Sa 12–22, So 10–20 Uhr. www.lezecka-arena.cz
Bungee-Jumping von einer Straßenbrücke bei Chomutov (62 m Höhe). www.bungee-jumping-chomutov.cz

Alaunsee (Kamencové jezero) mit Badestelle, Minigolf und Bootsverleih, hundefrei, Tomáše ze Štítného, Chomutov, Mobiltel. 0777/187843; Mai–Sept. 9–19 Uhr. www.kamencovejezero.cz

▸ Karte: hintere Umschlagklappe

Most und Litvínov

Die Straße von Teplitz nach Karlsbad führt über eine Länge von 40 Meilen ohne Unterbrechung durch ausgedehnte Getreidefelder. Es ist der reichste und fruchtbarste Teil dieses Königreiches.

Charles Sealsfield (1793 - 1864)

Einst befand sich zwischen Most und Litvínov der fischreiche Kommerner See, an dessen Ufern schon vor Jahrtausenden Menschen siedelten. Allmählich verlandete der ursprünglich größte böhmische See, und ab 1830 ließ Ferdinand Joseph von Lobkowitz (1797 - 1868) das Areal trockenlegen, um Ackerland zu gewinnen. Im 20. Jahrhundert prägten riesige Tagebaugruben die Landschaft, und in diese kehrt das Wasser nun zurück.
Seit 1901 verbindet eine 18 Kilometer lange Straßenbahnlinie die alte Bergstadt Most (Brüx) über Záluží (Maltheuern, → S. 275) mit Litvínov (Leutensdorf). Dieser Name hat nichts mit dem Sowjetpolitiker Maxim Litvinov zu tun, sondern ist schon ab dem 14. Jahrhundert belegt. 1852 wurde der Markt Oberleutensdorf (Horní Litvínov) zur Stadt erhoben, Niederleutensdorf (Dolní Litvínov) dagegen bis 1959 im Zuge des Kohleabbaus nahezu liquidiert. Das Gebiet war während der NS-Zeit ein bedeutendes Industrierevier, zu den ›Reichswerken Hermann Göring‹ gehörten die ›Sudetenländische Bergbau AG‹ mit Sitz in Brüx und die ›Sudetenländische Treibstoffwerke AG‹ mit Sitz in Oberleutensdorf.
Als Folge vieler Umstrukturierungen seit 1990 gibt es in der Region eine hohe Arbeitslosigkeit.

Most

Das heutige Most (Brüx, tschechisch most=Brücke) wurde im 13. Jahrhundert vom Geschlecht Hrabischitz angelegt und entwickelte sich bald zu einer reichen Königsstadt mit Weinbergen, nach dem Dreißigjährigen Krieg verringerte sich allerdings seine wirtschaftliche und politische Bedeutung. Zwischen 1895 und 1897 wurden Tausende Bewohner durch Erdrutsche obdachlos. 1964 beschloss die sozialistische Regierung zwecks Braunkohlegewinnung den nahezu kompletten Abriss der Stadt. Ihn überstanden nur die Kirche, da sie verschoben wurde, und der weithin sichtbare Brüxer Schlossberg (Hněvín, 399 m) mit wenigen angrenzenden Straßenabschnitten. Beispielsweise befinden sich Reste eines jüdischen Friedhofes an der Straßenecke zwischen Na Novém světě und Pod Hněvínem. Das historische Gebäude des Theaters diente seinem Zweck bis 1979 und wurde 1982 als nahezu letzter Bau im alten Zentrum abgerissen. Das neue **Theater** des Architekten Ivo Klimeš öffnete 1985. Heute ist Brüx mit knapp 67 000 Einwohnern das zweitgrößte Zentrum des nordböhmischen Bezirkes Aussig (Ústecký kraj).
Die **Burg Landeswarte** auf dem steilen Schlossberg selbst hat ihre Ursprünge im 12. Jahrhundert. Sie wurde trotz mancher Belagerungen und Stadtverwüstungen nie militärisch erobert, 1646 schafften es die Schweden aber durch eine List. Im Zuge romantischer Strömungen des 19. Jahrhunderts erfolgte ein Neuaufbau der damals verfallenen Burg mit wenig Rücksicht auf die vorhandene Architektur. Der Burgkomplex bietet heutigen Besuchern Aussichtsturm und Sternwarte sowie Hotel und Restaurant, der kleine kostenlose Parkplatz oben stößt bei schönem Wetter schnell an seine Grenzen. Vermutlich auch deshalb ist die Zufahrt nicht ausgeschildert. Selbst bei verschlossenem Turm addieren sich drei Standorte zu einem kompletten und erstaunlich grünem Rundblick in die Bergbaufolgelandschaft: Vom Parkplatz aus

Um mehr als 800 Meter verschoben: die Dekanatskirche Maria Himmelfahrt

sieht man den südlichen Halbkreis mit der Stadt, vom Turmsockel blickt man über den Tagebausee Mostecké jezero nordostwärts und von einem einfachen Pavillon nordwestwärts.

Südöstlich am Fuße des Schlossberges lädt das **Bezirksmuseum** mit drei Dauerausstellungen (Durch Nordwestböhmens Hain und Flur, Baronin Ulrike von Levetzow, Das Leben der Bevölkerung im Erzgebirge) und gelegentlichen Sonderausstellungen zum Besuch ein. Die Exponate sind sehenswert, wenn auch nicht weltbewegend. Eine überdurchschnittliche Rolle spielte jedoch das Personal unter der bewährten Direktorin Libuše Pokorná (1946 - 2014) bei wegweisenden Projekten der Geschichtsforschung und -aufarbeitung, teilweise in Zusammenarbeit mit deutschen Partnern.

Spektakulärstes Detail der Stadtverlagerung war die Versetzung der **Dekanatskirche Maria Himmelfahrt** (Kostel Nanebevzetí Panny Marie). Sie ist eine spätgotische Hallenkirche in süddeutschem Stil, 14 achteckige Pfeiler tragen ein einzigartiges Schleifensterngewölbe. Der historische Bau wurde von seinem Fundament abgesägt und in ein Stahlkorsett gepackt. 1975 legte die Kirche über eine Walzenkonstruktion in 24 Tagen 841 Meter zurück. Das Guinness-Buch der Rekorde nennt dies die schwerste Fracht auf Schienen, Kirchturm und Inneneinrichtung wurden in zerlegtem Zustand transportiert. Die Kirche steht jetzt etwa einen halben Kilometer südöstlich des Schlossberges.

Der erwähnte **Tagebausee Mostecké jezero** ist 75 Meter tief und erstreckt sich etwa dort, wo sich früher die Brüxer Altstadt befand. Die zum Abriss vorgesehenen Straßenzüge dienten als Kulisse für den 1969 erschienen Hollywood-Kriegsfilm ›The Bridge at Remagen‹. In einigen Kampfszenen ist zu sehen, wie ganze Häuserzeilen zusammenfallen. Die Flutung erfolgte von 2008 bis 2014.

Das Hospital am westlichen Stadtrand von Brüx diente als Vorbild für die sehr populäre tschechische Fernsehserie ›Das Krankenhaus am Rande der Stadt‹ (Nemocnice na kraji města), deren 20 Folgen (1978 - 1981) in 21 Ländern ausgestrahlt und auch deutsch synchronisiert worden. Am östlichen Stadtrand befindet sich die Roma-Siedlung Obrnice-Chanov (Obernitz-Khan). Die Kommunalpolitik engagiert sich stärker als anderswo in Tschechien für ein friedliches Miteinander unter menschenwürdigen Bedingungen.

Litvínov

Zwischen 1398 und 1459 gehörte die von Slawen besiedelte Gegend den Meißner Markgrafen, 1589 übernahm das Adelsgeschlecht Lobkowitz und 1642 das Adelsgeschlecht Waldstein. Unter Johann Josef von Waldstein (1684 - 1731) entstand die erste Tuchfabrik Böhmens, und seitdem blieb die Textilindustrie ein wichtiger Wirtschaftspfeiler. Statistiken nennen beispielsweise 220 Webstühle für das Jahr 1763.

▲ Karte: hintere Umschlagklappe

Das nach seiner Renovierung von 2013 bis 2015 wohl schönste historische Gebäude Litvínovs (Leutendorfs) ist das **Barockschloss** der Waldsteins mitsamt acht Hektar Park im Stadtzentrum. Es wurde zwischen 1732 und 1743 errichtet. Seine Räume dienen heute der Stadt für administrative und kulturelle Funktionen, unter anderen für touristische Informationen und für temporäre Ausstellungen. Läuft man vom Schloss längs über den Marktplatz, so trifft man auf die **Michaelskirche** und dahinter auf das historische **Rathaus**.

Am nordöstlichen Stadtrand steht das **Kollektivhaus Koldům**, ein interessantes Architekturbeispiel der tschechischen Nachkriegsmoderne mit Bezügen auf Le Corbusier. Der 1950 bezugsfertige Komplex sollte Plattenbau-Wohnungen sehr eng mit verschiedenen Lebensbereichen verzahnen, von einer preiswerten Gemeinschaftsverpflegung bis beispielsweise zu Kindergarten und Schwimmbad.

Litvínov hat mit dem HC Verva Litvínov einen der erfolgreichsten tschechischen Eishockeyvereine, die Herrenmannschaft wurde 2015 Landesmeister.

Bergwanderungen

Schöne Wanderwege gibt es rund um Meziboří (Schönbach). Ein Rundweg von 13 Kilometern Länge mit 17 Informationstafeln ist der am Stadion beginnende **Zimmermannsweg** (Tesařova cesta). In entgegengesetzter Richtung kommt man nach 4,5 Kilometern zum **Wieselstein** (Loučná, 956 m). Hinter dem höchsten Berg des Osterzgebirges beginnt die Gemeinde Český Jiřetín (Georgendorf, → S. 243).

Die am Erzgebirgshang liegenden **Trinkwassertalsperren** Vodní nádrž Janov bei Janov (Johnsdorf) und Vodní nádrž Kamenička bei Bečov (Petsch) sind über 100 Jahre alt. Auch wegen ihrer Staumauern nach dem Intze-Prinzip wurden sie zu technischen Denkmälern erklärt.

Záluží

Ein zentraler Ort, an dem die Naturzerstörungen in Nordböhmen beispielhaft deutlich werden, ist Záluží (Maltheuern), zwischen Most und Litvínov gelegen. Er soll hier nicht verschwiegen werden, schließlich ist er von vielen Erhebungen der Landschaft aus deutlich

Das Kollektivhaus Koldům

sichtbar. Dort steht heute die größte Erdölraffinerie Tschechiens. Inzwischen gehört der Unipetrol Chempark Záluží (www.unipetrolrpa.cz) zum polnischen Konzern PKN Orlen.
1939, während der NS-Herrschaft, erfolgte der feierliche Spatenstich für das Hydrierwerk Maltheuern, in dem synthetisches Benzin aus Braunkohle gewonnen werden sollte. In der Nähe waren Zwangsarbeiter in Dutzenden Lagern interniert. 1943 wurden 335 000 Tonnen Benzin synthetisiert, 15 Bombenangriffe zwischen Mai 1944 und März 1945 beschädigten die Produktionsanlagen erheblich. Die Tschechoslowakei stellte Standort und Sortiment nie prinzipiell in Frage, seit Eröffnung der Erdölleitung ›Freundschaft‹ 1965 wurde hier russisches Erdöl raffiniert, die Braunkohlehydrierung 1972 eingestellt. 1975 war Zálužís Wohnbevölkerung komplett ausgesiedelt. 1974 ereignete sich hier der größte Chemieunfall der Tschechoslowakei, der Feuerball einer Gasexplosion umfasste knapp vier Hektar. Im Umkreis von acht Kilometern wurden Gebäude beschädigt, es gab 17 Tote und zahlreiche Verletzte. 2015 und 2017 kam es erneut zu Großbränden.

Im Osten des Industriekomplexes bietet das **Technikmuseum des Erzgebirgsvorlandes** eine Kombination aus Schaubergwerk und Ausstellung. Bei entsprechendem Interesse der Besucher kommt es zu Führungsdauern von bis über zwei Stunden.

Weinbau in Chrámce

Eine Pionierrolle im Weinbau Nordböhmens spielte Ivan Váňa (geb. 1941). Das von ihm betriebene Familiengut hat seinen Sitz an den südwestlichsten Ausläufern des Böhmischen Mittelgebirges, in Chrámce (Kramitz). Schon vor 800 Jahren wurde Wein von hier nach Sachsen geliefert, unter sozialistischen Produktionsbedingungen achtete man allerdings wenig auf Qualität. 1991 mietete Váňa zunächst das Staatsweingut des Dörfchens, inzwischen ist er mit 72 Hektar Anbaufläche auch ein geachteter Arbeitgeber. Zu seinen Raritäten zählen die Rebsorte Irsai Oliver sowie die unter Leitung seines Sohnes František (geb. 1972) hergestellten koscheren Weine für orthodoxe Juden. Es gibt einen Fabrikverkauf in Most, nach Anmeldung ist eine Betriebsbesichtigung möglich.

Most und Litvínov

Turistické informační centrum (im Neustadt-Rathaus), Radniční 1/2, Most, Tel. 0476/448223; Mo–Fr 9–17, Mai–Sept. auch Sa 9–14 Uhr. www.imostecko.cz
Informační turistická služba (im Schloss), Mostecká 1, Litvínov, Mobiltel. 0776/402896; 9–17 Uhr.
Der Georgendorfer Verein bemüht sich um eine Wiederbelebung der Erzgebirgs-Zeitung, erste Artikel betreffen das Dreieck Moldava-Most-Teplice.
www.erzgebirgs-zeitung.de

Umweltzentrum (Ekologické centrum), tř. Budovatelů 2830/3, Most, Mobiltel. 0722/076526, mit in Tschechien kostenloser Hotline ›Grünes Telefon‹ unter anderem zur Luftqualität: Tel. 0800/195342. www.ecmost.cz

Bahnstrecke Cheb – Chomutov – Ústí (Kursbuch 130/140) mit Halt u. a. in Most, Bílina, Duchcov, Teplice und Bohosudov, im Stundentakt. Außerdem Überland-Straßenbahn Most–Litvínov und Provinzbahnlinie Teplice – Litvínov (Kursbuch 134).
An Wochenenden von Apr. bis Okt. fährt mehrmals täglich der historische Schienentriebwagen T4 ›Středohorský motoráček‹ auf der Strecke Lovosice–Třebívlice–Most, Fahrplan: www.kr-ustecky.cz

Karte: hintere Umschlagklappe

Die tschechische Buslinie 521 Olbernhau-Brandov-Litvínov verkehrt 6x täglich pro Richtung grenzüberschreitend auf gesamter Länge. www.kr-ustecky.cz

Hrad Hněvín, Hradní 577, Most, Tel. 0476/449955; DZ ab 2200 Kč. Hotel auf dem Brüxer Schlossberg. www.hradhnevin.cz

Nautico, ČSA 1284, Most, Tel. 0476/701000; DZ 990 Kč. Gutes Preis-Leistungs-Verhältnis unweit des Schlossberges. www.hotelnautico.cz

U Zvonku, K Loučkám 1582, Litvínov, Mobiltel. 0777/261940; DZ 950 Kč. Stadtrandpension im Nordosten. www.penzionuzvonku.cz

Line, Smetanova 518, Litvínov, 0476/732027; DZ ab 890 Kč. Familiäre Atmosphäre neben der Pfarrkirche. www.linehotel.eu

Mostecký Kahan, Obránců míru 2629, Most, Mobiltel. 0777/202280. Beliebte Minibrauerei seitlich an einem phantasielosen Kino-Flachbau. www.mosteckykahan.cz

České vinařství, tr. Budovatelů 382, Most, Mobiltel. 0476/110325. Fabrikverkauf eines ortsansässigen Weingutes, Betriebsbesichtigung nach Anmeldung möglich. www.ceske-vinarstvi.cz

Dekanatskirche mit Kunstaustellung und Turmbesteigung, Kostelní 289, Most, Tel. 0476/707558; Juni-Aug. Di-So 9-18 Uhr, Mai u. Sept. Di-So 9-17 Uhr, Apr. u. Okt. Mi-So 9-16 Uhr. www.kostel-most.cz

Bezirksmuseum (Oblastní muzeum), Československé armády 1360/35, Most, Tel. 0476/442111; Di-Fr 12-18, Sa/So 10-18 Uhr. www.muzeummost.cz

Technikmuseum (Podkrušnohorské technické muzeum), Důl Julius III, Most-Kopisty, Mobiltel. 0601/338197; März-Okt. Di-So 9-17 Uhr stündliche Führungen. www.podkrusnohorskemuzeum.cz

Sternwarte (Hvězdárna), Hradní 577/2, Most, Mobiltel. 0724/820209. www.hapteplice.cz

Schlossmuseum Eisenberg-Seeberg (Státní zámek Jezeří), Horní Jiřetín, Mobiltel. 0602/626430, Bushaltestelle Černice. Mai-Sept. Di-So 10-17 Uhr, Apr. u. Okt. 10-15 Uhr. Zusätzlich zur Schlossführung gibt es auch eine Führung zu den Kellergeistern. www.zamek-jezeri.cz

Schlossmuseum Leutensdorf (Zámek Valdštejnů), nám. Míru, Litvínov, Tel. 0476/111439; Mi-So 10-12 und 13-17 Uhr. www.mulitvinov.cz

Stadttheater (Městské divadlo), Divadelní 15, Most, Tel. 0476/446611. www.divadlo-most.cz

Vielfalt, alternatives Kostüm- und Puppentheater (Divadlo rozmanitostí), Topolová 1278, Most, Tel. 0476/700175. www.divadlo-rozmanitosti.cz

Ganz großes Theater (Docela velké divadlo), Rooseveltova 279, Litvínov, Tel. 0476/704824, www.docelavelkedivadlo.cz

Zwei frei zugängliche Baggerseen mit **Badestellen** zwischen dem Sportflughafen (letiště) und Braňany (Prohn).

Aquadrom, Topolová 801, Most, Tel. 0476/127842; Mo 12-21, Di u. Do 6-21, Mi u. Fr-So 9-21 Uhr. Große Badelandschaft (innen und außen) mit Rutschen und Sauna. www.aquadrom.cz

Pferderennbahn, K Hipodromu 213, Most, Mobiltel. 0602/817128; Apr.-Okt. Mit Skaterstrecke. www.hipodrom.cz

Osek und Duchcov

Die ersten Ansiedlungen in Osek (Ossegg) und Duchcov (Dux) erfolgten bereits im 12. Jahrhundert.

Osek

Das **Zisterziensterkloster** (Klášter Panny Marie) Maschau (Mašťov) wurde 1192 von Waldsassen aus gegründet und zog fünf Jahre später mit Unterstützung der Hrabischitzer nach Ossegg um. Es entwickelte sich schnell zu einem nicht nur religiösen Zentrum bei der Erschließung des südöstlichen Erzgebirges und gilt bis heute als bedeutendste Klosteranlage Nordböhmens. Zur Einweihung schenkte der Papst dem Kloster Reliquien von fünf Märtyrern und einer seligen Jungfrau. Viele Mauern stammen noch aus dem 13. Jahrhundert.

Immer wieder geriet das Kloster in Kriegshandlungen, in deren Verlauf Mönche getötet und Gebäude beschädigt wurden. Während der Hussitenkriege beispielsweise wurde das Kloster gleich dreimal zerstört. Zu Unterbrechungen des Konvents kam es in den Jahren von 1580 bis 1628 und von 1945 bis 1990.

Die wichtigsten Altarbilder schufen Michael Willmann (1630 - 1706) und sein Stiefsohn Johann Christoph Lischka (1650 - 1712).

Eine Blütezeit verdankte das Kloster dem Abt Benedikt Litwerig (1655 - 1726). Mit seinen landwirtschaftlichen Erfolgen und der ältesten Textilmanufaktur Böhmens verbesserte sich die wirtschaftliche Lage. Das heutige Aussehen prägte der Architekt Antonio Octavio Broggio (1670 - 1742) ab 1691: Die Klosterkirche erhielt ein Tonnengewölbe und zwei Seitenkapellen bekamen ihre Türme. Für das Interieur warb Litwerig führende böhmische und italienische Künstler an. Insgesamt ist das Klosterensemble ein schönes Beispiel für den Böhmischen Barock (→ S. 77).

▶ Karte: hintere Umschlagklappe

Besondere Verdienste um die Wiederbelebung des Klosters erwarb sich Bernhard Thebes (1928 - 2010), der 1990 zum bisher letzten Abt geweiht wurde. Seit 2008 wohnen in Ossegg keine Mönche mehr.

Im Untertagebau der Gegend um Osek herrschten Zeit seines Bestehens besonders gefährliche Arbeitsbedingungen. Die Kohlenstaubexplosion 1934 in der Braunkohlenzeche Nelson III war mit 144 Toten - 140 Bergleute, 2 Retter, 2 durch eingestürzte Häuser - die größte Bergbaukatastrophe der Tschechoslowakei. Bertolt Brecht schrieb unter diesem Eindruck die ›Ballade von den Osseger Witwen‹, 1935 wurde am Eulenbach (Osecký potok) das Denkmal eines trauernden Elternpaars eingeweiht. 1981 kam es in der Braunkohlenzeche Pluto II des Nachbarortes Louka u Litvínova (Wiese) zu einer Kohlenstaubexplosion mit Grubenbrand. Es waren 65 Todesopfer zu beklagen, 51 Bergleute und 14 Retter. In beiden Fällen erfolgten keine rechtskräftigen Verurteilungen, Nachlässigkeiten bei der Arbeitssicherheit waren damals auf allen Ebenen üblich.

Burgruine Riesenburg

Die Anlage der gotischen Riesenburg (Rýzmburk, früher auch Wosek) ist heute eine frei zugängliche Ruine am felsigen Erzgebirgshang auf einer Fläche von fast zwei Hektar. Sie war ab etwa 1250 Sitz des slawischen Adelsgeschlechtes Hrabischitz. Vom Zentrum Oseks aus benötigt man zu Fuß etwa eine Dreiviertelstunde bergaufwärts am Eulenbach entlang. Die später als Riesenberger Steig bezeichnete Handelsverbindung war zwischen der Burg und dem auf einer langen Wiese gelegenen Bergdorf Dlouhá Louka (Langewiese) vermutlich schon um 1200 gepflastert.

Das Kloster in Osek, ein baulicher Schatz

Erinnerung an das Unglück von 1934

Die Hrabischitzer (Hrabišici) bildeten damals wohl die mächtigste Familie des Erzgebirges überhaupt. Im Wappen führten sie einen Rechen (Hrábě, s. Rechenberg → S. 134). Slauko der Große (Slávek Veliký, Slavek Magnus, auch Slackko von Riesenburg, ?– 1226) wurde vom Papst für seine Beratung der Prager Könige ausdrücklich gelobt. Ihre Güter im jetzigen Sachsen gaben die Hrabischitzer 1352 auf, und im Laufe der Hussitenkriege schwand ihr Einfluss auch in Böhmen ziemlich schnell. Einige Ortsnamen wie Cämmerswalde beziehen sich heute noch auf den Kämmerer Slauko und seinen Bruder Borso.

Mariánské Radčice

Der katholische Wallfahrtsort Mariánské Radčice (Maria Ratschitz) besteht seit 1275. Er ist durch den derzeit einzigen deutschen Pfarrer in Tschechien regelrecht aufgeblüht. Philipp Irmer kam 2003 hierher, als Geistlicher ist Irmer auch für das Kloster Osek und die Basilika Bohosudov (Mariaschein) verantwortlich. Seit 2015 gibt es das Bier ›Philipp‹ aus der unter ihm reaktivierten Zisterzienser-Brauerei.

Duchcov

Das **Barockschloss Dux** wurde von 1675 bis 1685 für den Prager Erzbischof Johann Friedrich Reichsgraf von Waldstein (1642 - 1694) erbaut und liegt mitten im Ortskern. Auf Einladung des Schlossherrn Karl Emanuel von Waldstein-Wartenberg (1755 - 1814) arbeitete hier Giacomo Casanova (1725 - 1798) ab 1785 als Bibliothekar. Der als Frauenheld bekannte italienische Schriftsteller fühlte sich gelangweilt und unverstanden, blieb aber bis zu seinem Tode und verfasste in dieser Zeit unter anderem seine vielbändigen Memoiren in französischer Sprache. Diese ›Geschichte meines Lebens‹ beschreibt die Zeit bis 1774, zur Veröffentlichung des ungekürzten Originaltextes kam es wegen der enthaltenen erotischen Passagen erst 1960. In Casanovas Arbeitszimmer steht noch immer der Stuhl, auf dem er starb. Schloss und Schlosspark unterstehen staatlicher Verwaltung, nebenan wird ein kleines Museum von der Stadt betrieben. Ein **Casanova-Weg** (Ve stopách Casanovy) zieht sich kleeblattartig in drei Schleifen vom Schloss aus durch das Barockstädtchen.

Barockschloss Dux, letzter Wohnort Casanovas

▸ Karte: hintere Umschlagklappe

Historischer Pilgerpfad von Rechenberg nach Mariánské Radčice

Start: Zentrum von Rechenberg
Ziel: Wallfahrtskirche Mariánské Radčice
Länge: 28 Kilometer.
Infos: http://www.hgv-rechenberg.de/pilgerpfad.htm

Es wird empfohlen, den historischen Pilgerpfad von der Kirche Rechenberg zur Kirche Mariánské Radčice zu gehen, da er so stärker bergab führt als in Gegenrichtung und Kräfte spart. In der Verlängerung der Gegenrichtung hätte man freilich Anschluss an einen Pilgerweg über Grillenburg nach Meißen, der mit der Heiligsprechung Bischof Bennos (1010 - 1106) in Zusammenhang gebracht wird. Prinzipiell ist die Strecke auch per Fahrrad möglich, vielleicht dann mit dem Rückweg am nächsten Tag über Klíny (Göhren).
Vom Zentrum Rechenbergs aus läuft man auf dem Kammweg in Richtung Steinkuppe (805 m), biegt aber einen halben Kilometer vorher von der blauen Markierung ab und überquert den Grenzbach bei der **Wüstung Bettleck** (Žebrácký roh). Der Weg führt an weiteren verschwundenen Dörfern vorbei, von **Willersdorf** (Vilejšov) beispielsweise sind noch einige Fundamente und der Dorfteich sichtbar. Das war eine der ersten Siedlungen am Flusslauf der Flöha. Aber der Weg durch Willersdorf würde zu weit nach Osten führen. Der Pilgerweg verläuft stattdessen auf der wenig befahrenen Landstraße nach **Dlouhá Louka** (Langewiese). Drei Kilometer davon entfernt erhebt sich ziemlich genau im Westen mit dem Wieselstein (Loučná, 956 m) der höchste Berg des Osterzgebirges. Die Umzäunung des Gipfelbereiches ist oft nicht passierbar. Eine gute Entschädigung bietet der näher gelegene **Wolfsberg** (Vlčí hora, 890 m) mit einer Aussichtsplattform in 15 Meter Höhe.
Der Weg am unteren Ortsende von Dlouhá Louka zur Riesenburg folgt wieder einer blauen Markierung. Die Basilika in **Osek** am Fuße des Gebirges ist die wohl bekannteste Station des Pilgerpfades. Zwischen Osek und Lom (Bruch) gibt es leider keine Wegmarkierung, der historische Weg würde durch eine heutige Braunkohlegrube führen. Es bietet sich ein ziemlich gerader Waldweg vom Ossegger Teich (Osecký rybník) nach Südwesten an, oder man benutzt den öffentlichen Busverkehr. Der Pilgerpfad endet an der Wallfahrtskirche Mariánské Radčice (Maria Ratschitz) und ihren vier Reliefkapellen am Weg nach Libkovice (Liquitz).
Mit dem Bus (Umsteigen in Litvínov) oder dem Taxi könnte man beispielsweise den Rückweg über Český Jiřetín wählen. Auf deutscher Seite führt der rot markierte Fernwanderweg Eisenach–Budapest vom Grenzübergang nach vier Kilometern wieder zum Ausgangspunkt.

Osek und Duchcov

Informační a turistické centrum, Rooseveltova 490 (am Kloster), Osek, Tel. 0417/822138; Mai–Sept. Di–Sa 9–17 Uhr, Okt.–Apr. Di–Sa 9–16, So immer 10–13 Uhr; Führungen. www.osek.cz
Městské informační centrum (im Stadtmuseum), Masarykova 71/7, Duchcov, Tel. 0417/835456; Mo–Fr 9–17 mit kurzer Mittagspause, Juni–Sept. auch Sa 9–16 Uhr. www.duchcov.cz
Der Georgendorfer Verein bemüht sich um eine Wiederbelebung der Erzgebirgs-Zeitung, erste Artikel betreffen das Dreieck Moldava - Most - Teplice. www.erzgebirgs-zeitung.de

Bahnstrecke Cheb - Chomutov - Ústí (Kursbuch 130/140) mit Halt u. a. in Most, Bílina, Duchcov, Teplice und Bohosudov, im Stundentakt.

Casanova, Husova 101/45, Duchcov, Tel. 0417/835714; DZ o. F. ab 700 Kč. Östlich

Südliches und östliches Umland

des Schlossparks. www.hotelcasanova.cz
Kontakt zum katholischen **Jugendbegegnungszentrum** in Mariánské Radčice über das Pfarramt, Tel. 0476/744058.

Autocamp Osek, Nelsonská 669, Mobiltel. 0774/719631; Apr.-Okt. Campingplatz und Ferienhütten für 2-10 Pers. www.autocamposek.cz

Pivovarská Restaurace, Rooseveltova 1, Osek, Mobiltel. 0739/287486. Die Brauerei des Klosters. www.ossegg.cz
Černý Orel, Vilová 18, Osek, Tel. 0417/837082. Eine weitere beliebte Minibrauerei unweit des Klosters. www.cerny-orel.cz
Pivnice Na Faře, Dlouhá Louka 29, Mobiltel. 0776/216180; Di-So ab 16 Uhr. Kneipe im nächsten Bergdorf.
www.pivnice-na-fare.netstranky.cz

Stadtmuseum (Duchcovské muzeum), Masarykova 71/7, Duchcov, Tel. 0417/835526; Mai-Sept. 9-17 Uhr, Okt.-Apr. Mo-Fr 13-17 Uhr.
www.muzeumduchcov.cz
Schloss (Státní zámek), Nám. Republiky 9, Duchcov, Tel. 0417/835301, nur im Rahmen von Führungen 10-17 Uhr.
www.zamek-duchcov.cz
Hussitenkirchturm (Husův sbor), Havlíčkova 546/23, Duchcov; Juni-Sept. Di-So 11-15 Uhr.
Burgruine Riesenburg, Infos:
www.hradosek.cz
Mariánské Radčice, Infos:
www.marianske-radcice.com
Über das **Kloster** informiert:
www.kloster-osek.info

Am Stadtrand von Dux gibt es den **Badesee Leontýna**. Einen bewirtschafteten Badestrand bietet weiterhin der **Stausee Barbora** in Oldřichov (Ullersdorf) mit einer Wassertiefe bis zu 60 Metern.
Das Steinbruchgelände mit See bei Jeníkov (Janegg) ist inzwischen gesperrt.

Teplice

Mit rund 49 500 Einwohnern belegt Lázně Teplice v Čechách (Teplitz) ungefähr gleichauf mit Děčín (Tetschen) und Chomutov (Komotau) einen der Plätze drei bis fünf bei den Städten des Bezirkes Aussig (Ústecký kraj) in Nordböhmen, was die Einwohnerzahl betrifft. Der Name kommt von den Thermalquellen (tschechisch teplý = warm). Nach der Zusammenlegung mit dem Badeort Schönau (Lázně Šanov) 1895 hieß die Stadt bis 1945 Teplitz-Schönau.

Stadtgeschichte

Der Legende nach erholten sich schon Kelten und Römer an den Thermalquellen, Königin Judith gründete 1154 dann ein Benediktinerinnenkloster ›ad aquas calidas‹ (bei den warmen Wassern). 1666 kam es zu einer Namens- und Wappenvereinigung der Adelsfamilien Clary und Aldringen, die bis 1945 die Herrschaft Teplitz besaßen.
In Teplitz starb 1810 Johann Gottfried Seume, der vor allem durch seine Fußwanderungen von Leipzig nach Syrakus 1802 beziehungsweise rund um die Ostsee 1805 und deren schriftstellerische Verarbeitung bekannt wurde. 1812 trafen hier Ludwig van Beethoven und Johann Wolfgang von Goethe zusammen, 1813 schlossen Österreich, Preußen und Russland im Schloss die Allianzverträge gegen Kaiser Napoléon Bonaparte. Zu den beliebtesten Bürgermeistern zählte der Komponist Joseph Maria Wolfram (1789 - 1839). Für dieses Amt, das er ab 1824 ausübte, schlug er die Karriere als Nachfolger des Dresd-

▸ Karte: hintere Umschlagklappe

ner Hofkapellmeisters Carl Maria von Weber aus. Der ›Teufelsgeiger‹ Niccolò Paganini sowie Frédéric Chopin und Franz Liszt spielten in der Stadt. Die beiden einzigen erhaltenen Gräber der barocken Findlingskapelle (Kaple Nalezení) sind die von Seume und Wolfram. Teplitz war der Geburtsort unter anderem des Geologen Gustav Karl Laube (1839 - 1923) und des Journalisten Michal Mareš (1893 - 1971). Der Teplitzer Julius Ritter von Payer (1842 - 1915) gehörte als Polarforscher zu den Entdeckern der arktischen Inselgruppe Franz-Joseph-Land. Später widmete er sich als Maler großformatigen Ölbildern. Karl Rudolph (1889 - 1937) war der weltweit erste Professor der Paläobotanik. Teplitz war also im 19. Jahrhundert ein Treffpunkt von Künstlern und Gehrten und als Kurort sogar bedeutender als Karlsbad! Die größte Synagoge Böhmens wurde von 1882 bis 1939 betrieben, bis sie die Nationalsozialisten zerstörten.
Bahnanschluss erhielt die Stadt 1858, zwischen 1895 und 1959 besaß sie ein gutes Straßenbahnnetz.

Stadtspaziergang

Ohne Museums- und Restaurantbesuch braucht man für einen Bummel durch die Innenstadt sicherlich weniger als zwei Stunden. Der **Schlosspark** (Zámecká zahrada) mit kleinen Pavillons und dem **Lusthaus** von 1732 ist ein geeigneter Ausgangs- und Endpunkt. Folgende Stationen bieten sich unterwegs an.
Die Entwicklung eines modernen Campus des Gymnasiums im Stadtzentrum begann 1993. Ein Schulprojekt stellt 54 Sehenswürdigkeiten der Stadt in kostenlosen tschechischen MP3-Dateien vor (www.audioteplice.cz). Im Gebäude B des **Campus** kann man eine **Klosterkapelle** und im Gebäude C einen **Biopark** besuchen. Für beides ist eine Anmeldung nötig. Die farbenfrohen Wandmalereien in der **Kapelle der unbefleckten Empfängnis** des Klosters der barmherzigen Schwestern vom heiligen Karl Borromäus gehen auf einen Stil des Benediktinerklosters Beuron zurück. Während religiöser Auseinandersetzungen waren einige Beuroner nach Böhmen ausgewandert und gründeten 1865 ein Kloster in Teplitz. Mit breiten Engagement einschließlich deutscher Unterstützung wurde die verfallene Kapelle jahrelang restauriert. Eine Wiedereinweihungsfeier fand 2018 statt.
Das größte Altstadtgefühl bietet wohl der **Schlossplatz** (Zámecké némĕstí). Die **Pestsäule** (Sloup Nejsvĕtĕjší Trojice) dort aus dem Jahr 1718 ist das größte Denkmal des Barockbildhauers Matthias Bernhard Braun (1684 - 1738). Das **Schloss** mit dem **Regionalmuseum** säumt die Südseite. Mit der Heiligkreuzkirche und der Johanneskirche stehen hier die

Die Pestsäule auf dem Schlossplatz

Am Kurkomplex im Stadtzentrum

zwei bekanntesten Sakralbauten der Stadt. Die **Heiligkreuzkirche** wurde als Schlosskapelle errichtet und erhielt die Reliquien des Heiligen Clarus. Sie wird seit 1950 für die tschechisch-slowakisch-orthodoxe Religion genutzt. Die **Johanneskirche** ist die Hauptkirche der Stadt. Auf dem Hügel hinter dem Platz erwartet der Aussichtsturm eines **Sommerschlösschens** seine Besucher. Das Ensemble von 1897 ist sicherlich das hübscheste Werk des Teplitzer Architekten Gustav Adolf Jirsch (1871 - 1909). Die 25 Meter hohe Plattform dort bietet weitere Blicke als der Turm der Johanneskirche. Der Investor, der im Schlösschen eine Saunalandschaft einrichten wollte, scheint aber wieder abgesprungen zu sein.

Anschließend kann man durch die **Kuranlagen** mit ihren Sanatorien und Grünflächen schlendern. Beliebte Fotomotive sind die zahlreichen Fontänen wie der Pferdebrunnen (Koňská kašna). Das Kurhaus Judita steht angeblich an der Stelle der ersten entdeckten Thermalquellen und diente früher als Armeesanatorium (Vojenská lázeňská léčebna). Größter Komplex mit rund 200 Gästezimmern ist das zentrale Kurhaus Beethoven aus elf verbundenen Gebäuden.

Das 1924 eingeweihte **Theater** war damals das zweitgrößte Theatergebäude der Tschechoslowakei. Schräg rechts dahinter steht das **Kulturhaus** als typischer Funktionsbau der sozialistischen Ära. Die Nordböhmische Philharmonie (www.severoceskafilharmonie.cz) dort ist das einzige professionelle Symphonieorchester im Verwaltungsbezirk. Vom Theater aus kommt man in wenigen Minuten zu den traditionsreichen Einkaufsstraßen Krupská und Kapelní mit einigen empfehlenswerten Konditoreien.

■ Vororte

Aus südwestlicher Richtung fällt am Stadtrand ein futuristischer **Wasserturm** auf dem Wacholderberg (Ve chvojkách, 382 Meter) in Nová Ves (Neudörfel) auf, mit dem die Nordböhmischen Wasserwerke (www.scvk.cz) den Zufluss aus der Talsperre Fleyh zwischenspeichern. Ursprünglich sollte dafür ein an Hans Kudlich (1823 - 1917) erinnernder **Obelisk**

▶ Karte: hintere Umschlagklappe

weichen, nach Bevölkerungsprotesten wurde er aber einige Meter entfernt neu aufgestellt. Kudlich war überaus populär, nachdem er 1848 im Österreichischen Reichstag die Aufhebung der Leibeigenschaft beantragt hatte.

Ähnlich wie Most besitzt auch Teplice seinen Schlossberg. Von der Burg Daubersberg (Hrad Doubravka) östlich der Innenstadt sind aber nur Hof und Aus blick zugänglich, der Rest ist privat.

Der nordöstliche Vorort Sobědruhy (Soborten) verfügt mit dem 1669 angelegten Jüdischen Friedhof über eine der bedeutendsten Begräbnisstätten der Region. Bis zur Einweihung des Alten Jüdischen Friedhofs in Dresden 1751 erhielten hier auch Juden aus Sachsen ihre Ruhestätte. Verwüstungen der Nachkriegszeit wurden 2002 repariert, die Anlage mit etwa 200 Grabsteinen ist frei zugänglich.

Teplice

Informační centrum magistrátu města, Benešovo nám. 840, Teplice, Tel. 0417/510666; Mo–Fr 8–17 Uhr, Mai–Sept. auch Sa 8–12 Uhr. www.teplice.cz

Turistické informační centrum, Pražská 32, Bystřany, Mo u. Mi 8–17, Di 8–15, Do 8–15 u. 16–19, Fr 8–14 u. 15–19 Uhr.

VisitTeplice, Dlouhá 63/31, Mobiltel. 0776/007024; 9–18 Uhr. Ticketbüro und Stadtführungen. www.visitteplice.com

Vielseitige Informationen zu Kuraufenthalten: www.lazneteplice.cz

Der Georgendorfer Verein bemüht sich um eine Wiederbelebung der Erzgebirgs-Zeitung, erste Artikel betreffen das Dreieck Moldava-Most-Teplice. www.erzgebirgs-zeitung.de

Bahnstrecke Cheb – Chomutov – Ústí (Kursbuch 130/140) mit Halt u. a. in Most, Bílina, Duchcov, Teplice und Bohosudov, im Stundentakt.

Die **internationale Buslinie 398** (www.rvd.de) führt von Dresden über Dippoldiswalde und Altenberg nach Dubi und Teplice.

Prince de Ligne, Zámecké nám. 136, Tel. 0417/514111; DZ 90 Euro. Traditionshotel im Zentrum. www.princedeligne.cz

Paradies, Laubeho nám. 258/4, Tel. 072/7826362; DZ 1500 Kč. Zentral und dennoch zwischen mehreren Grünanlagen. www.hotelparadies.cz

U Kozičky, Rooseveltova 262, Teplice, Tel. 0417/816411; DZ ab 1730 Kč. Moderne unauffällige Pension am Hügel Letná. www.ukozicky.cz

Beethoven, Lázeňská 75/4, Tel. 0417/977153. Angeblich wohnte Beethoven bei einem Aufenthalt wirklich in diesem Kurhaus. www.beethovencafe.cz

Monopol, Masarykova 433/42, Mobiltel. 0727/844414. Mittelgroße Brauerei, die Gaststube erinnert etwas an prächtige Bahnhofs-Wartesäle der Donaumonarchie. Lohnt wegen des Bieres und der ungewöhnlichen Atmosphäre, das Essen wird weniger gelobt. www.pivovarmonopol.cz

Kostel svatého Bartoloměje, Chelčického 447/2, Mobiltel. 0776/007024, ohne eigene Homepage. Galeriecafé in einer Backsteinkirche.

Dvořák, Stanová 1998, Mobiltel. 0608/161169. Hübsche Kaffeestube einer Großgärtnerei. www.dvorakasyn.cz

Zahrada, Dubská 356/2, Mobiltel. 0774/551661; Mo–Fr 10–18 Uhr. Biorestaurant im Zentrum, Förderprojekt für Gehörlose. www.restaurace-zahrada.cz

Zahlreiche (Asia-) Billigrestaurants in der Innenstadt.

Regionalmuseum (Regionální muzeum), Zámecké nám. 517/14 (im Stadtschloss), Tel. 0417/537869; Di–Fr 12–17, Sa/So 10–12 u. 12–17 Uhr. www.muzeum-teplice.cz

Heiligkreuzkirchturm (Vyhlídková věž Jana Křtitele), Zámecké nám. 71/9; Mi–Do 14–17.30, Fr 14–20, Sa 10–12 u. 13–20, So 10–12 u. 13–17.30 Uhr. www.stclari.com
Aussichtsturm (Stráž Františka Josefa) des Sommerschlösschens (Hrádek Letná), Na Letné 835/9; 11–20 Uhr.
Gymnasium, Československých dobrovolců 530/11, www.gymtce.cz:
- **Klosterkapelle**, Mobiltel. 0777/989026; Di–So 13–17 Uhr;
- **Biopark**, Tel. 0417/813081; Sa 13–17 Uhr.
Sternwarte (Hvězdárna), Písečný vrch 2517, Mobiltel. 0773/791438. www.hapteplice.cz
Planetarium (Planetárium), Koperníkova 3062, Tel. 0417/576571. www.hapteplice.cz

Theater und **Kulturhaus**, gemeinsamer Spielplan unter www.dkteplice.cz, Beteiligung am Festival www.opera-rarities.com ist geplant.

Jazz Club, Zámecké nám. 517/14, Mobiltel. 0724/224293. Im Durchschnitt einmal wöchentlich ein gutes Live-Konzert. www.jazzteplice.cz

Aquacentrum, Jiráska 3149, Tel. 0417/577164; Mo 13–21.30, Di–So 9–21.30 Uhr. Thermalwasser-Schwimmanlage mit Innen- und Außenbereich, Rutsche und Sauna. www.aquacentrum-teplice.cz

Botanischer Garten (Botanická zahrada), Suka 1388/18, Tel. 0417/534359; Di–So 9–17 Uhr. www.botanickateplice.cz

Poliklinika-Nemocnice, U Nemocnice 3564, Tel. 0417/519111. www.kzcr.eu

An der Burgruine Riesenburg

▲ Karte: hintere Umschlagklappe

Böhmisches Mittelgebirge (CZ)

Das Böhmische Mittelgebirge (České středohoří) wird von der Elbe (Labe) in etwa zwei Hälften geteilt. Seit 1976 stehen 1063 Quadratkilometer unter Landschaftsschutz. Ehemals hatte der Obstbau in den Tälern eine große Bedeutung. Besonders zur Goethezeit lobten viele Prominente die liebliche Gegend, die ihnen im Vergleich mit den finsteren Wäldern des Erzgebirges heiter und sonnig erschien. Sie verkörperte mit ihren fruchtbaren Feldern und markanten Bergspitzen, mit friedlichen Nachbarschaftsbeziehungen am Rande des deutschsprachigen Raumes irgendwie die Hoffnungen jener Zeit.

Der Südosten des Mittelgebirges rund um Litoměřice (Leitmeritz) soll hier nicht mehr betrachtet werden, da es kulturhistorisch stärker als das übrige Gebiet an Prag orientiert war und ist. Im Osten markiert der Neuländer Kapellenberg (Kalvárie Ostré) den Übergang vom Böhmischen Mittelgebirge zur Daubauer Schweiz (Dubské Skály), im Nordosten schließt sich das Lausitzer Gebirge (Lužické hory) an und im Norden das Elbsandsteingebirge (Labské pískovce).

■ Aussichtspunkte und Vegetation

Wie kein anderes Gebirge in Mitteleuropa wurde das Böhmische Mittelgebirge durch den Vulkanismus im Tertiär geprägt. Seine höchste Spitze ist der Milleschauer (Milešovka, 837 m). Alexander von Humboldt (1769 - 1859) bezeichnete den Ausblick dort als einen der schönsten weltweit.

Schmelzflüssige Vulkanlava bildete die typischen Minerale des Mittelgebirges. Im Südwesten wurden Pyrope und sogar Diamanten gefunden. Inzwischen ist die westliche Hälfte des Gebirges trotz Schutzstatus stark von Tagebaukratern (Braunkohle) und Verkehrsbauten (Autobahn) beeinträchtigt. Aber die Basaltkegel hielten Stand und einzelne Perspektiven lassen auch dort die Schönheit des Gesamtgebietes immer noch spüren.

Hervorragende Aussichten rechts der Elbe bieten der Hohe Wostrey (Vysoký Ostrý, 587 m), der Eisberg (Plešivec, 509 m) und der Aarhorst (Varhošť, 639 m). Von der Wostrey aus hat man freien Blick auf das kurvenreiche Elbtal. Der Eisberg entspricht Motiven einiger berühmter Gemälde der Romantik. Der Aarhorst schließlich lockt mit einem 1973 errichteten und mehrmals renovierten Aussichtsturm. Bequemer mit dem Auto zu erreichen ist der Blick auf die Elbe von der Barbarakirche (Kostel svaté Barbory, ›Dubitzer Kirchlein‹) in Řehlovice-Dubice am anderen Elbufer.

Eine weitere Naturschönheit stellen die Babinaer Orchideenwiesen (Babinské louky) mit Knabenkrautgewächsen und Becherglocken neben der Marienkirche von Malečov-Čeřeniště (Tschersing) dar. Nördlich davon findet man die Zwergsteine (Trpasličí kameny, 671 m). Zwischen, Němčí (Nemschen), der höchstgelegenen Siedlung im Böhmischen Mittelgebirge, und Brná (Birnai) erstreckt sich die Prütschelkluft (Průčelská rokle). Deren Bach überwindet in drei Kilometern einen Höhenunterschied von 480 Metern und bildet malerische Kaskaden. Angeblich fand hier der populäre Abenteuerschriftsteller Karl May (1842 - 1912) einige Inspirationen.

Auf einer zunächst unauffälligen Wiese nahes des Radelstein (Hradišťany, 752 m) wachsen Quirlblättrige Weißwurz und Orangerotes Habichtskraut. Der Spitzberg (Číčov, 476 m) ist für die endemische böhmische Unterart der Wiesen-Kuhschelle (Pulsatilla pratensis

Der Milleschauer (Milešovka), an seinem Fuß der kleine Ort Milešovka

bohemica) und das Echte Federgras bekannt. Dort findet man auch das Mineral Aragonit. Am Rannayer Berg (Raná, 457 m) hat der Europäische Ziesel seine nördliche Verbreitungsgrenze.

Im Westen des Böhmischen Mittelgebirges thronen die **Burgruinen** Hasenburg (Hazmburk, 418 m), Kostenblatt (Kostomlaty, 566 m) und Woltarschik (Oltářík, 565 m), im Norden dicht rechts neben der Elbe findet man außer der bekannten Burgruine Schreckenstein (Střekov, 260 m) unter anderem die Burgruine Sperlingstein (Vrabinec, 350 m) mit seltenen wärmeliebenden Pflanzen.

■ Obstbau

Auch wenn die Tschechen inzwischen viel Grünzeug importieren und man Bananen in jedem Supermarkt kaufen kann, so ist doch noch die Obstbautradition des Böhmischen Mittelgebirges vor allem in den nach Süden auslaufenden Tallagen allgegenwärtig. 1896 wurde in Trebnitz (Třebenice) der älteste Konservierungsbetrieb für Obst in Nordböhmen errichtet, der in der Zwischenkriegszeit die größte Obstverarbeitung der Tschechoslowakei war. Neben weniger kälteempfindlichen Arten wie Apfel, Birne, Pflaume, Stachel- und Johannisbeere gedeihen hier schon wärmeliebende wie die Aprikose, ein besonderes Erlebnis sind die aus alten Obstbäumen gebildete Alleen.

■ Burgruinenprojekt

Wie kaum andere Objekte in der Landschaft verbinden die oft hoch und exponiert gelegenen Burgruinen Naturgenuss und Kulturgeschichte. Im Böhmischen Mittelgebirge stehen einige recht dicht beieinander. Die meisten wurden mehrere Jahrhunderte lang nicht genutzt, während der Hussitenkriege waren sie Zufluchtsstätten der Katholiken. Allmählich erkennt man im Tourismusmarketing dieses Potential. Einzelne kleine oder mittelgroße Burgruinen ziehen Besucher hauptsächlich aus der Umgebung an, eine Verknüpfung mehrerer strahlt aber überregional aus. Viele Burgruinen auf dem Gebiet der ehemaligen Tschechoslowakei sind ohne Umzäunung quasi rund um die Uhr zugänglich.

Unter dem Motto ›Das Böhmische Mittelgebirge als Land der Burgen‹ wurden seit 2009 einige Fördertöpfe angezapft. Eine hübsche kleine Dauerausstellung dazu, auch in deutscher Sprache, ist seit 2014 im Altarraum des Museums der tschechischen Granatsteine in Třebenice zu sehen. Ein sinnvoll konzipierter Internet-Auftritt (www.hrady-ceskeho-stredohori.cz) steht derzeit leider nur in tschechischer Sprache zur Verfügung, aber zumindest die dort integrierte Landkarte der beteiligten Denkmäler ist selbsterklärend. Die Burgen des Projektes werden beschrieben und weitere Pläne skizziert.

Von Bílina nach Südosten

Gute Ausgangspunkte zur Erschließung des Böhmischen Mittelgebirges westlich der Elbe, also an den Straßen zwischen Erzgebirge oder Egertal, sind die beiden Städtchen Bílina (Bilin) und Třebenice

▲ Karte: hintere Umschlagklappe

(Trebnitz). Beide Orte wirken wenig interessant. Aber wer heute hierher kommt, will wahrscheinlich ohnehin vor allem auf eine der für das Böhmische Mittelgebirge typischen Felskuppen steigen. Beide Städtchen haben ›ihren‹ markanten Berg unweit des Zentrums, in Bílina ist das der Bořeň (Borschen, 539 m) mit seiner subalpinen Pflanzenwelt, in Třebenice der Košťál (Kostial, 481 m) mit seiner kleinen Burgruine. **Bílina** verfügt zudem über den alten **Kurpark Sauerbrunn** (Lázně Bílinská Kyselka), das Schloss im Zentrum des Ortes befindet sich in Privatbesitz und ist nicht zugänglich.

Bořeň

Der von Ferne an einen liegenden Löwen erinnernde Bořeň (Borschen) gilt als größter Klingsteinmonolith Mitteleuropas und wird auch von Klettersportlern besucht. Er entstand vor etwa 65 Millionen Jahren. Klingstein (Phonotith) ist ein grünlich-graues Alkaligestein und reagiert auf Anschlag oft mit einem hellen Klang. Der Gipfel befindet sich nur 400 Meter von einer vierspurigen Straße entfernt und erlaubt Einblicke in Tagebaukrater, daher liegt er nicht gerade in einsamer Natur. Dafür punktet er mit einigen Besonderheiten. So wurden nahe des Gipfels Relikte einer **Siedlung der Knovízer Urnenfelderkultur** gefunden und im Frühling blüht die Unterart bohemicus der zierlichen Alpen-Aster. Vom Bahnhof Bílina kyselka an der Biela (Bílina) aus ist man nach knapp 350 Metern Höhenunterschied und in etwa einer Stunde oben. Mit den Auto kann man sogar auf halbem Weg an der nicht mehr als Berghütte funktionierenden Chata Pod Bořeněm parken. Die Auffahrt von der vierspurigen Straße funktioniert nur in Richtung Bílina: Hinter Liběšice (Liebeschitz) zweigt ein unbeschilderter schmaler Asphaltweg ab.

Milešovka

In der Umgebung des Bořeň gibt es noch höhere Berge und auch Burgruinen, die romantische wirken als die beim Košťál. Mit einem sehr lohnenswerten Fußweg von ungefähr 20 Kilometern könnte man einige dieser Sehenswürdigkeiten miteinander verknüpfen: die Burgruine Kostenblatt (Kostomlaty, 566 m), das Naturschutzgebiet am Berg Březina (672 m) mit einer Kombination aus Torfmoor und Buchenwald, den Milleschauer (Milešovka, 837 m) als höchsten Punkt des Böhmischen Mittelgebirges, die Ruine der nur kurzzeitig um 1500 bewohnten Burg Wostrey (Ostrý, 553 m), womöglich auch ein Abstecher um den Lippenberg (Lipská hora, 688 Meter, Zugang nur über die Westflanke), die Burgruine Woltarschik (Oltářík, 565 m).

Burgruine Kostenblatt

Die **Burgruine Kostenblatt** (Kostomlaty) ist die wohl schönste der nach Norden schauenden Burgruinen des Böhmischen Mittelgebirges. Die erste schriftliche Erwähnung 1333 thematisiert den Verkauf der Anlage aus dem Besitz der Adelsfamilie Hrabischitz. 1998 gründete sich ein Bürgerverein gegen den weiteren Verfall. Der Turm ist inzwischen wieder begehbar und eine kleine Freilichtbühne eingerichtet.

Der **Milleschauer** (Milešovka) ist die ›Königin des Böhmischen Mittelgebirges‹ (Královna Českého středohoří). Die als Donnersbergwarte eingeweihte Meteorologische Station auf dem Gipfel arbeitet seit 1905 kontinuierlich und gehört heute zur Karls-Universität. Der **Aussichtsturm** ist bei geeignetem Wetter wieder täglich geöffnet. Man überblickt Nordböhmen vom Duppauer Gebirge bis zum Iser- und Riesengebirge. Bereits 1906 wurde ein Wanderweg über kegelförmige Berge zum höchsten Gipfel des Isergebirges als Kegelweg (Kuželovka) markiert. Über den Milleschauer führt ebenfalls der Goldene Steig des Burgenlandes (Zlatá stezka Zemí hradů). Das **Schloss** im malerischen Ort **Milešov** (Milleschau) am Fuße des Berges dient heute als Seniorenheim.

Třebenice und Třebívlice

Wichtigste Attraktion im Obst- und Weinbaustädtchen Třebenice (Trebnitz) ist das 1959 eingerichtete **Museum tschechischer Granatsteine** in der ehemaligen evangelischen Kirche (Evangelický kostel). Vorläufer war eine 1875 vom angesehenen Kommunalpolitiker Václav Pařík (1839 – 1901) initiierte Geologieausstellung. Seit Jahrhunderten wird in der Gegend Schmuck aus den dunkelroten Kristallen hergestellt.

In Třebívlice (Trieblitz, auch Trziblitz) sieben Kilometer westlich von Trebnitz verbrachte Theodore Ulrike Sophie von Levetzow (1804 – 1899) ihre letzten Jahrzehnte. Sie schrieb quasi ohne eigenes Zutun Literaturgeschichte, indem sie 1823 in Marienbad einen Heiratsantrag des 54 Jahre älteren Johann Wolfgang von Goethe erhielt. Goethe verarbeitete die diplomatische Zurückweisung – »Das Fräulein hätte noch gar keine Lust zu heiraten« – in seiner ›Marienbader Elegie‹.

Theodore Ulrike Sophie von Levetzow heiratete tatsächlich nie und starb in hohem Alter als Stiftsdame auf dem von ihrem Stiefvater geerbten Gut Trieblitz. Heute würde man sie wohl wegen ihrer umsichtigen wirtschaftlichen Tätigkeit als Unternehmerin bezeichnen.

Třebívlice hat große Pläne. Man will Literaturfreunde mit einer 2014 eröffneten Ausstellung über Ulrike anlocken und einer 2007 eingestellte Eisenbahnstrecke neues Leben einhauchen.

In Třebívlice und Čížkovice (Tschischkowitz) gibt es **Reste jüdischer Friedhöfe**.

Burgruine Hasenburg

Auf einem südwestlichen Ausläufer des Böhmischen Mittelgebirges, zwischen den Dörfern Klapý und Slatina, liegt die Burgruine Hasenburg (Hazmburk, 418 m), deren Silhouette trotz der mäßigen Höhe als eines der Wahrzeichen des Mittelgebirges gilt. Man hat von ihr einen weiten Rundblick. Nach den Hussitenkriegen wurde die ehemals relativ komfortable gotische Burg nicht mehr genutzt. Steile Flächen am Hang sind Zeugnisse mehrerer Bergrutsche (1882, 1898, 1900, 1939).

Südlich von Roudnice nad Labem (Raudnitz) liegt übrigens der sagenumwobene **Berg Říp** (Georgsberg, 456 m), eine Art Nationalheiligtum der Tschechen, der aber schon nicht mehr zum Böhmischen Mittelgebirge gerechnet wird.

▸ Karte: hintere Umschlagklappe

Von Bílina nach Südosten

Informační centrum Bílina, Tel. 0417/810985, mit zwei Büros: im Rathausturm, Břežánská 50/4, Mo–Fr 7.30–17 Uhr; im Kurpark, Kyselská 122, 9–17.30 Uhr. www.bilina.cz

Informační centrum Libochovice, nám. 5. května 48 (im Rathaus), Mobiltel. 0725/878642; Mo u. Mi 8–17, Di u. Do–Fr 8–14 Uhr, zusätzlich Mai–Sept. Sa 9–13 Uhr. www.libochovice.cz

Bahnstrecke Cheb - Chomutov - Ústí (Kursbuch 130/140) mit Halt u. a. in Most, Bílina, Duchcov, Teplice und Bohosudov, im Stundentakt.

An Wochenenden von Apr. bis Okt. fährt mehrmals täglich der historische Schienentriebwagen T4 ›Středohorský motoráček‹ auf der Strecke Lovosice - Třebívlice - Most, Fahrplan: www.kr-ustecky.cz

Klášter, Teplá 4, Třebenice, Tel. 0416/594513; DZ ab 1150 Kč. An der Straße nach Milešov. www.penzionklaster.cz

Čokolaterie, Paříkovo náměstí, Třebenice, Mobiltel. 0702/063628; DZ ab 1080 Kč. Echte Schokomanufaktur mit Kaffeestube und Gästezimmern.
www.cokolaterie-trebenice.cz

Kocourov, Kocourov 2, Třebenice, Tel. 0416/597060; DZ 1000 Kč. Ruhig gelegene Pension mit Blick auf einige Bergkegel. www.kocourov.cz

Hospoda U Nás, Dřemčice 21, Třebívlice, Mobiltel. 0601/154736; DZ 800 Kč. Dörfchen am Südhang des Mittelgebirges. www.hospodaunas.cz

Dvůr Perlová voda, Kostelec nad Ohří 13, Budyně, Tel. 0416/813594; DZ 1800 Kč. In luxuriösem Understatement renovierter Gutshof mit Minibrauerei und Sauna. www.dvurperlovavoda.cz

Zámecké vinařství, Masarykova 200, Třebívlice, Mobiltel. 0733/526177. Weingut mit Restaurant. www.johannw.com

Museum tschechischer Granatsteine (Muzeum českého granátu), Loucká, Třebenice, Tel. 0416/594695; Juni–Aug. Di–So 9–17 Uhr, Mai u. Sept. Di–So 10–16 Uhr, Apr.–Okt. Sa/So 10–16 Uhr.

Aussichtsturm auf dem Milleschauer (Rozhledna na Milešovce), Mobiltel. 0417/872101; Mo–Fr 11–16, Sa/So 9–16 Uhr. www.milesovka.cz

Turm der Burgruine Kostenblatt; Apr.–Okt. Sa/So 10–16 Uhr. www.spzhk.cz

Museumsräume im Schloss Skalka; Sa/So 11–17 Uhr. www.obec-vlastislav.cz

Bergarbeiter-Krankenhaus mit Poliklinik, Pražská 206/95, Bílina, Tel. 0417/777111. www.hnsp.cz

Ústí nad Labem und Umgebung

Nach Chemnitz teilen sich Ústí nad Labem (Aussig) mit rund 93 000 und Zwickau mit gut 90 000 Einwohnern die Plätze 2 und 3 bei den Städten im Umfeld des Erzgebirges. Ústí nad Labem ist Sitz eines mittelgroßen der 14 Verwaltungsbezirke Tschechiens (kraje). Dieser Bezirk (Ústecký kraj) hat etwa 820 000 Einwohner auf 5335 Quadratkilometern. Im Tourismus-Marketing wird Ústí nad Labem oft mit dem kleineren Bezirk Reichenberg (Liberecký kraj) zu Nordböhmen zusammengefasst.

Von wirtschaftlicher Bedeutung in Ústí nad Labem sind Schwer- und Chemieindustrie, während die Bedeutung der Hafenanlagen für den Güterverkehr sinkt. Auch Tschechien leidet tendenziell unter Trockenheit, 2019 fiel der Elbepegel schon im Mai auf kritische Werte um 140 Zentimeter.

Dresden ist 70 und Prag 90 Kilometer entfernt, es existiert eine direkte Bahnverbindung nach Berlin und Hamburg.

Stadtgeschichte

In der Nähe des Ortes soll der mythische Stammvater des böhmischen Herrschergeschlechts der Přemysliden, Přemysl Oráč, die Wahrsagerin Libuše geheiratet haben. Přemysl Ottokar II. (Otakar II.) erhob den Handelsplatz an der Elbe zur Königsstadt. Unter Johann von Luxemburg (1296 - 1346) wurden die Privilegien der Stadt bestätigt und erweitert. Katastrophal wirkte sich der Dreißigjährige Krieg aus. Im Jahr 1850 erhielt Aussig Anschluss an das Schienennetz und 1872 die erste von inzwischen drei Elbebrücken im Zentrum. Johann Maresch (1821 - 1914) und sein Sohn Ferdinand (1854 - 1940) betrieben ab 1841 die größte Gartenzwergproduktion der Welt. Originalstücke sind begehrte Sammelobjekte, übrigens sind einige auch auf dem Cover der Single ›My sweet Lord‹ von George Harrison zu sehen. Bedeutendster Mäzen der Stadt während der Industrialisierung war der jüdische Händler Ignaz Petschek (1857 - 1934), damals der reichste Tscheche. Auf dem Höhepunkt seiner Karriere kontrolliere er die Hälfte von Europas Braunkohlebergbau. Ein Zoo entstand 1908. Um 1910 hatte der Aussiger Elbehafen nach dem Adriahafen Triest die zweithöchste Umschlagleistung in der Donaumonarchie.

Drei Wochen vor Kriegsende, im April 1945 forderten amerikanische Luftbombenangriffe schwere Schäden und zahlreiche Tote. Im ›Massaker von Aussig‹ am 31. Juli 1945 richteten sich Tschechen gegen Sudetendeutsche. Die Angaben der Opferzahl bei dem undurchsichtigen dezentralen Gemetzel schwanken zwischen 100 und 2000 Deutschen. Allein bei Meißen wurden 80 Leichen aus der Elbe geborgen.

Die 1991 gegründete Universität (Univerzita Jana Evangelisty Purkyně) wurde nach dem Physiologen Jan Evangelista

Das Elbtal bei Ústí nad Labem

Ritter von Purkyně (1787 - 1869) benannt. Die Zahl der Studierenden liegt derzeit bei 8500.

1999 machte die Stadt Schlagzeilen durch einen Mauerbau vor Sozialwohnungen an der Straße Matični. Damit sollte ein Wohnviertel der Roma abgetrennt werden, was allgemein als diskriminierend angesehen wurde. Nach sechs Wochen wurde diese Mauer wieder abgetragen. Auch im verfallenden Problemviertel Nové Předlice (Neuprödlitz) herrscht ein angespanntes Verhältnis gegenüber den Roma.

2006 wurde das gemeinnützige Collegium Bohemicum (www.collegium bohemicum.cz) mit Sitz in Ústí nad Labem gegründet. Diese Organisation widmet sich vor allem dem Kulturerbe der deutschsprachigen Bevölkerung in Tschechien. Partner des langfristig angelegten Völkerverständigungsprojekts sind die Stadt Ústí und ihr Stadtmuseum, die Universität sowie die Gesellschaft für die Geschichte der Deutschen in Böhmen.

Zu den berühmtesten Söhnen der Stadt zählt der frühklassizistische Maler Anton Raphael Mengs (1728 - 1779), der unter anderem mit Johann Joachim Winckelmann und Giacomo Casanova befreundet war.

▶ Karte: hintere Umschlagklappe

Stadtzentrum

Prägend für das Stadtbild ist die Lage an der Elbe (Labe) mit steilen Felsen bis fast in die Stadtmitte hinein. Schon das ist einen Ausflug nach Ústí wert. Von Westen kommt das Flüsschen Biela (Bílina, Ústí=Einmündung), das südlich des Stadtzentrums in die Elbe mündet. Im Stadtgebiet gibt es für Fußgänger fünf Möglichkeiten, die Elbe zu überqueren: Zwei große Autobrücken im Zentrum, die Schleuse am Schreckenstein (Masarykova zdymadla), eine niedliche Fähre (Neštěmice-Svádovský přívoz) in Svádov (Schwaden) und eine schmale Brücke in Valtířov (Waltirsche).

Im klassischen Sinne ist Ústí keine hübsche Stadt. Während der Gründerzeit wurde aus dem malerischen Ort am Fluss ein funktionales Sammelsurium, in der Nachkriegszeit kam viel Industrie hinzu, und heute wirken Verkehrswege, Wohnungen und Arbeitsstätten bunt gemischt zwischen die Felsen gequetscht. Aber auch das kann man als ein interessantes Profil verstehen: In welcher Stadt dieser Größe arbeitet einen Kilometer vom Rathaus entfernt schon ein Steinbruch (kamenolom Mariánská Skála)? Insbesondere ist die Ausbeute an Natrolith ergiebig. In den Sedimenten wurde sogar ein Elefantenzahn aus dem Pliozän gefunden.

Was Touristen an Infrastruktur brauchen, bekommen sie alles nur wenige Schritte voneinander entfernt: ein großzügiges **Tourismusbüro**, Geldwechselstuben, Fahrradverleih, Hauptbahnhof, ja sogar die Talstation einer **Schwebegondelbahn** zu einem Aussichtsfelsen findet man an einem kurzweiligen Weg von nur 300 Meter Länge.

Zu den Sehenswürdigkeiten in der Stadt gehören zahlreiche katholische Kirchen und das ehemalige **Dominikanerkloster**, das die zweitgrößte Orgel Tschechiens beherbergt. Das 1876 entstandene **Stadtmuseum** musste allein in den ersten zehn Jahren achtmal umziehen. Nach der Renovierung eines repräsentativen Schulgebäudes im Zentrum fand das Museum 2011 dort seinen derzeitigen Platz.

Stadtspaziergänge

Das Tourismusamt der Stadt hat einige sehr kurzweilige Routenvorschläge konzipiert, auf die man ohne Anleitung sicher nicht kommen würde; man findet sie ausführlich auf Flyern oder im Internet dargestellt. Eine Auswahl:

- **Kuriositäten**: Die ›TOP-Sehenswürdigkeiten‹ beschäftigen sich mit zehn Ku-

Bestimmend für Ústí ist seine Lage an der Elbe

Der Wannower Wasserfall

riositäten im Zentrum beiderseits der Elbe. Dabei unterläuft den Lokalpatrioten gleich ein Fehler, denn der Turm der **Dekanatskirche Maria Himmelfahrt** (Kostel Nanebevzetí Panny Marie) ist sicher nicht ›der schiefste Turm Mitteleuropas‹, sondern weicht seit einem Luftangriff bei Kriegsende in 65 Meter Höhe nur 2 Meter von der Senkrechten ab. Weitere Stationen auf diesem Weg sind unter anderem das größte Mosaik der **Tschechoslowakei**, eine berühmte **Seifenfabrik** und eine alte **Schallplattenfabrik**. Das spöttisch ›Arbeiterklasse Himmelfahrt‹ (Nanebevzetí dělnické třídy) genannte Mosaik präsentiert eine optimistische Interpretation des Sozialismus, der Künstler Miroslav Houra (1933 - 2006) durfte 1985 dafür 450 Quadratmeter belegen.

▸ **Villenarchitektur**: An dieser Route (www.usti-aussig.net) liegen zehn Villen, wobei neben zwei aus dem Wiener Architektenbüro Miksch und Niedzielski (1895 und 1902) in Zentrumsnähe (Churchilla 1344/2 und Churchilla 1368/4) eine Villa von Ervin Katona im Bauhausstil (1934) im Stadtteil Klíše (Štefánikova 14) besonders auffällt.

▸ **Bertatal**: Unweit des Zentrums führt das 1899 nach Bertha Schaffner benannte Tal (Bertino údolí) 700 Meter am Zieberniker Bach (Stříbrnický potok) aufwärts. Es gibt einen kleinen Wasserfall (Stříbrnický vodopád) und einen großen Artenreichtum. In der Fortsetzung des gelb markierten Weges erreicht man einen 2006 erhöhten **Aussichtsturm** (Erbenova vyhlídka, 420 m).

Aussichtsfelsen Větruše

Relativ neu renoviert wurde das **Schlösschen Ferdinandshöhe** (Větruše, 205 m) dicht neben den Zentrum. Es steht auf einer Felszunge unter dem Gerichtsberg (Soudný vrch, 300 m) am linken Elbufer. Der Architekt Alwin Köhler (1845 - 1923) schuf hier ein frühes Ensemble des Jugendstils. Das Gebäudes dient überwiegend als Luxushotel, der 30 Meter hohe Turm ist öffentlich zugänglich. Die Kombination aus **Spiegellabyrinth** (Zrcadlové bludiště) und **Thujaheckenlabyrinth** (Přírodní bludiště) an der anderen Seite des Parkplatzes ist für sprachunkundige Touristen leicht zu übersehen - das auch im Tschechischen bekannte Wort ›Labyrinth‹ auf dem Schild würde wohl noch ein paar Gäste mehr anlocken.

Seit 2010 verbindet eine moderne **Schwebegondelbahn** (Lanová dráha) das Stadtzentrum über den Mündungsbereich des Flusses Biela (Bílina) mit der Höhe, 330 Meter werden ohne Stützen überwunden. Die maximale Kapazität beträgt 390 Personen pro Stunde, für Fahrräder und Kinderwagen ist extra zu bezahlen. Über einen beschilderten **Naturlehrpfad** kann man von dort aus in etwa einer Stunde Fußweg den Felsen Workotsch (Vrkoč, wörtlich übersetzt Zopf, 240 m) und den **Wannower Wasserfall** (Vaňovský vodopád) erreichen. Der Olivin-Basalt des Workotsch bildet sechskantige Säulen und hübsche Fächer.

▸ Karte: hintere Umschlagklappe

Der Wannower Wasserfall ist mit zwölf Metern der höchste im Böhmischen Mittelgebirge. Er lohnt zu jeder Jahreszeit einen Besuch. Der Winter bedeckt den Basalt oft mit einem hübschen Eisvorhang. Der zugehörige Bach (Podlešínský potok) ist nur 1,5 Kilometer lang und überwindet dabei fast 300 Höhenmeter. Vom Naturlehrpad führt ein kurzer Sackgassen-Pfad zur **Humboldt-Aussicht** (Humboldtova vyhlídka, 268 m). Diesen Namen tragen gleich zwei Aussichtspunkte der Gegend. Von dem hier sieht man die Burgruine Schreckenstein etwa einen Kilometer entfernt flussaufwärts.

Burgruine Schreckenstein

Gegenüber der Humboldt-Aussicht, am rechten Elbufer, steht die Burgruine Schreckenstein (Střekov) auf einem Klingsteinfelsen. Sie wurde 1316 zur Überwachung der Elbe errichtet, seit 1563 besitzt die Familie Lobkowitz (www.lobkowicz.com) das Anwesen. Im 19. Jahrhundert war die verfallende Burg Inspiration für viele Künstler, bis heute ist sie wahrscheinlich das bekannteste Baudenkmal Nordböhmens. In fast jedem Jahrzehnt seines Lebens besuchte Richard Wagner (1813 – 1883) Böhmen. Außer Prag hatten es ihm Teplitz und Aussig besonders angetan. Der Schreckenstein lieferte wichtige Ideen für seine Oper ›Tannhäuser‹.
An der Masaryk-Schleuse (Masarykova zdymadla, www.pla.cz) können Fußgänger die Elbe queren. Die Schleuse wurde von 1923 bis 1936 errichtet. Sie wurde für eine Lebensdauer von 20 Jahren geplant, ist jedoch ohne substantielle Umbauten bis heute in Betrieb. Außerdem liefert sie über 19 Megawatt Energie pro Jahr. Es handelt sich um das letzte Stauwerk an der Elbe bis Geesthacht kurz vor Hamburg.
Von Schreckenstein führen Wanderwege unter anderem zum Schreckensteiner Aussichtsturm (Střekovská vyhlídka, 284 m) und zu verschiedenen Wandermöglichkeiten rund um den Hohen Wostrey (Vysoký Ostrý, 587 m).

Die goldene Vier

Start und Ziel: Ústí nad Labem, Zentrum
Länge: 14 km.
Infos: www.usti-nad-labem.cz/de/touristen/innenstadt-routen

Unter dem Motto ›Die alt und neu verbindende goldene Vier‹ (Zlatá čtyřka) schlägt das Tourismusamt der Stadt Ústí eine 14 Kilometer lange Rundwanderung zu vier Wahrzeichen vor. Das sind die **Dekanatskirche Maria Himmelfahrt** (Kostel Nanebevzetí Panny Marie), das **Aussichtsschlösschen Ferdinandshöhe** (Větruše), die **Burg Schreckenstein** (Střekov), sowie die **Marienbrücke** (Mariánský most). Diese auffällige Schrägseilbrücke des Architekten Roman Koucký nahm 1998 ihren Betrieb auf. Überschwänglich begeistert von der Konstruktion reagierte beispielsweise die Fachzeitschrift Structural Engineering International (www.iabse.org).
Man kommt unterwegs natürlich mit weiteren Innenstadtbauten und weiteren Uferstellen in Kontakt. Auf beiden Seiten der Elbe passiert man zudem beliebte Aussichtsfelsen. Aber es ist kein Wohlfühlspaziergang durch reine Natur, nicht zuletzt weil der Verkehr bis zu den Waldwegen in den oberen Tallagen hinauf dröhnt.
Als Ausgangs- und Endpunkt bieten sich das Zentrum mit Informationsbüro und Hauptbahnhof oder der Parkplatz auf der Ferdinandshöhe an. Zentrum und Ferdinandshöhe sind durch die Seilbahn verbunden. Dann läuft man auf dem Naturlehrpfad zum Wannower Wasserfall. Die Elbe überquert man an der Schleuse. Nach der Burg Schreckenstein führt der Weg zum Schreckensteiner Aussichtsturm auf dem Kleinen Sattel (Malé Sedlo, 284 m).

Romantische Gemälde

Viele Schlüsselpersonen der Klassik wie beispielsweise Johann Joachim Winckelmann (1717 - 1768) und Karl Friedrich Schinkel (1781 - 1841) lobten die liebliche Landschaft des Böhmischen Mittelgebirges unterhalb der finsteren Wälder des Erzgebirges. Einige hielten ihre Eindrücke auf Papier und Leinwand fest:

Johann Wolfgang von Goethe (1749 - 1832), ›Borschen bei Billin‹ (1810, lavierte Tuschzeichnung 31 cm x 25 cm), heute zu sehen bei der Stiftung Weimarer Klassik.

Caspar David Friedrich (1774 - 1840), ›Böhmische Landschaft mit dem Milleschauer‹, (1811, Öl, 71 cm x 104 cm), Galerie Neuer Meister Dresden. Bis auf einen in das Bild hineinführenden unbefestigten Weg handelt es sich um einen Anblick ohne Zeichen der Zivilisation. Über eine weitläufige parkartige Landschaft erheben sich rechts der Milleschauer und links der etwas näher gelegen Kletschen.

Adrian Ludwig Richter (1803 - 1884), ›Der Schreckenstein bei Aussig‹ oder ›Aufziehendes Gewitter am Schreckenstein‹ (1835, 49 cm x 60 cm), Museum der bildenden Künste Leipzig. Aufbauend auf den Stil der Nazarener ein Landschaftsidyll, das ebenso gut ins italienische Alpenvorland passen würde. ›St.-Annen-Kirche zu Graupen in Böhmen‹ 1836 (56 cm x 69 cm), Niedersächsisches Landesmuseum Hannover. Hinter der Bergkirche deutet sich ein weiter Blick von Graupen bis zum Mittelgebirge an, vorn vermitteln zehn Figuren verschiedener Generationen den Eindruck einer heilen Provinzwelt. ›Überfahrt am Schreckenstein‹ (1837, 117 cm × 157 cm), Gemäldegalerie Neue Meister Dresden. Mit seinen acht allegorischen Figuren vielleicht das Gemälde der Spätromantik schlechthin.

Etwa 100 Ölgemälde **Ernst Gustav Doerells** (1832 - 1877) besitzt das Museum Ústí nad Labem. Motive sind unter anderem die Burgen Schreckenstein, Sperlingstein und Kostenblatt, Bilin und der Alaunsee. Doerell kam im Alter von vier Jahren nach Böhmen und blieb vor allem der Landschaft um Teplitz und Aussig verbunden. Er ist übrigens der Großvater des Agrarwissenschaftlers Ernst Gustav Doerell (1892 - 1963).

›St.-Annen-Kirche zu Graupen in Böhmen‹, Gemälde (1836) von Adrian Ludwig Richter (Ausschnitt)

Einige Werke mit regionalem Bezug von **Alois Gustav Schulz** (1805 - 1860) wie ›Triblitz von Osten gesehen‹ (1830) und **Karl Quarck** (1869 - 1950) wie ›Landschaft bei Lovosice‹ (1920) zeigt das Museum Litoměřice. In der Tradition von Adrian Ludwig Richter steht **Ernst Erwin Oehme** (1831 - 1907) mit Bildern wie ›In der Bergstadt Graupen‹ (1902). Hingewiesen sei an dieser Stelle noch auf die weniger bekannten Künstler Carl Wilhelm Arldt, Felix Bibus, Eberhard Eysert, Josef Fučík, Ferdinand Lepié, Erwin Müller, Harald Pickert, Otty Schneider und Václav Valta.

Künstlerweg

Das fruchtbare Elbtal durch das Böhmische Mittelgebirge mit seinen pittoresken Landschaftsformen war oft Inspirationsquelle für Künstler. Vor allem den Spuren der Malerei im 19. Jahrhundert folgt ein knapp zwölf Kilometer langer Künstlerweg (Umělecká stezka). Von Církvice (Zirkowitz) bis Sebuzín (Sebusein) läuft man den Elberadweg entlang, anschließend führt ein gelb markierter Wanderweg zum Prütschelbach und schließlich ein grün markierter durch den Ort Brná (Birnai) zum Schreckenstein. Übrigens wählte sich der auch in Hollywood erfolgreiche Kameramann Franz Planer (1894 - 1963) Církvice 1923 für seine Hochzeit aus.

Trmice

Unschön wird der Schlosspark Trmice (Türmitz) am Fluss Biela (Bílina) von der Autobahn durchschnitten. Die Stadt Ústí bemüht sich um einen erneuten Zusammenschluss mit der seit 1994, nach einem Referendum, wieder selbständigen Kommune. Im **Neuen Schloss** dort kann man an zwei Tagen pro Woche eine **Modelleisenbahnanlage** besuchen. In dem Wäldern zwischen Trmice und Ústí stehen noch Reste verfallender **Bunkeranlagen**.

Die Umgebung von Ústí

Elbabwärts von Ústí nad Labem liegen **Schlösser mit Parks**, in Krásné Březno (Schönpriesen) links und in Velké Březno (Großpriesen) rechs des Flusses. Die **Florianskirche** am Schloss Schönpriesen ist seit 2013 wieder zugänglich. Sie beherbergt einen Renaissancealtar mit filigranen Alabasterreliefs. Das sogenannte Neue Schloss Großpriesen dient als **Museum**. Es wird gern für Fototermime mit viktorianischen Kostümen genutzt.
Aus Velké Březno kommt die 1753 begründete Biermarke Březňák (www.

Blick über Zubrnice zum Zinkenstein mit dem Fernsehturm

breznak.cz), die 2008 von Heineken übernommen wurde. Die Person auf dem Etikett ist der Bahnhofsvorsteher Victor Cibich (1856 - 1916), mit einer Druckauflage von etwa 2,5 Milliarden Exemplaren dürfte Cibich der am häufigsten porträtierte Tscheche sein. 1906 unterbreitete der Brauereivorstand Cibich einen Werbevertrag, der Cibich lebenslang 30 Liter Bier wöchentlich in einem Restaurant des Ortes gewährte.
Wenige Meter südöstlich von Olešnice u Svádova (Waldschnitz) befindet sich das **Naturdenkmal Räuberhöhle** (Loupežnická jeskyně), ein Hang mit Phonolithgestein, der bei Fledermäusen und Salamandern beliebt ist.
Zwischen Velké Březno und Suletice (Sulloditz) liegt die vierte in diesem Buch **Spitzberg** genannte Erhebung (Magnetovec, 520 m). Deren größte Attraktion ist ein pilzförmiges Gebilde - Skalní hřib - aus Basanitgestein von acht Metern Höhe am Südhang.
Von Velké Březno verkehrt eine **Muse-**

umsbahn (Zubrnická museální železnice) über Malé Březno (Kleinpriesen) nach Zubrnice (Saubernitz). Der ehemalige Bahnhof Saubernitz-Tünscht am Ende der Strecke dient auch als **Eisenbahnmuseum**. Weiterhin wurden im Ort mehrere renovierte Gebäudeensembles zu einem **Freilichtmuseum** zusammengefasst.

Zwei Kilometer nördlich von Zubrnice steht neben dem Zinkenstein (Buková hora, 683 m) der mit 223 Metern höchste **Fernsehturm** Tschechiens; Touristen haben zu ihm keinen Zugang. Abgesehen von abgespannten Sendemasten andernorts ist das über 50 Jahre alte Gebilde sogar bis heute das höchste Bauwerk Tschechiens und wirkt nicht unmodern. Ein Felsen am Gipfel heißt **Humboldtaussicht** (Humboldtova vyhlídka, 680 m). Vor Alexander von Humboldt 1837 war dieser bereits Ziel des Habsburger Kaisers Joseph II. Im Jahre 1778. Zu Humboldts Zeiten bot sich sicher noch ein romantischer Blick in die Natur. Heute ist es der schönste Blick auf die zweitgrößte Stadt Nordböhmens.

Ústí nad Labem und Umgebung

Informační středisko města, Mírové 1/1, Tel. 0475/271700; Mai–Sept. 9–17 Uhr, Okt.–Apr. Mo–Fr 9–17, Sa 9–12 Uhr; zu verschiedenen Wandervorschlägen können Audioguides ausgeliehen werden. www.usti-nad-labem.cz

Univerzita Jana Evangelisty Purkyně, Pasteurova 14, www.ujep.cz

Ústí liegt an der internationalen Ferstrecke Hamburg–Berlin–Prag. Direktverbindung mit Berlin (180 min) tagsüber im Zweistundentakt, die Bahnstrecken Cheb - Chomutov - Ústí (Kursbuch 130/140) und vom Westbahnhof Ústí zapad nach Kolín (Kursbuch 072) im Stundentakt.

An Wochenenden von Apr. bis Okt. fährt mehrmals täglich der historische Schienentriebwagen T3 ›Zubrnický motoráček‹ auf der Strecke Střekov - Zubrnice, Fahrplan: www.kr-ustecky.cz

Städtischer Nahverkehr einschließlich Seilbahn: www.dpmul.cz

Seilbahnfahrten viertelstündlich, Mai–Sept. 8–22 Uhr, Okt.–Apr. 9–20 Uhr.

Wer sich als Autofahrer eine Parkplatzsuche im Zentrum ersparen will, stellt sein Gefährt am Hotel Větruše ab und fährt mit der Seilbahn hinüber.

Fähre Neštěmice-Svádov, Mobiltel. 0602/495767; Sept.–Jun 9–18 Uhr, Juli–Aug. 9–20 Uhr. Personenverkehr auf Elbeschiffen unter www.kr-ustecky.cz (Linie 901 flussauf-wärts, 902 abwärts). und www.labskaplavebni.cz (ab Děčín flussabwärts).

Větruše, Fibichova 392/23, Tel. 0474/620330; DZ ab 2500 Kč. Das neu als Komforthotel eröffnete Schlösschen Ferdinandshöhe, trotz hoher Preise oft ausgebucht. www.hotelvetruse.cz

Na Rychtě, Kláštěrní 75/9, Tel. Hotel 0475/213138, Tel. Restaurant 0475/205018; DZ 1600 Kč. Minibrauerei im Zentrum. www.pivovarnarychte.cz

Na Hvězdě, Klíšská 394, Tel. 0475/221830; DZ 1600 Kč. Größere Pension im Stadtteil Klíše. www.penzion-na-hvezde.cz

Greenstar, Jateční 441/37, Mobiltel. 0604/223452; DZ 1270 Kč. Villa in Klíše. www.ubytovani-usti.info

Kovárna, Na Zacházce 52, Tel. 0475/531644. Die Burgschmiede von Scheckenstein als Restaurant. www.restaurant-kovarna.cz

Taj Mahal, Hradiště 96/6, 0475/210374. Beliebter Inder neben dem Dominikanerkloster. www.indickarestaurace.cz

Pivovarská šenkovna, Velká Hradební 20, Mobiltel. 0734/753299. Bierstube im Zentrum. www.pivovarskasenkovna.cz

Fírovka, Stará 1094/76, Mobiltel. 0736/

▶ Karte: hintere Umschlagklappe

242715. Bierstube mit Aussichtsterrasse. www.firovka.cz

U Svaté Barbory, Řehlovice-Dubice 39, Mobiltel. 0721/177404, DZ 1200 Kč o. F. Außerhalb, neben dem Dubitzer Kirchlein. www.penzion-dubicky.cz

▸ Museen in Ústí:

Stadtmuseum (Muzeum města), Masarykova 1000/3, Tel. 0475/210937; Di–So 9–18 Uhr. www.muzeumusti.cz

Schreckenstein (Hrad Střekov), Na Zacházce 844, Mobiltel. 0475/530682; Juni–Aug. 9.30–18 Uhr, Mai u. Sept. 9.30–17, Apr u. Okt. 10.30–17 Uhr. www.hrad-strekov.cz

Florianskirche (Kostel svatého Floriána), Krátká, Neštěmice, Tel. 0472/704800; Anmeldung erwünscht. www.kostel-krasnebrezno.cz

Kunstgalerie der Universität (Dům umění), Klíšská 129, Tel. 0475/285188; Di–So 10–18 Uhr, gratis. www.duul.cz

Zoo (Zoologick. zahrada), Drážďanská 23, Tel. 0475/503421; Apr.–Sept. 9–19, März u. Okt. 9–18 Uhr, Nov.–Feb. 9–17 Uhr. www.zoousti.cz

Labyrinth (Bludiště), Fibichova 392, Mobiltel. 0724/203410; Apr.–Okt. 9–19.30 Uhr, Okt.–März 9–17 Uhr. www.msul.cz

Luftschutzbunker (Muzeum civilní obrany), Žižkova, Mobiltel. 0777/769700; Juli–Aug. Do–So 10–17 Uhr, Fürungen jeweils zur vollen Stunde. www.ustecke-podzemi.cz

Modellbahnanlage im Neuen Schloss (Muzeum modelové železnice na zámku), Zámecká 189/12, Trmice, Mobiltel. 0602/419588; Mi 13–16.30, So 10–12 u. 13–16.30 Uhr. www.mestotrmice.cz

▸ Museen in Zubrnice:

Freilichtmuseum (Skanzen Zubrnice), Zubrnice 74, Tel. 0475/228267; Mai–Sept. Di–So 9–17 Uhr, Apr. Sa/So 10–16 Uhr, Okt. Sa/So 10–15 Uhr. Leider kommt man nur mit Führung in die im Dörfchen verstreuten Gebäude hinein. www.skanzen-zubrnice.cz

Eisenbahnmuseum (Železniční museum), Hraničářská 107, Mobiltel. 0725/029964; April–Okt. Sa/So 10–17 Uhr, Juli/Aug. Di–So. www.zubrnickazeleznice.cz

▸ Museen in Velké Březno:

Schloss (Státní zámek), Zámecká 63, Tel. 0475/228331; Apr u. Okt. 10–15 Uhr, Mai–Sept. 10–17 Uhr. www.zamek-vbrezno.cz

Schlosspark (Zámecký park); Apr.–Okt. 8–19 Uhr, Nov. u. März 8–17 Uhr, Dez.–Feb. 8–16 Uhr.

Nordböhmisches Theater (Severočeské divadlo), Lidické náměstí 10. Mit internationalem Oper- und Balettrepertoire. www.operabalet.cz

Im Okt./Nov. finden in Ústí das **Theaterfestival KULT** (10 Tage), ein Turniertanzfestival sowie ein Jazz- und Bluesfestival (jeweils 1 Wochenende) statt.

Gelegentliche Konzerte im Himmelfahrtskirchlein Církvice gleich neben dem Elbufer. www.cirkvickakulturni.cz

Cyclocentrum, Přístavní 3591/3, Mobiltel. 0725/550594; 8–20 Uhr. Von der Stadt betriebener Fahrradverleih am Hauptbahnhof mit zusätzlichem Service wie WLAN, Dusche, Getränken und Ersatzteilen. www.msul.cz

Koupaliště Brná, Litoměřická 37, Střekov, Tel. 0475/541077; Mai–Sept. Thermalfreibad am rechten Elbufer. www.msul.cz

Obchodní dům Labe, Revoluční 2732/9, Tel. 0475/254201. Kaufhaus mit nostalgischem Touch, in Betrieb seit 1974. www.odlabe.cz

Braunstar, Moskevská 1497/44, Tel. 0475/201352. Großer Laden für Anglerbedarf. www.braunstar.cz

An Themenrouten und an vielseitigen Angeboten für Aktivurlauber mangelt es nicht. Für alle Verkehrsmittel und alle Verpflegungsformen vom Bäckerei-Imbiss bis zum Gourmetrestaurant steht eine gute Infrastruktur zu oftmals günstigen Preisen bereit.

BEWÄHRTE ROUTEN FÜR MEHRERE TAGE

Das Erzgebirge bietet sehr gute Bedingungen für Wintersportler

Thematische Bündelungen von Freizeitangeboten entlang einer Strecke unter einem zugkräftigen Namen sind in den vergangenen Jahren von den Tourismusverbänden zahlreich ins Leben gerufen worden. In allen Regionen trifft man heute auf eine ganze Reihe von Themenwegen, natürlich auch im Erzgebirge. In Deutschland bisher einmalig ist der 23 Kilometer lange Glockenwanderweg durch Deutschneudorf und Seiffen (→ S. 153). Der Bimmelbahn-Erlebnispfad ab Cranzahl bietet ebenso lohnenswerte Eindrücke wie der Waldgeisterweg durch die Greifensteine oder die Planetenwanderwege in Drebach und Oberschlema. Solche Touren von maximal einem Tag sind in diesem Reiseführer bei den jeweiligen Ortsbeschreibungen im Buch erwähnt, auch der 28 Kilometer lange Pilgerweg von Rechenberg den Südhang des Gebirges hinab müsste an einem Tag zu schaffen sein (→ S. 281). Die Salzstraßen (→ S. 29) werden hier nicht ausführlicher beschrieben, denn auf diesen Handelswegen sollten Hindernisse wie Gebirge ja schnell überwunden werden, die touristische Attraktivität spielte

Die Silberstraße ist gut ausgeschildert

naturgemäß keine Rolle. Im Folgenden werden ausgewählte längere Routen vorgestellt, ohne Detailangaben wie beispielsweise Adressen und Öffnungszeiten zu wiederholen.

Unterwegs mit Auto und Bahn

Die erste Ferienstraße Deutschlands war die Deutsche Alpenstraße, die ab 1927 eingerichtet wurde. Während zweier Gründungswellen – alte Bundesländer: 1970er Jahre, neue: 1990er Jahre – entstanden etwa 90 Prozent der derzeit existierenden, entlang von Landstraßen verlaufender Themenrouten. Von diesen über 100 Ferienstraßen sind jedoch nur wenige im Bewusstsein der breiten Öffentlichkeit angekommen. Eine relativ neue Idee ist die Fortsetzung der Fränkischen Porzellanstraße nach Tschechien.

Silberstraße

Schon vor Jahrzehnten ist das alte Wort Silberstraße (www.silberstrasse.de) im Tourismusmarketing aufgetaucht, um eine Route zu bewerben, die sich vor allem den ehemaligen Bergbaustädten im Erzgebirgsvorland widmet. Es gibt sogar ein Dorf mit dem Namen Silberstraße, heute ein Teil von Wilkau-Haßlau. Dort war seit 1470 eine Brücke über die Mulde vorhanden, die den Silbertransport von den Abbaustätten nach Zwickau erleichterte.

Im Laufe des Jahre entstanden verschiedene Straßenzweige, eine einzelne eindeutige Silberstraße gab es wohl nie. Den Kern bildet die Bundesstraße 101 zwischen Schwarzenberg und Freiberg, vermarktet unter diesem Namen werden Einrichtungen zwischen Zwickau und Dresden. Entlang der Straßen wurden Schilder mit dem Wort Silberstraße angebracht. Inzwischen ist mit Hilfe von EU-Geldern sogar von einer Sächsisch-Böhmischen Silberstraße die Rede

Junge Allee in der Gemeinde Amtsberg

(Stříbrná stezka). Der grenzüberschreitende Zweig führt aber bisher nur über den Wiesenthaler Pass nach Ostrov (Schlackenwerth).

Natürlich könnte man die Silberstraße zum Inhalt eines Erzgebirgsurlaubs machen, aber die bessere Herangehensweise für die Planung einer Erzgebirgsrunde ist wohl, zunächst ganz frei die persönlichen Favoriten unter den Orten herauszusuchen und diese dann zu verbinden. Mit großer Wahrscheinlichkeit wird man dabei ohnehin mit der Silberstraße in Kontakt kommen.

Deutsche Alleenstraße

Alleen verbinden gewachsene Kulturtradition mit ökologischen Funktionen. Oft wird die damit verbundene Lebensqualität erst dann schmerzlich bewusst, wenn Allen entfernt wurden. Und da es die Erzgebirger ja nirgendwo weit zu einem Wald mit vielen Bäumen haben, ist ihre Sensibilität gegenüber Alleen eher unterdurchschnittlich ausgeprägt.

Die Deutsche Alleenstraße (www.alleenstrasse.com) verläuft von Sellin auf Rügen bis Konstanz am Bodensee. Zwischen der Elbe und dem Rhein gibt es mehrere Varianten. Die Deutsche Alleenstraße kommt damit Insgesamt auf stolze 2900 Kilometer und ist Deutschlands längste Ferienstraße. Ein Teil durch das gesamte sächsische Erzgebirge (Dippoldiswalde – Olbernhau – Schwarzenberg) wird als ›Planungsstrecke‹ (Stand 2018) innerhalb des Abschnitts 6 (Wittenberg – Dresden – Plauen) bezeichnet. Planungsstrecke bedeutet dabei nicht die derzeitige Abwesenheit von Bäumen: Wie andernorts bezog man bei der Trassierung bestehende Alleen ein. Als Ironie der Geschichte kann angesehen werden, dass ausgerechnet der ADAC 1992, sensibilisiert durch Leserbriefe an seine Mitgliederzeitung, Initiator der Alleenstraße war. Also der Club, der unter dem Motto ›Freie Fahrt für freie Bürger‹ die Abholzung von Bäumen entlang der Alleen in den Jahren zuvor wesentlich mitbetrieben hatte. Es mag einzelne ehrliche Ökologen im ADAC geben, prinzipiell ist er aber nach wie vor ein Lobbyverein der fossilen Industrie. In Relation zu seinen Kapazitäten gibt er beschämend wenig für sein grünes Mäntelchen aus. Die eigentliche tapfere Arbeit zum Alleenschutz machen andere, beispielsweise das Team rund um Katharina Dujesiefken-Brückmann beim Bund für Umwelt und Naturschutz (www.bund-mecklenburg-vorpommern.de, sehr praxisnah) oder die Alleenschutzgemeinschaft unter Cornelia Behm (www.alleenschutzgemeinschaft.de, eher parlamentarisch). Ein europaweiter Zusammenschluss von Alleenfreunden wird unter European Avenues Working Group (www.european-avenues.eu) aufgebaut, darunter die tschechische Organisation Arnika (www.aleje.org).

Trotz der Schönheit von Alleen kann die vorrangig dem Autoverkehr dienende Alleenstraße Radlern nur bedingt und Fußwanderern nicht empfohlen werden. Dazu sind einfach die Geschwindigkeiten des motorisierten Verkehrs zu hoch. Als Fußgänger sollte man den linken Fahrbahnrand benutzen. Nur wenige Teilstrecken verfügen über separate Wege neben der Fahrbahn.

Dampfbahn-Route Sachsen

Auch für Eisenbahnfans gibt es seit 2009 eine Themenroute, die durch das Erzgebirge führt und ihr Büro in Radebeul hat. Sie nennt sich Dampfbahn-Route Sachsen. Träger des Projekts ist die Sächsisch-Oberlausitzer Eisenbahngesellschaft (SOEG, www.soeg-zittau.de), gegründet 1994 für die Zittauer Schmalspurbahn. Elemente der Route sind hauptsächlich in Betrieb befindliche Bahnanlagen, aber auch Bürgerinitiativen beteiligen sich wie beispielsweise eine zur Aufwertung des ehemaligen Bahnhofsviertels Eppendorf. Die drei Streckenzweige der Dampfbahn-Route treffen sich in Dresden und kommen zusammen auf etwa 750 Straßenkilometer. Der Streckenast Sächsisches Burgen- und Heideland–Sächsisches Elbland–Dresden führt von Leipzig-Plagitz zum Bahnhof Wilsdruff, der Streckenast Dresden - Osterzgebirge - Sächsische Schweiz - Oberlausitz/Niederschlesien von Dresden nach Kromlau, der Streckenast Dresden - Chemnitz - Erzgebirge - Vogtland von Dresden zum Bahnhof Schönberg (Vogtl).

Auf der Internetseite der Dampfbahn-Route Sachsen (www.dampfbahn-route.de) findet man eine Liste interessanter Objekte, die alle über öffentliche Straßen erreichbar sind. Kostenloses Informationsmaterial kann im Internet (www.dampfbahn-route.de/de/information/informationsmaterial) und per Telefon (0351/2134440) bestellt werden.

Geschichte der Wanderwegbeschilderung

Die Anzahl der unter einem mehr oder weniger reißerischem Namen ausgeschilderten Wege und Pfade hat in den letzten Jahren wieder zugenommen, einiges wurde aus EU-Töpfen finanziert. Das häufigste Förderprogramm ist LEADER (Liaison entre actions de développement de l'économie rurale). Mehr oder weniger offiziell für die Pflege bestimmter Wegabschnitte zuständige Personen werden als Wegewart bezeichnet.

Wichtige Organisationen

Im letzten Drittel des 19. Jahrhunderts organisierte sich die mitteleuropäische Naturfreunde- und Wanderbewegung, es entstanden beispielsweise der Deutsche Alpenverein (1869), die Polnische Tatra-Gesellschaft (Polskie Towarzystwo Tatrzańskie) und der Ungarische Karpathenverein (Uhorský karpatský spolok, 1873), der Erzgebirgsverein (1878), der Riesengebirgsverein (1880), der Harzklub (1886), der Klub tschechischer Touristen (Klub českých turistů, KČT, www.kct.cz, 1888) und der Beskidenverein (1893).

Sozialistischen Ideologen lösten in ihrem Einflussbereich vorhandene Vereine nach Kriegsende auf und boten deren Mitgliedern neue zentrale Strukturen an. So entstanden 1945 der Kulturbund zur demokratischen Erneuerung Deutschlands (später Kulturbund der DDR, www.kulturbund.de), 1950 die Polnische Gesellschaft für Tourismus und Heimatkunde (Polskie Towarzystwo Turystyczno-Krajoznawczem, PTTK, www.pttk.pl) sowie 1957 die Tschechoslowakische Union für Körpererziehung und Sport (Československý svaz tělesné výchovy a sportu, ČSTV).

Bereits 1883 wurde mit dem Verband Deutscher Touristen-Vereine (später Deutscher Wanderverband, DWV, www.wanderverband.de) eine deutsche Dachorganisation gegründet. 2017 hatte sie rund 600 000 Mitglieder, ihre Jugendorganisation (DWJ) weitere 100 000. Die Europäische Wandervereinigung (EWV, www.era-ewv-ferp.com) als europäische Dachorganisation folgte erst 1969. Ihr gehören inzwischen über fünf Millionen Mitglieder an.

Entwicklungen bis 1989

Wanderwegzeichen sind bereits für das 19. Jahrhundert belegt. Die Tschechoslowakei hatte Zeit ihrer Existenz dann das dichteste und bestmarkierte Wanderwegenetz weltweit, ein einheitliches System durchzog flächendeckend das ganze Land. Dieses Netz bestand aus weißen Quadraten mit Farbmarken entlang der Wegstrecken sowie Schildern an allen Verzweigungen. Die Marken – überwiegend an Steinen und Bäumen angebracht – wurden etwa alle drei Jahre erneuert. Die Farben hatten folgende Bedeutungen: Rot für Fernwander- und Kammwege; Blau für regionale Routen; Grün für lokale Routen; Gelb für Verbindungswege.

Auf jedem Wegweiser an den Verzweigungen standen der nächste Verzweigungspunkt und gegebenenfalls fernere bedeutendere Punkte mit jeweiligen Wanderzeitangaben. Insbesondere in Gebirgen waren sie oft praxisgerechter als die – oft zusätzlich vorhandenen – Kilometerangaben. Die Materialkosten durften bei den staatlichen Organisationen abgerechnet werden. Der Arbeitsaufwand erfolgte ehrenamtlich. Rundwanderungen wurden in der Landschaft praktisch nicht markiert. Natürlich gab es Beschreibungen von Runden in Texten. Für Lehrpfade galten gesonderte Regeln. Leicht modifiziert und weniger konsequent übernahmen die Deutsche Demokratische Republik und die Volksrepublik Polen das System der Tschechoslowakei, Ungarn und Bulgarien schlossen sich an. Gesetzliche Grundlage in der DDR war der Erlass des Volksbildungsministeriums ›Anordnung über die Markierung der Wanderwege‹ aus dem Jahre 1960. Dabei wurde die Bedeutung der Farben Rot und Blau vertauscht.

Entwicklungen seit 1989

Nach dem Ende des Realsozialismus stieß die ehrenamtliche Pflege dieses Netzes schnell an Kapazitätsgrenzen, gewohnte Strukturen zerfielen und oft gründeten sich die Vereine der Vorkriegszeit neu. Aber vor allem hatten die Leute in die-

Fast überall finden Wanderer und Langläufer eine gute Beschilderung vor

ser Umbruchszeit größere Sorgen als die Wanderwegbeschilderung. Stattdessen standen für fest umrissene Projekte wie Themenwanderwege bestimmte Fördertöpfe bis hinauf zur EU-Ebene offen. Vom Blick auf das bisherige Gesamtnetz verlagerten sich die Aktivitäten also zunehmend auf isolierte Einzelprojekte wie die Beschilderung von Rundwanderwegen. Damit sollen Ergebnisse wie der Kammweg nicht kleingeredet werden, er ist wirklich vorbildlich gelungen. Aber ehrenamtliche Enthusiasten sind seltener geworden. Vieles ist nur noch über auch Personalkosten beinhaltende Fördertöpfe realisierbar. Auf unlängst abgeschlossene Projekte können sich die Touristen jedenfalls verlassen. Eine mittel- bis langfristige Pflege bleibt zu hoffen. Einige wenige Enthusiasten arbeiten sogar unter Einsatz privater Gelder weiter.

Auf die standardisierten Marken und Wegweiser der Jahrzehnte bis 1989 folgte in Ostdeutschland zunächst ein Wirrwarr an neuen Kreationen. Die sogenannte Wegemarkierungsbefugnis wurde von den Bundesländern überwiegend an ortsansässige Strukturen delegiert. Im Internet sind einige PDFs dazu wie das ›Wegehandbuch des Alpenvereins‹ oder die ›Handlungsempfehlungen und Arbeitshilfen für qualitätsgerechte Wanderwege in Sachsen‹ zu finden. Inzwischen gibt es durch den Deutschen Wanderverband zertifizierte Wege (www.wanderbares-deutschland.de). Die Wegewarte des Erzgebirgsvereins betreuten nach der Statistik von 2008 insgesamt 4042 Kilometer Wanderwege mit 6136 Wegweisern, 2346 Sitzbänken und 377 Schutzhütten. Das Wanderwegenetz Tschechiens ist nach wie vor führend in der Welt, auf einer Fläche von jeweils 1000 Quadratkilometern sind durchschnittlich 500 Kilometer markierter Wege vorhanden.

GPS und Internet

Technische Entwicklungen machen vor den Wanderern nicht Halt. Viele Routenvorschläge spiegeln sich nicht (mehr) in der physischen Beschilderung in der Landschaft wider. Stattdessen kann man gewünschte GPS-Daten auf Internet-Portalen herunterladen. Teilweise betrifft das sogar traditionsreiche Wanderziele. Als Beispiel sei hier der Aussichtspunkt Heinrichstein (Na Strašidlech, auch Skalní útvar Strašidlo oder Skály na Strašidlech, → S. 225) genannt. Er ist auf dem Internet-Auftritt der Kommune zu finden, bei Mapy.cz und sogar bei OpenStreetMap.org. Läuft man aber auf dem 200 Meter entfernten Waldweg Vrchová cesta entlang, wird man derzeit nicht das Geringste von ihm merken. Auf einer Kuppe zu stehen und über Baumwipfel hinweg zu schauen ist ja keine Kunst, aber im dichten Wald irgendwo nebenan Felshügel zu spüren schon.

Fuß- und Skiwanderungen

Das Erzgebirge punktet mit einer ausgewogenen Mischung aus Natur und Kultur. Viele Aussichtspunkte sind relativ bequem zu erreichen. Einige Quartiere bieten einen Gepäcktransport zum nächsten Quartier und einen Shuttle zum Bahnhof an.

Rodelspaß im Pockautal

Wandervorschläge vor 150 Jahren

Seit Jahren war mündlich und schriftlich die Klage zu vernehmen, dass es an einem brauchbaren Reisehandbuche für das sächsisch-böhmische Erzgebirge fehle [...] Der Verfasser würde sich freuen, wenn der ›Wegweiser‹ vielen Reisenden zu einer angenehmen (Erholung und Belehrung gewährenden) Tour im Erzgebirge verhülfe und die Einheimischen merken liesse, dass ihm bei Ausarbeitung des Schriftchens die ›Liebe zum Erzgebirge‹ zur Seite gesessen.

aus dem Vorwort von Berlets Wegweiser

Im Jahre 1872 schreib der Wahlannaberger Bruno Berlet seinen Wegweiser durch das sächsisch-böhmische Erzgebirge, der durchaus noch immer Anregungen liefern kann. Eine für die Routenplanung heute wichtige Herausforderung ist wohl, dass man damals praktisch jede Straße für Wanderungen benutzen konnte. Inzwischen macht das Entlanglaufen an Autoschneisen nicht nur wenig Spaß, sondern ist oft sogar gefährlich. Mobilität im Sinne von lebensfeindlichen oder gar klimagefährdenden Schneisen gab es damals noch nicht.

Berlets ›Haupttouren‹ beginnen mit den Vorschlägen:

- Von Dresden durch das ganze Erzgebirge in 26 Tagen,
- von Zwickau durch das ganze Erzgebirge in 22 Tagen,
- von Chemnitz durch das mittlere Erzgebirge in 13 Tagen.

Für Eintagestouren ohne zusätzliche Verkehrsmittel durchaus geeignet hält der tapfere Berlet unter anderem:

- Von Dippoldiswalde nach dem Mückenthürmchen,
- vom Mückenthürmchen nach Stift Osseg,
- von Altenberg nach Oberleitensdorf,
- von Zschopau über den Greifenstein nach Geyer,
- von Geyer über Zwönitz, Hartenstein und Schloss Stein nach Zwickau,
- von Annaberg über Satzungen nach Kommotau,
- von Oberwiesenthal nach Schwarzenberg.

Obwohl die Ausgangs- und Endpunkte überwiegend in Sachsen liegen, merkt man doch deutlich, dass Berlet das zur Donaumonarchie gehörende Böhmen als unverzichtbaren Bestandteil von Erzgebirgserlebnissen hielt. Drei heute noch durchaus relevante ›Specialtouren‹ über den Kamm sollen jetzt wörtlich zitiert werden:

XII. Von Freiberg durch's Zschopau- und Flöhathal nach Rothenhaus.

1. Tag. Mit Eisenbahn nach Oederan; zu Fuss über die Schönerstädter Höhe, Hausdorf u. Mühlbach nach Frankenberg.

2. Tag. Abstecher nach Sachsenburg; mit Eisenbahn bis Braunsdorf; zu Fusse über Lichtenwalde nach Niederwiesa; mit Eisenbahn bis Erdmannsdorf; auf dem Waldweg nach Schellenberg und auf die Augustusburg.

3. Tag. Ueber Waldkirchen nach dem Waldkirchner Bahnhof; mit Eisenbahn nach Wolkenstein; mit Post über Marienberg und Zöblitz nach Olbernhau.

4. Tag. Zu Fusse über Grünthal, Rothenthal und Gabrielenhütte nach Kallich; dann über Göttersdorf nach Rothenhaus.

5. Tag. Ueber Eisenberg, Ober-Georgenthal und Kreuzweg nach Deutsch-Einsiedel.

6. Tag. Ueber Heidelberg, Heidelbach u. Purschenstein nach Sayda; mit Post über Gross-Hartmannsdorf nach Freiberg.

XVII. Von Annaberg nach Hauenstein und Joachimsthal; heimwärts Besuch des Pöhlthales bei Rittersgrün.

1. Tag. Zu Fuss über Weipert, Wiesenthaler Schlössel, Stolzenhain u. Reitförster nach Hauenstein.
2. Tag. Aufenthalt in Hauenstein. Ueber Schönwald nach Joachimsthal.
3. Tag. Ueber Gottesgabe, Tellerhäuser und Ehrenzipfel nach Rittersgrün.
4. Tag. Ueber Klobenstein, Raschau, Scheibenberg u. Schlettau nach Annaberg.

XVIII. Von Annaberg in's Pressnitzthal, nach der Ruine Hassenstein, in's Egerthal.
1. Tag. Mit Eisenbahn nach Wolkenstein. Zu Fuss auf dem sogenannten Prinzessinnenweg nach Niederau; das Thal der Pressnitz hinauf; über Boden, Nieder-, Mittel- u. Oberschmiedeberg nach Schmalzgrube; dann nach Jöhstadt.
2. Tag. Nach Pressnitz, Sonnenberg u. Platz; auf den Hassenstein, nach Brunnersdorf.
3. Tag. Ueber Niklasdorf nach Klösterle; über Kunau nach Kupferberg.
4. Tag. Ueber Oberhals, Schmiedeberg u. Weipert nach Annaberg.

Grenzüberschreitender Bergbaulehrpfad

Länge: 40 km

Zwischen Krupka (Graupen) und Altenberg verbindet ein grenzüberschreitender Bergbaulehrpfad (Příhraniční naučná hornická stezka) über Geising und Zinnwald 70 (!) mit der Kultur- und Wirtschaftsgeschichte der Bergbauzeit verbundene Objekte. Das Projekt wurde ab 1997 durch mehrere EU-Töpfe und von der Ostsächsischen Sparkasse gefördert. Die häufige zu findende Angabe, der Weg ende in Přední Cínovec (Vorderzinnwald), ist etwas irreführend. Die letzte der 70 Stationen befindet sich recht weit unten am Südhang des Erzgebirges, und der Lehrpfad beschreibt somit eher eine Runde von Krupka aus als eine Linie. Zu den ersten Stationen gehören der Mückenberg (Komáří hůrka) mit seiner Seilbahn und die Wallfahrtskirche Mariaschein (Bohosudov). Auf deutscher Seite beeindrucken unter anderem die Altenberger Pinge und das clevere Kunstgrabensystem.

Glasmachersteig Osterzgebirge

Länge: 33 km

Infos: www.erzgebirgsglas.de, www.hgv-rechenberg.de

Die Glasherstellung spielte im Erzgebirge einst eine große Rolle. Es heißt sogar, die Glasmacherkunst im Schwarzwald sei ohne Impulse aus dem Erzgebirge undenkbar gewesen. Heute ist dieses Handwerk fast in Vergessenheit geraten. Heimatfreunde aus Rechenberg-Bienenmühle haben inzwischen einen Glasmachersteig Osterzgebirge (Sklářská stezka) ausgewiesen, der mit dieser Tradition bekannt macht. Der Weg führt von Neurehefeld über Teichhaus und Deutschgeorgenthal nach Bad Einsiedel. Dort gabelt er sich in die beiden Zweige nach Seiffen beziehungsweise nach Neuhausen. Das Frauenbachtal zählt zu den ältesten Standorten von Glashütten im Erzgebirge.
Auf der anderen Seite der Grenze findet dieser Glasmachersteig Anschluss an den als 18 Kilometer lange Runde konzipierten Glaslehrpfad Moldau (Moldava).

Anton-Günther-Wanderweg

Länge: 45–71 km.

Der Anton-Günther-Weg ist ein grenzüberschreitender Rundwanderpfad im oberen Erzgebirge. Er wurde durch Gelder von Euregio Egrensis möglicht und 1995 eingeweiht. Den roten Faden bildet die Biographie Anton Günthers (→ S. 74).
Für die Runde kann man Entfernungsangaben zwischen 45 und 71 Kilometern finden, da verschiedene Varianten

existieren. Den westlichsten Punkt bildet Johanngeorgenstadt, den südlichsten der Pleßberg (Plešivec) und den östlichsten Oberwiesenthal. Weitere wichtige Wegmarken sind das Neue Haus im Sattel zwischen Fichtel- und Keilberg, der Plattenberg (Blatenský vrch) sowie die artenreiche Himmelswiese bei Breitenbrunn-Halbemeile. Natürlich führt der Weg auch durch Günthers Heimatstädtchen Gottesgab (Boží Dar), wo er geboren wurde und gestorben ist.

Der Deutsche Wanderverband hat den Anton-Günther-Weg in seiner Standardvariante als Qualitätswanderweg zertifiziert und schlägt folgende vier Etappen vor: Oberwiesenthal–Abertham (14 km); Abertham–Johanngeorgenstadt (12 km); Johanngeorgenstadt–Rittersgrün (11 km); Rittersgrün–Oberwiesenthal (18 km). Fichtel- und Keilberg werden dabei nicht bestiegen. Der mit öffentlichen Verkehrsmitteln am günstigsten zu erreichende Zugang bei dieser Runde ist der Bahnhof Johanngeorgenstadt.

An seine Biographie angelehnt: der Anton-Günther-Weg

Fernwanderweg Ostsee-Saaletalsperren

Länge: 90 km (Freiberg–Kirchberg).

Der Nationale Fernwanderweg Ostsee-Saaletalsperren ist über 50 Jahre alt, zwischen Freiberg und Kirchberg wird er vom Erzgebirgsverein gewartet. Er führt über Augustusburg, Thum und Schneeberg durch das Erzgebirgsvorland. Es kommt einem auf dieser Strecke nicht unbedingt so vor, als wäre man in einem Mittelgebirge unterwegs.

Europäischer Fernwanderweg E 3

Länge: 260 km (11 Etappen vom Augustusberg bis Markneukirchen)

Zwar ist der Kammweg in den Medien inzwischen präsenter, doch besitzt der E 3 eine mindestens ebenso spannende Geschichte. Der Internationale Bergwanderweg der Freundschaft Eisenach–Budapest (kurz EB-Weg) ist ein seit 1983 bestehender Fernwanderweg, der durch Ostdeutschland, Tschechien, Polen, die Slowakei und Ungarn führt. Er misst 2960 Kilometer. Die erste Gesamtwanderung unternahm der Erfurter Wolfgang Buchenau in 74 Tagen. In Bulgarien gibt es seit 1985 den als Anschluss gedachten Bergwanderweg der Freundschaft Kom–Emine (KE-Weg). Beide Strecken sind zu großen Teilen als E 3 in das Europäische Fernwanderwegenetz der Europäischen Wandervereinigung einbezogen. Insgesamt ist der E 3 rund 6950 Kilometer lang. Als fertiggestellt gilt der Weg von Santiago de Compostela in Spanien bis Nessebar an der Schwarzmeerküste.

Der Deutsche Wanderverband hat den Abschnitt Erzgebirge des E 3 als Qualitätswanderweg zertifiziert, aber eine sehr unausgewogene Verteilung auf zwölf Etappen vorgeschlagen. Ein Tag zwischen Pobershau und Annaberg kommt auf 42 Kilometer, die beiden kürzesten Etappen nur auf 5 beziehungsweise 9 Kilometer. Da scheinen folgende elf Etappen sinnvoller:

- Augustusberg–Altenberg (25 km);
- Altenberg–Rechenberg (22 km);
- Rechenberg–Seiffen (17 km);
- Seiffen–Pobershau (30 km);
- Pobershau–Wolkenstein (19 km);
- Wolkenstein–Annaberg (26 km);
- Annaberg–Schwarzenberg (28 km);
- Schwarzenberg–Schneeberg (24 km);
- Schneeberg–Kuhberg (22 km);
- Kuhberg–Aschberg (19 km);
- Aschberg–Markneukirchen (28 km).

Buchempfehlung: **Martin Simon**, Eisenach - Budapest. Der Weg im Erz- und Elbsandsteingebirge, Conrad Stein, Welver 2014.

■ Kammweg Erzgebirge–Vogtland

Länge: 202 km (12 Etappen von Geising bis Mühlleithen)
Infos: www.kammweg.de, www.wanderkompass.de

Auf der Sendboten-Versammlung des Nordwestböhmischen Gebirgsvereins-Verbandes zu Komotau wurde 1904 beschlossen, vom Hohen Schneeberg (Děčínský Sněžník) im Elbsandsteingebirge bis zum Hainberg (Háj u Aše) im Elstergebirge einen 216 Kilometer langen Weg entlang des Erzgebirgskammes mit dem ›Blaukamm‹ (Querstrich mit vier breiten Zinken) zu markieren. Das war der westliche Anschluss an einen Kammweg, der bis zum Altvatergebirge (Hrubý Jeseník) führte. 1907 veröffentlichte Josef Brechensbauer einen entsprechenden Erzgebirgs-Kammwegführer, der bis 1932 drei Auflagen erfuhr.

»Kostbar ist das Bewusstsein, den 240 km langen Erzgebirgs-Kammweg von Tetschen an der Elbe bis Asch im Fichtelgebirge gewandert zu sein. Mögen noch recht viel Wanderer dieses Weges ziehen und das schöne Ziel mit gleicher Befriedigung erreichen! Bergheil!« (Erzgebirgs-Kammwegführer, Auflage 1932)

Während der sozialistischen Ära wurde der Kammweg nicht propagiert, die durchgängige Markierung aufgelassen. Die Tschechen beschlossen 1956 eine Sperrzone an der Grenze, die aber vielerorts ignoriert wurde. In Deutschland durfte man offiziell bis an die Grenzlinie gehen, aber wahrscheinlich sahen die zuständigen Behörden Touristen im Grenzbereich als eher störend an. Seit 2011 wird die Kammweg-Tradition mit dem Kammweg Erzgebirge - Vogtland fortgeführt, der ausschließlich auf deutscher Seite verläuft.

Den Kammweg Erzgebirge - Vogtland und die tschechische Skimagistrale –

Teilnehmer der Stoneman-on-Snow-Skitour

letztere verläuft eigentlich mehr auf dem Gebirgskamm als der sogenannte Kammweg – konnte man einige Jahre lang als Beispiel dafür ansehen, wie schlecht die sächsische und die böhmische Tourismuswerbung in dieser Zeit miteinander kooperieren. Die Wege verlaufen oft parallel und dicht zueinander, ohne dass Hinweise aufeinander vorhanden waren. Allerdings haben sie tatsächlich verschiedene Charaktere, was sich nicht nur auf die Staatszugehörigkeit bezieht. In letzter Zeit intensivieren sich endlich die Ideen, hier grenzübergreifend zu vernetzen.

Die detaillierte Beschreibung einzelner Kammwegetappen würde den Rahmen des vorliegenden Buches sprengen. Dazu gibt es gute Darstellungen im Internet und gute Beratungsmöglichkeiten vor Ort. Die Wege sind meistens klar ausgeschildert. Von den 17 vorgeschlagenen Etappen liegen die östlichen 12 im Gebiet des vorliegenden Buches:

- Geising – Kahleberg – Rehefeld – Holzhau (24,5 km);
- Holzhau – Rechenberg – Sayda (12,5 km);
- Sayda – Schwartenberg – Seiffen (10 km);
- Seiffen – Olbernhau (11,5 km);
- Olbernhau – Rübenau – Kühnhaide (21 km):
- Kühnhaide – Satzung – Hirtstein (14 km);
- Hirtstein – Schmalzgrube – Königswalde – Bärenstein (22,5 km);
- Bärenstein-Sehmatal-Fichtelberg (18 km);
- Fichtelberg – Tellerhäuser – Rittersgrün (18 km);
- Rittersgrün – Johanngeorgenstadt (14,5 km);
- Johanngeorgenstadt – Auersberg – Weitersglashütte (21 km),
- Weitersglashütte – Carlsfeld – Mühlleithen (14 km).

Dann geht es in fünf Etappen weiter bis nach Blankenstein an der bayerisch-thüringischen Grenze; von Geising sind es bis hier insgesamt 289 Kilometer. Dort treffen sich am ›Drehkreuz des Wanderns‹ nahe der Saale ungewöhnlich viele längere touristische Wege.

Der Deutsche Wanderverband hat den gesamten Kammweg Erzgebirge – Vogtland als Qualitätswanderweg zertifiziert. Natürlich kann man an beliebigen Punkten ein- und aussteigen, je nach Interesse bieten sich Abstecher zu neben dem Weg liegenden Orten an. Im Erzgebirge mit dem Kammweg weitgehend identisch ist der Nationale Fernwanderweg Zittau – Wernigerode.

Buchempfehlung: **Frank Hommel, Eva-Maria Simon**, Unterwegs auf dem neuen Kammweg, Chemnitzer Verlag und Druck, Chemnitz 2012. Mischung aus Erlebnisbericht und Reiseführer.

■ Skimagistrale

Länge: 242 km

Infos: www.kbstopa.cz

Die Skimagistrale (Krušnohorská lyžařská magistrála, im Osterzgebirge auch Krušnohorská bílá stopa genannt), ist das böhmische Pedant zum sächsischen Kammweg, dichter am Kamm gelegen sowie mit Ausnahme des Beginns im Egertal und des Skizirkustreibens am Keilberg noch einsamer. Insgesamt ist sie wohl der universellste Fernwanderweg im Erzgebirge, weil in den Zeiten ohne Schnee auch prima zum Fußwandern und zum Radfahren geeignet. Die Magistrale hat nicht durchgängig eine präparierte Loipe, die größten Lücken gibt es zwischen Cheb und Luby sowie zwischen Měděnec und Kalek. Dort braucht man also eine Skiausrüstung, die auch mit lockerem Schnee zurechtkommt.

Verlauf: Cheb – Františkovy Lázně – Vojtanov – Luby – Kraslice – Bublava – Jelení –

Horní Blatná - Boží Dar - Měděnec - vodní nádrž Přísečnice - Pohraniční - Kalek - Mikulovice - vodní nádrž Fláje - Nové Město - Cínovec - Fojtovice - Krásný Les - Sněžník.

Zschopautal-Wanderweg

Länge: 122 km
Infos: www.wanderkompass.de

Nicht ganz identisch mit dem Zschopautal-Radweg ist der Zschopautal-Wanderweg. Es geht eben mehr über Waldwege und auch mal auf einen per Rad praktisch unzugänglichen Aussichtsfelsen. Die Tourismusämter unterwegs schlagen folgende acht Etappen vor:

- Fichtelbergplateau - Schlettau - Tannenberg (22,9 km);
- Tannenberg - Wiesenbad (7,8 km);
- Wiesenbad - Wolkenstein - Scharfenstein - Zschopau (20,8 km);

Verirren unmöglich

- Zschopau - Witzschdorf - Augustusburg (12,2 km);
- Augustusburg - Niederwiesa - Frankenberg (17,3 km);
- Frankenberg - Dreiwerden - Mittweida (11,6 km);
- Mittweida-Kriebstein-Waldheim (16,1 km);
- Waldheim - Töpferwinkel - Teichnitz (13,3 km).

Für nicht am direkten Weg gelegene Quartiere und Museen sind natürlich an jedem Tag noch einige Meter zu addieren.

Rad- und Bootswanderungen

Für Rad- und Wasserwanderungen braucht man ein ›Gerät‹. Günstigster Ort für eine Fahrradleihe ist wohl Olbernhau, aber auch manche Quartiere haben eigene Leihräder. Zum Transport des eigenen Fahrrades bieten sich vor allem vier Bahnlinien an: über Johanngeorgenstadt (mit Anschluss nach Karlsbad), entlang der Freiberger Mulde (Endstation Holzhau), entlang der Flöha (Endstation Olberhnau-Grünthal) und entlang der Zschopau (Endstation Bärenstein). Auch in den Schmalspurbahnen ist die Fahrradmitnahme begrenzt möglich. Zwei Firmen verleihen Boote im Egertal.

Radfernweg Sächsische Mittelgebirge

Länge: 240 km (Bahratal-Schöneck)
Infos: www.radregion-erzgebirge.de

Der Radfernweg Sächsische Mittelgebirge wurde in der Oberlausitz geboren. 2014 erfolgte westwärts die Beschilderung bis Eibenstock, mittlerweile führt der Weg weiter nach Plauen. Das Besondere am Radfernweg Sächsische Mittelgebirge sind zahlreiche Querverbindungen zur oben beschriebenen ›Skimagistrale‹. Er bietet also echte Chancen auf Erlebnisse beiderseits der Grenze.

Stempelstelle der Tour Stoneman Miriquidi

Mountainbike-Gipfeltour Stoneman Miriquidi MTB

Länge: 162 km
Höhendifferenz: 4360 m
Infos: www.stoneman-miriquidi.com

Der ›Erfinder‹ dieser sportliche Runde ist der Südtiroler Roland Stauder (geb. 1972). Eigentlich hat er dabei 2014 nur sein Stoneman-Projekt aus den Dolomiten (www.stoneman.it) auf das Erzgebirge übertragen; der Oberwiesenthaler Bürgermeister Lutz Heinrich begeisterte Stauder für seine Region. Die Strecke wurde entgegengesetzt des Uhrzeigersinns beschildert, eine App fürs Smartphone unterstützt die Tour. Auf jedem der neun Gipfel warten eine Stempelstelle und eine Infotafel.

Prinzipiell schadet ein vorbereiteter Querfeldein-Kurs mit beliebig wählbaren Terminen der Natur weniger als ein Massenstart.

- Fichtelberg–Bärenstein (15,5 km, 280 Hm);
- Bärenstein–Pöhlberg (15,8 km, 380 Hm);
- Pöhlberg–Scheibenberg (16,9 km, 400 Hm);
- Scheibenberg–Rabenberg (37,4 km, 1010 Hm);
- Rabenberg–Auersberg (16,6 km, 480 Hm);
- Auersberg–Plattenberg (Blatenský vrch, 19,8 km, 440 Hm);
- Plattenberg–Plessberg (Plešivec, 9,9 km, 190 Hm);
- Plessberg–Keilberg (Klínovec, 25,5 km, 980 Hm);
- Keilberg–Fichtelberg (7,4 km, 200 Hm).

Sogenannte Logis-Partner bieten von Ende April bis Anfang November Übernachtungspauschalen mit Starterpaketen (Infomaterialien und Pannenservice) an. Diese Pauschalen gehen von zwei bis vier Übernachtungen aus, derzeit sind 19 Hotels in Sachsen und 4 in Böhmen beteiligt. Sie freuen sich über zusätzliche Gäste. Kostenlose Registrierungsmöglichkeiten für Stoneman sind nicht vorgesehen. Viele Teilnehmer absolvieren die Runde an einem Tag. Die Superheldenliste auf dem Stoneman-Internetauftritt zeigt Wiederholungstäter mit bis zu zwölf Tagesrunden pro Jahr. Es sollen zwischen den Stempelstellen aber auch schon ›Teilnehmer‹ aus Westdeutschland mit dem Fahrrad im Auto beobachtet worden sein.

Rennrad-Gipfeltour Stoneman Miriquidi Road

Länge: 290 km
Höhendifferenz: 4900 m

Roland Stauders oben beschriebene Marke expandiert. Weitere Länder sind in Planung, dabei soll es exklusiv pro Land nur ein Stoneman-Gebiet geben. Die Gesamtkoordination erfolgt inzwischen von Leipzig aus. Gleichzeitig ist das Leipziger Büro direkt für den Stoneman im Erzgebirge zuständig.

2018 eröffnete im Erzgebirge außerdem eine für Rennräder geeignete Strecke. Zwischen Altenberg und Oberwiesenthal geht es einmal an der Süd- und einmal an der Nordseite der Pultscholle entlang. Es gibt 13 Stempelstellen im Uhrzeigersinn und bisher 18 Logis-Partner ausschließlich in Sachsen. Im Gegensatz zu der Mountainbike-Runde ist die Strecke nicht beschildert. Ein kostenloser Zugang zur genauen Routenführung existiert somit nicht. Die Organisatoren begründen das unter anderem mit einer ständigen Aktualisierung beispielsweise bei Baustellen und Volksfesten. Nach der kostenpflichtigen Registrierung erhalten die Teilnehmer speziell auf ihren Termin abgestimmte Starterpakete.

Fahrradrunde von Olbernhau nach Karlsbad

Länge: 145 km (dazu 60 km Bahnfahrt)

Die folgende Fahrradrunde ist ein eigener Vorschlag der Buchautoren, sie verknüpft viele Facetten des Erzgebirges mit der berühmten Kurstadt Karlsbad (Karlovy Vary). Olbernhau bietet sich als Ausgangspunkt unter praktischen Erwägungen an, hier gibt es noch Zugang zum Schienenpersonenverkehr sowie mehrere Fahrradverleihstellen (→ S. 157). Der Charakter der Wegbeschaffenheit kann den eigenen Vorlieben angepasst werden, es sind sowohl relativ glatte Straßen als auch an vielen Stellen eher verträumte Waldwege möglich. Auf alle Fälle empfiehlt sich, die frequentierte Bundesstraße bei Oberwiesenthal zu meiden und spätestens in Jöhstadt über die Grenze zu fahren.

Teilt man die Runde in vier Tage ein, dürfte sie trotz einiger steiler Stellen auch von untrainierten Radlern zu schaffen sein. Ambitionierte Sportler könnten sie an einem Tag schaffen, was dann aber keine Zeit zum Genuss der Landschaft ließe.

1. Etappe: Olbernhau - Jöhstadt (ca. 40 km, bergig), beispielsweise über den Stößerfelsen nach Rübenau, dann auf dem Radweg 23 über Načetín und Kryštofovy Hamry;
2. Etappe: Jöhstadt - Kovářská - Horní Blatná (ca. 35 km, bergig);
3. Etappe: Horní Blatná - Karlovy Vary (ca. 30 km überwiegend bergab);
4. Etappe: Bahnfahrt (ca. 60 km, etwa eine Stunde) von Karlovy Vary (oberer Bahnhof) nach Jirkov zastávka. Fahrradmitnahme in begrenzter Anzahl möglich; das Normalticket kostet 96 und die Fahrradkarte 40 Tschechische Kronen, als letzte Einkehr bei böhmischen Knödeln und böhmischem Bier kann das Berghotel Lesná (→ S. 245) empfohlen werden. Über Seiffen oder Brandau geht es zurück nach Olbernhau (insgesamt ca. 40 km, anfangs steil bergauf).

Karlsroute

Länge: ab Aue 60 km über den Kamm
Infos: www.karlsroute.eu

Die Karlsroute verbindet über den Erzgebirgskamm hinweg die Städte Aue und Karlsbad (Karlovy Vary). Es bestehen Anschlüsse an den Mulderadweg Schöneck - Aue - Rochlitz (www.mulderadweg.de) und an Radwege durch Karlsbad. Bis Blauenthal radelt man auf einer ehemaligen Bahntrasse im Tal der Zwickauer Mulde. Dann folgt man der Großen Bockau aufwärts bis zur Quelle und erreicht nach Oberwildenthal die Passhöhe. Das Tal der Großen Bockau steht übrigens auf einer Fläche von 410 Hektar nach der Flora-Fauna-Habitat-Richtlinie der EU unter Schutz. Von hier aus geht es über Jelení (Hirschenstand) bergab ins Tal der Rohlau (Rolava). Für eine Übernachtung vor Karlsbad bietet sich beispielsweise Nové Hamry (Neuhammer, → S. 221) an.

Bis Blauenthal wird die Karlsroute von der Bahnstrecke Chemnitz–Adorf begleitet, hinter der Grenze von der Bahnlinie Johanngeorgenstadt - Karlsbad.

Radwege im Zschopautal und im Preßnitztal

Länge: 140 km bzw. 27 km

Da die Quelle der Zschopau rund 900 Meter tiefer liegt als ihre Mündung, wird dieser 140 Kilometer lange Radweg von Touristen bergauf selten benutzt. Vier Fünftel dieses Gefälles sind allerdings schon in der Stadt Zschopau absolviert, also auf weniger als der Hälfte des Weges. Der Weg beginnt schon einen Kilometer südwestlich vom Fichtelberg vor der Quelle, überwiegend werden zwei Etappen empfohlen mit einer Übernachtung bei Scharfenstein. Den Ortsbeschreibungen hier im Buch ist zu entnehmen, dass an Attraktionen unterwegs kein Mangel herrscht. Vor der Burg Scharfenstein kommt schon Schlettau mit seinem Schlösschen, dahinter folgen die Augustusburg und Lichtenwalde mit Schloss und Park. Wer die frühe Bergbauzeit erleben will, findet eine rekonstruierte Siedlung am Treppenhauer bei Frankenberg vor.

Im Zschopautal verläuft eine Bahnstrecke bis zur Stadt Flöha und später eine weitere zwischen Mittweide und Döbeln, so dass eine Kombination von Rad und Bahn einfach zu organisieren ist. Die Bahnhöfe unterwegs bieten zudem Gelegenheit, beispielsweise bei schlechtem Wetter auch schnell abbrechen zu können.

In Kombination zwischen schöner Landschaft und leicht erreichbarer Infrastruktur aller Art stellt der Radweg im Zschopautal sicherlich die bequemste Radstrecke dar, die hier als Mehrtagestour angegeben ist.

Ausblick am steilen Südhang oberhalb des Schlosses Eisenberg

Bei der einmündenden Flöha ist auch seit Jahren von einem Talradweg die Rede, dieser ist aber noch nicht durchgängig ausgebaut und beschildert.
Ein gut funktionierender Abzweig dagegen ist der 27 Kilometer lange Radweg im Preßnitztal, der zwischen Jöhstadt und Wolkenstein immer dicht am Wasser entlangführt.

Radweg im Egertal

Länge: 289 km
Infos: www.cykloohre.cz
Der Radweg im Tal der Eger ist von der Quelle bis zur Mündung in die Elbe bei Litoměřice (Leitmeritz) ausgeschildert. 57 Kilometer entfallen auf Bayern, 95 auf den Bezirk Karlsbad (Karlovarský kraj) und 137 auf den Bezirk Aussig (Ústecký kraj). Am westlichen Ende könnte man seine Erkundungen dann auf einer der Varianten des Wallenstein-Radweges (www.wallenstein-radwanderweg.de) fortsetzen. Am östlichen findet man Anschluss an den Elbe-Radweg (www.elberadweg.de). Die Agrarlandschaft von Žatec (Saaz) bis zur Mündung der Eger mag freilich nicht jedermanns Geschmack sein: Sie ist schatten- und abwechslungsloser als die Abschnitte zuvor.

Die Eger bei Loket

An der Straßenbrücke von Kadaň (Kaaden) zweigt zudem die Nationale Radwandertrasse 35 in Richtung Duppauer Gebirge ab. Sie führt über die ›Barockperle Westböhmens‹ Manětín (Manetin) nach Plzeň (Pilsen).
In seinem zentralen Teil könnte man sich den Radweg am Egerfluss etwa in folgende drei Etappen einteilen: Cheb - Loket (48 km); Loket - Horní hrad (40 km); Horní hrad - Žatec (58 km).
Für eine Übernachtung in der Kulturkommune Hauenštejn (Hauenstein, → S. 234) sollte man in Vojkovice (Wickwitz) auf die andere Seite des Bahndamms wechseln und über Krásný Les (Schönwald) die Burgruine von oben ansteuern. Am nächsten Tag kann man ab Stráž (Warta) wieder den Talradweg nutzen.
Der Unterlauf des Flusses wird im vorliegenden Buch nur stichpunktartig beschrieben (→ S. 267). Entlang der Eger gibt es vielerorts Zugang zum Schienenpersonenverkehr.

Paddeltour auf der Eger

Länge: 108 km (Tršnice - Kadaň)
Die Eger ist der einzige für Touristen allgemein empfehlenswerte Paddelfluss im Umfeld des Erzgebirges. Ähnlich wie beim Radweg im Egertal bietet sich der zentrale Teil in der Mitte des Flusses besonders an. Sogenanntes wildes Campen wird für eine Nacht an geeigneten Stellen überwiegend geduldet.
Zwei tschechische Firmen (www.putzer.cz, www.dronte.cz) verleihen Boote und helfen auch sonst bei der Organisation. Eine tschechische Internet-Darstellung (www.geotrips.eu/cs/pruvodce/vodacka-ohre) beschreibt den Weg von Cheb bis Kadaň in sechs Etappen. Mit etwas Phantasie und einem Übersetzungsprogramm wie dem Google-Translator kann man damit durchaus zurechtkommen.

Jugendstil-Schwibbogen von Matthias Suchfort im Nussknackermuseum von Neuhausen

Zwei Wochenprogramme im Erzgebirge

Abschließend noch zwei Anregungen für je einwöchige Urlaubsprogramme, die mehrere typische Facetten des Erzgebirges berücksichtigen.

Programmentwurf mit Quartier im Raum Olbernhau-Seiffen

Tag 1: Anreise
Tag 2: Besuch von Museen und Werkstätten des Seiffener Holzgewerbes (→ ab S. 151)
Tag 3: Glockenwanderweg (→ S. 153) mit Schaubergwerk (Fortuna-Stollen)
Tag 4: Autorundfahrt Hirtstein–Výsluní–Klášterec–Kadaň–Chomutov–Deutschkatharinenberg (etwa 140 km) oder Fahrradtour
Tag 5: Kräuter- oder Pilzwanderung
Tag 6: Wanderung am Katzenstein (→ S. 165)
Tag 7: Bergbaustadt Freiberg (→ ab S. 140) mit terra mineralia und Silbermannorgeln
Tag 8: Abreise

Programmentwurf mit Quartier im Raum Horní Blatná

Tag 1: Anreise
Tag 2: Gottesgaber Torfmoor mit Plattner Kunstgraben (→ S. 228)
Tag 3: Bahnfahrt nach Karlovy Vary (Karlsbad) oder nach Schwarzenberg (→ ab S. 200)
Tag 4: Kräuter- oder Pilzwanderung
Tag 5: Autorundfahrt Keilberg–Výsluní–Kadaň–Klášterec–Hauenštejn–Ostrov–Jáchymov (kommt auf 105 km) oder Fahrradtour
Tag 6: Wanderung bei Abertamy (→ S. 225)
Tag 7: Bergbaustadt Annaberg-Buchholz (→ ab S. 182) mit Annenkirche und Schaubergwerk (Im Gößner oder Markus Röhling Stolln)
Tag 8: Abreise

Zwei Hinweise

Für eine Kräuter- oder Pilzwanderung sollte man sich vorab vom lokalen Tourismusbüro beraten und gegebenenfalls an Fachleute vermitteln lassen. Die wissen dann, was man wann wo legal sammeln darf. Oft kann man Wildkräuter oder Pilzscheiben im Quartier trocknen. Der Fahrbetrieb Kirsche würde für einen klimatisierten Neunsitzer mit ortskundigem Chauffeur 280 Euro für eine Erzgebirgsrunde ab/bis Seiffen in zehn Stunden berechnen, das wären also bei Vollbesetzung 35 Euro pro Fahrgast - ein faires Angebot. Informationen: www.altes-bergmannshaus.de

Reisetipps von A bis Z

Alkohol

An einigen Südhängen Nordböhmens findet wieder **Weinbau** statt. Manche tschechische Kneipen servieren **Bier** nicht nur kühl, sondern eiskalt. Einige tschechische Kommunen haben sogenannte **alkoholfreie Zonen** angeordnet, wo der Konsum von Alkohol im öffentlichen Raum mit bis zu 1000 Kronen geahndet werden kann. **Erzgebirgsschnäpse:** → Essen und Trinken (S. 11).

Amphetamine

Tschechien gilt als Herstellungsland von Crystal Meth. Zuständige Behörden haben das lange nicht ernst genug genommen.

Angelsport

Die Angelerlaubnis in Tschechien ist ähnlich bürokratisch geregelt wie in Deutschland (www.czech-tourist.de).

Apotheken (lékárna)

Frei verkäufliche Medikamente sind bei unseren Nachbarn - manchmal wesentlich - preisgünstiger als in Deutschland. Wegen der verschiedenen Handelsnamen sollte man sich vor dem Kauf am besten den Wirkstoff notieren.

Baden

Für einen Strandurlaub ist man im Erzgebirge nicht richtig. An Trinkwassertalsperren herrscht sogar aus verständlichen Gründen Badeverbot. Zur Abkühlung findet man in den Berglagen viele klare Bäche und einige Floßteiche. Eine Rarität stellt zweifellos der Alaunsee (Kamencové jezero, → S. 17) dar. Spaßbäder und Saunalandschaften laden ganzjährig zum Besuch ein.

Botschaften und Institutionen

Tschechische Botschaft, Wilhelmstr. 44, 10117 Berlin, Tel. 030/226380, www.mzv.cz/berlin. Tschechische Konsulate existieren in Dresden, München, Düsseldorf, Dortmund, Frankfurt/Main, Hamburg, Nürnberg, Rostock.

Deutsche Botschaft Vlašská 19, 11801 Praha 1, Tel. 02/57113111, www.prag.diplo.de.

Erzgebirgsverein, Markt 6, Schneeberg, Tel. 03772/371221, www.erzgebirgsverein.de.

Goethe-Institut Prag, Masarykovo nábř. 32, 11000 Praha 1, Tel. 02/21962111, www.goethe.de.

Tschechische Zentrale für Tourismus, Wilhelmstr. 44, 10117 Berlin, Tel. 030/2044770, www.czechtourism.com.

Balthasar-Neumann-Gesellschaft, nám. Krále Jiřího z Poděbrad 36, 35002 Cheb, Tel. 0354/422992, www.egerlaender.cz.

Literaturhaus deutschsprachiger Autoren, Ječná 11, 12000 Praha 2, Tel. 02/225 40536, www.prager-literaturhaus.com.

Sdružení Ackermann-Gemeinde, Vyšehradská 320/49, 12800 Praha 2, Tel. 02/21979325, www.ackermann-gemeinde.cz.

Ackermann-Gemeinde, Heßstr. 24, München, Tel. 089/2729420, www.ackermann-gemeinde.de.

Lokale Tourismusbüros unterstehen überwiegend den Kommunalverwaltungen, kleinere sind oft mit Rathaus-Funktionen oder Bibliotheken kombiniert. Die aktuellste Zusammenfassung gibt www.icka.cz.

Camping

Einige Campingplätze haben ganzjährig geöffnet. Unter www.camp.cz findet man eine Camping-App für Tschechien mit Rabattoptionen. ›Wildes Campen‹ ist verboten, eine Nacht - an versteckter Stelle außerhalb von Naturschutzgebieten - wird aber überwiegend toleriert.

Einkaufen

→ Souvenirs, Selbstverpflegung, Geldtausch.

Feiertage

▸ **in Sachsen**:

1. Januar: Neujahr
Karfreitag (beweglich)
Ostermontag (beweglich)
1 Mai: Tag der Arbeit

Blick vom Hexentanzplatz an der Exulantenkirche auf Olbernhau-Oberneuschönberg

Himmelfahrtstag (beweglich)
Pfingstmontag
3. Oktober: Tag der Einheit
31. Oktober. Reformationstag
21. November: Buß- und Bettag
25./26. Dezember: Weihnachten
In den meisten Museen gelten die Sonntagsöffnungszeiten.

▸ **in Tschechien**:
1. Januar: Neujahr
Karfreitag (beweglich, neu seit 2016)
Ostermontag (beweglich)
1. Mai: Tag der Arbeit
8. Mai: Tag des Sieges
5. Juli: Tag der Slawenapostel Kyrill und Method
6. Juli: Tag der Verbrennung von Jan Hus
28. September: Tag der tschechischen Staatlichkeit
28. Oktober: Tag der Entstehung eines selbstständigen tschechoslowakischen Staates
17. November: Tag des Kampfes für Freiheit und Demokratie
24.–26. Dezember: Heiligabend/Weihnachten

Gästeführungen

In einigen Städten kann man sich zu festen Zeiten einer Führung ohne Anmeldung anschließen. Entsprechende Möglichkeiten sind in den Adresskästen vermerkt. Individuelle Führungen können bei rechtzeitiger Anmeldung praktisch überall stattfinden. Oft haben die kommunalen Informationsbüros den breitesten Überblick dazu. Einige Gästeführungen und Aktivangebote privater ortsansässiger Dienstleister sind sogar direkt im Internet zu finden: www.erlebnisschmiede-erzgebirge.de

Geld und Währung

Für einen Euro (€) erhält man etwa 25 Tschechische Kronen (Kč oder CZK). Der offizielle aktuelle Kurs ist leicht im Internet zu finden, er war in den vergangenen Jahren recht stabil. Die größte Banknote von 5000 Kč entspricht also 40 Euro, Banknoten unter 100 Kč und Heller-Münzen sind nicht mehr gültig. Grenzmärkte und einige Dienstleister akzeptieren Zahlungen in Euro. Anspruch darauf besteht aber nicht. Das Netz an Geldautomaten in Tschechien entspricht im seiner Dichte dem anderer mitteleuropäischer Länder. Durch den Trend zur bargeldlosen Zahlung und die Dichte von Geldautomaten (Bankomat) nimmt die Zahl an Wechselstuben (směnárna) allmählich ab. Manche achten auf unbeschädigte (nicht eingerissene) Scheine. Unseriöse Wechselstuben erheben vor allem auf kleinere Summen erhebliche Zuschläge. Groß beworbene Umtauschkurse entpuppen sich dann obendrein als nur gültig beim Ankauf von Kronen.

Gesundheit

→ Apotheke, Notrufe.

Das zwischen Deutschland und Tschechien bestehende Sozialversicherungsabkommen bezieht Leistungen der Krankenversicherung für Touristen ein. Es genügt der übliche Europäische Krankenversicherungsausweis (EHIC, also die Rückseite aktueller KV-Chipkarten). Ein eventueller **Rücktransport** ist damit aber nicht abgedeckt. Ebenso werden **beabsichtigte Behandlungen im Ausland** nicht automatisch übernommen.

Der **tschechische Bergrettungsdienst** (Horská služba, www.horskasluzba.cz) unterhält acht Kontaktstellen im Erzgebirge: Bouřňák, Boží Dar, Bublava, Klíny, Měděnec, Pernink, Pyšná, Telnice. Er warnt vor Lawinen und unterstützt die Bergung von Verletzten. Zusätzlich zu den einzelnen Kontaktstellen gibt es die ständig besetzte **SOS-Nummer** +420/1210.

Falls während eines Aufenthaltes in Nordböhmen Arztbesuche erforderlich, aber weniger dringlich sind, empfiehlt sich schon für eine möglichst problemlose Kommunikation die Rückkehr nach Deutschland.

Goldwaschen

In Sachsen braucht man – wie auch in den meisten deutschen Bundesländern – zum Goldwaschen in Gewässern keine Genehmigung, sofern es als Hobby ohne Gewinnerzielungsabsicht betrieben wird. Natürlich sind dabei die Naturschutzbestimmungen einzuhalten.

Golf

In Gahlenz bei Freiberg und in Chemnitz am Wasserschloss Klaffenbach gibt es Golfplätze mit 18 Löchern, in Zschopau und in Bad Schema mit 9. Am und im böhmischen Erzgebirge findet man Golfclubs in Luby, Sokolov, Most, Oldřichov, Cínovec, Ústí, Libouchec, Františkovy Lázně und Karlovy Vary.

Grenzmärkte

Im Bereich von Straßengrenzübergängen befinden sich auf tschechischer Seite oft Märkte, die Lebensmittel (einschließlich günstigem Kaffee, Zigaretten und Alkohol) und Produkte speziell nach den Vorlieben deutscher Grenzgänger anbieten. Auffällig ist der hohe Anteil vietnamesischer Händler, die auch Ramsch von billigen Kunstlederjacken bis zu gefährlicher Pyrotechnik verkaufen. Bei einigen Artikeln ist die Einfuhr nach Deutschland sogar verboten, nähere Auskünfte erteilt der Zoll. Im Umfeld der Märkte werden auch weitere Dienstleistungen angeboten, Haarschnitt oder Autowäsche beispielsweise sind deutlich preisgünstiger als auf deutscher Seite.

Als größter Markt im Erzgebirge gilt der von **Potůčky**, wo Kunden bereits Zeit zur Parkplatzsuche einplanen sollten. Etwas entspannter geht es in **Petrovice**, **Hora Svatého Šebestiána** und **Mníšek** zu. Ein asiatisches Image gibt sich der **Asia Dragon Bazar**, von Cheb in Richtung Waldsassen gelegen. Die gesetzliche Garantiehaftung in Tschechien beträgt 24 Monate bei Vorlage der Quittung, das gilt auch für Märkte.

Grenzübertritt

→ Reisedokumente, Verkehrsregeln und Maut

Hausnummern in Tschechien

Etwas verwirrend ist manchmal die eigentlich überflüssige Doppelung der Hausnummer: Neben der üblichen Nummer in der Straße taucht in Adressen oft noch eine durchlaufende Nummer auf, beispielsweise beginnend mit dem ältesten Haus in der Ortschaft.

Holzwaren

In die Info-Kästen dieses Reiseführers wurden bewusst keine Hersteller von Weihnachsdekorationen aufgenommen – man käme vom Hundertsten ins Tausendste. Natürlich ist die Auswahl an Holzerzeugnissen in Seiffen am größten – man spricht zurecht von der Werkstatt des Weihnachtsmanns. Mache dieser Holzerzeugnisse gehen auf Traditionen lange vor 1900 zurück, andere sind brandneu. Es werden auch kuriose Aufträge bedient, wenn beispielsweise Amerikaner Pyramiden mit Osterhasen ordern. Zum Renner entwickelte sich im Pandemie-Jahr 2020 ein Rauchermännchen, welches unverkennbar Züge des Virologen Christian Drosten trägt.

Jugendherbergen

Die Quartiere des Deutsches Jugendherbergswerks/Landesverband Sachsen (www.jugendherberge-sachsen.de) sind auf Schulklassen und Gruppen spezialisiert, stehen aber auch Familien und Einzelpersonen zu Verfügung. Die Preise beginnen bei 20 Euro pro Übernachtung. Man findet Jugendherbergen

- in Altenberg (www.jugendherberge-altenberg.de);
- in Zinnwald nahe der Staatsgenze;
- im Schloss Augustusburg (www.jh-augustusburg.de);
- in Chemnitz, in bester Citylage;
- in Chemnitz-Adelsberg (www.jugendherberge-chemnitz.de);
- in Ehrenfriedersdorf (www.jh-ehrenfriedersdorf.de);
- in Frauenstein, mit Pferdestall;
- in Grumbach, am Waldrand nahe des Preßnitztales;

Die Kirche der unbefleckten Empfängnis Mariä in Dubí

- am Greifenbachstauweiher Hormersdorf;
- in Johanngeorgenstadt, nahe der Staatsgrenze;
- in Neudorf am Fichtelberg;
- im Mortelgrund Sayda, ruhig und einsam;
- in Schöneck (www.schoeneck.jugendherberge.de);
- in Wolkenstein (www.jugendherberge-warmbad.de).

Kammquerungen mit öffentlichen Verkehrsmitteln

Die zwischen beiden Staaten derzeit möglichen Überquerungen des Erzgebirgskamms mit öffentlichen Verkehrsmitteln sollen hier nochmals zusammengefasst werden:
Bus Dresden-Altenberg-Teplice
Bus Olbernhau-Litvínov
Bus Marienberg-Chomutov
Bahn über Vejprty (seit längerem nur sporadischer Ausflugsverkehr)
Bus Boží Dar celnice (Staatsgrenze) -Ostrov- Karlovy Vary
Bahn über Johanngeorgenstadt
Bahn über Klingenthal

Kanufahren

Das Wasserwandern auf der Eger (Ohře) erfordert keine speziellen Kenntnisse. Geübte Enthusiasten befahren nach der Schneeschmelze mitunter auch Flüsse nördlich des Gebirgskamms (Weißeritz, Natzschung und Pöhlbach).

Mapy.cz

Hervorragende App (es gibt auch einen entsprechenden Internet-Auftritt) mit detaillieren Wanderkarten, eine Art Google Maps in der ehemaligen Tschechoslowakei und angrenzenden Gebieten. Bei entsprechenden Einstellungen ist die App kostenlos und werbefrei! Funktioniert auch ohne Registrierung (und nach Downloads von Regionalkarten auch) als Offline-Navigation. Die für das Gebiet dieses Buches erforderlichen Karten (Sachsen, Karlovy Vary, Ústí nad Labem) belegen ca. 300 MB. Nach Registrierung ist es beispielsweise möglich, eigene Tracks abzuspeichern.

Mautvorschriften (mýto)

Für bestimmte tschechische Straßen (www.autobahn.cz) ist eine Vignette fällig, die billigste für zehn Tage kostet 310 Kč. Für Autos mit niedrigem Schadstoffausstoß gibt es einen Ökorabatt. Am 1. Januar 2021 wurde das System auf **elektronische Vignetten** (Kennzeichenerfassung, am Fahrzeug wird nichts verändert) umgestellt. Diese können bis zu 90 Tage im Voraus im Internet (https://edalnice.cz, Kreditkarte nötig), an offiziellen Verkaufstellen (Česká pošta and EuroOil) sowie an Selbstbedienungskiosken an der Grenze erworben werden. Abgelaufene Klebevignetten aus früheren Jahren müssen von der Scheibe entfernt werden, sonst droht ein Bußgeld.

Im Bereich dieses Reiseführers betrifft die Mautpflicht derzeit nur kürzere Abschnitte, nämlich:

- die tschechische Seite der Autobahn D 8 Dresden – Praha einschließlich des Zubringers R 63 nach Teplice-Bystřany;
- Ústís Ausfallstraße 30 im südlichen Teil entlang der Elbe bis Lovosice,
- einzelne Abschnitte der Schnellstraße R 7 Chomutov–Praha;
- einzelne Abschnitte der Schnellstraße R 6 Cheb – Jenišov – Praha.

Diese Mautabschnitte kann man leicht umfahren, Autobahnen sind ja sowieso touristisch langweilig. In Fahrzeugen über 3,5 Tonnen (darunter schwere Wohnmobile) ist eine Mautbox zu installieren (www.mytocz.eu).

Notrufe

Die wichtigsten größeren Krankenhäuser mit Notaufnahme sind in diesem Reiseführer bei den jeweiligen Ortsbeschreibungen genannt.

▸ In Deutschland:

110: Polizei

112: allgemeine internationale Notrufnummer

11611: Sperrung von EC- und Kreditkarten

116117: Arztsuche, Bereitschaftsdienste

0361/730730: Verdacht auf Vergiftung

0371/300641: Leitstelle der Feuerwehr

▸ In Tschechien:

112: allgemeine internationale Notrufnummer

115: Notarzt

150: Feuerwehr

158: Landespolizei (Straftaten und Verkehrsunfälle), **156**: Ortspolizei (Diebstähle und Ordnungswidrigkeiten)

+420/1210: Bergrettungsdienst

Öffnungszeiten (otevírací doba)

Grob vereinfachend kann man sagen, dass der böhmische Arbeitsrhythmus gegenüber dem sächsischen etwas nach vorn verschoben ist. Falls in kleinen Dörfern manche Läden und Ämter nur wenige Stunden geöffnet haben, dann eher vor- als nachmittags. Während einige sächsische Erzgebirgsorte in der Vorweihnachtszeit überlaufen wirken, halten auf böhmischer Seite sogar einige größere Museen ›Winterschlaf‹. Fast alle aufgeführten Museen bieten jedoch gegen Bezahlung auch Führungen außerhalb ihrer üblichen Öffnungszeiten an, entsprechende Vereinbarungen sollten vorher (per E-Mail)

Kaisertag in Kadaň

erfolgen. Bei verschlossenen Kirchen ist ein Besuch manchmal auch spontan möglich, wenn man am zugehörigen Pfarrhaus klingelt und nett fragt.

Parkplätze

Außerhalb größerer Innenstädte und frequentierter Punkte (Schloss Augustusburg, Seiffener Spielzeugmuseum, Volksfeste und Skipisten) dürfte man bei seinen Zielen im Erzgebirge überall im Umkreis von 300 Metern einen kostenlosen Parkplatz finden. Wenn man nicht das neueste Modell fährt, ist die Situation bezüglich Autodiebstahl in Tschechien nicht schlimmer als in Deutschland. Falls der Quartierwirt dennoch eine abschließbare Parkfläche über Nacht anbietet, sollt man jedoch annehmen.

Pflanzen

Es gibt den Artenschutz und den Gebietsschutz. Ist beides nicht vorhanden, dürfen Pflanzen und Pilze für den privaten Gebrauch gepflückt werden. Trotzdem sollte man kleine Kräuterbestände nicht komplett abernten, sondern so viel übrig lassen, dass diese Pflanzen dort weiterleben.

Post in Tschechien

Die aktuellen Leistungen der Česká pošta hinterlassen einen gemischten Eindruck. Es gibt zwar ein dichtes Filialnetz, Postkarten und Briefe nach Deutschland (bis 20 Gramm einheitlich 32 Kč) sind aber bis zu einer Woche unterwegs.

Prostitution

In Tschechien ist Prostitution weder erlaubt noch verboten. Klar geregelt sind allerdings Kindesmissbrauch und Menschenhandel. Kommunen können Prostitution mit Sperrgebietsverordnungen in bestimmten Arealen oder gleich der ganzen Stadt untersagen. Jeder Freier geht zudem hohe Risiken bezüglich Diebstahl und Krankheit ein. Aktiv gegen mit Prostitution verbundene Menschenrechtsverletzungen kämpft KARO (www.karo-ev.de) mit Sitz in Plauen. Verdachtsfälle von Kinderprostitution kann man im Internet melden (www.reportchildsextourism.eu).

Quartiere

→ Jugendherbergen.

Im Erzgebirge finden Reisende eine breite Auswahl gemütlicher Angebote in hoher Qualität vor, auf böhmischer Seite sind sie meistens preisgünstiger als auf sächsischer. Dafür beteiligen sich auf sächsischer Seite mehr Wirte an der Aktion ›Wandern ohne Gepäck‹, bringen gegen einen oft lächerlichen Obolus Gepäckstücke ihrer Gäste zur nächsten Bleibe. Auf den Internetseiten tschechischer Anbieter gelangt man meistens zur Preisliste (ceny), indem man auf Unterkunft (ubytování) oder Zimmer (pokoj) klickt. Es liegt in der Natur der Sache, dass bei den allerbilligsten Quartieren das Risiko von Hygienemängeln steigt.

Reisedokumente

EU-Bürger brauchen zum Aufenthalt in Tschechien nur einen gültigen Personalausweis oder Pass. Mitgeführte Haustiere benötigen das tierärztliche EU-Dokument und eine Tollwutimpfung.

Reisezeit

Im Erzgebirge gibt es immer etwas zu entdecken, und kühlere Höhenlagen machen sogar im Hochsommer sportliche Aktivitäten möglich. Wer Trubel umgehen möchte, sollte entsprechend die Weihnachtsmetropole Seiffen zwischen Ende Oktober und Mitte Januar sowie die Wintersportorte zu den Schulferien in dieser Jahreszeit meiden. Wie in vielen Gegenden Mitteleuropas gibt es die besten Fernsichten im Herbst, Laubfärbung und Pilze inklusive. Der intensive ›Indian Summer‹ des Erzgebirges fällt in den höheren Lagen meistens auf die ersten Oktobertage, tiefere Lagen sind später dran.

Reiseveranstalter

Das Erzgebirge bietet sich für einen selbst organisierten Aufenthalt an. Quartierwirte und Infobüros helfen bei Ausflügen, außerdem gibt es für Nutzer von iOS

und Android die kostenlose ERZAppAktiv (www.erzgebirge-tourismus.de).
Busreise-Pauschalen mit süßlich-kitschigen Weihnachtsprogrammen werden häufig von Senioren wahrgenommen. Es gibt aber auch Gruppenreisen-Veranstalter von Fuß- und Radwanderungen sowie für spezielle kulturelle Themen. Hochwertige Programme bietet beispielsweise **Begegnung mit Böhmen**, Dechbettener Straße 47 B, Regensburg, Tel. 0941/26080, www.boehmen-reisen.de.
Einige Initiativen (beispielsweise www.pragkontakt.eu) bezeichnen sich als nichtkommerzielle Veranstalter von Jugend- und Begegnungsreisen.

Schaubergwerke

Die Besucherbergwerke sind in diesem Reiseführer bei den einzelnen Ortschaften aufgeführt. Bei einem längeren Aufenthalt im Erzgebirge sollte man mindestens eine dieser Schaubergwerke besuchen und sich einer Führung anschließen. Die größten Anlagen sind fast täglich geöffnet, kleinere nur nach Anmeldung.
Oft beträgt die Temperatur in den Stollen um acht Grad Celsius. Festes Schuhwerk und eher preiswerte Kleidung sind zu empfehlen, in einigen Fällen werden Schutzhelme und Umhänge verteilt.
Tiefe natürliche (Tropfstein-)Schauhöhlen gibt es im Erzgebirge nicht. Die nächstgelegenen sind die Drachenhöhle Syrau im Vogtland (www.syrau.de) und die Koněpruské jeskyně im Tschechischen Karst (www.cesky-kras.cz).
- www.schloesserland-sachsen.de (mit Bindestrich)

Schlösserlandkarte

Über 40 Schlösser, Burgen und Gärten Sachsens zum Pauschalpreis, 10 Tage/24 Euro, 1 Jahr/48 Euro, nicht übertragbar, dazu 2 Kinder bis 16 Jahre kostenfrei.
www.schloesserland-sachsen.de

Selbstverpflegung

Außer den üblichen Supermarktketten, die in diesem Buch grundsätzlich nicht aufgelistet sind, gibt es auf sächsischer Seite einige sehr gute Familienbetriebe: Bäckereien, Konditoreien, Fleischereien und anderes.
Grenzmärkte auf böhmischer Seite sind sogar an Wochenenden geöffnet. Einheimische Lebensmittel kosten bei vergleichbarer Qualität dort meistens etwas weniger als auf deutscher. Liebhaber deftiger Geschmacksrichtungen sollten auch Käsespezialitäten (Olomoucké tvarůžky) probieren. Importierte Lebensmittel dagegen sind teuerer, mitunter wird bei demselben Markenprodukt in Tschechien sogar schlechtere Qualität als in Deutschland verkauft. Keine der größeren Supermarktketten auf böhmischer Seite befindet sich noch in einheimischer Hand, neben den deutschen

Schaubergwerk in Deutschkatharinenberg

Holzteufel im Burghof Hauenštejn

Ausbeutern teilen sich unter anderem Billa (österreichische Vertriebslinie von REWE) und Tesco (britisch) den Markt. Besonders in Verruf gekommen ist in den letzten Jahren Albert-Ahold (niederländisch), die seit 2014 auch die SPAR-Filialen besitzen.

Skansen (skanzen)

Das Wort Skansen bezeichnet vor allem in Ostmitteleuropa und Skandinavien größere Volksarchitektur-Freilichtmuseen, wird aber zunehmend auch auf kleinere Flächen wie historische Einzelgehöfte angewendet.

Souvenirs

Bekannt wurde das Erzgebirge durch sein Erz, entsprechende Mineralien und Kristalle bekommt man beispielsweise in den Shops der Schaubergwerke. Schöne Steine am Wegesrand gehören dem Grundstückseigentümer, eigentlich darf man sie nicht mitnehmen. Original erzgebirgische Volkskunst kauft man am besten im Erzgebirge, vielleicht sogar beim Hersteller selbst. An sächsischen Weihnachtstouristen-Treffpunkten wie Seiffen, Annaberg und Schneeberg bieten viele Läden erzgebirgische Volkskunst an.

In Sachsen existieren noch familiengeführte Bäckereien und Fleischereien, die sich durch Qualität und das gute Preis-Leistungs-Verhältnis ihrer Waren auszeichnen. Auch schafft es Abwechslung auf dem heimischen Tisch, wenn man recht unbekannte Lebensmittel aus Nordböhmen mitnimmt. Wie wär's mit Karlsbader Oblaten oder Melniker Wein?

Tankstellen (benzínové pumpy, auch čerpačky)

Gute Flächenabdeckung. Das übliche bleifreie Benzin heißt in Tschechien Normal 95 und ist einige Cent günstiger als in Deutschland.

Taxipreise

Wegen vieler Beschwerden hat die Stadt Prag 2006 Obergrenzen für Taxipreise festgesetzt, die bis heute als Richtwerte für Tschechien anzusehen sind: Einmalige Pauschale 40 Kč, Strecke 28 Kč/km, Wartezeit 6 Kč/min. Einige Tourismusbüros können Kleinbusse mit Fahrer für Tagesausflüge ziemlich kurzfristig organisieren.

Telefonieren

Die internationale Vorwahl der Tschechischen Republik ist 00420. Die Festnetznummern beginnen mit der Ziffer 2, 3, 4 oder 5 und sind nach den 14 tschechischen Regionen geordnet. Im Handynetz gibt es kaum noch Lücken. Die Vorwahl nach Deutschland lautet 0049.

Übersetzungen

Professionelle beeidigte Übersetzungen Deutsch-Tschechisch beispielsweise bei www.uebersetzungen-gloeckner.de.

Unterwegs mit dem eigenen Fahrzeug

Für individuelle Fortbewegungsmittel, sowohl für motorisierte als auch für muskelbetriebene, ist das Erzgebirge von allen Seiten aus bestens erschlossen.

Unterwegs mit öffentlichen Verkehrsmitteln

▸ Verbünde

Der Verkehrsverbund Mittelsachsen (VMS), ist ein Verbund von Betrieben des öffentlichen Personennahverkehrs im Großraum

Chemnitz, er deckt das im Buch beschriebene Gebiet auf sächsischer Seite fast ganz ab (Ausnahmen lediglich: Altenberg und Nossen). Zu den Mitgliedern des Verkehrsverbundes zählen der Regionalverkehr Erzgebirge, mehrere Bahnunternehmen und mehrere Kommunalbetriebe. Information: www.rve.de und www.vms.de

▸ Mit dem Bus:
Natürlich ist Nordböhmen in das internationale Fernbusnetz eingebunden. FlixBus beispielsweise verknüpft Prag unter anderem mit Cheb, Sokolov, Chomutov, Jirkov, Most, Chemnitz und Zwickau.

▸ Mit der Bahn:
Verbindungen unter www.bahn.de, in Tschechien auch unter www.cd.cz oder mit der Smartphone-App Můj vlak.

▸ Einige Sondertarife in Tschechien (www.cd.cz):
- Kinder bis zu 6 Jahren reisen stets gratis, es gibt von der konkreten Verbindung abhängige Ermäßigungen in den Altersgruppen bis 26 und ab 65 Jahren;
- **Celodenní jízdenka**: Tageskarte für alle Verbindungen in der 2. Klasse der Tschechischen Staatsbahn für 579 Kč, nur im Verwaltungsbezirk Aussig für 209 und nur im Bezirk Karlsbad für 159 Kč;
- **EgroNet-Ticket**: bis zu fünf Erwachsene mit bis zu drei eigenen Kindern/Enkeln unter 15 Jahren (22 Euro, jeder weitere Mitfahrer 7 Euro) innerhalb der Euroregion Egrensis bis 3 Uhr des Folgetages, Fahrradtransport inbegriffen;
- **Sachsen-Böhmen-Ticket**: bis zu zwei Erwachsene mit eigenen Kindern/Enkeln unter 15 Jahren oder bis zu fünf beliebige Personen (Grundpreis 26 Euro, jeder weitere Mitfahrer 6,50 Euro) in Sachsen und angrenzenden Regionen Böhmens bis 3 Uhr des Folgetages, Mo–Fr erst ab 9 Uhr.

Verhaltensregeln

Im Umgang mit Tschechen gelten keine ungewöhnlich exotischen Regeln, allgemeines Taktgefühl schützt vor Fettnäpfchen. Straßenschuhe sollten beim Betreten von Privatwohnungen ausgezogen werden. Auf

Am Keilberg

- einsameren - Wanderwegen grüßt man üblicherweise auch Fremde, notfalls in verschiedenen Sprachen.

Verkehrsmittel

→ Unterwegs.

Verkehrsregeln in Tschechien

Die wichtigsten, von Deutschland abweichenden Regeln:
- in Tschechien muss bei jeder Autofahrt das Abblendlicht eingeschaltet sein;
- es herrscht absolutes Alkoholverbot für den Fahrer;
- von November bis März sind Winterreifen zu verwenden;
- für jeden Fahrzeuginsassen ist eine Warnweste mitzuführen.

Kinder auf dem Fahrrad müssen bis zum 18. Lebensjahr einen Helm tragen.

Verständigung

Mit ›Händen und Füßen‹ sowie Phantasie und Online-Übersetzungsprogrammen gelingt Deutschen eine Verständigung in Tschechien fast immer. Kenntnisse anderer slawischer Sprachen erleichtern die Erschließung des Tschechischen. Ressentiments spürt man praktisch keine, schließlich bilden ausländische Touristen auch eine umworbene Zielgruppe am eher einkommensschwachen Südhang des Erzgebirges. Deutschsprachige Speisekarten sind beispielsweise häufig vorhanden.

Der Anteil des Deutschen am Sprachunterricht in Tschechien ist allerdings rückläufig. Inzwischen wird in Englisch klar bevorzugt.

Waffengesetze

In Deutschland ist das Mitführen einiger auf Märkten Tschechiens erhältlicher Messer (z.B Einhandmesser oder Messer mit Klingenlängen über 12 cm) im öffentlichen Raum strafbar. Zum legalen Transport nach Hause sollten sie gut verpackt werden.

Wasserqualität

In oberen Lagen haben viele Flüsse und Teiche praktisch Trinkwasserqualität. Und Trinkwasser aus der Leitung entspricht natürlich sowieso den EU-Verordnungen.

Weihnachtsmärkte

Im Weihnachtsland Erzgebirge gibt es vielerorts Weihnachtsmärkte, die freilich etwas kleiner ausfallen als etwa der berühmte Striezelmarkt in Dresden. Am meisten lohnen sich Freiberg, Annaberg und Schneeberg. Die größte Auswahl an traditionellen Holzwaren bietet Seiffen, wo auch viele Hersteller ihre eigenen Firmenläden betreiben.

Wintersport

Es gibt im Erzgebirge etwa 175 Skilifte und 150 Pistenkilometer. Die im Buch angegebenen Internetauftritte der meisten Betreiber lassen kaum Fragen offen. Webkameras zeigen die aktuelle Situation. Die Preise für eine Tageskarte liegen überwiegend zwischen 10 und 20 Euro.

Das Erzgebirge eignet sich bei entsprechender Schneedecke hervorragend für Skiwanderungen. Vielerorts stehen präparierte Loipen gratis zur Verfügung.

Skiverleih ist praktisch an allen Wintersportorten vorhanden.

Schlittenfahrten unter Ausnutzung des Gefälles auf öffentlichen Nebenstraßen waren fröhliche Geselligkeiten der Erzgebirger im 20. Jahrhundert. In Zeiten von Klimawandel und Tausalzorgien haben nur solche wenige Stellen überlebt. Abgesehen davon sind Schlittenfahrten auf Hangwiesen ohne Autoverkehr sicherlich sicherer. In Skiarealen ist oft ein Rodelhang vorhanden. Kommerzielle Anbieter betreiben außerdem einige Sommerrodelbahnen.

WLAN

Mit Ausnahme preisgünstiger Bergbauden ist ein Internetzugang in Quartieren inzwischen nahezu selbstverständlich. Einige Städte bieten freien Internetzugang in Informationsbüros und Museen sowie rund um ihre Marktplätze an. Der Landkreis Erzgebirge erhielt für den weiteren Ausbau von Hotspots ›Easy-WLAN-Erzgebirge‹ 2016 und 2018 Fördersummen im höheren fünfstelligen Bereich.

Zeitzonen

Keine Umstellung zwischen Deutschland und Tschechien.

Zollvorschriften (celní předpisy)

Die Richtmengen für die Einfuhr von Genussmitteln aus Tschechien zum privaten Gebrauch liegen inzwischen so hoch – z. B. 10 Kilogramm Kaffee, 10 Liter Schnaps, 110 Liter Bier, 800 Zigaretten mit Steuerbanderole –, dass eine Überschreitung kaum denkbar erscheint. Es gibt jedoch Waren wie beispielsweise bestimmte Messer oder Silvesterböller, die nach Sicherheitsgesetzen in Deutschland verboten sind. Kraftstoff in Kanistern wird bis zu 20 Litern pro Fahrzeug nicht beanstandet, ebenso der Besitz von Plagiaten bis zu einem Wert von 300 Euro pro Person.

Kurze Hinweise zur tschechischen Sprache

Die 26 tschechischen Grundbuchstaben kennt man aus dem deutschen Alphabet. Erweitert werden sie durch 15 Buchstaben mit diakritischen Zeichen und den Digraphen ch. Mit folgenden Ausspracheregeln kommt man schon recht weit:
č, ř,=tsch, rsch;
š, ž=hartes sch, weiches sch;
ě=jä;
ď, ň, ť=dj, nj, tj.

Alltagsfloskeln

Hallo	Ahoj [aɦɔj]
Guten Tag	Dobrý den [dɔbriː dɛn]
Auf Wiedersehen	Na shledanou [na sɦlɛdanɔʊ̯]
Danke	Děkuji [Djɛkʊjɪ]
Ein Bier bitte	Pivo prosím [Pɪvɔ ˈprɔsiːm]
Noch eins	Ještě jedno [Jɛʃcɛ jɛdnɔ]

Orientierung

Berg	hora
Tal	údolí
Fluss	řeka
Bach	potok
Wanderweg	turistická cesta
Kreuzung	křižovatka
Brücke	most
Marktplatz	náměstí (großer Platz), rynek (zentraler Rathausplatz), tržiště (Bauernmarkt)
Museum	muzeum
Kirche	kostel
Burg	hrad
Schloss	zámek
Bahnhof	nádraží
Schlafquartier	ubytování
Wechselstube	směnárna
Krankenhaus	nemocnice

Literaturhinweise

Zunächst sei auf den vorbildlich gestalteten Internetauftritt der Sächsischen Landesbibliothek (www.slub-dresden.de) hingewiesen. Viele ältere Bücher werden dort als kostenlose PDFs zum Download angeboten. Der wohl produktivste erzgebirgische Autor der DDR-Zeit war Manfred Blechschmidt (1923 – 2015).

Belletristik

Volker Braun, Das unbesetzte Gebiet, Suhrkamp Verlag, Frankfurt a. M. 2004

Werner Bräunig, Rummelplatz, Aufbau Taschenbuch, Berlin 2008

Elisabeth Günther-Schipfel, Irrlichter, Erzdruck, Marienberg 2006. Roman einer 1931 in Gottesgab geborenen Lehrerin auf Grundlage eigener Beobachtungen und vieler Erlebnisberichte

Stefan Heym, Schwarzenberg, Bertelsmann, Gütersloh 1984

Johann August Ernst Köhler, Sagenbuch des Erzgebirges, 1886

Karl May, Erzgebirgischen Dorfgeschichten, Reprint des Erstdrucks, Karl-May-Verlag, Radebeul 1996

Helga und Hansgeorg Meyer: Prinz Lieschens Berge, 1988 (2. Aufl. 1990). Ein hübsches DDR-Kinderbuch über Erzgebirge und Vogtland

August Peters, Erzgebirgische Geschichten, Edition Hamouda 2017, ISBN 978-3-95817-015-5. Angenehmer Erzählstil aus dem 19. Jahrhundert

Johannes von Saaz, Der Ackermann aus Böhmen, Philipp Reclam Jr., Stuttgart 2000. Die mittelalterliche Handschrift zählt als eines der ersten Werke deutscher humanistischer Literatur

Johannes Urzidil, Goethe in Böhmen, 1932, überarbeitet 1965, Artemis Verlag, Ostfildern 1965

Krimis

Bettine Reichelt, Tendenz steigend, Bild und Heimat, Berlin 2015. Chemnitz-Krimi einer Leipziger Theologin

Als Ergebnis eines Literaturwettbewerbes entstanden folgende zweisprachige Kurzkrimibände, hg. v. der Baldauf-Villa Marienberg und der Nadace Joachim Jachymov:

Stíny nad Krušnými horami. Schatten über dem Erzgebirge (2017)

Stíny nad Krušnými horami II. Schatten über dem Erzgebirge II (2018)

Mundartliches

Zuerst sind sicherlich die Lieder in erzgebirgischer Mundart von Anton Günther zu nennen. Es gibt Tonaufnahmen mit ihm selbst, CD-Zusammenstellungen davon sind bei B.T.M. (1995) sowie bei Saxionia (2001 und 2006) erschienen.

Literatur von Emil Rosenow, Max Wenzel, Stephan Dietrich (Saafnlob)

Alexander Böhm, Anton-Günther-Gedenksteine: von Aichach bis Zwönitz, Heimatland Sachsen, Chemnitz 2016

Dr Vugelbeerbaum. Alte und neue Lieder in erzgebirgsicher Mundart, hg. v. Manfred Blechschmidt, Friedrich Hofmeister Musikverlag, Leipzig 1970. Nach wie vor im Handel erhältlich

Haamitland, mei Arzgebirg. Lieder aus dem Erzgebirge, Friedrich Hofmeister Musikverlag, Leipzig 2002. Der broschierte Nachfolger des ›Dr Vugelbeerbaum‹

Hier sei mir drham. Kinderliederbuch in erzgebirgischer Mundart, hg. v. Erzgebirgsverein, Erzdruck, Marienberg 2013

Politik und Zeitgeschichte

Erich Berlet, Die sächsisch-böhmische Grenze im Erzgebirge, Oschatz 1900

Frank Blohm (Hg.), Geh doch rüber! Revisited. Ein Ost-West-Lesebuch und seine Geschichte, Lukas Verlag für Kunst- und Geistesgeschichte, Berlin 2019

Karel Čapek, Gespräche mit Masaryk (ursprünglich 1928–1935 in drei Bänden als ›Hovory s TGM‹ veröffentlicht), DVA, München 2001

Karl August Engelhardt: Vaterlandskunde für Schule und Haus im Königreiche Sachsen, 1833. Jahrzehntelang ein Standardwerk

Rainer Karlsch und Zbynek Zeman, Urangeheimnisse. Das Erzgebirge im Brennpunkt der Weltpolitik 1933–1960, Chr. Links Verlag, Berlin 2010

Frank Lothar Kroll: Die Herrscher Sachsens. Markgrafen, Kurfürsten, Könige 1089–1918, C. H. Beck, München 2013

Dirk Neubauer, Das Problem sind wir. Ein Bürgermeister in Sachsen kämpft für die Demokratie, DVA, München 2019

Michael Rauhut, Bye bye, Lübben City. Bluesfreaks, Tramps und Hippies in der DDR, Schwartzkopf & Schwartzkopf, Berlin 2018. Unangepasste Jugendkultur einschließlich Reiseverhalten gegen Ende der DDR

Friedrich Schorlemmer, Zorn und Zuwendung, Das Neue Berlin, Berlin 2011. Gespräche (nicht nur) über die DDR

Michael Zantovsky, Vaclav Havel: In der Wahrheit leben, Propyläen, Berlin 2014

Zmizelé Sudety. Das verschwundene Sudetenland. Dicker Begleitband zur Ausstellung von Antikomplex Prag mit Fotos von Martin Kouba, bisher 6 Auflagen, letzte Auflage von 2015, zweisprachig

Kultur und Natur

Manfred Bachmann, Holzspielzeug aus dem Erzgebirge, Verlag der Kunst, mehrere Auflagen ab 1984. Opulent und schwer (mit Schuber 1600 Gramm!), nach wie vor ein Standardwerk zu diesem Thema.´

Berndt Bellmann: Die hohen Berge des Erzgebirges, Eigenverlag 2016. Kompetente und liebevolle Recherche, aber etwas hausbackenes Layout.´

Horst Heynert: Blühende Bergheimat, Urania, Berlin 1970. Gilt als Klassiker unter den Fachbüchern über die hercynische Pflanzenwelt.´

Eva-Maria und Frank Hommel, Bergbau – Erde – Mensch. Welterbe mit Erz und Seele, Chemnitzer Verlag und Druck 2019

Kay Meister, Erzgebirgsflora im Porträt, Erzdruck, Marieberg 2007

Jens Kugler und Wolfgang Schreiber, Das beste Ertz ..., eine bergbauhistorische Reise durch das sächsische Erzgebirge, Bode Verlag, Salzhemmendorf 1992

Jaroslav Michálek und **Petr Uhlík**: Die Eger, 2006

Ullrich Sebastian, Die Geologie des Erzgebirges, Springer Spektrum, Heidelberg 2012

Mathias Zahn, Sabine Rommel (Hg.), Max Schanz. Spielzeug gestalten im Erzgebirge, Arnoldsche 2021

Adolf Hanle, Naturführer Erzgebirge, Meyers Lexikonverlag, Berlin 1992

Verlag Robin Hermann

Pionierleistungen bei seiner sorgfältigen Recherche vollbringt der kleine Verlag Robin Hermann in Chemnitz (www.verlag-rh.de). Hier erschienen bislang unter anderem:

Ortspyramiden, 2 Bände 2009 und 2016

Böhmischer Erzbergbau, 2013

Sächsischer Erzbergbau, 2012

Sächsisches Hüttenwesen, 2015

Sächsische Ingenieurskunst, 2015

Uranbergbau in Mitteldeutschland, 2016

Sächsische Brauereien, 2011

Künstlerlexikon Erzgebirge, 2017

Reise- und Wanderführer

Bruno Berlet, Wegweiser durch das Sächsisch-Böhmische Erzgebirge. Erstauflage von 1872, eine neue Auflage erschien 2018 bei hansebooks.´

Manfred Blechschmidt, Klaus Walther, Böhmische Spaziergänge. Reisen zwischen Cheb und Ústí nad Labem, mehrere Auflagen ab 1978. Als Touristenratgeber mittlerweile veraltet, aber immer noch inspirierend.´´

Winfried Hardenberg, Das Erzgebirge. Praktisches Reisehandbuch von 1888, ein Reprint erschien 2014 bei saxoniabuch.

Kerstin und André Micklitza, Böhmisches Bäderdreieck, Trescher Verlag, 3. Aufl. Berlin 2019

Britta Schulze-Thulin, Erzgebirge, Vom Müglitztal zum Elstergebirge. 50 Touren, Bergverlag Rother, 2. Aufl. Oberhaching 2018

Reihentypisch ist die Beschränkung auf die Wegbeschreibungen, viele andere Aspekte des Erzgebirges wie die Kulturgeschichte werden höchstens gestreift. V.a. kürzere Touren (unter vier Stunden) werden vorgestellt

Landkarten

Karten sind in Tschechien preisgünstiger als in Deutschland, beispielsweise von der Firma SHO Card (www.shocart.cz), zudem verteilen Touristische Informationsbüros mitunter kostenlose Landkarten. Für historisch Interessierte gibt es die **Monarchiekarte Österreich-Ungarn von 1890** als Reprint sowie die **Wanderkarte vom Sächsisch-Böhmischen Erzgebirge 1939** mit damals markierten Hauptwanderwegen als Reprint, zweisprachig

Reiseberichte

Johannes Arnold, Erzgebirge, Mein Reiseland für einen Sommer, Greifenverlag, Rudolstadt 1979

Frank Barteld, Mit der Erzgebirgsbahn unterwegs, Barteld Verlag, Berga/Elster 2008

Petr Mikšíček, Waldgang. Ein Streifzug zwischen deutscher Vergangenheit und tschechischer Gegenwart, SachsenMedia, Marienberg 2014. Von einer 90-Tage-Wanderung (mit Pausen) durch Nordböhmen im Jahre 2000 berichtet der damalige Student, die Originalausgabe erschien 2005 unter dem Titel ›Sudetská pouť‹

Autobiographisches

Hermann Flade, Deutsche gegen Deutsche. Matthes, Grünhain/Erzgebirge 1999. Original von 1963 und Nachauflagen nur noch antiquarisch erhältlich

Siegwart Kaden, Warum ausgerechnet ich?, Lichtenberg/Erzgebirge 2006

Diese beiden obigen Titel thematisieren, ebenso wie weitere, oft im Selbstverlag herausgegebene persönliche Erfahrungen, die Verlogenheit des Realsozialismus und die Schikanen im Uranbergbau.

Petr Mikšíček Tváře Krušnohoří. Gesichter des Erzgebirges, Sokolov 2009. Zweisprachig

Petr Mikšíček, Znovuobjevené Krušnohoří, Das wiederentdeckte Erzgebirge, 2009. SachsenMedia, Marienberg 2009. Zweisprachig. Den Kulturwissenschaftler Petr Mikšíček lässt das (böhmische) Erzgebirge mit seiner deutschen Vergangenheit und tschechischen Gegenwart nicht mehr los, in seinen Interviews porträtiert er zweisprachig nicht nur die Interviewten, sondern quasi die heutige Seele des Landstrichs

Bildbände

Erzgebirge I – Minerale mit einer Typlokalität in Sachsen, Edition Sachsenschätze, Bode Verlag, Salzhemmendorf 2019. Der erste Band einer auf vier Bände angelegten opulenten Reihe mit Schwerpunkt Erzgebirgs-Mineralien

Erzgebirge. Damals und Heute, Bild und Heimat Verlag, 2020

Daniela Grosch, Chemnitz. Damals und Heute, Bild und Heimat Verlag, 2017

Jens Kugler und **Gunther Galinsky**, Über Tage und unter Tage. Bergbaufotografie aus dem Freiberger Revier, Chemnitzer Verlag und Druck, Chemnitz 2015

Petr Mikšíček, Krušný ráj, Herzgebirge, 2010

Erich Philipp, Grenz-Heimat. Beiderseits der Schweinitz, Bilder eines bewegten Jahrhunderts, Selbstverlag Deisenhofen 2000. Der Bildband des kürzlich verstorbenen Erich Philipp widmet sich vor allem historischen Fotos rund um den Bach Schweinitz

Klaus Walther, Matthias Zwarg, Dirk Hanus, Heimat Erzgebirge. Bilder aus der Luft. Chemnitzer Verlag und Druck, Chemnitz 2018

Matthias Zwarg, Dirk Hanus, Chemnitz, Erzgebirge, Vogtland, Muldentäler. Fotografien aus der Luft, Chemnitzer Verlag und Druck, Chemnitz 2015

Querformat-Serie ›Alte Meister der Eisenbahn-Photographie‹ im EK-Verlag, jeweils etwa 150 Seiten, darunter die Dresdner Werner Hubert und Georg Otte sowie der Leipziger Gerhard Illner

Michal Urban, Horní města Krušných hor (Erzgebirgische Bergstädte)

Teil: Karlovarský kraj, Fornica 2014, 978-80-87194-47-8
Teil: Ústecký kraj, Fornica 2015, 978-80-87194-49-2

Küche

1996 verteilte der Landfrauenverein Großhartmannsdorf eine eigene Rezeptsammlung. Gelegentlich verschenkt die Tschechische Zentrale für Tourismus Rezeptbroschürchen.

Erhardt Heinold, Neunerlei und Gänsebraten. Eine literarisch-kulinarische Reise ins Erzgebirge, mit einem erzgebirgischen Küchen-ABC. Sammlung von Kurztexten und Gedichten über die Esskultur, Verlag der Nation 2009

Kalender

Tierwelt Erzgebirge. Professioneller Jahreskalender des Vereins Natura Miriquidica, bestellbar unter
www.kammbegegnungen.de

Original Sächsischer Bergbaukalender. Bewährt seit 1994, www.bergbaukalender.de

Gratisbroschüren

Im Rahmen von EU-Projekten entstanden Broschüren, die aufgrund der Förderbedingungen nicht verkauft werden dürfen, einige der aktuelleren sind mit etwas Glück unter ›Kataloge und Reiseführer‹ bei www.erzgebirge.de, auf Messen, in Informationsbüros oder in Museen erhältlich, z. B.:

Cyklostezka Ohře, 2018, gute Landkarte zum Eger-Radweg einschließlich Westböhmischem Bäderdreieck und Duppauer Gebirge, reicht im Südosten bis Kladno.

Pure Wanderlust, 2017, 80 teilweise auch kürzere Wandertouren auf 128 Seiten

Bergstädte und Kulturschätze, 2015

Dachs statt Dax, 2014, Kammweg Erzgebirge-Vogtland in 17 Etappen auf 128 Seiten

Bedeutende Denkmale des Bergbaus in der Montanregion, 2014. Sehr schöner Überblick über die Objekte beim damaligen Stand der Welterbe-Nominierung, 184 Seiten, zweisprachig, www.montanregion.cz/administrace/soubory_ke_stazeni/1406536926_cz_pruvodce_fin.pdf

Das historische erzgebirgische Spielzeugland, 2010. Geographisch geordneter Überblick über die Anfänge der Holzspielzeugproduktion (im engeren Sinne, ohne Weihnachtsschmuck), zweisprachig;

Die Montanregion Erzgebirge auf dem Weg zum Welterbe, 2013

Einsteigen und Abschalten, 2012. 33 ergänzende Tages- oder Halbtageswanderungen im Umfeld des Kammweges auf 100 Seiten

Krušnohoří bez hranic, 2002. Zur Städtepartnerschaft Olbernhau-Litvínov, zweisprachig

Landschaft, Haus und Handwerk, 2010, Beiträge zum Spielwarengebiet im sächsisch-böhmischen Erzgebirge, zweisprachig

Teplice a okolí, 2007. Bebildertes Stadtporträt

Reisezeit im Erzgebirge. Die große Gästezeitung der Tourismusregion. Erscheint halbjährlich werbefinanziert und somit hauptsächlich aus Anzeigen bestehend, darunter aber auch interessante Veranstaltungstermine)

Wanderführer Kammweg Erzgebirge-Vogtland, 2011. 17 Etappen auf 100 Seiten;

Wintersport-Landkarte von Altenberg bis Eibenstock, 2015

Wir sind Welterbe, 2019

Zweirad-Liebe, 2013. Zahlreiche Ideen für Fahrradtouren auf 128 Seiten

Internethinweise

Viele Internetadressen sind bei den jeweiligen Ortsbeschreibungen und Info-Kästen angegeben, hier noch Hinweise auf einige allgemeine Übersichten:

Öffentliche Einrichtungen

www.sachsen.de Bundesland Sachsen, vor allem Politik und Verwaltung
www.so-geht-saechsisch.de Kunst, Kultur und Wirtschaft
www.revosax.sachsen.de Alle sächsichen Landesrechtsvorschriften.
www.jizdnirady.idnes.cz Öffentlicher Verkehr in Tschechien

Tourismus

www.montanregion-erzgebirge.de und **www.montanregion.cz** Montanregion Erzgebirge
www.erzgebirge-tourismus.de Tourismusverband Erzgebirge
www.zivykraj.cz Tourismusportal des Verwaltungsbezirkes Karlsbad
www.branadocech.cz Tourismusportal des Verwaltungsbezirkes Aussig
www.krusnehorynakole.cz Fahrradtourismus Erzgebirge
www.sachsenschiene.net Eisenbahn-Fanseite
www.ceskestredohori.info, **www.boehmerlangi.de**, **www.ins-erzgebirge.de** und **www.erzgebirge-touristik.de** Private Ausflugsratgeber
www.wintersport-im-erzgebirge.de, **www.skiresort.de** und **www.skigebiete-test.de** Private Wintersport-Übersichten
www.bikemap.net und **www.bikerevier-erzgebirge.de** Radroutenvorschläge
www.itras.cz Tschechische Wander- und Freizeitvorschläge
www.park4night.com Wohnmobilstellplätze teils kostenlos und im juristischen Graubereich

Medien

www.radio.cz Radio Prag (mit deutschsprachigem Anteil)
www.dtpa.de Deutsch-tschechische Presseagentur
www.erzgebirge.de Chemnitzer Verlag und Druck GmbH

Sonstiges

www.virtualtravel.cz Panoramafotos aus Tschechien
www.sachsens-museen-entdecken.de Sächsische Landesstelle für Museumswesen
www.erzgebirgisch.de Interaktives Wörterbuch der erzgebirgischen Mundart

Nützliche Apps

Mapy.cz empfehlenswerte Karten, auch zum Wandern (→ S. 321)
Jízdní řády Fahrplanverbindungen in der gesamten Tschechischen Republik
Můj vlak offizielles Programm der Tschechischen Staatsbahn
Montanregion Erzgebirge/Krušnohoři Beschreibung aller Bestandteile dieses UNESCO-Weltkulturerbes
Geopedia übersichtliche Beschreibung von Sehenswürdigkeiten
Waldbrandgefährdung Sachsen Amtliche Gefahrenstufen und Verhaltenshinweise

Die Autoren

›Erzgebirge‹ ist Frieder Monzers viertes Handbuch für Touristen im Trescher Verlag Berlin. Von ihm sind bereits erschienen: ›Moldova‹ (2. Aufl. 2016), ›Rund um Posen, Thorn und Bromberg‹ (3. Aufl. 2020) und ›Slowakei‹ (5. Aufl. 2018). Der Naturwissenschaftler kennt sich besonders in der Osthälfte Europas gut aus, er ist gern abseits üblicher Trendziele unterwegs.

Monzer verlebte Kindheit und Jugend im Flöhatal, meldete erst mit 36 Jahren seinen Hauptwohnsitz um und besitzt bis heute enge Kontakte in seine alte Heimat. Es wird sicher Leser geben, die seine Mischung aus prinzipieller Vertrautheit und kritischem Entdeckerdrang mögen. Zugegeben, es gibt bereits viele Druckerzeugnisse mit dem Wort Erzgebirge im Titel. Aber es existiert seit Bruno Berlets vor knapp 150 Jahren erschienenem Werk kein Ratgeber im Buchhandel mehr, der die sächsische und die böhmische Seite des gesamten Gebirges einigermaßen ausgewogen vereint. Obwohl Tschechien seit Weihnachten 2007 zum Schengen-Raum gehört, stoppen deutschsprachige Beschreibungen des Erzgebirges oft noch gänzlich an der Staatsgrenze und lassen damit sogar den Gebirgskamm im engeren Sinne unberücksichtigt. Für Monzer dagegen stellt das mögliche Zickzack zwischen zwei historischen Kulturräumen einen besonderen Reiz des Gebirges dar, diese Mischung aus wettinisch-protestantischem Stollen- und habsburgisch-katholischem Knödelessen.

Hermann Böhme-Schalling ist eine Art guter Geist in Monzers Verwandtschaft. Opa Hermann verbrachte sein langes Leben überwiegend in Seiffen und Olbernhau, seine Erinnerungen lieferten wertvolle Details im Text.

Danksagung

Außer der Verwandtschaft und dem Verlag danken die Autoren für Zuarbeiten besonders: Konrad Auerbach, Bernd Brückner, Ute Florl, Carsten Freese, Hans-Peter Fritzsche, Hanne Gallert (†) und Familie, Gerd Geiser, Heiko Goldberg, Johannes Günther, Peter Haustein, Rolf Hengst, Bernd Kaden, Ulrike Kahl, Jens Kugler, Frank Lochschmidt und der GL, Kay Meister, Annegret Münch, Erich Philipp (†) und Familie, Anne Radecker, Nikolaus Schaller, Lucia Schaub, den Familien von Frank und Gert Schmidt, dem Team der Burg Hauenstein, der Wirtschaftsförderung Erzgebirge, den lokalen Tourismusbüros und der Tschechischen Zentrale für Tourismus.

Anmerkung

Die Autoren möchten ihre Privatsammlung erzgebirgischer Volkskunst wesentlich reduzieren. Überwiegend handelt es sich um sehr sauber gefertigte Stücke aus der Zeit um 1970 ohne Gebrauchsspuren. Bei Interesse bitte Kontaktaufnahme.

Die Zauberin Marzebilla

Register

Bildnachweis

Alle Fotos von Frieder Monzer, außer:

Titel: Animaflora PicsStock/shutterstock.com
Hintere Klappe: Tschechisches Tourismusamt
S. 16: Tourismusverband Erzgebirge
S. 17o.: Bernd März/Tourismusverband Erzgebirge
S. 18u.: Gemeindearchiv Lengefeld
S. 24: René Gaens/Tourismusverband Erzgebirge
S. 26: Frank Schmidt
S. 27: Frank Schmidt
S. 42: Tourismusverband Silbernes Erzgebirge
S. 52: Angela M. Arnold/wikimedia
S. 54: Przykuta/wikimedia
S. 59: Bernd März/Tourismusverband Erzgebirge
S. 71: Wolfgang Schmidt/Tourismusverband Erzgebirge
S. 76: Wolfgang Schmidt/Tourismusverband Erzgebirge
S. 88: Animaflora PicsStock/shutterstock.com
S. 90u.: Hagen Graebner/wikimedia
S. 99: inspi_ml/shutterstock.com
S. 124: Norbert Kaiser/wikimedia
S. 129: SDG/Michael Sperl
S. 130: Wintersport Altenberg GmbH
S. 133, 312, 317: Timo Ulrichs
S. 137: Bildpixel/pixelio
S. 139: Tilman2007/wikimedia
S. 140: Hans-Joachim Maquet
S. 142: Stadt Freiberg
S. 162u.: Marco Barnebeck/pixelio
S. 165: Sebastian Weigelt/wikimedia
S. 170: Armin-Peter Heintze/Verein Preßnitztalbahn
S. 177: Ugis Riba/shutterstock.com
S. 182: Stadt Annaberg-Buchholz
S. 185: Hans Weingartz/wikimedia
S. 191: Jörg Hempel/wikimedia
S. 197: Mario Poller/Dampfbahn-Route Sachsen
S. 201: devilsanddust/wikipedia
S. 207: Stadt Schneeberg
S. 208: Marco Barnebeck/pixelio
S. 214: Raphaël Thiémard/wikimedia
S. 217: Jens Strauß/wikimedia
S. 259: Richard Huber/wikimedia
S. 283: kaprik/shutterstock
S. 300/301: Tourismusverband Erzgebirge e.V./Studio2Media
S. 306: Bernd März/Tourismusverband Erzgebirge
S. 310: Tourismusverband Erzgebirge e.V./Studio2Media

Kartenregister

TRESCHER VERLAG
Hinnerk Dreppenstedt
FLUSSKREUZFAHRTEN
DONAU
Von Passau zum Schwarzen Meer

Kartenlegende

- Bahnhof
- Bar
- Brunnen
- Burg/Festung
- Burgruine
- Busbahnhof
- Café
- Campingplatz
- Denkmal
- Dorfkirche
- Flughafen
- Höhle
- Hotel
- Kino
- Kirche
- Kloster
- Klosterruine
- Krankenhaus
- Markt
- Museum
- Naturschutzgebiet
- Oper
- Parken
- Parkhaus
- Restaurant
- Ruine
- Sehenswürdigkeit
- Seilbahn
- Strand
- Supermarkt
- Theater
- Tor
- Touristeninformation
- Turm
- Zoo
- Sehenswürdigkeit
- Burg
- Kirche
- Friedhof
- Zeltplatz
- Berggipfel
- Seilbahn
- Autobahn
- Schnellstraße
- Hauptstraße
- sonstige Straßen
- E 65 Europastraße
- A 65 Autobahn
- 243 Bundesstraße
- Eisenbahn
- Grenzübergang
- Staatsgrenze
- Hauptstadt
- Stadt/Ortschaft

Kartenregister → S. 342

Zeichenlegende

- Allgemeine Informationen
- Naturschutzeinrichtungen
- Bahnhöfe, Bahnverbindungen
- Busbahnhöfe, Busverbindungen
- Informationen für Autofahrer
- Rundflüge
- Hotels, Gästehäuser
- Campingplätze, Zeltplätze
- Restaurant, Gaststätte
- Konditoreien, Cafés
- Abend- und Nachtleben
- Museen, Galerien, Ausstellungen
- Veranstaltungen und Festivals; Theater, Kinos, Konzerthäuser etc.
- Schaubergwerke
- Freizeit- und Erlebnisparks
- Thermen, Wellnesseinrichtungen
- Allg. Hinweise für Aktivurlauber
- Hinweise für Wanderer
- Bademöglichkeiten
- Informationen für Radfahrer
- Informationen für Wintersportler
- Reiterhöfe u.ä.
- Zoos, Tierparks
- Botanische Gärten
- Einkaufsmöglichkeiten
- Medizinische Hilfe